# 民国笔记小说粹编编委会

主　任　莫晓东

副主任　阎卫斌　张仲伟

顾　问　张继红　原　晋　落馥香

编　委　张继红　落馥香　阎卫斌　解　瑞
　　　　董润泽　张仲伟　任俊芳　秦艳兰
　　　　薛勇强　郭亚林　李旭杰　张丹华
　　　　孙科科　张　帆　董　颖

民国笔记小说粹编

凌霄一士随笔（四）

徐凌霄 徐一士 著

山西出版传媒集团
三晋出版社

# 第七卷（原第十二卷）

## 1935年（民国24年）

## 一 六十年之回顾——乙亥谈往

### （一）光绪继位，励行新政

清光绪元年乙亥（公元一八七五年），今岁之前一乙亥也。同治帝十三年甲戌十二月初五日逝世，无子，光绪帝以醇亲王奕譞长子入承大统，甫四龄。乙亥正月二十日举行登极之典，御保和殿受礼，太和殿受贺。翁同龢是日《日记》云："清朗暄和。是日今上御极，天象昭融，四海之福也。"固寻常之颂语，而是时慈安尚在，慈禧亦不无忧勤图理之心，海内望治，政象盖颇可乐观也。如李鸿章正月《复沈葆桢书》有云："太后垂帘，厉精图政，目前觊幸太平。"《复钱鼎铭书》有云："仰见两宫于悲痛迫切之中，有厉精图治之意，亲贤夹辅，翊赞同心，新政数大端，整纲肃纪，犁然各当，实足固根本而定民志，似不至再有意外之变。"《复王凯泰书》有云："腊月二十二、三、六日迭蒙两宫太后召对，哀怆迫切之中，有惕厉维新之象，纪纲整肃，乜邕不惊，诚属不幸中之幸。"左宗棠四月家书（与子孝宽、孝勋等）有云："新政诸凡详慎，悉当人心，薄海臣民之福。"亦可见当时重臣对时局观察之一斑。同治一朝，内乱相次削平，至光绪四年戊寅，新疆亦定，在有清可谓中兴时期。而慈禧逸豫之心，渐不可复遏，政治日趋窳弛。光绪帝亲政后，怵于世变，奋然欲大有所为，乃见制东朝，躬罹囚锢，帝王末路，所遇至酷，清运亦旋终矣。此则御极伊始众难逆料者耳。

### （二）左宗棠督办新疆事务

是年三月二十八日，命左宗棠以钦差大臣督办新疆军务，决定收复斯土。宗棠六月《遵旨督办新疆军务敬陈筹画情形》疏有云：

> 窃维新疆之事，从前因兵力饷事未能兼顾，遂至叛回构变，强敌窥边，土宇人民，不可覆按。于此而欲力图恢复，挈二万里戎索之旧，还之职方；戢万千族殊俗之民，渐以声教。正值寰区甫靖，财力久殚，内患虽平，民劳未艾，其难诚有倍于拓疆之始者。微臣庸朽菲才，又值衰疾侵寻，志虑钝竭，何敢不自忖量，谬以自承？顾念臣子之义，厥重匪躬，疆场攸司，责无他诿。自从戎伊始，即矢志瘁驰驱，岂头白临边，忽易初志？

同时奏请以刘典帮办陕甘军务,代驻兰州,以固根本。《与典书》有云:

> 弟之所以奉督办新命,不敢不一力承当者,以此时事机实有可乘,意外之幸,而朝廷委寄方殷,异国从违攸系,若一歇手,便难覆按耳。此事如有可办,并须筹画久远……骆从西来,弟免内顾,或不负生出玉关一行。

远猷状概,盖可略睹。李鸿章于新疆之役,极不赞成,欲移其费以事海防,亦其本谋也。如是年正月《与刘秉璋书》有云:"尊意岂料新疆必可复耶?复之必可守耶?此何异盲人坐屋内说瞎话?"口吻如见。新疆之定,在宗棠为非常之边功,经营西北,伟绩不磨,而近岁新疆又值多事之秋矣,慎无使鸿章之言终不幸而中于今兹也!

## (三) 翁同龢再为帝师

翁同龢与其父心存,先后为同治帝师傅,是年十二月复以旧傅偕侍郎夏同善受"授皇帝读"之命。其是月《日记》云:

> 十二日:巳初军机送信,本日奉懿旨派臣及夏同善于毓庆宫授皇帝读。闻命感涕,不觉失声。夏子松来,午后始勉强属词,恳请收回恩命。筹儿来,令书之。访(李)兰孙,以辞职告之。访子松,不值,过

(广）绍彭谈，竟日奔忙，中心如刺，难乎为情矣。

十三日：寅正二刻入，俄顷起下，未叫。辞折留中。黎明出，点稿十余件。兰孙来，知辞折未蒙允许……恭读懿旨，有"凛遵前旨，毋许固辞"语，遂具谢折，兼略陈病状，令筹儿书之。松侄来，客来皆未见。……昨夜未眠，诸事坌集，中心摇摇。

十四日：酣睡，起五下钟矣，亟入。是日叫起独迟，与醇邸、劻贝勒、景额驸、夏侍郎同召对东暖阁，垂帘，仍将前意一一陈说。皇太后挥泪不止，臣亦不禁感恸，语极多，不悉记。三刻许出，大略责成臣龢尽心竭力，济此艰难，并谕臣一人授书，夏同善承值写仿等事。亦问刑部事。（按：同龢时以内阁学士署刑部侍郎）……回横街，敬告祠堂。

光绪帝诸师傅中，惟同龢始终其事，眷遇亦最隆。其后总计政，直枢机，参揆席，盖基于此日。帝对同龢之亲信倚任，诸臣莫与伦比，渊源实在毓庆宫也。迨戊戌骤罢，叩别时"上回顾无言，臣亦黯然如梦"（同龢戊戌四月二十八日《日记》中语）。对照而观，良可喟然矣。

（四）大考翰詹记事

是年四月，大考翰詹，亦新君践阼后朝士所注意之一事。一等凡四人，为编修吴宝恕、瞿鸿禨、钮玉庚、侍讲学士孙诒经；吴、瞿均擢侍讲学士，钮擢庶子，孙擢詹事。二等擢官者，侍讲学士徐郙擢少詹事，编修张登瀛、张佩纶均擢侍讲，廖寿恒擢洗马，编修王先谦、修撰锺骏声均擢中允，编修陈翼、叶大焯、张楷均擢赞善。（三等中，宝廷、联元以侍读、侍讲均降中允。唐景崇、陈宝琛均以编修在二等，记名遇缺题奏。）翁同龢与阅卷之列，其殿廷考试阅卷之第一次也。《日记》云：

四月二十七日：是日大考翰詹于保和殿……寅正一刻多宣下，派恭亲王拟题……薄暮始知今日题目……进善旌赋，以"光启帝道辉映天衢"为韵，"所宝惟贤"论，赋得"十风五雨岁丰穰"，得"丰"字，七言八韵。——陆游《村居初度》诗。

二十八日：寅正入内。二刻许宣下，派殷兆镛、黄倬、徐桐、夏同善、黄钰、何廷谦、景其濬及臣龢阅大考卷。（按：翁、景阁学，余均侍郎。）即入至南书房，分得试卷一十九本。共一百五十九本，诸公每人廿本。初次阅卷，寸衷自惕。午初阅讫，得一等卷一本，二等卷八本，三等卷十本，诸公犹未毕也。殷定一等，而黄恕皆、何地山定二等，错杂无序，孝侯定三等亦然，几于随手低昂，余不以为是，然无及矣。申初始黏签讫，先具某阅签，次等第签。进呈，始得饭。饭罢已发下，随即拆弥封，对诗片，忙乱之极，乃嘱子松写名单，余事惟余与荫轩任之。诸公或谈或查对所定之卷，未尝问也。挥汗不止。酉正二

1401

毕，交案上将卷进呈。二等第三十七名赵汝臣一卷，诗片如此，而弥封作李汝霖，与三等内之李汝霖重出，夹片请饬翰林院查明。良久发下奏片，依议，名单及卷子留中。诸臣皆散直，倦不可支矣。

二十九日：客来问者均不敢答，以名单及卷均未发下也。传闻军机覆看。

五月初四日：始见大考名单，一等第五钟骏声改入二等第七，余未动。

同龢未言所阅一等卷一本为谁何，盖瞿鸿禨也。鸿禨自撰《年谱》（见其子宣颖所编《长沙瞿氏家乘》），述是年大考事有云：

予卷系常熟翁叔平先生拟取居首，高阳师李文正公亟赏之。自惟谫学，滥蒙恩遇，留馆未一年，遽忝超迁，自非先祖暨二亲积善贻谷，何由致此？

李鸿藻时为军机大臣，于覆阅时赏瞿卷也。［鸿禨在庶常馆时，鸿藻为大教习，即重之，后并密疏荐为天下才（见《长沙瞿氏家乘》中余肇康所撰鸿禨行状）。迨辛丑正月鸿禨以工部尚书到西安行在，召见时慈禧有"从前李鸿藻说尔好"之语。（见鸿禨《恩遇纪略》。）］鸿禨以庚午举人，辛未连捷，甲戌甫以庶吉士留馆授编修，乙亥遽擢讲学，年仅二十六，可谓早达；而自翌年三月真除，至光绪二十一年乙亥十二月始转补读学，历时二十年，则殊淹滞。盖以资俸关系，且其间相继丁内外艰断资过久之故。惟轺车屡出，叠秉文衡，亦见朝眷之优。自转补读学后，迁擢又甚速矣。李慈铭乙亥四月二十八日《日记》，记大考等第消息，注云："瞿，庚午举人，其年甚少，闻好学而文。"瞿、李庚午同年也。

大考擢官后，鸿禨有召对笔记。其子宜颖所撰《先世遗闻》（见《长沙瞿氏家乘》）中录志之，文如下：

> 光绪元年五月十九日，臣鸿禨蒙两宫皇太后、皇上召见。太后垂问年岁及衙门差事，母亲年岁多少。太后言："你考得名次高，甚好。翰林以敦品力学为先，此次大考原想拔取人才，你岁数最小，正要多看经史，留心时事，讲求治国平天下的道理。方今国运艰难，需才甚急，望你为国家有用之才。"又言："皇帝甚聪明，不久也当入学。"又言："每思想大行皇帝，实为伤心。"于是太后泣，带领之御前大臣勖贝勒亦泣。默然良久。问："在家如何用功？要写大字。"臣鸿禨敬诺。乃命退。

时鸿禨虽邀峻擢，犹是少年新进之臣，而垂谕乃及思想同治帝等语，甚亲切，且对之泣下，世传鸿禨貌类同治帝，慈禧见之而悲，殆有因欤？

新君登极之日，下诏循例举行乡会恩科，本年乡试，翌年会试。是年所简乡试各省正副考官：云南张楷、王荣

*1403*

琯、贵州毕保釐、张清华、福建许应骙、慕荣榦、广东吴宝恕、朱琛、广西廖寿恒、陆芝祥（按：李慈铭《日记》，芝祥行至湖北而卒）、四川潘斯濂、温忠翰、湖南梁耀枢、尹琳基、甘肃徐郙、刘瑞祺、浙江奎润、逄润古、江西王先谦、潘衍桐、湖北朱福基、恽彦彬、江南周瑞清、王炳、陕西顾奎、陈启泰、河南瞿鸿禨、陈翼、山东锡珍、黄毓恩、山西钮玉庚、许有麟。各省考官，由远而近，相继发表。最后发表顺天，毛昶熙（吏尚）为正考官，崇绮（吏右）、殷兆镛（吏右）、徐桐（礼右）副之。甘肃乡试，旧与陕西合闱，不另简考官，自此科始分闱考试，从陕甘总督左宗棠之请也。

曾国藩、李鸿章所奏定选派幼童赴美留学，分四批，年三十人，是年第四批放洋，委员邝其照等带往，于是全额一百二十人在美矣。至光绪七年辛巳，悉召回，未竟其业也（原定各在外肄习十五年）。

同治后自杀殉夫，事在是年二月，当另述之。

(原第12卷第1期)

## 二　同治皇后自杀探秘

光绪帝既立，同治后阿鲁特氏封嘉顺皇后，光绪元年乙亥二月逝世，谥曰孝哲。其死由自杀，慈禧有以致之，而远因伏于册立时。翌年丙子五月，御史潘敦俨疏请表扬潜德，更易谥号，懿旨斥以"逞其臆见，率行奏请，已属糊涂，并敢以传闻无据之辞，登诸奏牍，尤为谬妄"，交部严加议处，而亦未能明举事实以折之也。关于同治后之私家记载，传播较广者，如薛福成《庸盦笔记》云：

> 后为今承恩公崇文山尚书之女，幼时即淑静端慧。崇公每自课之，读书十行俱下。容德甚茂，一时满洲蒙古右族皆知选婚时必正位中宫。同治十一年穆宗皇帝将行大婚礼，后与凤秀之女俱选入宫。当是时，后年十九，慈安皇太后爱其端庄谨默，动必以礼，欲立之。凤秀之女年十四，慈禧皇太后爱其姿性敏慧、容仪婉丽，欲立之。两宫意虽各有所属，而相让未决，乃召穆宗俾自定之。穆宗对如慈安旨，于是乃立后为中宫，而封凤秀女为慧妃。大婚之夕，后应对颇称旨。穆宗使后背诵唐诗，无一讹字，穆宗甚悦。慈禧皇太后怜慧妃之未得尊位也，召穆宗谕以慧妃贤慧，虽屈在妃位，宜加眷遇，皇后年少，未娴宫中礼节，宜使时时学习，帝毋得辄至中宫，致妨政务。穆宗性至孝，重违太后意，而又怜皇后之不得宠于太后也，乃不敢入中宫，亦竟不幸慧妃，常在乾清宫独居无聊。既而有疾，慈安皇太后侦知诸太监越礼状，于是两宫太后轮流省视。帝疾稍瘳，太后回宫，亦召皇后留视之。皇后权素轻，不能以威詟诸太监，又性羞涩守礼法。帝亦命皇后回宫，每苦口极谏然后去。无何疾复大作，龙驭上宾。慈禧皇太后召皇后训

责备至，盖本朝家法最严，又值太后哀痛之余，故不觉有疑于皇后而责之过深也。今上即位，皇太后懿旨封为嘉顺皇后，而后自穆宗之崩，恸极，誓以身殉，遂不复食，以光绪元年二月二十日崩，年二十二（按：李慈铭《日记》谓年止十九，容再考），距穆宗大行未百日也。嗟乎！自古烈妇殉夫者多矣，若以椒房之贵，猝遭变故，攀龙偕逝，则前古所未闻也。岂不懿欤！

虽犹未敢昌言，而不直慈禧之意自见。当时官京师者所著记，如李慈铭《日记》云：

乙亥二月二十日：闻昨夜漏三下，穆宗皇后阿鲁特氏崩，年止十九。后幼读书，知大义，端静婉肃，内外称贤。洎正位六宫，每闻谏助。自奉俭约，时手一编。然道路之言，谓入选时圣母意在慧妃，而母后以后庄重，力赞成之，圣母终不慊也。故宫中服食供御，妃、后略等。去冬十一月，穆宗以天花将愈，加恩宫廷，即晋妃为皇贵妃。及穆宗病甚，圣母颇责让后。上崩，后即服金屑，欲自杀以殉，救之而解。禁中事秘，莫能质也。然自大丧，后即寝疾，屡闻危殆，竟以弗疗。从先皇于地下，后何恨哉？谨记其略，以待信史。

三月二十七日：自前月恭赋嘉顺皇后挽诗，仅得数联而未成。今日检得其稿，因足成二律。后以状元之女，作合天家，为千古所仅见，其贤又足副之。彼苍不祐，降丧迭至，得非故相之余殃耶。悕夫！（按：故相指后祖赛尚阿，时新卒。）

恭赋嘉顺皇后挽诗二章

其一

才唱薤歌送素车，永安宫里咽悲笳。
碧桃爱种千年果，白柰愁簪二月花。
阿母层城谁遣使，玉皇天上自携家。
灵衣飒飒因风举，知是长门望翠华。

其二

凶门柏历罢繁仪，犹象深宫大练衣。
扶荔风香图史富，濯龙花发宴游稀。
伤心宝玦辞瑶滕，几见圆珰妒玉妃。
凤御鞶回知有恨，平恩衔命向金微。

丙子五月二十六日：潘敦俨，江宁人，故云贵总督谥忠毅铎之子，由荫生刑部郎中为御史。闻……其片奏有闻毅皇后绝粒吞金之事，请特旨表扬，改定谥号，则诚谬矣。幸而朝廷宽政，不穷其事也。使诘以闻自何人，责其明白回奏，将何辞以对乎？孝哲皇后去年之事，异论甚多，臣子之心不无伤痛。要之此疏设上于甲戌十二月乙亥正月之时，据当日之传闻，求

*1407*

两宫之调护，摅所隐痛，婉其措词，东朝圣明，必为动色。即或触怒而得罪，天下当谅其心也。今长信之逝，已越稘年，谥号尊崇，典礼无阙，而忽为此论，徒骇听闻。且匹妇捐驱（躯），有待旌异，中宫坤极，何所表扬？岂绰楔之荣可加之陵寝，节烈之谥将增其徽称乎？不学之言，可为不思之甚矣。然敦俨入台，今甫数月，必其昔日备听人言，有所感激，故乘亢旱之灾，抒其积疑之隐。观过知人，君子无深责之可耳。

记后之死，亦溯述册立时事。诗则意颇隐约。论潘敦俨事，寓褒于贬，假责备为慨喟，饶有太史公风神。近臣如翁同龢，其乙亥二月《日记》云：

> 十九日：嘉顺皇后卧疾已久，今益剧矣。
>
> 二十日：晨起，闻嘉顺皇后于本日寅初一刻崩逝。国家不造，至于此极，惊涕不已。……是日申刻奉移寿康宫敛奠。故事在乾清宫，设旐于宫门外之右，此时不便如此，中旨遂定于寿康宫举办一切。
>
> 二十一日：与恭邸同入见于西暖阁。皇太后流涕不止。……余皆论嘉顺皇后病情，不能悉记。

所记殊简，盖未敢明言耳。他如文廷式《知过轩随录》《闻尘偶记》所述后事如下：

《知过轩随录》：

孝哲毅皇后一目重瞳子，福相端严，不好音乐，作书端丽。比以身殉，天下痛之。潘敦俨之奏，虽愚忠，亦公论也。

《闻尘偶记》：

孝哲毅皇后，性好书，尝节省宫中用费，以万六千金购《古今图书集成》一部。余时应试在京，此书乃宝名斋所售，故知之。前年奉慈禧太后懿旨，石印《图书集成》，其端盖基于此。

毅皇后绝粒殉节，危笃之际，慈禧太后赐以藕粉一盂，又延二日，服金屑而殒。舍生取义，庶民犹难，出自天家，可以震耀千古。御史潘敦俨请加旌表，虽因以获咎，而毅后之节由此益彰，不可谓无补也。（盛伯羲云：天生一人，必有一用。潘御史人极朴拙，然此疏"首阳之节"四字，使毅后行实著于将来，虽以此触怒谪官，然不可云无益世教。此真无所为而为之，不愧忠烈之子也。）

又胡思敬《国闻备乘》卷一及卷三所记二则云：

皇后闻德宗入继文宗，不为穆宗立后，泣涕坚卧不起，出怨言。太后召至宫，切齿大骂，批其颊者三。后父崇绮遣人以死讽之，遂不食七日崩。

毅皇后之立，慈安主之，非孝钦意也。慈安既薨,孝钦益怜爱慧妃,谕帝宜加礼遇,无事不得辄至中宫。(按:慈安系于光绪七年辛巳始逝世。)穆宗重违两母后意,恒独宿宫中,郁郁不乐,奸人遂诱之游幸民间。后尝书"戒嬉"二字,榜于座隅,以规穆宗,海内皆知其贤。穆宗垂危,后入宫问疾,孝钦恶其不先白己,诘责甚厉。后愤然曰:"妾乘凤辇从大清门入,天下皆知,今入宫问皇帝疾,有何罪名,而劳太后诘问?"孝钦疑后有意讥己,遂大诟曰:"婢子,汝以我为未尝入大清门乎?汝由我而入,安知不由我而出?"穆宗崩,遂不为立嗣,逼之自裁。

亦可参阅。此外私家记载述后事者尚不乏,宫闱邃密,不免传闻异词,其死由自杀,则众说所同也。至《清史稿》之记后事暨潘敦俨事,于《后传》云:

> 二年五月,御史潘敦俨因岁旱上言,请更定谥号,谓后崩在穆宗升遐百日内,道路传闻,或称悲伤致疾,或云绝粒霣生,奇节不彰,何以慰在天之灵,何以副兆民之望。太后以其言无据,斥为谬妄,夺官。

于《崇绮传》,谓后"以身殉"。于《吴可读传》附传敦俨,谓:

> 以任子官工部郎中,迁御史,默念穆宗嗣统未有

定议，孝哲毅皇后又仰药殉，遂疏请表扬穆后潜德，更谥号，并解醇王奕譞职任。诏严斥，弃职。归隐于酒，阅二十余年卒。

敦俨疏言二事，折请开除醇王差使，片请表扬穆后潜德也。

(原第 12 卷第 2 期)

仲子（费行简）《慈禧传信录》记同治后自杀情事特详，谓是自缢，与诸家之言绝粒吞金者有异，其说云：

孝哲既素失后欢，帝崩，遇之尤刻。尝于丧次问之曰："吾闻皇帝前患乃恶疾，非天花也。汝知之乎？"对："不知。"后曰："然则安用汝为皇后耶？"孝哲谓："帝承懿训，罕至内寝，直至病重始知之。若天花，则医官云然，实亦不审其确否。"后怒曰："正以尔曹鲜耻，至帝不克节欲，方冠遂陨。（按：帝以十九岁逝世。）使能承吾训，勿近尔曹，讵致短命？"孝哲无端对众人蒙奇羞，乃纵声哭。后前批其颊，且斥之曰："吾未死，汝何对吾号？汝欲哭者可归尔家恣尔哭，宫中不容有此亡赖妇也。"叱奄逐之出。孝哲出，适与丽皇太妃遇，惊其狼狈，问之，告以状。丽妃凄然曰："我十年来藉酕醄自遣，此身幸存，然宫中即地狱，能自脱者死愈于生也。"后谢之，归坤宁，殉穆宗意遂决。是日以帝小像悬壁间，自设醴祭之，伏地喃喃有祷词，然语细莫能辨。已而奄入

*1411*

报已立醇王子为帝。孝哲曰："然则大行犹殇矣。"语不及他。是夜竟投缳死。翌晨女侍入见之，惊呼，群奄始进。孝哲素服，青绒履，襟系白巾，以后宝陈穆宗小像前，而缢其旁，颜色如生，目瞑，舌亦不吐，既报两宫，孝贞先至，尚未晨妆也。始命解下，尚欲召医官救治，众称体已冰，死似久矣，乃罢。又时许，后始至，有怒容，入唯长叹，无泪，亦无语也。孝贞欲召枢臣与崇绮，后止之，命先宣内务府总管备含殓，再令奕訢入见。比訢进，后伪为掩泣状，曰："家运诚至蹇，今帝丧方殁，后又自经，奈何？"訢曰："皇后随大行去，志节足耀万祀，第事已若此，乞两宫念国事难巨，少节哀思。"孝贞曰："民间殉夫，例且旌表，况属皇后，应如何宣示表彰暨丧仪加等隆重之处，即令訢与诸臣集议以闻。"后又止之曰："从来宫掖自经之事，绝无宣示外廷者，诚恐传闻失实，转滋异议也。今皇后事自应仍托辞病殁为是。"訢知旨，称慈论是。孝贞虽弗怡，而自问不习故事，恐宣示或果贻中外笑，转无以塞后口，遂无异议。世传孝哲之死乃崇绮教之者，不知清制虽后父，苟非内廷行走，不能随常进见，若太后在，则尤须请命。后宿恶孝哲，戒诸奄勿纳绮贡品，是贡且不入，况能以密语面属之乎？故知其讹也。……孝哲自经事，则戍奄马进喜闻诸穆宗近侍陈添福而以告予者也。添福于光绪初亦戍卜奎，至戍所五年始殁。其人值坤宁久，所述视传闻为确也。

盖言之历历，可备参镜，惟不无舛误之处。后之逝世，去同治帝逝光绪帝立，已两月余，去光绪帝登极典礼，亦已一月，所叙太近，于时日为失考矣。费行简为王闿运门人，闿运丙子二月十二日《日记》有云："……皮筱舲已至，……户部始补缺。言崇文山云，毅后遗折历评大臣，言甚恳切，缅缅数千言，不见采听，甚可痛也。"遗折之说，亦未见记载者，其事难征，虽谓是崇绮所云，终恐依托之词耳。且有谓同治帝殁时后已有身者，英人濮兰德、白克好司《慈禧外纪》（陈冷汰、陈诒先译述）有云：

> 同治帝之早薨无嗣，推原其故，皆由慈禧贪权之所致。苟不然，则皇后既已怀孕，或能产生一皇子也。（译者按：同治皇后有孕之说恐未必确。）然帝如有嗣，则皇后将尊为太后，而慈禧必退处于无权之地。盖慈禧前此之所以能执政权者，以居太后地位之故，若皇后产有皇子，则慈禧不能仍执政权矣。……两宫太后对面而坐，凡预议者皆跪于下。慈禧首发言曰："皇后虽已有孕，不知何日诞生。皇位不能久悬，宜即议立嗣君。"恭王抗言曰："皇后诞生之期已不久，应暂秘不发丧。如生皇子，自当嗣立；如所生为女，再议立新帝不迟也。"

后已怀孕，齐东野人之语也，亦缘时人为后不平而深咎慈禧，驯传此说耳。(《外纪》记此，多可笑处，其谓光绪帝之立系由王大臣二十余人投名法定之，亦奇谈之尤也。)光绪帝为慈禧之妹所出，且年幼，便于太后专政，故得立，自是当时情实；至论者谓苟新帝为同治帝后，慈禧即不能再揽政权，则似是而非。宋宣仁即以太皇太后当国者，其时之皇太后固未与政也。况慈禧积威之下，后纵为皇太后，能与太皇太后争此乎？

## 三　左宗棠力主陕甘分闱考试

甘肃文闱乡试，旧合于陕西，自乙亥恩科始，以陕甘总督左宗棠之请，分闱举行，另简考官，(乙亥甘肃正考官为徐郙，刘瑞祺副之。)自翌年丙子，甘肃学政亦简专员矣。宗棠原奏有云：

> 甘肃地处西北边荒，旧隶陕西行省统辖，康熙年间拓地日广，始设甘肃巡抚，驻扎临洮。乾隆年间又改临洮为兰州府，后设总督驻之，兼管巡抚事。……置省以来，诸凡建设，或创或因，于武备尚详，而文治独略。……甘省距陕道阻且长，而乡试必须赴陕，陕甘学政远驻陕西三原，三年一度按临甘肃，举行岁科两试，均与各省不同。故自改建省治以来，甘肃士人，经明行修能自淑其乡里者，尚不乏人，至巍科上第以文章经济取重当世者，概不多见。非各省皆知稽

古之力，争自濯磨，甘肃士人独安固陋，不求闻达也，……其赴乡试，盖与东南各省举人赴会试劳费相等，故诸生附府厅州县学籍后竟有毕生不能赴乡试者。穷经皓首，一试无缘，良可慨矣！合无仰恳……遇简放主考、学政之年，另简甘肃正副考官各一员，甘肃学政一员，俾合省士子得以就近乡试，而岁科按届举行，学臣得免跋涉之劳，生童得以时亲承训迪，习旧学而启新知，不独边方士习文风可期丕振已也，……则经正民兴，边氓长治久安之效基于此矣。臣亦知圣贤之学不在科名，士之志于学者不因科名而始劝，然非科名无以劝学，非劝学则无读书明理之人，望其转移风化，同我太平，无以致之，固非谓科第文章足以歆动庸耳俗目，兼可博取民誉也。

**其乙亥书牍及家书有云：**

### 答李筱轩

学使返西安录科，例应代办此间录科事。旬余披校，广为收送。约歌鹿鸣者四千余人，较赴陕乡试人数多至三倍，而冒籍者寥寥，差用自慰。举场闳壮，甲诸行省。应试士子半类乞儿，尚多由地方官资遣而来，睹之心恻。所幸纪元之始，恩榜闳开，又蒙特简典试，科名声望，风动一时，边方寒畯，感颂兴起，地方气象，焕然一新，不仅人文可观，足为异时券也。

### 答刘克庵

监临秋试事毕，二十日出闱。日昨榜发，知名之士获隽甚多。榜首安维峻，拔贡京官，人文均不易及。年甫逾冠，气度雍容，冀为将来伟人也。

### 与孝宽、孝勋等

现奏甘肃分闱，届时举办，应作监临。此邦人文当可望起色。

### 又：

甘肃分闱已定，数千百年旷举，足慰士心，兰山书院肄业者多至四五百人，各郡县亦多闻风兴起，或者自此人文日盛，亦未可知。手此告尔等。

主张分闱之理由与如愿实行之快慰，于此可见。宗棠经营西北，武略之外，更大有事在，斯亦其注意之一举也。甘肃专试之首科解元安维峻为宗棠所赏誉，即后官御史负直声者。吴大澂时官陕甘学政，其《自订年谱》，于丙子云：

陕甘于是年分闱乡试。许筠庵前辈奉命简放甘肃学政，于四月到陕。余以署中紧要案卷早饬书吏抄录一分，并分拨书吏承差随同新任前往甘肃。具折奏请，陕甘学政改为陕西学政，关防则无庸换刻，本系

"提督陕西学政"之关防，并无"陕甘"字样也。

分闱实始于乙亥，谓于丙子，有误。丙子八月一日简放各省学政，甘肃学政以系新设，提前于三月一日简许应骙，故四月到陕，甘肃学政之第一人也。（李慈铭三月一日《日记》，录邸钞，注云："此甘肃设学政之始。应骙番禺人，闻其乡人言绝不知文字，亦陇凉之大不幸矣。"示不满焉。）　　　　　　　　　（原第12卷第3期）

## 四　梁启超会试被黜

康有为（时名祖诒，癸巳举人）、梁启超（己丑举人）同应乙未（光绪二十一年）会试，有为得隽，启超则被黜。副考官李文田极赏梁卷，务争于正考官不获，遂以"还君明珠双泪垂"之句批于卷尾，志慨惜焉，亦文字因缘之一陈迹也。拙稿曾略述之（见本报十一卷十三期）。近阅胡思敬《国闻备乘》，于启超此科被黜经过记之颇详，云：

> 科场会试四总裁，按中额多寡平均其数，各定取舍，畸零则定为公额。数百年相沿，遂成故事。乙未会试，徐桐为正总裁，启秀、李文田、唐景崇副之。文田讲西北舆地学，刺取自注《西游记》中语发策，举场莫知所自出，唯梁启超条对甚详。文田得启超

卷，不知谁何，欲拔之而额已满，乃邀景崇共诣桐，求以公额处之。桐阅经艺，谨守御纂，凡牵引古义者皆摈黜不录。启超二场书经艺发明孔注，多异说，桐恶之，遂靳公额不予。文田不敢争，景崇因自请撤去一卷以启超补之。议已成矣，五鼓漏尽，桐致书景崇，言顷所见粤东卷，文字甚背绳尺，必非佳士，不可取，且文田袒庇同乡，不避嫌，词甚厉。景崇以书示文田，文田默然，遂取启超卷批其尾云："还君明珠双泪垂，恨不相逢未嫁时！"启超后创设《时务报》，乃痛诋科举。是科康有为卷亦文田所拔，廷试后不得馆选，渐萌异志。

可资参证。文田批启超卷以志惜，据所闻，仅"还君明珠双泪垂"七字耳。谓有为"萌异志"者，思敬于戊戌之事，深斥有为，所撰《戊戌履霜录》谓为谋逆也。

## 五　旧闻四则

近承好云氏君由上海来函，示以旧闻数则，云：

### （一）陆润庠受宠若惊

读最近尊著《随笔》，述光绪辛丑回銮瞿鸿禨、鹿传霖力辞恩赏事（《周报》十一卷四十六期），因忆曩闻老友陆君言：两宫在西安时，以巡抚署为行宫。署背山，从山上可望见署中庭院。一日陆润庠登眺，见庭中小猴成群，尽着黄马褂，跳掷食果。旋入对，奏事毕，述顷间所见，并称猴状殊可喜。后笑曰："汝亦想黄马褂么？"润庠叩头谢恩。翌日，赏穿黄马褂之旨下，一时有"猴儿黄马褂"之目。时陆君以知府供职行在。陆君又言：陕抚以两宫驻跸久，宜有进御，以表芹曝，而陕省朴陋，土宜不足当意；无已，乃精制小革箧（俗名官箱，其时尚无今之手提式者）如干事，饰以黄缎，派陆君等赍呈。至宫门，立时由内侍导入。后御一字襟半臂，立阶上，稍偏，口衔雪茄，帝御青袍中立。陆君叩头述抚臣微意，后命起立，谕曰："要你们费心。"帝则领之而已。后旋谕内侍曰："送老爷出去。"盖行宫本非宏壮，当时一切体制，概从宽免，臣工得随时入见，见必和颜相慰劳，闲谈如家人。陆君谓以微臣而邀"不名"之异数，非患难中安得有此。润庠没后，易哭庵挽联云："继（？）秀夫伴寡妇孤儿，读史至今余（？）涕泪；后信国作状元宰相，令人不敢薄科名。"

## （二）杨士骧举止倜傥

《随笔》以杨士骧面首之说为不确（《周报》十一卷五十期），尊见极是，有一事可证。士骧在北洋时，颇为言路所不满，至以"召妓肩舆入署"等语登诸白简，不特绝无其事；且杨氏家教严，士骧一生实未尝冶游，惟举止倜傥，嗜饮善歌，有名士气，无道学气，则其昆弟群从皆然。未几，因病出缺。方治丧，其弟士琦以士骧自挽一联示幕客，云："平生喜入游侠传，到死不闻罗绮香。"下句盖隐指被劾之诬。某君谓联固绝佳，惟上联似与直督身分不称，士琦不答。翌日入吊，则此联赫然悬于影堂之侧，而易"入"字为"读"字，幕中赞叹不已。此事为杭州金君所告。金君自李文忠任北洋时，即充支应局文案，旋入督幕，又为其子娶士骧侄女为妇，固当时所目击也。士骧谥文敬，有某君作联云："何为文，戏文曲文，声出如金石；乌乎敬，冰敬炭敬，用之若泥沙。"某君淮人，与士骧有金兰之谊，而身后之调侃如此。又闻士骧有时衣冠自外归，未脱帽，先飞足去双靴，如羽琈山民故事。所谓名士气者，盖此类耳。

### （三）挽张之洞联趣话

"老臣白发"一联，向亦误认湘绮挽南皮之作，而讶其口吻不肖。《随笔》详示致误之由（《周报》十一卷四十八期），真有昭然发蒙之喜。湘绮年齿似稍长于南皮，至少亦必相若，平日论学宗旨亦不尽同，素非门馆之人才，安有徘徊之事实！按《樊川文集·谢周相公启》云："四海贤俊，皆因提挈，尽在门馆。"梁鼎久事南皮，用此二字，洵为惬当。而南皮当入相后，曾作春联云："朝廷有道青春好，门馆无私白日闲。"梁鼎撰联时,或忆及之,亦未可知。又南皮殁后,有人作谐诗云:"星海云门俱寂寞,远山秋水各凄凉。"惟其寂寞,故曰"我如何"。"远山、秋水",闻为其晚年所蓄两姬。

## (四) 梁鼎山水画

数年前见梁鼎所画山水绢本小轴,极荒寒之致。左上方自题三绝,第一首云:"用笔萧疏自远人,残山剩水认前尘。为君略作云林意,月暗风欹好自亲。"第二首云:"屡负空山廿载期,枉持忠孝与人嗤。多哀徒抱西台痛,依旧冬青不满枝。"第三首云:"浅渚荒亭地自幽,空枝冷石倚残秋。回天蹈海都难遂,纵有罗浮未忍休。"款题"忍冬诗家同年属画,丙辰鼎芬酒后",下钤"病翁呻吟"及"梁格庄"二方印。右端又题一绝云:"一角荒寒照冷流,萧然木叶已深秋。此间正是非尘境,合有高人来系舟。"下署"老节再作",钤"鲜民"长方印。忍冬为劳玉初国变后别字,此画现归吾友卢君。四诗凄感欲绝,如读《心史》《晞发集》,而集中不载,写呈如右。

谈往之佳资料也。王闿运年长于张之洞,之洞卒于宣统元年,年七十三,闿运卒于民国五年,年八十五矣。之洞卒后之谐诗,一说谐联,字句间相传亦小有异同,二姬之名,或云聊取以对星海、云门,非实有也。杨士骧自挽一联，亦久传人口，其当时之改"入"为"读"，则知之者少。士骧官督抚时，为清议所不理，如好云氏君所云，盖言者亦有失实之处。清末官场风气之坏，固不始于士骧，而在鲁在直，居倡率之地，推波助澜，咎亦难辞，特其人颇开爽，无城府，不事封殖，久膺膴仕，而卒后遗赀无多。殁前有津浦路参案，惧获严谴，其发病暴卒，殆与焦虑此案有关。恤典颇优，赠太子少保。那桐查覆参案奏上，乃撤销宫衔。至"猴儿黄马褂"一节，为回銮后壬寅（光绪二十八年）三月后、帝谒东陵时事。慈禧命以黄马褂衣猴，视其跳踯为乐，随扈诸臣张百熙、陆润庠等遂因以拜赐焉。详见本报七卷三十九期所载拙稿。吴郁生所撰润庠行状亦言"二十八年充东陵随扈大臣，赏穿黄马褂"也。（惟前稿误列瞿鸿禨于内。鸿禨虽亦随扈谒陵，而于前一年辛丑八月随扈回銮时已与军机同列拜黄马褂之赐矣。）陆君所云，盖记忆偶失者耳。

（原第 12 卷第 4 期）

## 六　李鸿章翁同龢交恶

翁同龢甲午九月初二日《日记》，记奉太后命，以对日败挫，至津诘责李鸿章，谓："入督署见李鸿章，传皇太后皇上谕慰勉，即严责之，鸿章惶恐引咎曰：'缓不济急，寡不敌众，此八字无可辞。'复责以水陆各军败衄情状，则唯唯而已。余复曰：'陪都重地，陵寝所在，设有震惊奈何？'则对曰：'奉天兵实不足恃，又鞭长莫及，此事真无把握。'论议反覆数百言，对如前。"如同龢所云，似鸿章于此唯有理屈辞穷之态！而据胡思敬《国闻备乘》则云："同龢见鸿章，即询北洋兵舰。鸿章怒目相视，半晌无一语，徐掉头曰：'师傅总理度支，平时请款辄驳诘，临事而问兵舰，兵舰果可恃乎？'同龢曰：'计臣以撙节为尽职，事诚急，何不覆请？'鸿章曰：'政府疑我跋扈，台谏参我贪婪，我再哓哓不已，今日尚有李鸿章乎！'同龢语塞。"是鸿章方振振有辞也。思敬述鸿章口吻颇肖，惟其时正在战败负咎忧谗畏讥之际，对同龢之辞色，或未必抗厉至此耳。谈中日战役者，多及翁李之交恶，斯二则可参观也。鸿章赴日议和时，曾邀同龢同往，为同龢所拒。同龢乙未正月二十八日《日记》所述云："李相、庆邸及枢臣集传心殿议事。李欲要余同往议和，予曰：'若余曾办过洋务，此行必不辞；今以生手办重事，胡可哉？'"鸿章自知议和之后必益丛诟，故欲挟同龢以行，为将来分谤地，且所以间执其口，至同龢之不肯，自意中事，或亦明知必视为畏途，特故作此笔，蕲其少立异同耳。

同龢不独不允偕鸿章赴日议和，即后此之派入总署，亦非所愿。其乙未六月初十日《日记》有云："饭后到督办处。恭邸屡在上前奏请，欲余至总署，余力辞，今日乃责余畏难。余与辩论，不觉其词之激。（荣）仲华亦与邸相首尾，余并斥之。"十四日云："见起三刻。恭邸以译署事有所举荐，恐吾侪不免矣。"十六日云："见起三刻。恭

1423

闻恩命，臣与李鸿藻均在总理各国事务衙门行走，即碰头谢讫。前此固尝一辞再辞，语已罄竭，无可说也。"对外大计，虽已赞画于密勿，而不乐置身总署，躬当交涉之冲，且儒臣弗屑与夷人周旋之故习也。

## 七　岑春煊入京获宠

胡思敬为清季京官之留意国闻者，所著《国闻备乘》，记述虽间有未谛，而多有裨史料掌故，颇可观。卷二纪岑春煊丁未（光绪三十三年）入京事云：

岑春煊既调四川，有诏促令西行。春煊自陈有面奏机宜，拜疏后即由汉阳乘快车一日夜抵京。朝士突闻其至，皆盻然，或云且入军机，或云将夺袁世凯之位。太后念扈从旧劳，褒宠倍至，连召见三日，悯其宿疾未痊，不欲劳以疆寄，内用为邮传部尚书。春煊甫入见，即面参奕劻父子及杨士骧、陈璧。太后曰："任天下事诚大难。卿在粤中，誉之者半，毁之者亦半，安能尽如人意？"春煊曰："臣自知为众论所不容，幸赖圣明保全，然攻臣者亦有指臣黩货行私者乎？"太后默无语。及邮传部尚书命下，未莅任，即又劾罢右侍郎朱宝奎，人皆快之。然春煊虽好直言，褊急不能容物，政见舛谬，与世凯同，而素不和睦，唯李莲英颇左右之。既与奕劻不协，为尚书不一月，复出为广东总督。临行乞借洋债千万，大举办新政，并请立上下议院，大更官制，各省设谘议局，各府州县设议事会，谆谆以实行立宪为嘱。疏稿近三千言，出自幕客姚绍书、高凤歧手。其刚可用，其智则黯矣。

## 八　岑春煊在粤督时事

又卷一纪其前在粤督任时事云：

戊戌政变，袁世凯首发逆谋，庚子避兵西巡，岑春煊沿途拥卫入关，由是皆有宠于太后。余观二人举动，亦各具恣睢叱咤之才，非尽恃宠也。……世凯……锋芒亦可畏矣，春煊气力更出其上。粤绅有周荣曜者，初由关吏起家，积赀数百万。春煊瞰其富，折简招至署中，责报效。荣曜不应，私輦金入都，求通奕劻之门，遂简四品京卿，出使比利时。春煊怒曰："奴子乃狡狯如是！"即日参其私蚀关税，请削职监追。荣曜奔香港，尽籍其产入官。奕劻熟视莫敢出一辞救也。既而铁路议起，春煊主派捐，粤人不允，请招股。春煊曰："是把持也。"捕倡议道员黎国廉下之狱。全粤绅民皆愤，推前闽浙总督许应骙为首，联名上诉。诏周馥按问，亦莫能直也。春煊每至一省，必大肆纠弹，上下皆股栗失色。

可与拙著《谈岑春煊》（见本报十卷十八、十九两期）相印证。春煊治尚严峻，勇于弹劾，所至股栗失色，良然。清末号为预备立宪，推行新政，而设施多坏官常，滋民怨，实速其亡，思敬在言路曾痛论诸弊，《备乘》中亦时申此意焉。其书慈禧之事，不乏直笔，惟于戊戌政变，误信后党所造谋逆之说，其智盖亦有所蔽矣。

## 九　慈禧七旬万寿

卷一纪慈禧七旬万寿事云：

甲辰日俄构难，辽河以东画为战场。深宫轸念时难，先有旨不受徽号，并禁绝诸臣贡献。礼亲王世铎固请不允。庆亲王奕劻因倡率京外官报效二成俸廉，电音络绎，遍告各行省。张之洞、袁世凯以下无不附和。陕西巡抚升允独奏劾之，折留中未发。（疏云："夫臣下之于尊亲，祈报原无纪极，皇太后忧勤宵旰，恩德滂洋，虽天产地华，悉备悉供，未足以言封祝。似此周旬一举之例典，何足答数十年天地之施？十五二五之俸廉，何足为亿万人涓埃之报？若奕劻之倡率，袁世凯、张之洞之附从，在世铎未经奏请以前，则际此昌期而思为坠露轻尘之效，犹可言也；乃既奉明诏，仍复为此报效之说，以图尝试，是直以从前之谕旨为具文，而并使天下臣民疑朝廷以文不以实，则奕劻等之罪大矣。"）

此亦升允非容容者之一证（参看本报十一卷四十八期所载拙稿。编者按：未收入《随笔》之中）。在清季督抚中固足深愧以进奉固宠之张之洞袁世凯辈矣。奕劻之发起殆即承慈禧之旨耳。升允"以文不以实"之语颇中要害。

(原第12卷第5期)

## 一〇 淮军健将程学启

### （一）处事慎密

李鸿章之定江苏，部将程学启之功最多。其由湘军改入淮军，曾国荃遂失一健将。徐宗亮《归庐谭往录》有云："程忠烈公初归曾部，从克庐江三河，声绩已著。一日合肥相国将援上海，议招忠烈同行，属吾乡孙太守云锦探之。忠烈慨然曰：'某受曾公厚恩，义当终始，然下游亦国事，且熟习下游情形无如某者，曾若允行，愿从之。'随密谓太守：'吾辈皖人，入湘军终难自立。丈夫当别成一队，岂可俯仰因人？'太守颔之。合肥相国遂商于曾文正公，举为前锋。相国问入吴方略，答曰：'下游水乡多桥，有一河即是一营，有一桥即是一将。得营得将，何功不成？'及功绩大著，或问其学何兵法，答曰：'先有事，后有法，何今何古，在相地势得士心而已。'其军法极严。

入苏城时，禁当街驰马，犯者立斩，即合肥相国亲军亦不恕之。"又云："忠烈不识字，然文义轻重得失，一闻便了。在浦东时，乞合肥相国以克城余米赈恤难民，某友于函牍中用'哀鸿遍野'字，忠烈诧曰：'李公名岂可犯？且太夫人在，说岂可用哀？'此小事，亦见过人处也。"此学启之轶事也。（学启籍桐城，宗亮为其乡人。）舍湘就淮，学启当时隐衷，可于告孙云锦语见之。盖湘军中于非湘籍者，难免畛域之见，学启虑不易出人头地，故愿为沅帅效驰驱焉。吴汝纶《程忠烈公神道碑》谓："李公新军号淮军，公本以隶曾公为湘军，军濒行，文正令公军改湘为淮，公曰：'无九帅命不敢。'文正叹异，以为不倍本。九帅者，忠襄也。"则其对故帅之尽礼也。（曾国藩同治元年三月初八日致国荃书有云："余令开字营号补皖勇改淮勇，程云：'必待沅帅缄谕，乃敢改换。'亦足见其不背本矣。"）

## （二）投降清军

学启之投清军，记载者多言由曾贞幹纳之。如王闿运《湘军志·曾军后篇》纪其情事云："学启先陷寇中，安庆围合归诚，曾贞幹约以内应为效。未及期，夜率千余众叩贞幹壁门，呼曰：'今事发，与寇战，突围至此，追者即至矣。吾所将皆精兵，当入营助守，不能释兵。公相信者开门纳我，不信即发炮击我，无两败也。'军中大惊疑，报贞幹。贞幹屣履出视，下令开门，纳其众。追寇俄而至，亦遂还去。学启由此愿效死。"朱孔彰《中兴将帅别传》于贞幹传云："程公学启陷于贼，为贼将。公设计招降，程果以三百人夜款营。贼觉，追急，程大呼开壁。众疑其诈，公独信之，令开壁门纳入。"于学启传云："曾公国荃围安庆，知公在贼中有名，求得公族中老媪，使入城劝降。约降有日矣，贼觉，公夜率壮士三百逾城出，叩曾贞幹壁门，大呼曰：'某来投诚，有追贼在后，信，公纳我，不信，急击我，无两败也。'贞幹大惊，遽纳之。追贼返，杀其妻子，悬首城上。"要皆以纳降之事属之贞幹，罕闻有异说也，而朱福诜跋朱洪章《从戎纪略》则云："往闻程忠烈之自拔来归也。军门实受之。其后忠烈转战江浙，累拔名城，手除大憝，东南恢复之机实由于此。军门之功，斯为称首，而《湘军大事记》乃属之曾忠襄介弟；然闻忠襄总制两江时，尝与军门言及之，以为传闻异词，不妨两存其说，则忠襄之不肯攘功，与军门之实有其事，亦可见矣。"谓纳程者非贞幹而为洪章，可广异闻，《从戎纪略》本文却未道其事也。

(三) 苏州杀降

《归庐谭往录》谓："忠烈临危，若有鬼物乘之。忠烈告以'杀降负盟，为国无私，此心可质鬼神'等语。"与薛福成《书桐城程忠烈公遗事》所云"卒之数日，口中念吔皆苏城降曾事，时奋拳作格斗状，忽瞋目叱曰：'汝等敢从我乎？'或曰：'公平日意之所注，疾革神瞀以

*1429*

至此也。'"可合看。苏州杀降事,盖学启心实不安,故病笃时若所见耳。曾国荃攻安庆时,朱洪章亦有大杀降人之事,其《从戎纪略》云:"章收队事,听莲湖边有枪炮声,问其故,乃知逆首带四五百人出来窥探。章曰:'贼从不来,今来必有意。'令小心防守。次日该贼忽在营外喊自愿投降。章往禀九帅。九帅曰:'贼情狡谲,勿可轻许。如果投诚,看有无器械。'章曰:'要贼缴出军械何如?'九帅曰:'速往相机行之。'章回谕贼。次日缴来龙旂三千余杆,洋枪六千余,长矛八千余,抬枪千余,明火枪八百余,骡马二千余。章专弁往请九帅来营面商,言曰:'悍贼甚多,如何筹之?'章曰:'惟有杀最妙。'九帅曰:'杀亦要设法。'章曰:'营门缓开,将逆匪十〔人〕一次唤进,只半日可以杀完。'九帅曰:'我〔心〕不忍,交子办之。'章当时回营预备。自辰至酉,万余贼尽行歼戮,乃往销差。九帅曰:'此次杀贼过多。'"屠戮之惨,洵可惊已。(洪章所叙,或有夸大。)

## 一一　记咸同间军界畛域之见

关于咸同间军界畛域之见,《归庐谭往录》云:"类聚群分,盖有莫之为而为之者,在军尤甚。江忠烈公原募之勇名曰楚军,曾文正公继募之勇名曰湘军,同一省也,而不免畛域之分。湘军人材众矣,楚军后起如刘公长佑、刘公坤一、江公忠义亦彪炳一时,然自大帅视之,已不免亲疏有别矣，而莫甚于川之与楚，湘之与淮。川楚之隙，自广西军兴已成莫解之势。其后鲍军门超以川人统三四十营，归于湘部，卒皆湘人为多。初为分统时，胡文忠公即以川楚不和不宜用川告戒之。湘淮则本系一家，淮由湘出，尤有水源木本之谊，而自捻逆猖獗时，曾文正公督师北剿，湘军已大半遣散，全倚淮军为用。淮军既富而骄，夙乐合肥相国宽大，视文正公儒将约束，颇以为苦，遇有调度，阳奉阴违者颇多。文正时与所亲书，有'撤湘军一事，合九州铁不能铸错'之语。部下气类，由此愈分矣。厥后湘军渐远渐散，南北驻防悉皆淮军。此之声威弥著，彼之嫌隙益深，履霜坚冰，盖非一朝夕之故已。"亦可供研究当时军事之参考。迨中日之战，淮军败衄，当局复欲倚湘军御侮，仓卒召募，势等乌合，湘淮威声，弩末同叹，所谓新军乃代之而兴，遂以促成国体之变更焉。

（原第12卷第6期）

## 一二 魁联促成官胡交欢

胡林翼之交欢官文，关系当时军事大局至巨。薛福成《书益阳胡文忠公与辽阳官文恭公交欢事》，谓先后劝林翼以此者二人，后一人明指为阎敬铭，于前一人之进言，所记云：

二公值湖北全境糜烂之余，皆竭蹶经营，各顾分

*1431*

地。文忠尤崎岖险阻，与勍寇相持，独为其难。督抚相隔远，往往以征兵调饷互有违言。僚吏意向，显分彼此，牴牾益甚。文恭于巨细事不甚究心，多假手幕友家丁，诸所措注，文忠尤不谓然。既克武昌，威望日益隆，文恭亦欲倚以为重。比由荆州移驻武昌，三往拜而文忠谢不见也。或为文恭说文忠曰："公不欲削平巨寇邪？天下未有督抚不和而能办大事者。且总督为人易良坦中，从善如流，公若善与之交，必能左右之，是公不翅兼为总督也。合督抚之权以办贼，谁能御我？"文忠亟往见文恭，推诚相结纳，谢不敏焉。文恭有宠妾，拜胡太夫人为义母，两家往来益密，馈问无虚日，二公之交亦益固。文忠于是察吏筹饷，选将练兵，孳孳不少倦，文恭画诺仰成而已，未尝有异议。

是官胡之缔交，多赖此人，而福成未举其名。近阅徐宗亮《归庐谭往录》，盖魁联也。据云：

当武汉初复，文忠由湖湘，文恭由襄汉，分为两岸，麾下文武各有所主，议论颇不相下，两公遂成水火之势。文忠一日具疏参文恭十二事，先遣人示意请改，文恭闭不纳。时前宝庆守魁联荫庭被议随营，周旋两府间甚洽，因诣文恭言曰："今天下大事，专倚湘人，公若能委心以任，功必成，名必显。公为大帅，湘人之功皆公之功。何不交欢胡公，而为一二左右所蔽乎？某请往说胡公使下公。"旋又过文忠言曰："官公忠实无他肠，友谊极重，公若与结好，凡事听公，决无后虑。若必劾去易能者，恐未必悉惟公所为。公其思之。"两公甚然其言，前隙遂释。魁又促文恭先过文忠布心腹，于是结为兄弟，家人往来如骨肉焉。文忠知文恭用财欲泰，而丁漕税厘盐课皆兵饷所指，不能给私，乃以荆州道竹木税一项专归督院派员，于新堤设局征收，由督院报部支销，所谓新关者也。文恭得此，亦感文忠之厚云。魁守宝庆，颇得士民心，贼围二次，坚守获全，有《前后守宝录》行世。文忠后奏请以三品卿衔总理湘楚水陆各军营务简练事宜，未奉旨而病卒。

所叙与福成略有异同，而大致即为一事。至魁联其人，知者较少，不若阎敬铭之耳熟能详也。咸丰七年闰五月魁联以开缺湖北粮道卒于新关差次，官胡奏准照按察使军营立功后病故例议恤。原奏谓：

> 魁联系内务府正白旗人，历任湖南辰州、衡州、宝庆、岳州等知府，洊升臬司，因在岳州防所患病回省，经抚臣骆秉章参奏，蒙恩以知府降补。嗣随同克复汉郡出力，渥荷圣慈，以道员记名，赏加按察使衔。今春复蒙简放湖北粮道，因先经委管新关，未即

*1433*

赴任，又值病体加增，虑旷职守，此魁联不得已呈请开缺，而臣等以得人办事之难，魁联守洁才长，实资倚助，不得已而有留办新关之请也。惟念魁联历任地方，洁己爱民，政声卓著，在军营多载，实有微劳。如前在宝庆任内，始以叛逆李沅发等之变，迅速剿平，继值粤寇鸱张，而宝郡为湘省屏藩，魁联练勇齐团，力筹捍御，全郡赖以安全。嗣带勇驻守岳州，几将两载，以升任臬司仍兼府篆，屡值邻氛逼近，魁联防剿严密，力遏凶锋，以固楚南门户。……前岁冬间由德安剿贼东下，稔知魁联熟谙军旅，奏调来北，委令总理营务，凡筹兵节饷，悉协机宜。又随同臣亲督行阵，躬冒矢石，屡扼贼援，每操胜算。此又在湖北军营效力年余，备尝辛苦，为臣等所目睹者。迨今春奏委管理新关，魁联创始经营，渐收济饷便商之效。又于总粮台饷需支应及牙帖抽厘诸务，有裨时艰，无不随时随事，妥筹办理。

此官书中魁联之略历也（奏中未言曾请加三品卿衔，云云）。其以擅离岳州防次为湘抚骆秉章所劾，王闿运《湘军志·湖南防守篇》所记云：

署宝庆知府魁联以习兵事特补岳州知府，……诸军专备广东边，广西防以委永州知府黄文琛，岳州防以委魁联，辰沅防以委永顺知府翟诰，惟以不请兵饷者为能事。魁联戆直好争议，秉章弗善也，会诏补魁联按察使，不令还省受印。魁联自以奉特简，迳还省城。秉章因劾以委军，仍降知府。

颇不满秉章，闿运固好讥刺也。官胡交欢事，《湘军志·湖北篇》云：

> 方南北岸之分军也，督抚未相见，将吏各有所统，颇构同异。官文以将军受任，拘于满汉，论者复为林翼陈杨霈、崇纶故事。林翼叹曰："师克在和，此何时哉！"既渡江见总督，下令僚属曰："督抚相见，前事冰释，敢再言北岸将吏长短者，以造言论罪。"官文闻之大欢。林翼又以盐厘月三千金充督府公费，两人约为兄弟，故军政吏治皆林翼主稿，官文画行，有言巡抚权重者一无所听，而巡抚亦谨事总督，推美受过，湖北富强基于此。

亦可参阅。所云杨霈，疑应作吴文镕。湖广总督吴文镕受湖北巡抚崇纶龃龉，覆军捐生，为鄂省督抚满汉倾轧之故事。杨霈督鄂时，崇纶已罢矣。《谭往录》又云：

> 文忠在鄂抚时，于州县等官最为慎重，督府官文恭亦未能主之。一日文恭予所亲署鹤峰知州，文忠以山州僻壤，未甚注意，而荆州知府刘章侯者，审署州人材不足胜任，于过谒时留迟其期，密揭于两府，请

易员代。适两院望日祠祀相见，文恭谓曰："昨一大怪事，君知之乎？督抚委缺，本府不许履任，有是理乎？"文忠答曰："此吾辈过也。知府举正，吾辈当谢之耳。"文恭复曰："虽然，当为吾留面目。"文忠领之，令署州视事三月引退。及文忠薨后，刘竟坐事降荆州同知，刘亦安焉。后合肥相国督楚时，为刘年家子，欲力为之地。刘辞曰："公意极厚，然职年七十余矣，精力万不足任事，闲曹薄俸，稍可自给，他不敢求。"相国太息而止。刘奇人，惜失其里居名字。

知其不胜州任，仍令视事三月，亦颇见林翼周旋同官之苦。（州县补署，例由藩司下委，惟督抚权重，每承意旨耳。）鹤峰州隶宜昌府，《谭往录》所记，于地名盖有误。尝闻人言，汪荣宝为驻日公使时，有新任横滨总领事陆某，衔命东渡诣谒，荣宝察其难胜，坚持不许履任，事与刘章侯颇类。

（原第 12 卷第 7 期）

## 一三　胡林翼轶事

徐宗亮《归庐谭往录》记胡林翼轶事有云："文忠公律己甚严，于宗族戚党不少假借。在黄州时，族人某来谒，饮食之者数月。一日辞赴前敌，问其故，以营官某奉调银钱所，荐与偕行。文忠勃然，呼银钱所委员及奉调营官面谕曰：'吾有族戚，力岂不能庇之？尔辈藉以结纳，风气一开,伊于胡底?姑记过一次以儆。'因饬银钱所给族人归资,并通饬各台局营员:'用人一事,胥秉至公,不得徇上司同僚情面,滥为汲引。若经访出,立即参处。'时颇有议文忠刻者,然琐琐姻娅,则无臙仕,诗人致慨甚深,文忠所虑非过也。"又云:"文忠公少年有公子才子之目,颇豪宕不羁,改官黔中,始励志政事。军兴而后,益以名节厉世,颇似信国少保,然口体之奉,未能如曾、左诸公啬苦也。予从营英山,无三日不小宴者,末座叨陪,厌饫极精。外间遂有粮台供应日五十金之谣,其实非也。曾公蔬食自甘,幕府诸人咸以为苦。左公则尤甚,遇士卒方食,即取匕箸同餐,尽饱而止。仁和范郎中尝言:赴衢州请兵时,大风雪,左公布衣羊裘,坐夹帐中,留一饭,白肉数片、鸡子汤一盆而已。后经略西边犹如此。"又云:"文忠公一代伟人,其游戏笔墨,无关轻重,然亦可仿佛其英姿磊落。当驻军黄州时,一日念及饷事,取白纸草书数行,刊印,加关防驰递。文曰:'开口便要钱,未免讨人厌。官军急收城,处处只说战。性命换口粮,岂能一日骗?眼前又中秋,给赏更难欠。惟祈各路厘局大财神,各办厘金三万串。'此纸递去,不十日,钱船络绎而至。"皆有致。曾、左、胡律己均严,而林翼口体之奉,优于曾、左,少年时环境不同之故也。(曾、左之自奉啬苦及林翼少年之不羁,他书亦颇言之。)至好为谐谑,三人亦略似。林翼以财神称厘局委员,而曾国藩亦尝以老板称林翼,其咸丰六年四月初八日致弟国华书云:

温六老板左右：三月二十八日，有小伙计自鄂来江，乃初九日起程者，接润之老板信三条，知雄九老板噩耗，吾邑伟人，吾店首功，何堪闻此？迪安老板新开上湘宝行，不知各伙计肯听话否。若其东来，一则恐无盘缠，二则恐润老板太单薄。小店生意萧条，次青伙计在抚州买卖较旺，梧冈伙计亦在彼帮助，邓老八、林秀三亦在彼合伙也。雪琴河里上（生）意尚好。浙闽均有些伙计要来，尚未入境。黄虎臣老板昨往瑞州去做生意，欲与印渠老行通气，不知可得手否。余身体平安，癣疾全愈，在省城与秋山宝店相得，特本钱太少，伙计又不得力，恐将来火食为难耳。余不一一。澄四老板三月十九发一信来，已收到矣。开益号手具。润公老板、迪安老板、义渠宝号、吴竹宝店均此。来伙计二人，照给白货。初七日到小店，初九日行。

可合看。曾书以商店生意喻军事，以老板等称加之诸将帅，或是恐书落敌手，故作隐语，亦未可知，惟明出诸人之字，则隐而未甚隐耳。

## 一四　淮军创立

《谭往录》纪淮军之创立及饷事，谓：

淮军之兴，由前山东布政使六安李公元华。当咸丰四年发逆踞庐州，李以抚部门生带团勇助剿。张制府树声、潘抚部鼎新、刘抚部铭传、周提军盛波、盛传昆仲，皆奔走其间。如是数年，虽未有成效，而战阵之事，练习日精。时合肥相国在籍办团，或居帅幕，或领军事，尚无专主，迨庐州事亟，由间道投曾文正公江右，李亦随赴吴清惠公淮安矣。张、潘诸公乃保境自守，徘徊俟时。及咸丰同治之交，楚军日盛，由西路径克安庆。刘抚部族子东堂与韩提督殿飏侦知其事，诸公乃使谒合肥相国请计，于是有创立淮军之举。时江苏官绅乞师者踵至，合肥相国慨然请行，先立鼎、铭、庆、树四营，益以湘军亲兵一营，林字一营，开字二营，共为九营，陆续赴援上海。铭营始以东堂主之，东堂方推其叔抚部，庆营则吴提军长庆主之，向从军庐州，与潘、张诸公又别，亦未尝归李部下，林营则湘人滕镇军嗣林主之，亲兵营则湘人韩太守正国主之，开营则程提军忠烈主之。通名淮勇，实则湘军三营淮军六营也。其后林营未甚著迹，亲兵营年余败，惟开营功业先著，而忠烈殉后，遂以不振，于是树、鼎、铭、盛各成一军，自一营开至数十营不等。盛军者，即周氏兄弟抵上海后所主者也。庆营正副二营，历十数年，至海防议起，始增六营，而铭、盛两军垒为畿辅拱卫之师，遂称两大，较诸军为久长云。说者以淮军创于李，成于刘、韩，大于刘、周，皆所以佐合肥相国成中兴伟烈，盖有天焉。军饷定制，向无额数内扣者，有之自淮军始。岁支九关，遇闰酌加，余则目为欠饷，粮台分别记注，裁撤时酌发三五关不等，或历年过久，通计成数报效，为本籍增文武学额，勇卒亦竟安之。闲询老辈则初赴上海时，饷项匮乏，食米而外，仅酌给盐菜资，及接仗克城，人人有获，每向夕无事，各哨聚会，出金钏银宝，堆案高数尺许，遇发饷时多寡不较也。合肥相国知之，明订九关，杜营哨虚冒，遂为成例，入于奏案。其时米价极昂，石值银五两。各军克城，辄封存城所囤米，据为私有。合肥相国出示收买，定价石银三两，出入一律，亦为成例定案。淮军统将往往以此致富云。

均足为淮军历史之参考资料。（言淮军初成时之各营，数未相合，当有讹字。）克城纵掠，为旧日军营恶习，由来盖久，大氐纵掠三日，逾期始申军法。民国二年，张勋军入南京，报纸载其大掠十日。未几，友人某君在津浦火车偶与勋部曲闲谈，颇洽，因以报载叩之，答曰："安有十日？仅三日即出告示禁止矣！"盖以三日若为惯例所许，不必讳言耳。蔡寿祺《蓉城偶笔》，记咸丰庚申（十年）、辛酉（十一年）间川中军事，盛推游击陈祥兴之忠勇，而谓："陈军令甚肃，收复荣昌时，弛禁三日，三日后有犯令者立正军法。"三日之弛与军令之肃，并行不悖焉，亦足征军界旧习已。

宗亮于《谭往录》光绪十二年自识,谓:"冠后客游东南,兵事终始,见闻盖亦多矣。闲归里庐,故人后进从而问讯,辄据几拉杂书之,遂以成册。"尝居胡林翼、李续宜、李鸿章幕府,故于湘淮军事,颇多见闻,所纪每有史料价值。 (原第12卷第8期)

## 一五　谈陈弢庵

张之洞之逝,陈弢庵(宝琛)送归榇诗云:

风吹尘沙如黑烟,城郭惨澹飞纸钱。
弥天心事一棺了,丹旐此去无时还。
为臣独难古所慨,谢安裴度宁非贤?
移山逐日老不给,矧更百虑镌其天?
漫漫脩夜大星失,觇者于国犹哀怜。
寸丹灰尽料未死,傥觊宗祖通灵乾。
太行蜿蜒送公处,卅载岂意重随肩?
对谈往往但微叹,此景追味滋涕涟。
九原何者算无负,踯躅四顾伤残年。

语甚沉楚。陈于同治间入翰林,光绪初年,与之洞及张佩纶、宝廷等同为清班中最以敢言著者,主持谠议,风采赫然,锋棱所向,九列辟易,时称清流党焉。订交最早,情文相生，与祭文"吾之交公也以天下，哭公也亦以天下，而无所为私，独以三十年之离索，犹及生存数面，濒危一诀，盖亦非人之所能为"，挽联"有注海倾河之泪，近忧远虑，窥微早识病难为"，墓志铭"初宝琛与公接膝京师，谬引同志，里居一访公广州，前后契阔几三十年。前岁入都，见公道孤志励，气郁虑煎，私用忾叹，孰图会遭而决遽哉"等语，均见投分之深。之洞于光绪七年辛巳以内阁学士授山西巡抚，宣统三年辛亥陈又以阁学授晋抚，遥遥相对，相去适三十年。陈未及之任，即开缺以侍郎候补，偕大学士陆润庠授读毓庆宫。（民国四年乙卯，袁世凯营帝制，润庠以忧恚卒，陈挽以联，有"来日大难，及此全归天所笃"之语。）当时或为其失开府惜，未几革命军起，晋抚陆钟琦死之，乃群叹其福命之优。鼎革以还，久寓故都，同光老辈，鲁殿岿然，年近九旬，神明弗衰，书法清腴，犹能于灯下作小楷，所为诗视壮年益精密，说者谓期颐之寿，殆不难致，日前遽以病卒，耆旧凋零，闻者当有同感也。

宝廷、佩纶之逝，陈均有诗哭之。《哭竹坡》云：

> 大梦先醒弃我归，乍闻除夕泪频挥。
> 隆寒并少青蝇吊，渴葬悬知大鸟飞。
> 千里诀言遗稿在，一秋失悔报书稀。
> 梨涡未算平生误，早羡阳狂是镜机。

《入江哭箦斋》云：

> 雨声盖海更连江，进作辛酸泪满腔。
> 一酹至言从此绝，九幽孤愤孰（孰）能降？
> 少须地下龙终合，孑立人间鸟不双。
> 徙倚虚楼最肠断，年时期与倒春釭。

真挚可诵。佩纶当马江失事后，陈丁母忧，挽以联云："狄梁公奉使念吾亲，白云孤飞，将母有怀嗟陟屺。周公瑾同年小一月，东风未便，吊丧无面愧登堂。"皆清流党之哀音也。陈与佩纶之交尤笃，佩纶墓志，亦陈所撰，于马江之役，颇为申雪云。

陈以甲子（同治三年）举人成戊辰（七年）进士，改庶吉士，年甫二十一也。辛未十年留馆授编修，乙亥（光绪元年）大考二等，记名遇缺题奏，回翔翰詹，迭司文柄，壬午（八年）以侍讲学士简江西正考官，转读学，就简江西学政，翌年擢内阁学士。甲申（十年）中法衅起，与佩纶（侍讲学士）、吴大澂（通政使）同受命参军务，吴会办北洋，陈会办南洋，张会办福建海疆。佩纶最用事，以马江之败遣戍。陈与江督曾国荃颇不相得，（时前山西按察使陈湜总统江南各军，为国荃所信用，以陈劾，撤差交部严议。或谓湜恃国荃宠，与钦差抗礼，陈恶其骄，复廉得治军诸状，遂严劾之。）未能有所展布，旋以尝保唐炯、徐延旭可大用（唐徐以滇抚桂抚督师获重谷），交部严加议处，遂降五级调用。三会办惟大澂幸无恙，十年后亦以中日之役褫职。当陈与佩纶获谴时，谑者为一谐联云："八表经营，也不过山西禁烟，广东开赌；三洋会办，请先看侯官降级，丰润充军。"嘲陈与二张也。之洞山西巡抚谢恩折有"职限方隅，不敢忘经营八表之略"之语，在晋禁烟颇力，督粤请弛禁闱姓，故云。惟陈实籍闽县，非侯官。〔沈太侔《东华琐录》谓"嘲张幼樵、林少穆、张香涛"，盖因侯官而误，此时安得有林少穆（则徐）乎？〕甲申军事，之洞方为两广总督，以广西冯子材等谅山大捷，论拨军筹饷功，赏戴花翎，朝眷日厚，视陈与佩纶等荣枯判然矣。宝廷先罢（壬午以礼部右侍郎典试福建，覆命途中纳妾，褫职），佩纶与陈继之，清流党遂瓦解。

陈得镌级处分，时已丁母忧，归里不出，迨己酉（宣统元年）以荐起，奉召入都，优游林下者二十余年矣。再补原官，总理礼学馆，充资政院钦选议员（以硕学通儒资格）。既开山西巡抚缺以侍郎候补直毓庆宫，旋补某旗副都统。清室退位后，溽加太傅。比闻有晋赠太师、予谥文忠之说，莫知其审也。

庚辰（光绪六年）李三顺一案，陈于太后盛怒之下，抗疏力净，尤为清流党出色之举。李三顺者，慈禧侍奄也，奉命赍物往醇王福晋所，违例直出午门。直班护军阻之，相争，三顺遽以被殴返告慈禧。慈禧方病卧，不视朝，即请慈安临其宫，泣诉，谓不杀护军不愿复活。慈安怜而诺之，命交刑部会同内务府审办，而面谕兼南书房行走之刑部尚书潘祖荫，必诛护军。祖荫素持正，见慈安辞色甚厉，亦弗敢犯颜。既廉得其情，主管司员谓："案既交部，不能迎合枉杀。"祖荫以为然，而东朝持之急，谳上，屡饬更审加重，仍执前议，乃降谕，谓非格外严办不足以示惩儆，玉林（原拟发吉林充当苦差）、祥福（原拟发驻防当差）均革去护军，销除本身旗档，发黑龙江充当苦差，遇赦不赦，觉罗忠和（原拟折圈三年）革去护军，圈禁五年，均著照拟枷号加责，护军统领岳林（原拟交部议处）著再交部严加议处，此是年十一月二十九日上谕也。陈氏以此案若竟如此结局，长奄竖之焰，关系甚大，即草疏欲上。佩纶与过从最密，知而告诸之洞。之洞曰："吾亦欲上一疏，作同声之应，惟均只可称引祖制，泛论裁抑宦寺，俾太后自悟，万勿直就本题发挥，恐反激怒，则无益有害矣。"旋闻陈氏疏稿果如己旨，惟正疏外附一片，则仍点明本题，亟致一笺，谓："附片万不可服！"以药名作隐语也。翌日在直所相晤，询知疏已上，复问曰："附片入药未？"曰："然。"之洞顿足曰："误矣，语矣！"两疏既入，慈禧怵于清议，心亦稍悔，因以十二月初七日懿旨，改定玉林杖一百，流三千里，照例折枷，枷满鞭责发落，祥福杖一百，鞭责发落，忠和杖一百，实行责打，不准折罚钱粮，□仍圈禁二年，圈满后加责三十板，岳林免其再行交部严议，并将李三顺交慎刑司责打三十板，罚首领太监月银六个月。此案既结，之洞喜而谓陈曰："吾辈此次建言，居然获效矣！请问附片中究系如何说法？"陈为诵数语，之洞乃大赞其辞令之妙。此事陈之敢言，过于之洞也。（之洞时官左庶子，陈右庶子，均兼日讲起居注官。）翁同龢是年八月十三日《日记》云："是日中官出午门，为禁兵拦阻，争扭，将禁兵交刑部，而中官云受伤。"十月二十日云："刑部奏结太监被午门护军殴打一案，奉旨再行讯问（未见明发）。"十一月初七日云："刑部内务府会审午门之兵与内监互殴一案，内监无伤，而门兵问军流。折上，奉旨情节未符，盖至是已再驳矣。"二十七日云："昨日内府刑部奏午门案，懿旨将抗旨例查出具奏。今日覆称，抗旨无例，照违制律，抗即违也。"二十八日云："夜访吴江相国（按：协揆枢臣沈桂芬也），知昨日午门案上，圣意必欲置重辟，枢臣力争不奉诏，语特繁。今日传谕内务府刑部堂官，仍须加重罪名也。窃思汉唐以来，貂珰之弊，往往起于刑狱。大臣无风骨，事势渐危，如何如何！"二十九日云："是日内刑两处封奏，并呈律例一册。奉旨将护军两人加重发黑龙江，遇赦不赦。又一人系觉罗，尤重，圈禁五年。护军统领岳林加重严议。"十二月初七日云："钦奉懿旨，午门殴打太监一案，将首犯杖一百，流三千里，折圈（按：当作枷），余犯皆减。涣然德音，海内欣感。前日庶子陈宝琛、张之洞各有封事争此，可见圣人虚怀，大臣失职耳。既感且愧。"可参阅。此案之为当时重视，及陈等疏争之难能，均足见矣。

陈于陈三立八十生日赠诗有"相期无负后彫松"之句。三立为其壬午典试所得士,"岁寒然后知松柏之后凋也"为当时试题。师生均工诗。宝廷壬午典闽试,所得士如郑孝胥（解元）、陈衍、林纾（时名群玉）,后亦为陈诗友。(陈和纾诗有句云："读书博簺等伤性,多文为富君勿贪。"时纾以译小说所入颇丰,又喜作麻雀之戏也。婉而多讽,诚隽语。)

陈寿八十八。其翰林前辈（早一科）曾为同治师傅之张英麟,卒于乙丑（民国十四年）,寿亦八十八,晚年亦甚健。　　　　　　　　（原第12卷第10期）

## 一六　笑话数则

钱泳《履园丛话》云："太仓东门,有王某者,以皮工起家,至巨富,构一楼,求吴祭酒梅村榜额。梅村题曰'阆玻楼'。人咸不喻其意,以为必有出典。或以询梅村,梅村曰：'此无他意,不过道其实东门王皮匠耳。'闻者皆大笑。"此则笑柄,颇脍炙人口,且有属之纪昀者,以纪晓岚善谑著声流俗也。近阅黄宗羲《丰南禺别传》,则时代更早之丰坊事大与之类。据云："东门皮工王姓者,事坊甚谨,岁时馈遗不绝。坊感其意,问其所欲于尝所往来者。或曰：'似欲向公乞一号耳。'坊手书'阆坡'二字以号之,而'坡'字之土肥头。皮工得此,珍甚。有见之者,曰：'析之为东门王皮,公盖綦汝也。'皮工闻之更喜曰:'吾于东门犹虮虱耳,公乃以东门畀我;皮固吾业,道其实耳。'踵门以谢,言状。坊曰:'此人安得有此言,可以师我矣。'延之上坐。皮工惶恐而出。"尤有趣致。《丛话》所记,疑即此笑柄传闻异词者,盖坊名之晦久矣。《别传》谓:

> 余读《嘉靖实录》,十七年六月,致仕扬州府通州同知丰坊奏请上兴献皇帝庙号,称宗以配上帝,心鄙其为人。盖坊之父熙尝以议大礼廷杖,其忍于背父,他又何论?坊有书名,甬上故家多藏其底草相夸示,每黜而不视也。已见坊所著《五经世学》,其穷经诚有过人者。徐时进书其逸事,惜文不雅驯,暇时另为一通,以发嗢噱。坊更名道生,字人翁,别号南禺外史。五岁时,董侍御问以所读书,曰《大学序》。诵至淳熙五年,故漏熙字。侍御问之,曰:"此大人名也。"由是长老多奇之。当其读书,注目而视,眸子尝度眶外半寸,人有出其左右,不知也。自考功迁谪,失职而归,书淫墨癖,无所不知,亦遂目空今古,滑稽玩世,淌洋自恣而已。

丰坊其人,于此约略可睹。"阑坡"一则而外,宗羲复述其逸事,如:

> 有方仕者,从坊游,学其书法,假坊名以行世。坊知之,恨甚,曰:"须抉其眼始不能作伪耳。"以是

语舍中儿，皆曰诺。久之，舍中儿捧一物至，曰："此方仕之眼睛也，吾等俟之荒郊，抉之以来耳。"坊大喜，厚劳之。再日而方仕至，舍中儿告之故，令勿入，"入则吾等欺败矣。"仕曰："无伤也。"坊见仕，大骇曰："闻君遇盗伤眼，今如故何也？"仕曰："曩者夜行，盗抉吾眼以去。力（方）闷绝间，丛祠中有鬼哀吾，取新死人眼纳吾眶中。今虽如故，犹痛楚耳。"坊亦信之，置酒贺其再生。

每年必召黄冠设醮，以驱蚤虱。客至，则问之："自吾醮后，觉蚤虱减于昔否？"客曰："尤甚，吾力（方）怪之，岂知公家蚤虱驱而之吾舍乎？"坊乃大喜。当其醮时，黄冠赂侍者阴捕蚤虱，不使近坊，坊确然以为醮之左验。庞侍御求书，馈金三十。坊曰："吾正需此。"即设醮三坛，一灭倭寇，二灭伪禅伪学，三灭蛇虎蚤虱。闻者无不大笑，而坊匍匐祈请，出于至诚。

尝于谭观察坐间征异事，坊曰："宏（弘）治五年凤凰止正阳门楼上，移时而去。脱一羽，长二丈许。"观察不信，坊指其童子曰："彼亦见之。"童子曰："然。"又尝纳凉僧舍，谓僧曰："我在通州，穴巨瓜，置小杌其下，侧身入坐，仰面承浆饮之，肤生粟乃出。"僧不信，亦以征之童子。童子年十三四，坊之倅通相去且三十年矣。

**均趣味丰富，为笑料上品。坊之匍匐诚祈，未知视后**

之国难中作斋醮者如何。尝闻元军之攻日本，日本举国僧徒，一致诵经祈祷，会元军被风覆舟，日难以纾，录却敌功，僧徒胥蒙大赉，斯或足为坊事解嘲耶。坊说经之迂怪，宗羲谓：

> ……其于书经，则谓其祖庆正统六年官京师，朝鲜使臣妫文卿、日本使臣徐睿入贡，以《尚书》质之。文卿曰："吾先王箕子所传，起《神农·政典》，至《洪范》而止。"睿曰："吾先王徐市所传，起《虞书·帝典》，至《秦誓》而止。"笑中国官本错误甚多。其中国所无者，令严，不敢传，而正其错误者一二。故坊之"世学"一依外国本。文卿言其国《商书》有四十一篇，睿言其国《周书》有八十二篇，而《周书》第七十八为"孔子之命"，敬王命仲尼为大司寇相鲁而作，其八十二方为《秦誓》。书依年而次，《秦誓》之作，在鲁僖公三十三年，孔子生于襄公二十二年，相去七十六年，焉得以"孔子之命"先之乎？其伪不待辨，庆果信之，亦取笑于外国矣。坊一官不得志，无所不寄其牢骚，人给己还以给人，至于经传亦复为拊掌之资，其罪大矣。

朝日二使之言，盖即坊杜撰，所谓玩世自恣也。宗羲谓庆果信之云云，则不免犹为坊所给耳。

## 一七　黄宗羲之文章架子观

宗羲《论文管见》有云："作文不可倒却架子。为二氏之文，须如堂上之人分别堂下臧否。韩、欧、曾、王莫不皆然，东坡稍放宽。至于宋景濂，其为大浮屠塔铭，和身倒入，便非儒者气象。王元美为《章篑志》，以刻工例之徵明、伯虎大函，传查八十，许以节侠，抑又下矣。"与自跋《张南垣传》《柳敬亭传》所云："偶见梅村集中《张南垣》《柳敬亭》二传，张言其艺而合于道，柳言其参宁南军事比之鲁仲连之排难解纷，此等处皆失轻重，亦如弇州志刻工章文，与伯虎比拟不伦，皆是倒却文章架子。余因改二传。其人本琐琐不足道，使后生知文章体式耳。"均足见其文章架子观。

## 一八　子遗柏

政学各界植树，岁一举行，而所植率枯死，盖不顾土性之是否相宜，栽种之是否如法，仪式既终，委而去之，树秧何辜乎！三月十二日《大公报》短评云："这几天各处又在忙著植树了。我们以为在种植新树之先，应该大家检查一下，去年种的树究竟活了几棵。"斯诚循例植树者所宜留意也。偶阅英敛之《寒斋剩墨》，中有《题子遗柏》云：

己未春植树节,仆率京中慈幼局儿童来山,熊公希龄、汪公大燮与仆各手植一柏,以为纪念,其次则令诸儿工役等续植之。迨数月后,所植三千株皆枯槁以死,独仆手植一株则欣欣向荣,至今更日见茂盛。夫种柏三千,不为不多矣,独活一株,不为不少矣,虽欲不矜其异不可得矣,今特名之曰孑遗。……

反常为异,物稀则珍,"孑遗"自可矜耳!

(原第12卷第12期)

## 一九　张之洞冷遇袁世凯

张之洞久任兼圻,自负资望,每以倨态对客,壬寅(光绪二十八年)在署江督任,直督袁世凯往访,相传之洞有于座间熟睡之事,盖故作偃蹇也。癸卯《新民丛报》时评(盖梁启超手笔)云:

……袁至南京,与张商议一切。袁行之日,张饯之。酒及半,张遽睡熟,久未醒,袁不及待而行。张醒后,急命排队请袁回。袁欲不返,幕僚劝之行。比至,重张宴谢罪,欢饮而别。……夫张之待袁,为敬乎?为慢乎?以南洋大臣款北洋大臣之重客,而居然睡熟,则其慢之意可知也。张何为而慢袁?张任粤督时,袁仅一同知,袁以后辈突居上游,张自负老辈,或隐然示之以老督抚之派子，旋继之以优礼，其玩弄袁之状，袁其能终忍之乎？……

揆诸之洞素态，事或有之。又李宝嘉《南亭笔记》纪此云：

袁官直督，以母丧请假回籍，道出南京。张之洞方署江督，相见既毕，纵谈甚欢。袁作魏武帝语曰："天下英雄，惟使君与操耳。"张颇不以为然。袁方欲有言，张已隐几卧矣。袁出，张亦不送。袁大怒，径登兵轮，速令开船。南洋兵轮管驾以未奉张制军命，不敢开船。袁愈怒曰："汝谓我北洋大臣不能杀南洋兵轮管驾乎！"不得已，遂启碇。迨张闻炮声惊醒，已失袁之所在，因令材官飞马持令箭，谕管驾不许开船，制军即来答拜。张至江干，船已离岸。袁在柁楼与张拱手曰："他日再通函可也。"张嗒然而返。后张赴京觐见，虚悬半年，皆袁所为，盖修前日之怨也。

与《丛报》所述颇有异同，而尤若言之历历，惟似不免小说家装点语，未尽可信耳。"天下英雄"云云，不类其时世凯口吻，世凯岂若是之浅乎？张、袁此次会见，为壬寅冬间事。时世凯回籍葬母，遂过汉口、南京、上海而返任。

近阅徐树铮《视昔轩遗稿》，中有《致马通伯书》论之洞，云：

1453

通伯先生道席：南皮公传稿，谛诵数四，裁翦严洁，悒心贵富，重事轻举，萧然若无觉矣。篇中多用侧笔，运以曲致，讽誉相孕，抗队在心，殆合取龙门六一之神髓，别造新妍，而不袭貌似者也。惟鄙见以为有清中兴以来，自合肥李公逝后，柱国世臣，资望无逾公，干略无逾项城。公于项城，爵齿德俱尊，而辈行又先。项城功名中人，仰公如神。其时公果涵以道气，驭以情真，两美诉合，共忧国是，项城不愤亲贵之齮龁，尽其材画，戮力中朝，公虽前卒，而武昌之变至今不作可也。讵公与相遇，殊形落寞；项城执礼愈恭，则愈自偃蹇以作老态。壬寅之春，公过保定，项城时权直隶总督，请阅兵。既罢，张宴节府，树铮躬侍陪席，亲见项城率将吏以百数，饬仪肃对，万态竦约，满坐屏息，无敢稍解，而公欹案垂首，若寐若寤，呼吸之际，似蠢蠢然隐鼾动矣。盖公去后数月，项城每与僚佐忆之犹为耿耿也。一色息之细，不能稍自节束，以笼络雄奇权重之方面吏，徒使其心目中更无可畏可爱可敬之人生与并世，渐滋其骄谲之萌，致力于拒纳之术，以遗后世忧。当日衮衮诸公，何人曾足语此？此亦清室兴废一大关键，而春秋责备之义所不容不独严于公也。鄙见以为宜于传中微书数言，俾后之读史者有所考而知所以自处之道也。先生其谓可乎？惟幸教及之。不宣。

语重心长，文境良佳。所叙张、袁在保定会见情事，得之目击，较《丛报》等之纪南京会见得诸传闻者，自为信而有征；或之洞之慢世凯凡两次耶。《丛报》评语，与树铮所叙，亦颇可合看。虽之洞纵对世凯致力结契，世凯亦未必真能为所笼络，而其老辈自居，示以偃蹇恶态，适为世凯所轻，实不诬也。时世凯已贵，之洞犹不屑引为平交，其后北洋声势，日益烜赫，之洞瞠乎后矣。迨同入枢廷，之洞以相国之尊，班次在前，而世凯与庆王奕劻（军机领袖）比而用事，之洞莫能与竞，拱手听之而已。载沣以摄政王监国，世凯被逐，之洞方冀可得发舒，乃亲贵群起，分踞要津，幸门广开，政纪益棼，争之不获，愤抑以终，盖亦大可哀已。至树铮所叙，谓是壬寅春间事，颇忆之洞是时似未北上，未知是否翌年（癸卯）春之洞入觐时事，容再考。（树铮文以干支识岁，间有不经意之失，如《哀更生辞》序有云："殇武之生也，岁在癸卯，是时清帝及太后归自西安未及一载……"癸卯为光绪二十九年，后帝于二十七年辛丑冬归抵京师，倘在癸卯，逾一载矣。又云："及武之殇，厥岁丁未，帝及太后相继崩御。……"后帝逝于光绪三十四年戊申，丁未则三十三年也。）

又闻之洞、世凯在保定相会时，世凯尝偕司道各官与晤，之洞以藩司杨士骧为翰林后辈，座间独与作长谈，所谈多词曹故事，于世凯若无睹。世凯枯坐，莫能置一词也。士骧敏于应对，为之洞所赏，语人云："不意袁慰廷作总督，藩司乃有杨莲府！"袁世凯闻之，谓士骧曰："君既受香帅知遇，何不请其奏请调任湖北，俾日常相处？"士骧笑曰："纵香帅有此意，司里亦不愿伺候此种上司也。"此盖癸卯年事。

之洞督鄂最久，以起居无节，幕僚属吏甚以为苦，尤以幕中缮写奏折为最苦之役。往往夜深发交折稿，天明即须阅过拜发，且于字体吹求甚至。赶缮既竣而送阅，偶看出一字稍不如式，即以笔就墨海中，饱濡墨渖，就此字滴下，透过数层，全折俱废，乃发回更缮，仍立候送阅。任此役者有时窘急至于涕泣云。其必毁全折，盖恐缮者用挖补之术，将此一字修改，弥缝无迹，而万一御览时忽"开天窗"，已将受过耳。（挖补处脱落，谓之开天窗。）

(原第 12 期第 13 期)

## 二〇　《张之洞传》微词致讽

徐树铮与马其昶书，论张之洞事，所云《南皮公传稿》，盖即《清史稿》之洞传也。（金梁《清史稿校刻记》云："列传则……诸臣原稿，凡在馆诸君多有分纂。……光宣为马君其昶、金君兆丰复辑。……"之洞传当是其昶手笔。）传颇整洁可观，著之洞之善，而亦时以微词致讽。如"之洞以文儒致清要，遇事敢为大言"；"往者词臣率雍容养望，自之洞喜言事，同时宝廷、陈宝琛、张佩纶辈锋（蜂）起纠弹时政，号为清流"；"法越事起……因荐唐炯、徐延旭、张曜材任将帅。……炯、延旭亦皆已至巡抚当前敌，被劾得罪去，并坐举者，之洞独以筹饷械劳免议"；"由是湖北财赋称饶，土木工作亦日兴矣"；"二十四年政变作，之洞先著《劝学篇》以见意，得免议"；"莅官所至必有兴作，务宏大，不问费多寡。爱才好客，名流文士争趋之"，皆有微词焉。统观全传，树铮所谓"讽誉相孕，抗队在心"也。惟树铮与书欲其"微书数言"者，竟未更以一字及之。

## 二一　徐延旭宦途腾达之因

炯为之洞妻兄，延旭亦之洞所器许，除自行论荐，并属陈宝琛、张佩纶言之。迨炯以云南巡抚、延旭以广西巡抚督师获重咎，追论原保之人，佩纶于马江偾事参案未结之前，先行革职，宝琛降五级调用，之洞则上谕称其"简任两广后，征兵筹饷，颇著勤劳"，仅获降一级留任处分，盖政府中有阴为之地者也。佩纶无论矣，宝琛遭此挫跌，实误于之洞，后颇自谓受之洞之累云。其昶谓"之洞独以筹饷械劳免议"，稍误，实是"从宽交部察议"，部议降一级留任，从之。（宝琛系"交部严加议处"，如议降级调用。）延旭之获大用，徐宗亮《归庐谭往录》云：

> 徐中丞延旭之抚西省也，由湖北襄郧荆道，不逾二年，迁擢之速，震耀一时。盖徐尝辑《越南纪略》一书，张制府之洞于奏保人才时并以进呈，朝廷重之。其书体例揉杂，姑不深论，而于越南地势民风政教禁

1457

令，率偕（皆）摭拾大略，如官房须知册子之类，至今昔沿革损益利害，均未之考，惟中越边界各隘，历粤抵滇，计有千八百里，详载无遗，尚足备览，然《广西通志》固有之矣。徐自言，任太平府时，款接贡使，出关，抵一人家，雨留数日，得抄册记载越事，携归，并采案牍，汇为是书，不意缘此致福也。徐以庚申进士即用知县至梧州知府，最为知名。梧州号称富区，税榷盈余，足供挥霍。徐极慷慨轻财，一时上下同僚有求必获。鹿中丞传霖时亦以翰林改官，同在西省，公私积累，几不可收拾。徐先后资以万金，结为姻好。制军荐举，鹿盖与有力焉。

可资考镜。（传霖为之洞姊婿，延旭之子坊为传霖女婿。传霖之没，坊挽联有"与先君为莫逆至交，存亡靡间，患难不渝"等语。延旭逮问，定谳斩监候，改戍新疆，未出都病卒。）

## 二二　刘坤一张之洞订东南自保条约

庚子所谓东南自保之约，为江鄂二督（刘坤一、张之洞）与各国驻沪领事所订，未参以他督抚。其昶谓："二十六年京师拳乱，时坤一督两江，鸿章督两广，袁世凯抚山东，要请之洞同与外国领事定保护东南之约。及联军内犯，两宫西幸，而东南幸无事。"曰要请，盖言之洞为被动；曰幸无事,盖于此举不甚称许。事由坤一主持,邀之洞与之,坤一为南洋大臣,地位本较重要,其人亦较有魄力也。虽一时形同后来之所谓独立,而权宜应急,其心无他。至如其昶所记,江鄂二督之外,更有粤督鲁抚,同订此约,与事实未符。

## 二三　张之洞入军机

之洞于光绪三十二年五月以湖广总督协办大学士,六月晋大学士,仍留湖广总督任。旋内召,授军机大臣,兼管学部。其昶谓:"三十二年晋协办大学士,未几内召,擢体仁阁大学士……"若内召后始正揆席者,叙次盖亦稍失。

## 二四　唐炯父名树义

《清史稿》炯传云:"唐炯,字鄂生,贵州遵义人,道光二十九年举人,训方子。训方督师金口,炯驰数千里省视。越夕难作,仓皇奉遗疏谒曾国藩,得代奏。"按:炯之父名树义,咸丰四年以湖北按察使死难(谥威恪),何以误作训方?训方为湖南常宁人,在湘军有名,后亦曾官鄂皋,光绪三年卒于家,距树义死难二十余年矣。《清史稿》间有取材仲子(费行简)《近代名人小传》者,此误或缘《小传》,《小传》固谓炯是训方子也。(以上所引之洞及炯传语,均据《光宣列传》本,金梁自《清史稿》辑出者。)

1459

## 二五　王士禛泥古举隅

陈衍《石遗室诗话》云：

> 昌黎诗云："荆山已去华山来，日照潼关四扇开。"渔洋本之，以对"高秋华岳三峰出，晓日潼关四扇开"。益都孙宝侗议之曰："毕竟是两扇。"或曰："此本昌黎，非杜撰。"孙愤然曰："昌黎便如何！"渔洋不服，谓孙持论好与之左。余谓渔洋"潼关"句于韩诗止易一字，而"函关月落听鸡度，华岳云开立马看"，又高青邱之句。华岳自是三峰，亏渔洋苦凑"高秋出"三字，无甚高妙，亦何必哉？分明是两扇，必说四扇，似不得藉口于古人。昌黎时关门不敢知其如何，总以不说谎为妥。

箴王士禛泥古之失，论颇明通。又士禛《池北偶谈》云：

> 予赠徐隐君东痴（夜）诗云："先生高卧处，柴门翳苦竹。雪深门未开，村鸡鸣乔木。日午炊烟绝，吟声出茅屋。"云云。故友叶文敏公（方蔼）最爱之，而不解"鸡鸣乔木"之句，以为江南若见鸡上木鸣，则以为妖孽矣。然古时已云："鸡鸣高树颠。"陶诗云："鸡鸣桑树颠。"而谚亦云："鸡寒上树，鸭寒下水。"此皆目前习见语，切庵岂忘之耶！

此亦士祯泥古忽今之处。只谓所引为目前习见语，而不顾目前习见事，欲以折方蔼，其蔽亦甚矣。实写目前景物，苟显有舛误，虽假古人张目，援以自伸其说，宁为知言？宋诗人陆游《老学庵笔记》云："淮南谚曰：'鸡寒上树，鸭寒下水。'验之，皆不然。有一媪曰：'鸡寒上距鸭寒下嘴耳。上距谓缩一足，下嘴谓藏其喙于翼间。'"士祯之必以上树为不刊之说，当为是媪所笑也！盖方蔼之忘，胜于士祯之不忘，士祯之解，不如方蔼之不解。

(原第12卷第15期)

## 二六　张之洞《阉宦宜加裁抑疏》

光绪庚辰李三顺案，已于《谈陈弢庵》（见第十期）记其概略。陈宝琛与张之洞疏争，实一出色之举。之洞主以裁抑宦寺立论，戒宝琛勿就护军定罪过重之本题发挥，宝琛仍附片论此，之洞言其误，迨懿旨下，询知宝琛附片之措词，乃叹服。之洞《阉宦宜加裁抑疏》（十二月初四日上），系援同时刘振生混入禁地一案合陈，力言阉宦横恣之害，名作也。文云：

　　窃近日护军玉林等殴太监一案，刘振生混入禁地一案，均禀中旨处断讫。查玉林固系殴太监之人，而刘振生实因与大（太）监素识以致冒干禁御，是两案皆由太监而起也。伏维阉宦恣横为祸最烈，我朝列圣驭之者亦最严，我皇太后皇上恪守家法，不稍宽假，历有成案，纪纲肃然。即以此两案言之，玉林因藐抗懿旨而加重，并非止以太监被殴也。（按：十一月二十九日上谕谓："此次李三顺赍送赏件，于该护军等盘查拦阻，业经告知奉有懿旨，仍敢抗违不遵，藐玩已极，若非格外严办，不足以示惩儆"故之洞云尔。）刘振生一案，道路传闻，谓内监因此事被罪发遣者数人，是圣意灼见弊根，并非严于门军而宽于褻御也。仰见大中至正，官府一体，曷尝有偏纵近侍之心哉？惟是两次谕旨俱无戒责太监之文，窃恐皇太后皇上裁抑太监之心，臣能喻之，而太监等未必喻之，各门护军等未必喻之，天下臣民未必尽喻之。太监不喻圣心，恐将有藉口此案恫喝朝列妄作威福之患，护军等不喻圣心，恐将有因噎废食见奸不诘之忧，天下臣民不能尽喻圣心，恐将有揣摩近习谄事貂珰之事。夫嘉庆年间林清之变，则太监为内应矣；本年秋间有天棚搜出火药之案，则太监失于觉察矣；刘振生擅入宫禁，不止一次，则太监从无一人举发矣；然则太监等当差之是否勤慎小心，所言之是否忠实可信，圣明在上，岂待臣言？万一此后太监等竟有私自出入，动托上命，甚至关系政务，亦复信口媒蘖，充其流弊所至，岂不可为寒心哉？相应请旨严饬总管内务府大臣将太监等认真约束稽察，申明铁牌禁令，如有藉端滋事者，奏明重加惩处。至内监出入，旧例应有门文，即使谓禁中使令繁多，向来或有便宜办理，非外廷所能尽悉者，亦望敕下总管内务府大臣前锋统领护军统领妥议章程，以后应如何勘验以谨传宣而杜影射之处，奏明遵守，其刘振生一案，如有惩办太监，亦恳明旨宣示，则圣心之公，国法之平，天威之赫，晓然昭著于天下，庶几宿卫班知感知悚，可以各举其职矣。臣记注之官，职在拾遗补阙。闻之经曰，履霜坚冰，防其渐也，传曰，城狐社鼠，恶其托也，迂愚之见，不敢不竭知上陈，伏祈圣鉴。

大处落墨，而于本案奄人所言之不可信及护军定罪之过重，则运笔甚为空灵，蕲太后之自悟。宝琛正折盖亦言宦寺之宜加裁抑，而附片更直犯请减护军罪名之本题，却能善于词令，既未激怒，益收动听之效。

## 二七　张之洞林纾述李三顺案

之洞于《抱冰堂弟子记》述此事云："庚辰辛巳间官庶子时，有中官率小奄两人，奉旨挑食物八盒赐醇邸，出午门东左门，与护军统领及门兵口角，遂毁弃食盒，回宫以殴抢告。上震怒，命褫护军统领职，门兵交刑部，将置重典。枢臣莫能解，刑部不敢讯，乃与陈伯潜学士上疏切论之，护军统领及门兵遂得免罪。时数日内有两御史言事琐屑，不合政体，被责议处。恭邸手张、陈两疏示同列曰：

'彼等折真笑柄，若此真可谓奏疏矣。'"亦正引为得意之笔。所述为后来追忆，颇有未谛，且方力事自结于慈禧，有所不欲质言也。宝琛疏稿，惜未得见，度当不让张疏，或附片更有精采。林纾《畏庐琐记》云："李三顺，阉人也，年十五六，时孝钦太后命将物事赐醇邸七福晋。行及午门，为护军所止，检视盒中何物，三顺不听检，遂哄闹久之。三顺置盒于地，奔奏太后，言守门护军不听出。孝钦适病，大怒而哭。慈安来省，问状。孝钦曰：'吾病未死，而护军目中已无我矣。'慈安曰：'吾必杀此护军。'于是降旨尽取护军下狱。刑曹据祖制上陈，言门禁应尔，不宜杀。慈安曰：'何名祖制？我死后非尔祖邪？必杀！'于是谏垣上疏，言'皇帝孝，故治护军宜严，太后慈，应格外加恩，以广皇仁，以彰圣孝'云云。疏留中三日，始以懿旨赦护军，杖三顺四十。"可参阅，惟亦多失考。此案定罪之经过，陈、张（均庶子讲官，非谏垣）疏争之结果，大致实如《谈陈宝琛》中所纪也。至"皇帝孝"云云，或即宝琛附片中语意，亦未可知，纾殆闻之未审耳。

## 二八　张之洞抑近幸吏折辩

高树《金銮琐记》云："楚粤兼圻誉望佳，门徒冤狱久沉埋。当年触怒中常侍，凛凛弹章蔡伯喈。"[予在方略馆，见旧档册有一目录曰："左春坊庶子（忘左、右二字）张之洞折一件。下摘事由曰：'抑近幸以防后患。'寻原折不见。

是时在己卯、庚辰间（忘其年），醇王与李莲英同作钦差，往天津阅兵，张公上书论之，莲英衔恨甚深。叔峤遇祸，莲英欲因此倾陷张公，太后不允。此闻荣仲华相国之言。后来张公入相，杨思尹缴呈密诏，冤狱竟未昭雪，或莲英之掣肘欤。"]

按：慈禧遣李莲英偕奕谟阅军，事在丙戌（光绪十二年），时之洞正在两广总督任，何能以庶子论此乎？此折盖即之洞论李三顺案之疏。至云忘庶子之左右，则左春坊自是左庶子，以左则均左，右则均右（中允赞善亦然），无左春坊右庶子之名目也。其以戊戌冤狱不获昭雪，疑系李莲英掣肘，按杨锐之子缴呈密诏，为宣统元年事，时莲英失势，且颇自危，岂尚能干预及此？锐虽之洞门人，而之洞之对戊戌案，盖亦非欲其平反者。

## 二九　王小航述李三顺案

王小航《方家园杂咏纪事》附记云："……慈禧遣阉人赴太平湖之旧醇王府，出午门。凡阉人出入例由旁门，不得由午门，值日护军依例阻之。阉恃势用武，护军不让。阉归告慈禧，谓护军殴骂。时慈禧在病中，遣人请慈安太后临其宫，哭诉被人欺侮，谓：'不杀此护军，则妹不愿复活。'慈安怜而允之。立交刑部，并面谕兼南书房行走之刑部尚书潘祖荫，必拟以斩立决。祖荫到署传旨，讯得实情，

1465

护军无罪。秋审处坐办四员提调四员，皆选自各司最精于法律者也（时刑署中有八大圣人之称），同谓：'交部即应依法，倘太后必欲杀之，则自杀之耳，本部不敢与闻。'祖荫本刚正，即以司官之言覆奏。慈安转告慈禧。慈禧大怒，力疾召见祖荫，斥其无良心，泼辣哭叫，捶床村骂。祖荫回署，对司官痛哭，于是曲法拟流。自是阉人携带他人随意出入，概无门禁。"所述潘祖荫受窘之状，亦足参阅。翁同龢《日记》"大臣无风骨""大臣失职"等语，似讥祖荫之未能坚劲力争也。两庶子之抗疏，为此案之重要节目，王氏盖未知其事。十二月初七日懿旨，虽以"惟念门禁至为紧要，嗣后官兵等傥误会此意，稍行瞻顾，关系匪轻"，减轻护军罪名及薄惩阉人，并结之以"仍著总管内务府大臣恪遵定制，将各该太监严行约束。禁门重地，如值班人等稍有疏懈，定当从严惩办，决不宽贷"等语，而护军已情等惊弓之鸟，宜门禁之弛矣。又同龢十一月九日《日记》云："昨日长春宫缚出一人……盖自中正殿角门入宫也。此门自小安开后，至今为若辈出入捷径。"亦见慈禧纵容阉人以坏门禁，由来已久。（此入宫被缚之人，即之洞疏中之刘振生。） （原第12卷第16期）

## 三〇　张之洞获隽轶事（附三则）

同治元年壬戌会试，张之洞卷在范鸣龢房，鸣龢奇赏之，荐诸副总裁郑敦谨，未中，挑誊录，翌年癸亥鸣龢仍分校春闱，又得之洞卷，乃获隽，时称佳话。前曾述其事（见本报十一卷三期）。兹承张二陵君寄稿云：科举时代，乡会试获隽者刊刻闱艺，分送亲友，名曰朱卷，相沿成风。其会试与顺天乡试出房未中者，尚有挑誊录一层，分送各馆。此项人员，书成时议叙外用。如成进士，翰林即可作为本馆协修，部曹则作为校对收掌。张之洞同治壬戌会试，出武昌范崔生先生（鸣龢）房，荐至副总裁郑敦谨处，原荐批，头场云："笔力警拔，议论崇闳，次畅满中兼饶俊逸之致，三兴高采烈，有笔有书，诗雅饬。"二场云："于群经注疏训诂及说文古韵诸子书，无一不烂熟于胸中，借题抒写，沈博绝丽，动魄惊心，场中当无与抗手。"三场云："元元本本，殚见洽闻，尤妙在条对中曲证旁通，皆能自抒己见，不同钞胥伎俩。合观二三场十艺，淹博渊雅，推倒一切，风檐中具此手笔，洵属异才。"堂批云："首艺气象发皇，风神朗畅，次三条达，诗稳秀，经策宏通淹贯，元元本本，不仅以摭拾见长，益征绩学。"终以额满见遗，挑取方略馆誊录，崔生先生请而无效，至为叹惋。次年癸亥恩科，之洞入彀，仍出先生门下。先生喜出望外，赋诗征和。其原诗暨序如下：

去年会试分校，得佳卷荐上，以溢额误落，深用怅悒。榜后来谒，知为张子香涛，益惋惜不置。今年春复与校事，填榜得香涛名，仍出予房下，众称异。比出，奉常王少崔先生贻书，有"此乐何止得仙"之语,并属为诗以传。长日无事,率成七律四章,谂诸同志,乞赐和章,藉答奉常,兼示张子。时同治二年首夏望日。

### 其一
十年旧举久荒芜,两度春官愧滥竽。
正恐当场迷赝鼎,谁知合浦有还珠。
奇文共说袁才子,完璧终归蔺大夫。
记得题名初唱处,满堂人语杂欢呼。

### 其二
苦向闲阶泣落英,东风回首不胜情。
亦知剑气终难闷,未必巢痕定旧营。
佳话竟拼成一错,前因遮莫订三生。
大罗天上春如海,意外云龙喜合并。

### 其三
一别蓬莱迹忽陈,龙门何处认迷津?
适来已自惊非分,再到居然为此人。
歧路剧愁前度误,好花翻放隔年春。
群公浪说怜才甚,针石相投故有神。

### 其四
此乐何因只得仙,太常笺语致缠绵。
早看桃李成佳植,翻为门墙庆凤缘。

> 名士爱才如共命,清时济治正需贤。
> 知君别有拳拳意,不独文章艳少年。

一时名流和者甚夥。之洞《奉和崔生夫子榜后见示之作》云:

> 忆昨青门别,戎装袴褶轻。
> 横刀洄曲路,饮马宋州城。
> 已觅封侯去,重偕上计行。
> 天怜真宰诉,更遣作门生。
>
> 沧海横流世,何人惜散材?
> 迁延劳一顾,湔袚有余哀。
> 神鉴能摸索,穷途仗挽回。
> 独怜李方叔,掉首不重来。
>
> 十载栖蓬累,输囷气不磨。
> 朝端今负扆,江介尚称戈。
> 一命虽微末,平生耻婐婀。
> 心知甄拔意,不唱感恩多。

当时之洞并刻壬戌之落卷,同获隽之朱卷送人,亦罕有之举也。其和诗如"天怜真宰诉,更遣作门生""沧海横流世,何人惜散材"等联,知遇之感,溢于言表,盖之洞自咸丰壬子领乡解,至癸亥始登第,蹭蹬公车十年有余矣。至"心知甄拔意,不唱感恩多",则针对原诗之"清时济治正需贤""不独文章艳少年",作自负语也。岁甲戌,予在鸣龢先生之孙心禅君处,见其装璜成帙,想见当年学士文人之聚会及师生遇合之盛事耳。可与拙稿前述合看。梁章钜《制义丛话》云:

> 有浙江顾孝廉者,因自刻其会试落卷,后跋涉及考官,大有谤讪之语,为言官所劾,革去举人。后改名乡试,复中式。丙申科会试,与逢儿同号舍。是科首题为"小人闲居为不善"六句。逢儿因素耳其文名,欲就阅其卷,而同号中已喧传其一小讲甚奇。文云:"今夫君子之面目一而已矣,而小人有二,有尔室之面目焉,有大廷之面目焉。以大廷之面目为尔室之面目,小人不能;以尔室之面目为大廷之面目,小人不敢。"惜未详以下如何作法,大抵仍不能掩其桀骜之气耳。

此为一前乎之洞刻会试落卷而亦负文名于时者,惟情事有异。

二陵来稿,又三则如左,亦涉之洞者:

> 年少入翰林而未娶者,乞假归娶,谓之玉堂归娶,有宫花尺头之赐。有清一代,不过数人。潘世恩后,同治癸亥恩科,一科有三人,光炘(安徽桐城人)、陈翼(福建闽县人)、刘曾(广西临桂人)是也。刘曾字榕楼。张之洞《广雅堂文集》有《为榕

楼乞假归娶图征诗启》，警句为"此日花开及第，缓缓归来。明年春满皇州，双双并至"云云。

《平定粤匪方略》《平定捻匪方略》两表，均出自张之洞手笔。平捻表有"韩石杨马皆先帝简拔之遗，微庐彭仆悉公侯腹心之选，以李靖有武略而兼文谟，用曹彬以大将而为使相"等句。李鸿章与之洞通候函中，有"读大疏，高文典册，典雅乔皇，非斯文不足称斯题。下走借高文以生辉，尤觉颜汗"云云。平捻之役，诸帅中鸿章论功居最，以使相为酬庸之典也。

仓场侍郎刘恩溥，京察以"声名平常"休致。张之洞与为同乡姻亲，入军机，谋援之再起。时正拟修筑津浦铁路，之洞与幕僚谈及，铁路大臣一席欲保恩溥。恩溥方患病，闻之，医药杂投，且用猛烈之注射，不数日竟与世长辞矣。甚矣功名之误人也！

（原第12卷第17期）

## 三一　徐树铮有儒将之风

徐树铮为民国史上有名人物，与政治军事均有重要关系，誉者钦其壮猷远略，毁者病其辣手野心，而其人起家诸生，雅好文事，与柯劭忞、王树枏、马其昶、林纾、姚永朴、永概诸人游，盖有儒将之风。阅《视昔轩遗稿》，其文及诗词，颇有功候，不乏斐然之作，不仅以人传也。

《致柯凤孙王晋卿马通伯书》云：

……读《易》后，发愿总集群经，遍为点读。年来奔走四方，形劳而神豫，无时无地，盖未尝不以丹铅典籍自随。近十三经中，惟余《公》《榖》未毕，非不知贪多之为害，特以不能详博，何繇返约，故亦不惮其繁也。尝考十三经之称，传记训诂，杂屦并列，未为的当，拟提出《尔雅》，仍以《大学》《中庸》还"小戴"之旧，而以"大戴"并立，附《国语》《国策》于《左氏传》后，合为十五经传，再于《尔雅》后增取《方言》《释名》《说文》《广雅》，共成经训二十种，中国经世大文，殆可包举无遗。读者各尽资力所能，专治其一二，或普读其大凡。国家兴学育材，此为之基；立贤行政，此为之准，然后益以艺事之学，分门隶事，群智得其范围，古今两无偏泥，神州泱漭，庶免陆沉之惨，特不知何日能观厥成耳。诸子、诸史、骚赋、诗歌、填词、南北曲、八比文，皆中国文学粹腋，不可不各有最（撮）辑，拟定为目录，广求名宿耆贤审慎抉择后，刊布于世，俾勤读之士有所依归，近日文人之恶孽，著述之芜秽，或不至永为人心大患，亦治世之要也。此事重大，尚未敢轻有所表著，然权富可剥，功名可弃，此则毕生以之，穷通决无二致，非外物所得而夺矣。……闻叔节病颇殆，每念及辄为之累日不怡；傥竟不起，宁不又少一人？天果欲仍以文化起吾中国，甚愿天之先有以起吾叔节。一粒之谷，食之不足饱，种之则可推衍陇亩，蕃育万方，非细故也。

又《上段执政书》云：

……反政以来，文教废坠，道德沦亡，读书种子，日少一日，如柯先生劭忞、王先生树枏、马先生其昶，经术词章，为世所师，皆已年逾七十。若姚永朴、胡玉缙、贾恩绂、陈汉章诸先生，年辈差后，亦皆六十内外。其他政论家流，虽有富赡文学者，然操行杂驳，于公私邪正多不能自持。而海内宿儒为树铮所不及知者，尤不知凡几。此数叟者，蛰居都门，著书讲学，矻矻罔倦，拟恳厚赠禄养，矜式国人，并饬梁秘书长鸿志、张帮办伯英、正志学校张校长庆琦，时为钧座存问，俾各身心安泰，保此斯文一脉。林畏庐与姚叔节两先生先后病殁，至为痛惜。树铮辟地频年，奔走南北，兄姊亲爱，死丧迭仍，皆为私痛，未至过戚，惟两翁之殁，不能去怀，每一念及，辄复涕零。两翁皆于钧座有旧，从学满天下，身后清苦，请饬存恤其家，使遐迩共歌钧座崇儒重道之雅，争奋求学，文化庶几复兴。钧座不欲重整吾华厚施当世则已，如欲之，舍昌明经训无他术也。为长治久安计，练百万雄兵不如尊圣兴学信仰斯文义节之士。袁、黎、冯、徐诸氏，能取之而不能终之，可为殷鉴。物质器械，取人成法即足给用，礼乐政刑，非求之己国不足统摄民情，且各邦政学皆在我经训下，二十年之后，全球大小诸国不尊我经训为政治最精义轨者，树铮不敢复言读书妄论天下事矣。惟钧座及时图之。

二篇均其晚年文字，治学之志尚，经国之意见，与夫慕重师儒之情怀，大氐可睹。此种议论，自不免以思想迂旧见诮，而致力甚勤，信持极笃，要为自抒所是。至如《谢龚郢初赠倭刀》诗云："横海归来壮，风云变态多。宝刀堪赠我，世事竟如何？击楫会宵舞，逢人莫浩歌。为君勤拂拭，明日斫蛟鼍。"则表露其武健之本色。而《平报周年纪念日感言》云：

……余军人也，军人之天职在保民，在卫国，而保民之良法在去暴，卫国之能事在却敌，然则军人者杀人之人耳。夫彼人祖宗数十世延传之祀绩，而我以利刃斩之，彼人数十寒暑坚苦化生以有其身，而我以顷刻死之，然则天下至不平之事孰有过于杀人者哉？而余顾悍然为之，然则余殆不平之人耳。虽然，一家哭何如一路哭？惩一劝百，杀以止杀，非圣人之所谓仁术者乎？毋亦平天下之道固有赖于是者乎？……故愿为记者进一言曰：我国破坏之余，建设未集，法纪荡然，道德扫地，元凶巨憝，闲出扰害，贤路未尽登庸，宵小或仍窃政，朝野隐痛，常郁郁多不平之气。暴之不除，良何由安？故欲平国民不平之气，非余辈保国卫民之军人杀人不可。欲杀人而仍不失人心之平，非扶持正论之记者倾注余辈军人杀人之目，参仿余辈军人杀人之腕，以著笔著述鼓吹杀人之事业不可。《平报》素详军事，语皆翔实，执笔者之性理似于余辈军人为近，或者不以余言为河汉也。余请拭目以观后效。

其个性尤充分呈见，觉杀气满纸矣。其师段祺瑞清末官江北提督时，曾自制长联，悬诸廨园，有"好一派肃杀情形"之句，殆可移作此文评语。俞仲华（万春）《荡寇志》结子云："话说那嵇仲张公统领三十六员雷将，扫平梁山泊斩尽宋江等一百单八人之后，民间起了四句歌谣，叫做：'天遣魔君杀不平，不平人杀不平人，不平又杀不平者，杀尽不平方太平。'这四句歌乃是一个有才之士编造出来的，一时京都互相传诵，本来不是童谣，后来却应了一起奇事……"此文此歌合看颇有相得益彰之趣。又此文之开端云：

> 偶忆昨为民国二年十月三十日之夜，畏庐老人招饮，座客多《平报》记者，偶谈及越朝十一月一日为《平报》周年纪念日，于是群谋所以为《平报》祝者。畏庐老人谓余曰："子雅与《平报》诸记者善，

殆不能无言矣。"比以昕夕卒卒，未敢诺于口也。顷自外归，足甫及书斋之槛，则十月三十一日《平报》又已哀然置案头。念余素性不喜读报，又时殊剧忙，虽余常御之案，中西京外报纸数十种，堆置靡弗备，而其得阑入余目，分其秒刻之暇，翛然以愒余者，《平报》外无一也。然则《平报》周年纪念日，实余读《平报》周年纪念日也。《平报》周年纪念日，余固不必有言，余读《平报》周年纪念日，余又乌可以无言……

自道与《平报》之关系如此。按：《平报》在并时诸报中，有特别之色采，群称为陆军部机关报。时祺瑞为陆军总长，树铮以次长实主部务，故又见称树铮之机关报。主编辑者为臧荫松，林纾则排日为撰笔记，曰《铁笛亭琐记》。是时树铮与诸文人交游日浅，渐染未深，文事造诣，不逮后此。此文以"以观后效"作结，既登报端，阅者或传以为笑，谓此徐次长对《平报》之训令也。迨祺瑞、树铮见猜于袁世凯，《平报》遂停刊。(《铁笛亭琐记》曾由平报社出单行本，后归商务印书馆出版，改名《畏庐琐记》。)其后又有小报曰《平报》，名适同而已。迁都以还，《平报》复为北平各报之通称，犹之称津报、沪报等矣。

(原第12卷第17期)

## 三二　崇实轶事

阅崇实自撰《惕庵年谱》，其纪咸丰三年令富绅捐款助饷事云：

> ……粤逆窜陷安徽、金陵等处，军情紧急。户部因库储告竭，春季不能放俸。副都御史文小云瑞奏令富绅捐助，即可凑成巨款。上命其指出何人。伊称穆鹤舫、潘芝轩、卓海帆、耆介春、陈伟堂五相国与孙大司农符卿及实等十八家以应。有旨令所指各家均于初十日赴户部衙门候旨，有老病不能亲往者著子弟一人代之。届期实先往，见海帆夫子与鹤舫太老师均亲到。更有崇雨舲中丞，时革职在家，亦先至。商曰："今日之集，必系劝捐，但吾等有富名者，不过房产地土，就使全行报效，亦无济于事，大约须各自量力，尽一月之内能呈缴若干现银，方不负此举。"诸老颇以为然。稍间，惠亲王、恭亲王并僧王皆奉命来署，手捧朱谕，令大司农文孔修先生宣读曰："文瑞所奏之人，皆系受国厚恩，当此时势艰难，谅各情殷报效等因。钦此。"穆相早经罢斥，当即伏地痛哭。诸人随跪于后，亦皆涕泗满面。三位王爷即邀诸老在大堂茶话，户部堂官让实等诸少年到三库大堂借坐。久之，穆卓耆三位共捐四万，潘相捐三千，孙大司农

捐五千。陈太史介祺始书一万，而僧王不允，缘其家甫收一银号，知有现银，故勒至四万而后止。实手书一呈曰："崇实初官侍讲，三代皆蒙国恩，官外任，历年既久，房产颇多，是以豫工例曾报效三万两，上年普通捐输，弟兄二人又呈捐银壹万两，屡次均蒙恩奖。文副宪指为富绅，原不为虚，无如情愿毁家而一时不及变产，兹谨就力之所能，三日内先呈出银三千两，请限一月更措缴九千两，共一万二千两，稍效微忱。"云云。王爷皆以为自系实情，尚爽快，因而别家或多或少，都仿此稿为之。共凑成二十余万。嗟乎！时势至此，真臣子所不忍言。越月，户部将银两收齐，奏闻。奉旨：崇实著赏加詹事衔。

此一幕悲剧，亦喜剧也。盖颇有所谓"追比乐输"气象焉。民国十三年吴佩孚于四照堂召集银行界要人筹饷，其事亦颇仿佛。崇实所云初十日，就上文观之，当是二月初十日。是日金陵始陷，文中著于文瑞上疏之前，特泛言大势耳。认捐时，崇实官侍讲，户部奏报银两收齐时，已前擢侍讲学士，因加詹事衔也。其纪咸丰九年以内阁学士简驻藏正办大臣事云：

……十月十六日，又逢匀期，正在朝房伺候，忽得信，知有朱谕："崇实著作为驻藏正办大臣，满庆著来京。"一时亲友多为予怅怅，缘时方多事，前闻帮办恩公行至里塘，即困于土司年余，现又滇匪入川，官军失利，道途梗塞；予则以为受恩既深，岂可畏难？次日谢恩，即蒙召见，谕曰："此差不同西路换班，乃边疆重任。明年前后藏活佛同时坐床，外夷朝贡者不少，必须一体面人前去照料，是以派汝，且汝之才大可在外办事，正好借此历练；惟闻该处水土过劣，务要自己保重，不可轻视有用之身。"实闻命之下，感激涕零，对曰："奴才何修，蒙圣主垂爱若此，惟有勉竭愚诚；但程途太远，敢求宽赏假期，俾奴才将家事稍为料理，以便安心前往。"谕令十二月初十日再递牌。归家后，多有劝勿往者，或令半途告假，或嘱且缓请陛辞。许仁山世兄直以为地非人境，"他人或以官为家，不能不去；足下仰托先人之荫，家园聚处，何等之乐？"云云。大都皆姑息之爱，并未论君臣大义。予以为圣主相待之情，即蹈汤赴火，亦不敢辞，何况此差体制尊严，恩出特简，倘一存趋避之见，不特无以对君上，且无以对先人，决计只身前往。腊月初十递牌，连日召见五次，至十六日方命跪安，而圣意已不专在藏中矣。临退出时，谕云："不过三四年仍当召汝还京，大约癸甲间又可见面。"呜呼！孰知此次即永隔天颜耶！

翌年元旦，在都奉命补镶黄旗汉军副都统。

次日即赴阙具折谢恩。传谕云："崇实已陛辞，毋庸再见，可令迅速赴川。"本拟过上元后起行，因奉此谕，遂改初十日出都。两儿送至良乡，情颇恋恋。予以佛氏一切放下为诀，反觉胸次洒然。是行约管子才叔名乐同行，聊破长途寂寞……

有清对于蒙藏诸地，镇抚之官，必简旗员充之，立法本意，实为重视藩属，故驭以"世仆"，而旗员之耽于安豫者，多以其荒远而视为畏途。满人文康《儿女英雄传》第四十回"虚吃惊远奏阳关曲"，写安骥以汉军旗籍，由国子监祭酒，赏头等辖（即头等侍卫），简充乌里雅苏台参赞（旋加副都统衔），骤闻之下，"但觉顶门上轰的一声，那个心不住的往上乱迸，要不是气嗓挡住，险些儿不曾迸出口来，登时脸上气色大变。那神情儿，不止像在悦来店见了十三妹的样子，竟有些像在能仁寺撞着那个和尚的样子"。亟求乌明阿为之挽回，"说着便泪如雨下"。至书中称为"有经济有学问"而平日自诩"教子成名，出力报国"之其父安学海，则"听了这句话，只呵呀一声，登时满脸煞白，两手冰冷，浑身一个整颤儿，手里那封信，早颤的忒楞楞掉在地下，紧接着就双手把腿一拍，说道完了"。其心理："他不是容易教养成那等个好儿子，不是容易物色得那等两个好媳妇，才成果起这分好人家来。如今眼看着书香门第是接下去了，衣食生涯是靠得住了。他那儿子，只按部就班的也就作到公卿，正用不着到那等地方去名外图利；他那分家计，只安分守己的也便不愁温饱，正用不着叫儿子到那等地方去死里求生。按安老爷此时的光景，正应了'无官一身轻，有子万事足'的那两句俗话，再不想凭空里无端的岔出这等个大岔儿来。这个岔儿一岔，在旁人说句不关痛痒的话，正道是宦途无定，食禄有方；他自己想到不违性情上头，就未免觉得儿女伤心，英雄气短。"当其"愁眉苦眼的坐在那里发楞（愣）"，郑振彪以"大丈夫要烈烈轰轰作一场"等语相慰藉，乃"炼字炼句的炼成一句，合他说道：'看的破，忍不过！九兄，你只细细的体会我这六个字去，便晓得我心里的苦楚了。'"迨改授阁学，督学山左，于是举家腾欢，俨同再生焉。畏怖边荒远役之态，写得入木三分。（文康曾简驻藏大臣，引疾不赴。）崇实累世臞仕，家巨富，"按部就班的也就作到公卿"，其奉命驻藏，宜多人劝其勿往也。崇实为有为者，自非文康理想人物安学海父子一流耳。抵川以后，以道阻奉命毋庸赴藏，遂久官川省。同治十年始由成都将军归京，旋署热河都统，（中日战役阵亡之名将左宝贵，时以游击受崇实知遇，建剿平马贼之功，后挈赴奉天，益重用之，练兵剿匪，多倚以办。）授刑部尚书。光绪元年署盛京将军，改制图治，著绩效。翌年以劳瘁病卒，谥曰文勤。赐祭之文，有"畀乃弟以重权，冀收功于未竟"之语，以其弟侍郎崇厚接署盛京将军也。方崇实既贵，崇厚亦跻通显，一时二崇并称。其后崇厚出使俄国，偾事获咎，几不保首领，晚节大异矣。

（原第12卷第19期）

## 三三　崇实与骆秉章

咸丰十一年骆秉章之统湘军入川，崇实方署四川总督，开诚延接，其自撰《惕庵年谱》纪是年事有云："六月骆籲门制军统万八千人入境，予设粮台于夔州府，以济其军，并奏请事权归一，意在推让。奉朱批：'朕自有定见。'"王闿运《湘军志·川陕篇》以"公忠推贤"许崇实，谓："崇实见蜀事日棘，度己材不足济，虚心待秉章，频上奏，欲假朝命促之，且自言旦夕竭蹶，恐误国事。当是时，封疆大臣虽见危败知死，莫肯言己短，曾国藩所至见龃龉，秉章亲遘之，至欲资饷地主，则挠诎百方，唯独崇实恳恳推贤能，常若不及。秉章在道，频奏诉饷匮，初不意四川能供其军。比至，未入境，总督公文手书殷勤通诚，遣官候问，冠盖相望。悉发夔关税银资军，湘军喜过所望。"称美甚至。《年谱》盖犹言之未详也。洎秉章受任川督，崇实为成都将军，相助为理，亦能和衷，无满汉畛域之见。秉章在川建绩享大名，颇亦有赖共事者之得其人云。同治六年秉章以久病卒官，《年谱》所纪云：

　　四年……秋，骆老求退，奉旨：赏假四月，安心调理。所有四川总督，著崇实兼署。九月初八日接篆视事。……冬夜予亲自巡城。近年骆老年高，不能受此辛苦，外间不免懈弛。至是文武悉努力从事，附省一带竟无一劫案，省中几至夜不闭户，大有升平景象矣。

五年……春正月，骆老请开缺之折批回，再三慰留，宽予假期，令其安心调理，所有总督篆务，仍著崇实兼署。二月，派人赴粤省为骆老延医。……九月，由广东延请针治目疾之阎姓到川，骆老仍无大效。予屡劝其销假。

六年……开篆后，予劝骆老出面视事，择三月初三将督篆交还。凡紧要公事与大典礼，皆许相代。骆老奏明遇事商办，并将本年文武科场皆归予料理。……冬月……初七日，骆老犹过我而议南北防务，并请十二日代主鹰扬宴，孰知其归去即不能起床。迨十二日，予往视，已言语不清。随侍并无眷属。予虽与之事事和衷，然究为其精神不振，不忍令其烦心，自本年三月后，名为销假，而一切之事皆予代办。至是老翁自料不起，即命仍将总督关防送归予处。予力持大局，不能不先为接管。正拟出奏，而老翁即于是日溘逝，只族侄孙一人在侧，真令旁观不忍。因将其历年政绩详为奏明，并请格外加恩，于蜀湘两省建立专祠。督同司道亲视棺敛。川民感其戡定之功，合街缟素。予挽以一联曰："报国矢丹忱，古称社稷之臣，身有千秋公不愧；骑箕归碧落，气引星辰而上，目营四海我何依？"总之，骆老为人，第一不可及曰清操，而才略尚在其次。最能推诚用人。前在湖南，幕中有左季高诸贤，则东荡西除。初到川省，有刘霞仙，亦能筹巨款，灭大寇。后来幕中多不如前，加之神明已衰，几至声威稍减。

秉章清操最著，其勋业之建，则缘推诚用人。虽福命特优，亦正有不可及处也。晚年老病，崇实盖时为分劳焉。薛福成《庸盦笔记》云：

>……骆公毁甍，成都为之罢市，居民皆野哭巷祭，每家各悬白布于门前，或书挽联，以志哀思。适文勤公崇实以将军署总督，谓为不祥，遣使禁之。蜀民答曰："将军脱有不讳，我辈决不敢若此！"闻者为之粲然。迄今蜀民敬慕骆公与诸葛武侯相等。骆公专祠，蜀民亦呼之为丞相祠堂。虽三尺童子，入其祠，无不以头抢地者。或谓骆公生平不以经济自命，其接人神气浑穆，人视之固粥粥无能，而所至功成，所居民爱，在楚在蜀，自有诸贤拥护而效其长，岂其大智若愚耶？抑骆公之旗常俎豆早有定数，大功之成不在才猷而在福命耶？余谓骆公之当享勋名，固由前定，然其德器浑厚，神明廉静，推诚以待贤俊，亮直以事朝廷，斯其载福之大端也。

可与崇实所云合看。《湘军志·川陕篇》谓："秉章薨，省城士民如丧私亲，为巷哭罢市，其丧归，号泣瞻慕者所在千万数，自胡林翼、曾国藩莫能及也。"亦极言川人之爱悼。左宗棠咸丰十一年答毛鸿宾书，谓："籲门先生之抚吾湘，前后十载，德政既不胜书，武节亦非所短。事均有迹，可按而知。而其遗爱之尤溥者，无如剔漕弊罢大钱两事。其靖未形之乱，不动声色而措湖湘如磐石之安，可谓明治体而识政要，非近世才臣所能及也。……宗棠以桑梓故勉佐帷筹，九载于兹，形影相共，惟我知公，亦惟公知我。……外间论者每以籲公之才不胜其德为疑，岂知同时所叹为有德者固不如籲公，即称为有才者所成亦远不之逮乎？……"尤深致赞叹，为辩才短之世论。至相传崇实以禁民缟素遭反唇相谑，而崇实同治十年离蜀时情事，如《年谱》所纪云：

> ……接奉批回，准实来见，成都将军一缺，交（吴）仲宣制府兼署。实即于三月二日起程。通省绅民悉具呈恳留，仲宣制府欲据情入奏。实闻之，竭力阻止。窃思在川十余年，有何功德足洽民心，而绅民日来泣留，实更加惶愧。就道日，香灯结彩，沿途跪送，竟有放声痛哭者，实亦凄然不能自己，留诗赠别，以志民情。

亦颇见川人对彼之好感。虽出自叙，揆之似非全无事实漫自诩饰耳。又姚永朴《旧闻随笔》述秉章事有云：

> 公薨时室中止一布帐，箧存百金。询之司会计者，乃知公廉俸所入，多以周穷困之人。尝有廉吏罢官不

能自存，为张罗千金，群不知所自来，至是乃知皆出诸囊橐云。公薨于蜀，民罢市缟素，丧车所过，哀音相属，至有以"如丧考妣"四字榜于门者。同官因语嫌国恤禁之。民大呼曰："使公等他日为川督而死，民必不尔！"其功德入人之深，即此可见矣。左文襄公平回疆后，勋望益崇，一日谓人曰："君视我何如骆文忠？"其人对曰："不如也。"文襄曰："何以知之？"曰："骆公幕府人才有公，公幕府人才乃不复有公，以此观之，殆不如也。"文襄大笑曰："诚如子言，诚如子言！"

**诸家记载，类多褒誉，仲子（费行简）《近代名人小传》传之，则加以讥斥。据云：**

> ……名震海内，莫不拟以诸葛，其实则骄蹇庸碌人也。左宗棠处其幕中，虽操军权，而每计事，秉章坐听之，送迎未尝起立。接属僚，益傲倨。虽起甲科，而俗鲰不能文。临殁自为挽联，出语则"由翰詹科道而转京卿"。丁宝桢见而笑之曰："此履历也！"当官不饬吏治，军谋更非所长，而任将甚专，且果杀戮，遂薙蜀寇。生平廉素，及殁，布帐一，银百两，破笥二而已。家无田屋以处子孙。然好男色，有剃发匠其嬖人也，濒死，执其手以属臬司杨重雅焉……

如所云，秉章除廉素一节外几一无可取矣，而当时能厚邀人望深得民心如此，(《小传》亦谓："其卒也，蜀人白衣家祭，如遏密八音然。")疑费氏之言不免过刻也。至自挽之直叙履历，诚似过陋，然其履历实有与众不同处。盖由翰而詹，寻常事也，由科而道，亦寻常事也，若遍历翰、詹、科、道四项，则大非常例，以编检开坊即不能为御史，入台即不能官坊局，二者不可得兼耳。秉章以编修历御史迁给事中鸿胪寺少卿奉天府丞坐事落职，旋特起为左庶子，于是翰、詹、科、道备矣，非故事也。自挽举翰、詹、科、道为言，当以此。(其詹实在京卿后。)

(原第12卷第20期)

## 三四 《方家园杂咏纪事》与《德宗遗事》

王小航(照，晚以字行)著有《方家园杂咏纪事》，戊辰(民国十七年)夏锓板，仅以赠诸知交，未尝出售，故流传不广。此书谈晚清诸事，极娓娓有致，虽间有未谛处，而大端闳锐可观。其自序云：

> 丁卯岁之仲夏，偶与清史馆总纂王晋卿先生谈及景皇、慈禧、隆裕事。先生因服官边省，多所未闻，谓余曰："盍纪之以文？"余曰："从来史官皆以官书为据，今清史当亦然耳，余即纪之何裨？"先生曰："否，我固乐为采录也。"再三丁宁。余归而分纪数篇，中以拳匪篇为最长，又为《方家园杂咏》二十绝，先生皆

誊入笔记。有改正字句处，余甚心服。既而余将原稿联缀为一，以《方家园二十咏》为纲，而分纪各事于其后。先生为定其名曰"方家园杂咏纪事"。因纯为述过去之事，与现在未来毫无关系，故不亟于付梓也。丁卯孟秋水东自叙。"（王氏晚年所居，在净业湖之东，名之曰水东草堂，自号水东老人。）

盖锓板前一年所作也。如所云，实小航本人手笔。小航既作古人，此书外间益不多见。近坊间有《德宗遗事》一书，署"新城王树枏"字样，其小引云："德宗在位三十余载，遭际不辰，徒拥虚位，无日不在危惧之中。余老友王小航照，每道其事，辄流涕不止。一日园亭小坐，薄酒微醺，余属小航口述其事，余为一一笔记。此皆实录所不敢言者，录之以补史之阙焉。"而按其内容，则即《方家园杂咏纪事》中之纪事也。彼王所云之"余归而分纪数篇……先生皆誊入笔记"一变而为此王所云之"余属小航口述其事，余为一一笔记"，显有抵牾。树枏耆学宿望，在理似不应有妄语，而小航自言书成之经过，因甚明白，盖可异已。

《方家园杂咏纪事》之二十咏，其一云："甘棠余荫犹知爱，柳下遗邱尚禁樵。濮国大王天子父，南山莫保一株槁。"咏慈禧伐醇王奕譞园寝白果树事也。

其二云："伯禽受挞血模糊，高坐监刑外戚奴。多少宗人齐战栗，惊心霍显示威初。"咏慈禧杖贝勒载澍事也。

其三云："内政何须召外兵，从来打草致蛇惊。诐词已辟臧三耳，岂料乘机起项城？"咏戊戌政变事也。

其四云："扬言不豫盖弥彰，和缓邻医竞荐良。更有谰言寒逆胆，恶声中外口难防。"咏慈禧拟行废立，宣言帝病将不起，各国公使侦知其意，议荐西医入诊，会刘坤一以"君臣之义已定，中外之口难防"力诤，帝位得暂不动也。

其五云："恨他夷狄笑无君，故煽狂徒起恶氛。眉赤巾黄朝玉座，盈廷鼓舞色欣欣。"咏义和拳之乱所由起，而成庚子之祸也。

其六云："壁衣牵出难相活，井底胭脂海底冤。南内他年弹泪处，姗姗望断帐虚悬。"（按：珍妃信用王有，贻累主德，固应贬黜，但罪不至大辟也。）咏慈禧命奄人掷珍妃于井中，回銮后，德宗悬妃之旧帐于密室，不时徘徊饮泣也。

其七云："胡骑原来识代宗，共钦中国有英雄。早教拨雾青天见，单骑何劳郭令公？"咏德宗愿留京躬与各国公使谈判，而慈禧不许也。

其八云："狂澜拍岸没龙津，从径壶飧一个臣。乞得村农将伯助，帝王那及太平民！"咏肃王善耆随扈事也。

其九云："召乱人知是牝鸡，来苏我后正同徯。将军手把黄金印，不许回銮愿向西。"咏驻跸太原时，德宗仍求独归议和，慈禧及诸臣坚持不放，岑春煊力主幸陕，得升陕抚也。

其十云："辛苦挥戈盼日中，谈言微中狄梁公。那知阴蓄滔天势，祸水横流汉火终。"（梁文忠以疏逖小臣言人所

1489

不敢言，较狄仁杰更难也。）咏梁鼎芬请废大阿哥事也。

其十一云："当年炀灶坏长城，曾赖东朝恤老成。岂有臣心蓄恩怨，到头因果自分明。"咏甲午之役李鸿章为翁同龢辈所倾，幸慈禧护持之，庚子议和卒赖其力为解于外人也。

其十二云："矫诏连篇尽滑稽，翻云覆雨太支离。金瓯撞坏由谁手，却托兴元罪己词。"咏西巡后诏书，慈禧强颜回护也。

其十三云："炎凉世态不堪论，蔑主惟知太后尊。丙夜垂裳恭待旦，膝前呜咽老黄门。"咏回銮过保定，德宗寝殿极冷落，独李莲英甚致殷勤也。

其十四云："儆惕无忘蒙难艰，盈廷献媚壮观瞻。卧薪尝胆空赍志，愧儡重登独汗颜。"咏德宗欲留正阳门楼残破之迹为儆惕之资，慈禧徇诸臣议而重建，及太后召优演剧，开场前德宗含耻循例环步台上，示莱彩娱亲之意也。

其十五云："手订八音无夺伦，读书善悟自通神。一夔足矣原余事，倾倒堂前老斫轮。"咏德宗留心西学，能以己意命修理八音盒，改为中国曲调也。

其十六云："敝袴韩侯待有功，浣衣魏主亦称隆。岂知龙衮庄严里，终岁无襦悴圣躬。"咏德宗留由陕至京数月不换之一极破小褂作记念也。

其十七云："锦衣卫尉气桓桓，小弱桐圭敢问安。禁籞严防如大敌，杀人灭口事多端。"（数年中，帝宫太监被那拉氏杖毙数十名。）咏德宗幼弟载涛所遣小奄以受命顺路往德宗宫问安，为慈禧令缚交慎刑司拷问杖毙也。

其十八云："不容并立势昭昭，阎乐凶谋奉赵高。幸有老奴营救急，暂时收却笑中刀。"咏奄人崔玉贵之徒孙敬福承崔意谋暗杀德宗，赖李莲英营救得暂解也。

其十九云："袁崔晨夕通消息，线索新加小德张。莫赤匪狐同利害，可怜忐忑肃亲王。"咏德宗势危甚，善耆谋保护，而不敢冒险也。袁崔谓袁世凯与崔玉贵。

其二十云："疽成附骨最难医，竖据膏肓孰达之？方信武乡非过虑，曾忧肘腋伏枭姬。"咏隆裕之于德宗也。

（各首句旁之密圈及第六、第十、第十七三首之小注，均照原书。）咏前有小引云："方家园者，京师朝阳门内巷名，慈禧、隆裕两后母家所在也。恭忠亲王（奕䜣）曾言：'我大清宗社乃亡于方家园。'"纪事则分缀于二十咏之后，其于所咏非直接关涉而可以类观者，则标"附记"字样，更缀其后。总结之以"王小航曰……"，申明作意。其下列江瀚、伦明二人之题词及"附杂记数则"。《杂记》之末云："《方家园杂咏纪事》成稿后，搁置经年，未付剞劂（居今而追论昔事，亦觉无谓）。因近日见吴某印行其所著之《慈禧三大功德记》，识见卑陋，满纸皆市井之谰语，颠倒是非，甚至谓恭王奕䜣谋篡、李鸿章卖国于日本、光绪帝让位于康有为，种种怪谬，而人或信之，不得已刊印此编以破其妄。考历史者，盍一阅之（戊辰初夏小航记）。"言付梓之由。

《德宗遗事》即为此书中之纪事部分，亦以"其一，其二，……"分别，惟《附记》不加标识，同于正文，其下即列"附杂记数则"（惟无末两段），而以"王小航曰……"殿之，题曰《附论》。小航所纪，用本人口气，《德宗遗事》亦以小航口气，其字句间偶有删改处，而大体无殊。《德宗遗事》既全书未改小航口气，而如"其一"云：

> 二十八年壬寅春，余潜伏汤山，诡称赵举人，每日出游，各村皆以赵先生为佳客。……村人并言，挖根时出大小蛇数百千条，蛇身大者径尺余，长数丈。金曰义和团即蛇之转世报仇者。小航谓：当日之很戾伐树，用心实同巫蛊，长舌之毒，乃最大之蛇也。树枏按：醇亲王之后相继为皇帝者已传两代，皆太后所亲立，不知如此之忌害果何意也。

**除树枏案语为小航之书所无外**（其案语全书仅此一则。又"其八"有小注云："当时何不迳奉归京，不能不咎肃王之失策矣。"亦小航书所无，或亦树枏之语），小航之语，均称"余"，此处之"小航谓"，原作"赵先生以为"，以当时村人与谈，固谓是赵先生，故涉笔成趣耳。今作"小航谓"，则未免自乱其例。小航之书，其《附记》自纪者外，有两则是江瀚所纪。"其十五"之《附记》，纪周景涛为德宗诊脉时所见；"景涛语余曰"之"余"，瀚自谓也。"其十六"之《附记》，纪德宗亲祀天坛事；"闻陪祀人言"之"闻"，瀚闻之也。此两则均特注明"江瀚补记"，以别于小航自纪。《德宗遗事》既不著"附记"字样，此二则且不书"江瀚补记"，若亦是小航之语者，惟"景涛语余曰"则作"景涛尝言"，不知何故也。

《德宗遗事》书面标题，为金梁所书，闻即由彼印行者。

（原第 12 卷第 21 期）

## 三五　罗正钧《劬庵联语》

阅《劬庵联语》，湘潭罗正钧（字顺循）所著也。正钧光绪末年以天津知府擢署山东提学使。在任缘事为学部管部大学士张之洞所怒，欲奏劾之，尚书荣庆等为解，乃记过示薄惩，不自安，遂引疾去，鼎革后以遗老自处。此卷刻于辛酉（民国十年），其弁言云："昔曾文正公常言，异日有一卷挽联行世，其自喜如此。盖蕴酿闳深，虽一鳞一爪，亦自见精光也。予生世数十年，待予之哀挽者多矣，偶见吴先生嘉遴刻有《联语》一卷，因忆生平所作，大半遗忘，然至亲挚友之先我而逝者则略具，于是病中录之，匪以抗迹曾、吴，用纪亲交展怀旧之念云耳。丙辰八月既望劬庵自识。"各联颇饶气势，时能言之有物，间缀注语，以申其旨，亦足参览。摘录若干则，略以类次之。

挽方厚卿同年荣秉："孤愤郁轮囷，忧时早有辨奸论。遗书在怀袖，此心期保岁寒盟。"注："光绪丙午，予简放天津知府，厚卿同年自浙贻书云：'本初、公路非有枭杰之材，徒以四世三公，遭遇际会，遂以希冀非望。明者见危于未形，君其速走东南，无为丰授！"予读之悚然，而颇诧其言之过甚，不数年而言乃大验。予已先时乞病归里，幸无负我良友。国亡世乱，会面末由，闻君长逝，怆痛其有已耶！"所指为袁世凯。正钧曾受世凯知遇，膺荐扬也。

挽左文襄公："兼赞皇江陵所长，武功过之，是真亚东人杰；继益阳湘乡徂逝，宗臣代谢，莫窥此后天心。"注："公没十年而有甲午之役，人亡邦瘁，信哉！此联作于丙戌，已深忧国之无人也。"

挽曾忠襄公："破贼用黄老家言，麟阁铭勋曹武惠；修谒从畅继祖后，马前亲拜北平王。"

挽曾惠敏公纪泽："博望侯槎泛斗牛，怅伦敦远岛，巴勒严城，仗节尚能持国体；富郑公声惊甲马，正北狄寒盟，西陲伏莽，临轩应复叹才难。"又代俞恪士："综中西为一家言，横览九流无此学；建功名在万里外，不缘世业足封侯。"

挽郭筠仙侍郎师："修六艺之文，通万方之略，并世谁相知，怅望千秋为陨涕；质鬼神无疑，俟圣人不惑，殷忧与终古，苍凉寰海一孤臣。"又代王君豫："识议为流俗所惊，瀛寰七万里间终全国体；勋业仍著书以老，中兴名将相外留此儒臣。"又代俞恪士："与文正首定讦谟，晚岁亦同膺世谤；继船山独明绝学，心源难遽觅知音。"又代曾履初："继姚惜抱以为古文，博大宏深，死后谁编一品集？与先太傅同扶世难，左提右挈，生天应话中兴年。"

挽刘襄勤公锦棠："论勋远过姜王，鸟尽弓藏，独有神威留绝域；属纩犹呼张董，人亡邦瘁，不教飞将到辽西。"注："左文襄与人书，隐以姜伯约、王愻期喻公，盖自负也。甲午公已病，诏敦促公出，犹日扶病阅舆图，属纩时犹呼张翼、董福祥出战也。"张翼或应作张俊，俊与福祥同以降将称骁勇，立功西陲，声名相亚也。"鸟尽弓藏"语，就出典言，似嫌不伦。

挽刘忠诚公坤一："望重大江南北，佐武慎治兵，继文正治民，声绩无惭往哲；晚屯时局艰危，戊戌能守经，庚子能应变，风节不愧名臣。"注："公戊戌力护德宗，庚子与各国领事订约保全东南，不奉伪诏，皆大节所关。公薨而南北督抚皆鄙夫矣！"

挽陈右铭中丞丈："富贵毁誉不一动其心，而慨然有志于天下，廿载追随常仰止；成败利钝本非所逆睹，而难以见谅于当时，千秋寂寞更谁知？"

挽鹿文端公传霖："当官独具典型，正色能令朝士惮；饰终备承恩礼，殷忧谁识老臣心？"注："公历封圻有声，庚子勤王赴行在，遂入军机。遇事持正，同列多惮之，往往不使闻知。公亦笃老重听，而不能去，郁郁以终。公死而朝无正人矣！"

挽廖仲山尚书师："以清勤上结主知，邂逅蹈危机，孤衷默自邀天鉴；采葑菲滥尘荐牍，仓皇逢世变，弃官唯觉负公多。"注："师以戊戌嫌疑，至己亥冬出军机，几蹈不测，犹以前事也。庚子被难出京，旋没；时钧亦弃官归也。"此弃官指官直隶定兴知县事。

挽张文达公百熙："学务尤著勤劳,是中土吉田松阴,天语褒嘉,允为定论;儒臣参与政事,其德望欧阳永叔,士林悲悼,盖有同情。"

挽周渭臣提督达武："挈苗疆二千里,还之职方,犵草蛮花皆战绩;镇边关十七载,威棱中外,悲笳鼙鼓入新诗。"注:"平贵州有大功。官至固原提督,著有《剑水诗钞》。"

挽杨瑞生军门："边塞风寒,寂寞未邀中立赏;捻回事往,辛劳谁念战功多?"注:"君为淮军宿将,平回捻有功。甲辰俄日之役,北洋守中立,事后皆蒙奖,君守朝阳,独不与。"

挽夏庚堂军门辛酉："湘军出塞著勋劳,燕市逢君,每从问兵行方略;晚岁据鞍犹矍铄,江防底事,边惊闻夜陨台星。"注:"君湘军老将,丁未项城入军机,主张将二十营驻浦口,为游击之师,盖欲分两势力也。未至而没。"

挽桐城吴挚甫京卿："兴学期救国亡,垂老涉重洋,东海书来犹念我;为文确宗师说,遗编搂(镂)四象,南丰门下已无人。"注:"君自日本归,逾年病没。曾文正选有《四象古文》,欲为搂(镂)刻不果。"

挽邓弥之先生辅纶："复古讫于萧齐,同辈几人存,孤诣独传敦厚旨;晚岁力追陶令,都梁万山曲,怆怀顿失老成人。"注:"先生与弟绎暨湘潭王闿运攸县龙芝生倡言复古,遂开风气,独先生不落齐梁,为得诗人惇厚之旨,不待异日而论定也。"

挽王湘绮先生："中原礼乐沦亡，天丧斯文，不为湖湘留此老；一代才华有几，神游方外，应无封禅见遗书。"

挽胶州法征君伟堂："采风来齐鲁之邦，此行期访孙明复；著书通欧亚之界，绝学谁传刘继庄？"注："君字筱山，著书甚富，为山左笃学之士，与郑东甫、孙佩南齐名。三君亡而齐鲁无一儒矣！"

挽荣成孙佩南先生："为县令不畏豪宗，壮岁弃官而归，是真鲁国一男子；距邪说期存斯道，衰龄衔恤，那料神洲竟陆沉！"注："先生以进士官合肥知县，与李氏不合，弃官教授，以朱子为宗，新学说起，尤忧之。以辛亥终。先生与法筱山相继没，而山东无一儒矣！"

挽皮鹿门孝廉："以治经见重当时，教授还编普通学；为穷儒老死牖下，姓名偏绖党人碑。"注："君治经学，戊戌主讲江西经训书院，颇采新学说，遭党锢。君著有《普通学歌》。"

挽周笠西先生乐："起家随益阳后先，艰难武汉战争，时局沧桑真一瞬；卜宅与玉池相近，对此湖山清绝，乾嘉耆宿更无人。"注："先生早岁官湖北，为胡文忠公所倚任。文忠没，遂不复出。没年九十余。"又代艺甫兄："公耽石隐卅年，湘上归来，独有贤声播三楚；帝问天南二老，曲园健在，独抱光荣闵九原。"注："是年先生与俞曲园重宴鹿鸣，赏京卿。"

挽宝庆蔡松坡锷："正经界访及岩阿，怅书问频劳，狷介孤衷应谅我；建义声倡动海内，虽澄清未睹，振兴国耻

1497

实奇功。"

题山东图书馆:"湖山如画,齐鲁好文。"又:"大道著于六经,在见之行事;宝书征及百国,宜观其会通。"注:"馆临明湖,望见历山,颇饶水石之胜,藏书八万余卷,余所创建也。"正钧官山东提学使,颇见谓碌碌,惟山东图书馆为所建,辟旧贡院之一部成之,布置甚佳,乃其得意之事。此馆颇著名,过而览者不能不念正钧之旧绩也。

闻之言简斋,周孝怀(善培)挽陈弢庵(宝琛)联云:"天予以曾李莫得之上寿,更投以伊周未任之奇艰,变乃至于再至于三,绝望而终,对九庙其无忝;世见公帷幄似专乎小心,岂知公风雪犹劳乎大海?已矣不可追不可说,有怀如结,虽百岁亦何欢?"沉痛雅健,杰构也。(又闻原用"只不忍欺不忍逼"句,皆有事实,盖分指罗郑二人。嗣以语太峻厉,改为"已矣不可追不可说",而于"乃至"上加"变"字作对。)舅氏朱樾亭先生(祖荫),政事行谊多可述。近卒于里(宜兴),寿八十有二。简斋于先生为弥甥行,挽以联云:"才猷卓越,肝胆可风,一身表见儒而侠;死生了然,志事无憾,高世耆英谁与俦?"颇能状其生平。

(原第12卷第22期)

## 三六　谈大小九卿

古官制有九卿之称,至明而有所谓大小九卿焉。清人之论明清大小九卿者,如阮葵生《茶余客话》云:

大小九卿，说者不一。六部、都、通、大为大九卿，至今皆然。至小九卿，先以太常、京尹、光禄、太仆、詹事、国子、翰林，而益以左右春坊为小九卿；或云詹事、春坊为东宫官属，不宜班之大廷，当以尚宝、鸿胪、钦天监足之；或云鸿胪仅司传宣，非同汉晋大鸿胪，钦天仅掌占候，亦非秦汉太史令，只可与太医院、上林苑等；自万历后，则以太常、詹事、京尹、光禄、太仆、鸿胪、国子、翰林、尚宝为小九卿，究不知始于何时。质之博学诸公，亦不能悉。

**李慈铭同治三年甲子十月二十五日《日记》云：**

大小九卿之说，朝野相沿称之，然终未能分别。王渔洋《香祖笔记》、阮吾山《茶余客话》，皆言之不得其详。余按此称实始于前明，国朝仍之。然《会典》《通礼》诸书中，实止有大学士、九卿之言，无所谓大小九卿也。寒夜无事，为之参详官制，验以故事钞报，旁考说部诸书，分疏于此：

明七卿（《明史》有七卿表）六部尚书、都察院左都御史。（按《明史》七卿年表，所列为六部尚书及左右都御史。清右都专为总督兼衔，乃可不于九卿内。）

明大九卿　六部尚书、左都御史、通政使、大理寺卿。

明小九卿　太常寺卿、太仆寺卿、光禄寺卿、詹事、翰林学士、鸿胪寺卿、国子监祭酒、苑马寺卿、尚宝司卿。

国朝大九卿　六部尚书、左都御史、通政使、大理寺卿。

国朝小九卿　宗人府府丞、詹事、太常寺卿、太仆寺卿、光禄寺卿、鸿胪寺卿、国子监祭酒、顺天府府尹、春坊庶子。

至若理藩院、内务府两衙门，皆以满人为之，銮仪卫则系右职，钦天监、太医院，则系杂流，故皆不与卿列。内务府更有奉宸苑、上驷院、武备院三卿，亦皆为满缺，故亦不数也。（其于清小九卿，原列翰林院侍读、侍讲学士及内阁侍读学士于国子监祭酒之次，当九数之二，谓："或谓翰林讲读学士当列之翰詹、科道，内阁侍读学士当属大学士，不得别为衙门，且尚有内阁学士，亦不得舍彼数此，不知翰詹、科道者，仅指编、检言之，不得以统学士。今搢绅录，学士及侍读、侍讲别为起居注衙门，可知其故矣。至内阁、侍读学士，今制并不属大学士，而内阁学士则俱兼礼部侍郎衔，不得列之小九卿也。"又谓："京尹为地方官，亦非卿曹也。"旋改为顺天府府尹及春坊庶子，勾却前说，更谓："又思小九卿当数顺天府府尹及左春坊左庶子，而不数内阁、翰林讲读学士。按《汉书·百官公卿表》列有京兆尹，则不得以府尹为非卿曹矣。左右春坊本与詹事府各为衙目，故今制授庶子者得谢恩，以其为春坊长官也。若内阁、翰林讲读学士，内阁已属大学士，终不得别为衙门，翰林总归之翰詹、科道而已。此说似较前说为通。"）

均于大九卿无所疑，于小九卿则游移其词。葵生未能论定，慈铭勉为叙列，亦不免牵强也。按明以六部拟周六官之制，六部尚书曰六卿，（吏部尚书号为六卿之长，视冢宰也。）皆为正卿，（大理、太常等寺之卿，俗亦称正卿，对少卿而言，非此之比。）侍郎为卿贰，言为正卿之贰官也。六部尚书之外，益之以都察院都御史，曰七卿，更益之以通政司使、大理寺卿，曰九卿。六部、都、通、大称九卿衙门。九卿会议，贰官率亦与焉，以同为九卿衙门之堂官也。清九卿因之。至所谓小九卿，则为九卿外京卿之泛称。曰小者，示别于九卿，因更称九卿为大九卿焉。所谓大小九卿者盖如此。大九卿（即九卿）之九为实指之数，小九卿之九则为泛称之词，汪中《释三九》所谓"实数可稽，虚数不可执"是也。小九卿云者，犹众官之言百官耳。若斤斤按九数列举，其于或数或不数，则煞费推敲，而每难自圆其说云。《香祖笔记》中，未见有特论大小九卿处，唯叙述时事所及，如"壬午六月九日召集内阁九卿及翰詹、卿寺、科道、各部郎中四品以上官于保和殿"云云，九卿以外之卿寺，即指所谓小九卿者。

近人夏敬观《窈窕释迦室随笔》云：

有清九卿之制，道光以前未定。按蒋超伯《南漘楛话》云："咸丰戊午夏，会讯故相耆英一案，大学士、六部、九卿会议。主稿者枢堂。时焦太仆佑瀛领班，遍检档册，并无指定何项衙门为九卿。阮葵生《茶余客话》所云六部、都、通、大为九卿，亦得自传闻，非确证也。焦君与家幼竹太守锡绶议，请于枢堂，除六部及四品以下衙门外，以都察院、通政司、大理寺、太常寺、太仆寺、光禄寺、顺天府府尹、宗人府府丞、理藩院九项衙门当之，议遂定。"蒋谓六部、都、通、大为九卿之说非确，夏谓有清九卿之制道光以前未定，均误。按之故事，言九卿即包括六部在内。若六部之外，更列卿九，则须于原在九卿之都、通、大外，更以卿六凑足九数，只可勉强排比以定之矣。佑瀛遍检档册，无所适从者，当以六部以外之所谓九卿，无案可稽，非九卿本未有定解也。六部九卿一词，常语亦往往及之，其涵义犹言六部及诸卿；此九卿之九，亦成不可执之虚数。

慈铭光绪十年五月二十九日《日记》，于鸿胪寺少卿方学伊应诏保举人才事，云：

前旨令大学士、六部、九卿保举人材，所云九卿者，指都察院堂官言之，故外省惟及将军、督抚。二十六日复有旨云中外大臣，未尝及小九卿也。凡谕旨云六部、九卿、翰詹、科道者，始包小九卿言之。鸿少特小卿之末，岂大臣乎？而公然荐人，枢府亦不置问，上下相蒙而已。

其诠与六部连举之九卿，复与咸丰间军机处所定不同。至云仅指都察院堂官，盖以意为之，非有故事可征。倘依咸丰间军机处所定，学伊自亦不在其列。学伊应诏保举，上谕于所保之前署顺天香河县知县严暄，命直隶总督、顺天府府尹查明事迹，出具切实考语，送部带领引见，承认其有所云九卿之资格，是盖以六部九卿作六部及诸卿解矣。而原旨于大学士、六部、九卿外，外官惟令将军、督抚保举，复申之曰中外大臣，此慈铭所以欲仅以都察院堂官当九卿，取其秩位相近，并本列大九卿之通政、大理亦不数也。关于此事之谕旨，本有欠分晓处耳。

1935年6月17日

（原第12卷第23期）

## 三七　清代衡文佳话

顷承杨苓泉君以稿见惠，述陈弢庵（宝琛）佚事，云："陈弢老于壬午科放江西主试，学政洪文卿（钧）为监临，戊辰同年也。闱中论取士之法，洪曰：'吾所取皆才华英发之士，所谓春风桃李也。'陈曰：'吾所取者必为岁寒松柏。'遂以'岁寒然后知松柏'一章命题。及填榜，洪举所识知名之士，另列一单。填至二十名，尚无一人，洪意不乐。陈曰：'少须，此前列者犹岁寒松柏也。'至三十名后，单上之名累累如贯珠。陈笑曰：'春风桃李来矣！'洪大笑，亦服其精识。此节癹老为余面述，录呈助笔记之材料。癹老由晋抚改毓庆宫，则详述于拙著《觉花寮杂记》中。"事极有致，科举时代之衡文佳话也。（至《觉花寮杂记》，尚未一读。）清代此类佳话，前乎陈、洪者，犹颇有之。如陈康祺《郎潜纪闻初笔》云：

> 康熙二十年，方洗马象瑛、王吏部材任蜀典试，时川中兵革方定，轺车所届，满目荆榛。方、王二君，殚心蒐拔，惟恐偶屈一士。得士四十二人，每拆卷，当事辄额手称庆。当未彻棘时，学使者冯云骧籍三川隽名三十人，验其得失。榜发，售者二十有五，副车三，所未见者二人耳。蜀人相传以为佳话。乾隆壬午，吴修撰鸿督学湖南，是科主试者为嘉定钱詹事大昕、韩城王文端公杰。场后诸生各以闱艺呈吴，吴最赏者五人，丁牲、丁正心、张德安、石鸿翥、陈圣清也。曰："此五卷不售，吾此后不复论文矣！"揭晓日，招客具饮，使人走探。俄抄榜来，自六名至末，只陈圣清一人。吴旁皇莫释，未几五魁报至，则四生已各冠其经，如联珠然，大喜过望，首唱一诗，以志其盛，和者三十余人。二事极相类，合记之，为今督学典试者劝。

二事均与陈、洪之事相近，乾隆湖南事尤似，且均为壬午也。文分松柏桃李而中式，洪以学政任监临，躬亦在闱，其事自更饶兴味。

乾隆壬午湖南乡试佳话，袁枚《随园诗话》亦载之，盖《郎潜》此节所由移录也。《随园诗话》于"吴大喜过望"句下，为：

> 一时省下传为佳话。先是陈太常兆崙在都中以书贺吴云："今科楚南得人必盛。"盖预知吴、钱、王公之能知文能拔士也。吴首唱一诗云："天鼓喧传作夜声，大宫小徵尽合鸣。当头玉笋排班出，入眼珠光照乘明。喜极转添知己泪，望深还慰树人情。文昌此日欣连曜，谁向西风诉不平？"一时和者三十余人。后甲辰三月，余游匡庐，遇丁君宰星子，为雇夫役，作主人。相与叙述前事，彼此慨然；且曰："正心管领庐山七年，来游者先生一人耳。"

当时情事，袁氏殆即闻其详于是科中式之丁正心。至庐山胜地，今昔喧寂大异矣。

关于学政之充监临，《郎潜初笔》云：

> 嘉庆戊辰恩科，浙江学政刘凤诰代办乡试监临，闱后人言藉藉，有"监临打监军，小题大作；文宗代文字，矮屋长枪"之对语。密旨查询，经巡抚阮元以对语达天听。上复遣侍郎托津等三人抵浙按问，刘获

1505

重谴，阮亦以徇庇夺官。谕旨中有云："乡试士子系由学政录送入闱，刘凤诰本当避嫌，可（何）以辄将监临之事交伊代办，〔此一节阮元〕已属非是。何以近科秋闱，竟违祖训，仍有以学政监临者？"

以职掌论，学政代办监临，诚未免界限不清。嘉庆间谕旨虽经斥其非是，而末叶淡忘，又时有之也。

张二陵君复有来稿如下：

王文韶继李鸿章而为直督，到任后检阅卷宗，见淮军银钱所同粮饷局有淮军余款一千余万两，存之公家。文韶对人言："余服官中外数十年，非分之钱向不妄取，惟似此节余之款，恐不能如李中堂之一丝不染也。李中堂真不可及。伊在京寓用度颇繁，可由二局每年送伊五千两。"时袁大化方为淮军粮饷局司道，近对余言之，当不诬也。

咸同间入阁者，如官文以湖广总督，曾国藩以两江总督，骆秉章以四川总督，李鸿章以湖广总督，左宗棠以陕甘总督，论者谓为军功中堂。其中宗棠以汉举人得之，尤称旷典，鸿章所谓破天荒相公也。光绪间曾国荃督两江，鸿章通候函中有云："举贡一也，吾丈将继湘阴而邀旷典矣。"

清沿明制，以刑部、都察院、大理寺为三法司，遇有重大案件，交三法司会审。除特派王大臣外，仍刑部主稿，都察院、大理寺不过会衔而已。下走宣统间官法曹时，法部（刑部改设）右侍郎为莱阳王觉生垿，都御史为历城张振卿英麟，大理院（大理寺改设，犹今之最高法院）正卿为长白镇平定成。定为座师，张与王一业师一举主。王于民国二十二年去世，下走挽以联云："善书与刘石庵、桂味谷齐称，仰先正典型，并有大名垂东鲁；谢世在定廷尉、张总宪以后，痛师门寥落，忍将往事溯西曹。"盖记实也。

（原第 12 卷第 24 期）

## 三八　记王夫之黄宗羲顾炎武从祀孔庙

王夫之、黄宗羲、顾炎武三儒之从祀孔子庙，至光绪末年始定，张之洞主持甚力也。胡思敬《国闻备乘》记其事云：

> 文庙崇祀之典，自特旨驳斥李容后，礼臣持议甚严。顾、黄、王三先生，屡请屡驳。最后御史赵启霖疏上，张之洞适入军机，遂同时邀准。死后馨香之报，犹必藉枢要贵人之援，以此知当时朝局，凡乘时窃取禄位者皆非无因而至也。王氏学初不甚显，曾国藩刊其遗书三十余种，湘人始知尊重，然国藩序文有"纯疵互见"之语，亦未甚倾心推服也。从祀之议倡自郭嵩焘，是时今上即位甫二年，政府虽专，部臣颇能自

立。嵩焘归自海外，称服西洋。礼部侍郎徐桐恶之，疑其一乡阿好，遂引国藩序文，本表章夫之之人以驳夫之，嵩焘无以难也。光绪二十年湖北学政孔祥霖上其书于朝，复申前请。礼臣再引《四库总目》议驳，且言遗书有《老子衍》《庄子通》《三藏法师八识规知》等目，儒佛老庄混为一途，又有《潇湘怨》《黑鼓词》《龙舟会戏》各体，事涉游戏，不得谓为无疵。《总目》为高宗钦定，藉圣谟以箝群议，廷臣更无敢置喙者。顾、黄崇祀之议，则自陈宝琛发之。是时朝臣分南北两党。北党主驳，以李鸿藻为首，孙毓汶、张之万、张佩纶等附之。南党主准，以潘祖荫、翁同龢为首，孙家鼐、孙诒经、汪鸣銮、李文田、朱一新等附之。主驳者谓二儒生平著述，仅托空言，不足当阐明圣学传授道统之目，推礼部主稿，汉大学士李鸿章领衔，合词以驳。议上，祖荫等联名疏争，诏下廷臣再议。北党复推满大学士领衔，请仍照礼臣前议，其事遂寝。此三先生崇祀先后被驳之始末也。当夫之初次被驳时，嵩焘恐阻遏后路，不复能再请，别具一疏，请附礼部驳案并存，待异时公论。又于船山祠私制楹联，末云："请从祀于庙，是有待于后贤。"启霖湘潭人，夙宗仰船山，欲续成郭氏未竟之志，而难于措辞，乃并援顾、黄二先生以请。诏下部议。部臣以议驳在先，不敢主稿，乃用戴鸿慈奏定新章，交廷臣会议。自科场废八股改试策论，又废科举改学堂，《日知录》

《明夷待访录》《读通鉴论》三书,盛行于世,主准者十居八九。唯礼部郎中吴国镛不好新说,以黄氏书驳杂,摘其可议者数条,上说帖于堂官。尚书溥良以为是,侍郎郭曾炘以为非,然部务当由尚书主政,遂拟稿准顾、王驳黄,通行六部九卿大臣诣内阁会衔。邮传部尚书陈璧先画诺,吏部尚书陆润庠、都察院左副都御史陈名侃继之。画未竟而之洞遣使持说帖至,大意言黄学与孟子相合,议驳非是。举座愕然,各逡巡遁去。次日邮传部咨行礼部,取销陈璧花押,润庠、名侃亦各行文取销,其畏惧政府如此。之洞私语同僚,谓:"梨洲若驳,当并顾、王黜之。"盖以启霖、国镛皆湖南人,疑其有私于王氏也。礼臣不敢坚持初议,遂准炎武,而胪陈王、黄事实,请宸断。严修、宝熙、吴郁生、定成、刘若曾、徐定超各具封奏,如之洞指。遂于光绪三十四年九月初三日奉上谕:"礼部会奏一折,王夫之、黄宗羲、顾炎武均著准其从祀文庙。钦此。"以如此巨典,只以二语了之。天下读诏书者,不明其所以从祀之故,颇疑三先生之配食颇似近世人才保荐得官也。

其经过盖大略如是,思敬有微词焉。郭嵩焘于光绪二年出使,其由英归国,时为光绪五年,思敬所叙有未谛处。曾国荃重刻夫之遗书,国藩序有云:"虽其著述太繁,醇驳互见,然固可谓博文约礼命世独立之君子已。"思敬谓国藩刊其遗书,亦稍误。

当三儒之准从祀,陈衍时以主事在学部,其《年谱》光绪三十三年丁未及翌年戊申所纪如下:

(丁未):荣协揆……适与家君谈顾、黄、王三儒从祀文庙交各部议奏事,家君见顾、黄二儒早由陈弢庵阁学奏请从祀被驳,孔学政祥霖奏请王船山先生从祀亦被驳,因言此事恐难邀准,不知荣公意正主议驳,闻之大悦,请家君代撰说帖……及家君退而思之,并查历届礼官所以议驳之说殊不足凭,乃建议力言可以从祀上之,遂大拂荣公意。荣公盖以为此三人皆主张革命者。(按:此谱署"男声暨编""门人王真续编""门人叶长青补订",是年以上皆声暨口气也。)

(戊申):是时顾、黄、王三儒久已从祀,张广雅相国所主张也。初,从祀一节,各部长官多议驳者,惟吾乡张燮钧侍郎主之甚力,而适丁内艰,不得与闻其事矣。广雅往吊,张侍郎稽颡谢吊后重稽颡曰:"从祀事惟赖世叔主持。"后广雅至军机处,见各部说帖皆以三儒颇言民权议驳。广雅因疏孟子言民权者数条曰:"诸君将并孟子亦摈出文庙乎!"袁尚书世凯时亦为军机大臣,至曰:"我议准,谁敢议驳!"于是各部长官纷纷取说帖回,改作议准矣。……学部尚书荣华卿协揆就部中宴广雅,……谈次,协揆逢迎广雅意曰:"三儒业已从祀,闻外间亦将以曾文正公请矣。"广雅嘅喑曰:"曾某亦将入文庙耶,吾以为将从祀武庙!"举座愕然。广雅曰:"天津教案,曾某至戮十六人以悦法人。是时德兵已入巴黎。曾某尚如此。"广雅盖不忘协揆往事,故作此謷言;不然,其时中西电报未通,德兵入法都,曾文正实未之知也。

亦可参阅。所云各部议奏,即指廷臣会议事。之洞之力持从祀,张亨嘉盖与有力,而袁世凯其强援也。时世凯之气力势焰,犹出之洞上耳。三儒以有明遗老为清初大儒,学问节概,度越恒流。晚清学人讲时务经济者多宗之,大臣中之号为维新者亦推重其学,而革命党人以其不忘故国,弗为清屈,则尤揭橥号召,为种族革命之一助。荣庆之不以从祀为然,惧助革命党张目,亦足代表当时廷臣之一种意见也。

陈宝琛前请以顾、黄从祀,诸臣会议时,徐致祥上疏,于从祀事未置可否,而以黜邪崇正尊崇道统为说,谓:

　　……异端不黜则正学不昌,况今圣学日新,缉熙念典,尤须别择精微,防闲非僻,凡有以奇巧诡异之说进者,一切报罢,并罪其人,庶士大夫竞相观感,恪守师承,蒸蒸焉砥砺于实学,以上副圣朝黜邪崇正之意,而列祖列宗慎重庙祀尊崇道统之深衷,益昭然若揭矣……

言外亦不主从祀。致祥素守旧,故其论如是。

李慈铭光绪十年甲申十一月初五日《日记》云:"马蔚林来,以春间陈宝琛奏请以黄梨洲、顾亭林两先生从祀文庙,礼部堂司各官,莫知谁何,纷纭至今。(其疏初发钞时,一日翰林掌院学士接见编检各员,朱蓉生往谒,闻掌院与诸学士及办事诸翰林言:"陈伯潜此疏甚奇。顾某尚有小板《日知录》一书,可备后场策料,黄某何人耶?"皆曰然。)近日尚书毕道远发愤谓诸司曰:'二人学问,我所不顾,但以品行言,二人在康熙时皆不宜出仕,尚得从祀邪?'因掷还蔚林所呈国史《儒林传》曰:'我必驳!'蔚林商于余,余曰:'两先生本不为今日从祀计,况出于福建子之请,辱已甚矣,而尚欲求山东不识一字之尚书屈意议准,何以为两先生地耶?'蔚林一笑而去。"慈铭不慊于宝琛,《日记》中屡加轻诋。至谓道远"不识一字",其骂人常用之语也。所云掌院学士,盖指徐桐,以于桐素执门生礼,故未显举其名。

《清史稿·孙家鼐传》云:"江西学政陈宝琛疏请以先儒黄宗羲、顾炎武从祀庙,议者多以为未可。家鼐与潘祖荫、翁同龢、孙诒经等再请,始议准。"其时何尝议准耶?

(原第12卷第25卷)

## 三九　谈故七则

二陵近又以谈故之稿见遗,移录如次:

1512

## (一) 陆润庠之《比翼南飞图》

宣统三年正月，陆润庠请假三月，偕夫人南旋修墓。吴中朝士为之绘《比翼南飞图》，征人题咏。未几而国变，征题乃中止。

## (二) 陆润庠增饷

是年六月，润庠奉旨同陈宝琛、伊克坦在毓庆宫授读。时润庠以大学士充弼德院院长、兼管顺天府府尹、禁烟大臣。既充师傅，遂奉旨裁兼尹，弼德院长改派荣庆（荣庆原系副院长，递遗之副院长则派邹嘉来），禁烟大臣则代以奎俊，而另加给润庠每月津贴银一千两。未几公宴于江苏会馆，门生中有向之道喜者，润庠云："吾开去一切差使，何喜之有？"时王大桢新简广西劝业道在座，进而言曰："此乃天子不得而臣之义。"阖座大欢，咸服其词令之妙。

## (三) "忠清粹德"之陆润庠

润庠殁后，某遗老赠以"忠清粹德"四字，闻者称为典雅确切。四字见于《宋史》。司马光卒，赐碑曰"忠清粹德"。此用"忠清"字样，义取双关云。

## (四) 陆润庠授太子少保

清制，一帝升遐，开实录馆一次。奉派王大臣虽

*1513*

多，然有一人总司稿本。光绪实录稿本总于陆润庠。保案之例，不待书成，稿本告成即先加恩一次。润庠逊国后之授太保，即以此。

### （五）陆润庠兼三职之异

军机大臣、翰林院掌院学士、总管内务府大臣，此三职例不相兼。又吏部尚书不充兼尹，刑部尚书不兼步军统领。润庠光绪三十一年官工部尚书，翌年工部裁缺，命以尚书兼管顺天府尹事。三十三年授吏部尚书，未开兼尹，说者谓非常例云。

### （六）潘祖荫隐讥左宗棠

左宗棠在骆秉章幕府时，被官文严劾，几不免，赖胡林翼、潘祖荫中外保荐，得免于难，旋致大用。后由陕甘总督内召，与祖荫时相过从。祖荫以嗜古闻于时，喜收藏，宗棠谓曰："人不可有所偏好，有偏皆足以误公。"盖讽之。祖荫应之曰："某尚有一偏好，遇人之有才能者，不避嫌怨，必汲引之而后快。"则隐提旧事也。

### （七）周祖培自食其果

周祖培屡掌文衡，而每充朝殿暨考试差阅卷官时，必故抑河南人卷，以示远嫌，由是为同乡所不满。咸丰某年，《宣宗实录》告成，赏伊子某举人，一体会试。翌年会试，祖培先期请假，为伊子入闱地。闱后伊子获中式。定例，新贡士覆试，尚须同乡京官出结。河南同乡京官相约不与出结，曰："彼平日既远嫌，我辈今日亦须认真。"缘伊子有不学之名，事有可疑也。祖培不得已，乃自行检举，谓伊子系遇窗课成文，请注销进士，一场风波始归平静云。

## 四〇　陆润庠轶事详释

关于陆润庠南旋修墓事，据闻润庠此行，曾语人云："国事已不可为，不久将有祸变，此时犹得衣锦还乡一次，过此恐无此风光矣。"因倩人为作《比翼南旋图》，征题咏焉。当其请假，曾为言路所纠。蒋芷侪《都门识小录》云："江西道监察御史赵熙，前月奏参吉林巡抚陈昭常，而误为黑龙江巡抚，且误昭为照，至被申斥，传为笑柄。乃近日广东道监察御史胡思敬，奏参陆润庠请假修墓，为'目击国事艰难，有心规避，否则何不令其子陆大坊回籍'云云。老庆阅而笑曰：'陆大坊系前都御史陆宝忠之子，该御史于此等事尚闹不清楚，所言尚足信乎？'竟置不理。嘻！赵、胡等非素喜建言者耶，而所言乃如是，其与赵高指鹿为马之伎俩何异？适足以见笑而自点耳。"胡思敬及赵熙均清末名御史，此类不经意之失，可笑则无关宏旨，何足深责？遽以指鹿为马相拟，不伦甚矣。关于润庠之与《光绪实录》，吴郁生所撰润庠行状云：

宣统元年充实录馆正总裁，又充实录馆稿本总裁。……壬子十月《德宗景皇帝实录》稿本告成，具奏略言："臣于宣统元年二月奉命充实录馆总裁，旋以恭纂德宗景皇帝实录稿本，于是年六月奉命专司勘办。勤慎将事，时越三年，兹于本年十月十六日谨将勘办全书稿本告成。伏念臣自同治十三年通籍后，光绪元年始以翰林筮仕于朝，渥蒙孝钦显皇后德宗景皇帝特达之知，不次超迁，迨乎末年，洊升极品。入直内廷者三十年，叨居文学侍从之臣，常侍禁近，圣恩高厚，刻不能忘。此三十四年中，圣主起居，朝廷政治，事无巨细，耳熟能详，其间扈跸西安，厕身卿贰，兼以参预政务，庙谟宸训，亲历尤多，是以勘办之举，义不敢辞。承命之下，昕夕簪毫，乐于从事。综阅纂协修总纂原稿，已极详尽，加以博采兼搜，更为之抉摘讹误，补证阙佚，再三审订，期于无舛无异。上年遭逢世变，与监修总纂纂协修诸臣提调等员，守此简编，幸未散失。臣以衰年，逢秋常患喘逆，往往中宵起坐，仍力疾勘核，冀蒇全功。仰赖先帝在天之灵，得以始终其事。计纂成实录稿本七百九十一卷，分次发交提调等，敬谨誊清。惟是逐年随纂随交，其中前后书法容或有未尽画一之处，循例尚须覆校，不得谓绝无罅漏，而臣于是书心力已殚，只以感激恩遇，藉以稍报涓埃，虽著有微劳，不敢仰邀议叙。"奉旨："陆润庠奏恭修德宗景皇帝实录勘办稿本告成一折，该总裁办理稿本，始终其事，已越三年之久，昕夕勘核，倍著辛勤，允宜特加优奖。陆润庠著授为太保，以示嘉奖劳勚之至意。钦此。"

润庠久官京朝，事迹不多，斯举当为其一大事也。

## 四一　曾纪泽戒励严复

《大公报·史地周刊》第四十一期，载王栻、张荫麟二君所撰《严几道》，甚可观。文中述及郭嵩焘对严氏之引重，而继郭使英与郭齐名之曾纪泽，在海外与严氏亦有一段文字因缘。《曾侯日记》云："核改答肄业学士严宗光一函，甚长。宗光才质甚美，颖悟好学，论事有识，然颇有狂傲矜张之气。近呈其所作文三篇，曰《饶顿传》，曰《论法》，曰《与人书》，于中华文学未甚通顺，而自负颇甚，余故抉其疵弊而戒励之。爱其禀赋之美，欲玉之于成也。"其时曾在中国大官中，亦以思想较新为笃旧者所不满，严则少年气盛，新又过之，故奖誉之余，不免"狂傲矜张"之评耳。严氏之精研旧籍，文辞斐然，未知有关曾氏戒励之功否。

## 四二　清代文三元

陆陈沄君由济南来函，以清代三元见询。按有清一代，文三元惟钱棨、陈继昌二人。钱字湘聆，江南长洲人，乾隆己亥解元，辛丑会元状元。高宗作诗纪之，有"国朝经百载，春榜得三元"之句。官至内阁学士。陈字莲史，广西临桂人，嘉庆癸酉解元，庚辰会元状元。仁宗诗有"大清百八载，景运两三元。旧相留遗泽，新英进正论"之句，继昌故大学士陈宏谋之后也，官至江西布政使。此后无继起者。　　　　　　　　　　（原第12卷第26期）

## 四三　汪辉祖分校湖南乡试

仪征厉秀芳道光间充山东乡试同考官，其《梦谈随录》述及入闱情事及感想，宜宾陈代卿同治间两充山东乡试同考官，有《秋闱纪事》之作，前曾类录（见本报八卷二十七期拙稿）。萧山汪辉祖乾隆间以宁远知县两次分校湖南乡试，其《病榻梦痕录》有所记载。乾隆五十三年戊申云：

> 是岁预行己酉正科乡试，七月初一日行宾兴礼，亦创举也。县入国朝，惟雍正壬子乾隆甲子中式二人，诸生绝意科名，又距省远，每科应试者三四人、四五人不等，士气日颓，甚乃以刀笔糊口。余录其可造者，

收之书院，月四五课，亲董劝之，应宾兴而贫者，酌给卷资，并禀督学宽取遗才，以示鼓励，故赴省之士由科举者二十三人，应录遗者十四人，为数十年未有之盛。奉聘入闱……八月初一日院考帘官，取第一名。(《四书》题"可以为师矣"，诗题"披沙拣金"得"文"字。)初二日藩司柬送科场条例。是科始令举子三场试艺皆开写添注涂改字数，每场不得过百字，朱墨卷皆点句钩（勾）股，二场默写头场试艺，经题专用《诗》，次年会试用《书》，下科乡试用《易》，以后乡会试轮用《春秋》《礼记》，分用讫合用《五经》。初六日入内帘。主考翰林院检讨仁和蔡毅堂先生（共武），刑部山西司主事吴县潘畏堂先生（奕藻）。畏堂先生余都门旧交，然每呈荐颇不相得，盖先生所取尚才气风华，而余荐卷则取沈实。先生笑语余何以必欲得老门生，余曰："某中式时已近四十，设尔时本房师专取少年，则某且不得为房官矣。"先生曰："君言良是，第抡才大典，所取之士他日当为朝廷出力，若是迟暮，何所用之？"事后深思，有味乎其言之也。撰《蓝毫杂记》一卷，《试院述怀诗》六首：

其一

暂解铜章意洒然，谁云吏俗不如仙？

来参玉尺抡才地，坐对金风洗露天。

文价早输鸾披贵，名场尚结鹿鸣缘。

1519

连宵湘岸殷雷动，几许潜蛟待跃渊。

### 其二
秋闱九上四春官，席帽麻衣力就殚。
从此出头真不易，即今经手忍相谩？
虚叨宪府殷殷聘，怕素公庖日日餐。
文字久抛尘牍外，微才欲竭梦难安。

### 其三
楚客辞华自昔闻，三闾余韵尚留芬。
程材细准新材格，迷眼愁辜旧论文。
曾是揣摩行我法，了无恩怨与人分。
心声第一惩钩棘，会有濂溪独冠群。

### 其四
濡毫染靛几俄延，过眼安能信了然？
不是承恩先一第，多应逐队试三篇。
寻常鲁卫难兄弟，铢两王卢别后前。
为问无双谁国士？好从万选觅青钱。

### 其五
又听喧喧报鼓吹，文场鏖战已竣期。
欣逢片玉初商价，爱看飞鸿欲渐迹。
甲乙我愁持鉴误，推敲人讶拔尤迟。

轮肠不尽怜才意，除是朱衣或未知。

其六

参斗芒寒夜气深，短檠摇影更披寻。
也知遇合关渠命，未敢仓皇负我心。
青鬓能消秋几度，骊珠肯使海终沉？
区区报国文章分，桃李他年何处阴？

九月初一日揭晓，本房中卷五名，石门梅（峄）、侯（登元），湘潭江（起凤）、龙（先法），宁乡刘（宜焘），副榜一名，华容程（廷举），前副榜也。宁远中式一人，乐（之祈）；生与王（定元）、李（承膺），余所称书院三俊者也。"

翌年己酉云："是年恭逢恩科，七月行宾兴礼后，奉调至省。……八月初一日院考帘官，取第二名。（《四书》题"何用不臧，子路终身诵之"，诗题"披沙拣金"，得"求"字。）初二日藩司柬送科场续例。是科同考官阅卷应加切实评语。初六日入内帘。主考翰林院检讨汉军徐镜秋先生（鉴），检讨普安邓兰溪先生（再馨）。至二十七日填草榜，本房遗卷皆补加小批。镜秋先生受业孙迟舟编修，曾见余诗文，定榜后缕陈旧款，相得甚欢，撰《蓝毫再记》一卷，《书怀诗》六律：

## 其一

簪花又傍玉堂仙,稽拜承恩列座偏。
白发今年添几许,蓝毫有约待重研。
芷兰得气秋风远,雕鹗盘云劲翮联。
是处楚材供采掇,知谁飞步冠群贤。

## 其二

棘院沉沉月影寒,商量文律坐更阑。
人多旧侣缠绵语,箧检生书反复看。
大府例容宽礼数,科条新与戒欺谩。
名衔莫讶如蝇细,永叔曾呼小试官。

## 其三

寿考培材典礼殊,连番科第辟皇途。
文章有价王言大,评骘无私士论孚。
敢以微瑕轻白璧,却愁依样画葫芦。
此中趣味尝曾遍,十五年前策蹇儒。

## 其四

场屋虚声昔滥叨,廿年落拓涩霜毫。
何图垂老铜章吏,屡厕衡文玉尺曹。
翰墨前缘荣齿录,风尘俗状愧形劳。
机边旧样模糊甚,乞取新花式俊髦。

### 其五

几回把卷独微吟,秋露新凉入夜衾。
陡觉精神输往昔,勉支筋力到而今。
衡量怕负抡才分,灯火私怜下第心。
领略官题珍重意,长期妙拣出沙金。

### 其六

匝岁秋光弹指中,九人幸得六人同。
重来谁预三年约,此去多凭尺素通。
衰未敢慵犹恋职,病如催老欲成翁。
赏奇更与烧残烛,万一能酬稽古功。

《内帘十咏》十首。《入帘》云:

委佩峨冠鹄雁齐,至公堂下即云梯。
县名唱到容长揖,试卷携归见品题。
瓜李周防门下钥,虫鱼互订壁分藜。
从容独有金陀客,冷眼看入五色迷。

《分房》云:

久次新除各就铨,签题曾不系官联。
笼灯忽换东西舍,坐席遥分上下筵。
针芥若投应得地,燕鸿相避总随天。
怜余短视茫茫甚,恰傍前荣独炯然。

《掣卷》云：

　　暗中结契是文章，岂有丕休待忖量？
　　多士唱名才给卷，九人同考已分房。
　　鹏抟一任摩空汉，蝶浪谁容过短墙？
　　此际投胎关福命，恩无可感怨应忘。

《命题》云：

　　冰壶清映两心同，造化全归数字中。
　　百步悬侯藏彀力，万花镂样待春工。
　　案头条例长笺录，纸额关防小印红。
　　捧出层门争引领，桂枝香里散秋风。

《阅卷》云：

　　赤匵丹文射两眸，澄心先自涤轻浮。
　　还珠可许仍留椟，索剑何当仅刻舟？
　　惬意诗怜排雁齿，聱牙字欲辨蝇头。
　　瓣香卅载南丰祝，三楚风骚自古优。

《荐卷》云：

　　为拣精金披尽沙，斓斑入手望尤赊。
　　堂前许试量才尺，暗里还分障眼纱。
　　便有瑕瑜能不掩，终难铢两信无差。
　　从教近墨增声价，都是春阶桃李花。

《落卷》云：

千古文心如面然，春花秋实那能全？
风檐驹影驰弥迅，蜀道蚕丛径易偏。
无可奈何终一抹，谁能堪此又三年？
饮名多少荆南客，枉费君平卜肆钱。

《搜遗》云：

缄题入篋已经宵，辈几重摊念寂寥。
万一看朱曾误碧，寻常画雪可兼蕉。
摘髭科弟恩方渥，撒手因缘气忍骄？
添得几行评语在，鸳针欲度转无聊。

《草榜》云：

甄别连朝水镜如，欣从碧海掣鲸鱼。
里居未识青衿籍，次第先凭红号书。
得入彀中差不负，悬知名下定无虚。
翻愁前度成均士，狙击重惊中副车。

《揭晓》云：

奎光四照恰飞腾，士气三湘正蔚兴。
甲乙姓名文字券，风云际会鬼神凭。
初昏预促谯楼鼓，报捷先笼驿路灯。
淡墨晴霞相映射，欢声到处颂升恒。

九月初一日揭晓，本房中卷六名，武陵姚（定益），长沙曹（有健），常德唐（虞乐），攸县邓（德麒），湘乡王（步云），安乡樊（恭清），曹生拨归醴陵樊伯林（寅捷），副榜一名，零陵刘（方璿），（方璿）己酉拔贡生。先是，填草榜时，余以戊申取中副榜由副榜生再中，禀商两主考，如拆副榜弥封本系副贡生，请以备卷易之。是日主考言之监临浦公，浦公以为然。比拆副榜，第二名果副贡生，遂易以备卷。至（方璿）拔贡生，主考欲援副贡例，浦公曰："永州无正榜，当令副榜有名。"因不易。科名有数，不其然乎？

可汇阅，均有关科举掌故。辉祖久困场屋，乾隆三十三年戊子乡试中式，年三十九，四十年乙未成进士，年已四十六（在湘官州县，长于听断，以循吏称），其戊申分房时，年五十九，己酉又分房，年六十矣，诗旨可味也。[戊申与主考潘奕藻论取士风华与才气之分，可与陈宝琛、洪钧事（见本报本卷二十四期。）合看。] 光绪十二年丙戌会试内监试李鸿逵所撰《春闱内帘杂咏》《衡文歌》《闱差行》诸作（见本报九卷八期、十期）与辉祖诗虽有庄谐之异，亦正可类观。先研甫兄壬辰（光绪十八年）《分校礼闱雨夜有作》：

　　春寒料峭酒筹添，夜雨声声夜柝严。
　　桦烛不知多少泪，迸将繁响扑重帘。

帘前安得万朱衣，愁对纷纷落叶飞。
我亦当年苏季子，可怜同病竟难医。

及癸巳（光绪十九年）典试四川时《中秋望月闱中校艺三首》：

由来人士表华阳，欲采风谣贡庙堂。
齐鲁之间方朴学，卿云而后挺名章。
但期衡雀平如燕，只恐山鸡舞似凰。
横舍卮言今渐涌，塞涓还待大为坊。

江源高居富钟英，歘薄词澜肖象呈。
海上蜻原非我好，丛间罴或使人惊。
漫操歌舞周师曲，并作中和汉代声。
独愧虚车持藻鉴，夜阑举烛意怦怦。

桂月流华斗柄移，几人高唱步虚词？
锦波异彩腾笺纸，琼府初枕引履綦。
献艺当年同立鹄，寄书有客讯蹲鸱。
秋来踪迹如旋磨，却忆携家渡海时。

并录于此。

## 四四　朱珪晚年逸事

梁章钜《归田琐记》记朱珪晚年事有云："翰林衙门土地神，旧传为昌黎韩公。公以为代韩公者为吴殿撰（鸿）。一日丁祭毕，坐轿过土地祠，公自轿中回首作揖，大声曰：'老前辈有请矣！'"姚元之《竹叶亭杂记》所记亦然。梁、姚均朱门生也。其事不足论，惟朱为乾隆十三年戊辰翰林，吴则次科辛未大魁，于朱为翰林后辈，而两人宦历，此外更无相谓前后辈之处，"老前辈"或"老同年"之误记耶。（朱吴丁卯同年举人。）

(原第12卷第27期)

## 四五　记咸丰间秋试

咸丰九年己未顺天乡试（有名之戊午科场大狱甫于是年春间办结），董恂以顺天府尹偕宝鋆充监临，（董时名醇，迨穆宗立，奏言："臣名与御名字音相同，字义亦复相近，虽功令在所不禁，于臣心实有未安，拟请改避，以申诚敬。"乃更名恂。）其自订《还读我书室年谱》是年云：

> 七月八日礼部奏派文乡试满汉监临，奉旨派宝鋆、董醇（佩珩同年时官户部侍郎）。八月六日入闱。中秋佳节，士子完卷既夥，第是夕例不开门，渐乃拇战擪

笛，升屋高歌，驯不可制。本年剀切示禁，复逐号亲往面谕，犹或目笑存之。比月初上，故态复作，歌声杂遝，旋止旋起，呵之不顾，扶出余字号二人，并枷号军以徇，众乃定。当二人之乘栅栏而歌也，其一见监试陈心泉来，声益高，欲拘之，窜入众中而逸。提调责号军索之，不可得。徇闻声趋往，令号官入号谕于众，同号能举之，则坐一人；同号不举，则查明坐号底册，扣除阖号试卷，均不誊录。俄而号底指前十号，第二号以下群指首号，首号复指第三十四号，遂饬扶二人出，交督门官。监试陆眉生虑众不尽晓，因令押号军周历详述，于是终夜肃然，无敢哗者，为数十年来所未有。盖扣卷为攻心之药，枷号军以徇，又药中之引也。引药既得，痼疾以瘳。十九日宗室场毕，汉监临赴园覆命，召见勤政殿，问闱中前事，臣醇据实直陈，并叩首言："臣等公商，是科本恩科，该生等对众扶出，以示薄惩，因仰体皇仁，念其三场辛苦，卷已早完，仍予誊录。"上颔焉，复叩首而退……

**又米脂高照煦《闲谈笔记》卷二有云：**

胞弟晓峰，同治癸酉由岁贡生应顺天乡试，尝言辇毂之下，而场闱中较我陕狂悖反甚。第三场亦于十六日早始开门，然中秋一夕，文场比战场尤杂乱，丝竹金革，即大锣大鼓亦有携带入场者。月明之下，登屋高呼,各招其旧相识。无论东西场号舍远近,闻声响应,栅门尽行踏坏,各携所带来乐器,群分类聚,西班南班,纷然开场,多于号舍顶上作会,所唱有远胜于优伶者,到恰好处,直有多人叫好,齐声呼喝,屋瓦皆震。策艺虽未完卷,只得将笔砚收拾,俟明日再作。甫黎明,场门即大开,交卷者异常拥挤,甚至有去至公堂尚远,忙不及待,以卷裹砖石遥掷之者。盖缘每乡试,人辄逾万,大小公馆恶少多以监生下场,平日并不读书,徒趁热闹而已。其真正应试者,亦混其中,好丑莫辨也。

均纪京闱秋试第三场情事,可合看。抡才大典,庄严之地,而佳节狂欢,乃至于斯,盖贵介子弟,或视应试为一消遣法,恃势自豪,真成逢场作戏矣(旗籍为甚)。小说中详叙乡试形态者,如文康《儿女英雄传》第三十四回《屏纨绔稳步试云程》所写:

>……公子进了贡院门,见对面就是领卷子的所在。……挤到放卷子的那个杉槁圈子跟前,只见一班旗子弟,这个要先领,那个又要替领,吵成一片。上面坐的那位须发苍白的都老爷,却只带著个眼镜儿,拿着枝红笔,按着那册子,点一名,叫一人,放一本,任你吵得暗地昏天,他只我行我法。正在吵不清,内中有个十八九岁的小爷,穿一件土黄布主腰儿,套一件

青哦噔绸马褂子，褡包系在马褂子上头，挽著大壮的辫子，骑在那杉槁上，拿手里那根照入签把那御史的帽子敲的山响，嘴里还叫他："老都喂！你把我那本儿先给我找出来呢！"那御史便是十年读书，十年养气，也耐不住了，只见他放下笔，摘下眼镜来问道："你是那旗的秀才？名字叫甚么？"他道："我不是秀才，我们太爷今年才给我捐的监，我叫绷僧额，我们太爷是世袭呵达哈哈番，九王爷新保的梅楞章章京，我是官卷，你瞧罢，管保那卷面子上都有。"那御史果然觑著双近视眼，给他查出来，看了看，便拿在手里，合他道："你的卷子却有了。国家明经取士，是何等的大典，况且士先器识，怎的这等不循礼法，难道你家里竟没有一些子家教的不成！你这本卷子，你现不必领了，我要扣下指名参办的！"这场吵直吵到都老爷把个看家本事拿出来了，大家才得安静。那御史依然是按名散卷。叫到那个绷僧额，大家又替他作好作歹的说着，都老爷才把卷子给他，还说道："我这却是看诸位年兄分上，只是你这等恶少年，领这本卷子去，也未必作得出好文字。"那位少爷话也收了，接过卷子来，倒给人家斯文扫地的请了个安。……安公子正在走过无数的号舍，只见一所号舍，门外山墙白石灰土大书"成字号"三个大字……公子也只得低头弯腰的钻进号筒子去……这个当儿，这号进来的人就多了，也有抢号板的，也有乱坐次的，还有诸事不作，找人去的，人来找的，甚至有聚在一处乱吃的，酗饮的，便是那极安静的也脱不了旗人的习气，喊两句高腔，不就对面墙上贴几个灯虎儿，等人来打。公子看了这般人，心中纳闷，只说我倒不解他们，是干功名来了，是顽儿来了。他只个人静坐在那小窝儿里凝神养气。看看午后，堂上的监临大人见近堂这几路旗号的爷们，出来进去，登明远楼，跑小西天，闹的实在不像了，早同查号的御史查号，封了号口栅栏。这一封号，虽是几根柳木片儿门户，一张本红纸的封条，法令所在，也同画地为牢，再没人敢任意行动……

为顺天乡试头场领卷归号嘈杂凌乱之状，虽小说家言，著者似尝躬与应试，不同向壁虚造，亦足与董、高所记末场者参看。文康为满人，而于旗籍子弟弗为回护也。《闲谈笔记》卷一云：

> 篙渔（按：照煦乡人高长绅字）屡充江南乡试同考官，尝谓南京贡院接连秦淮，每科停解（按：似应作荐）后，诸同考官即由院内便门到秦淮妓女家游衍。监临及主考皆知之，亦不禁。某科某监临尝对主考曰："秦淮甚热闹，我们可让众帘官老爷高兴也。"及兵燹后，几成焦土，今不知其何如也。

则言江南乡闱房官之放荡。兵燹指"太平天国"之战。又卷二云：

> 陈端人师，榜名子楷，进士即用，授定边县知县，调补蒲城县，予癸酉房师也。尝言陕西士风最良，乡试第三场必俟八月十六日始出场。湖北则十五晚必须开场门。缘每遇乡试，中秋日向暮，凡省城妓女俱妆饰齐洁，于某巷中直列成市，各手执桂花一枝。士子出场，多不归寓，直入某巷游观，某妓如意，即接其手中所执桂花，其妓即前导归家栉沐，饮馔皆佳，遂留宿焉，名曰折桂，相习成风，以故功令不能禁止也。端人师湖北应城人。

谓湖北乡试尝有中秋出场"折桂"之习。潍县陈恒庆《归里清谭》（又名《谏书稀庵笔记》）有云：

> 当科举时代，以登贤书比蟾宫折桂，此事盖尽起于晋郄诜"对策为天下第一，犹桂林一枝"及张蝀诗"乡俗稀攀桂，争来问月宫"。予见济上士子家，大比之秋，月轮将圆，桂花正开，秀才提篮出场，行至家门，剥啄一声，内有娇声问曰："出场乎？"外应曰："出矣。"少妇开门，先将桂花一枝亲递郎君手，嫣然同笑，而后入室。妇为手斟状元红酒，满饮一杯。外府举子寓其院者，第艳羡而已。每届榜发，历城中式者独占多数，予故戏谓友人曰："应试者须带家眷。"友人笑不能仰。

如所云，山东乡试时亦有一种桂花典故，特桂花递自细君，

1533

与湖北之所谓"折桂",情事不侔耳。

又闻诸曾应京闱后数科秋试者,某科(约是丁酉,北京举行乡试之最后一次也)士子领卷时,将所持签信手乱掷,错杂累积,高至数尺,众即踏签而入,若不慎而仆于其上,可受重伤,亦奇观也。又闻山东乡试第三场,中秋日午后即起更,傍晚即作为翌日而放场,俾士子出场过节,未知始于何年。

附:答陈冷僧君:示悉。承询轶事,容俟考访有得,再行奉复。　　　　　　　　　(原第 12 卷第 28 期)

## 四六　光绪帝慈禧后逝世秘闻

关于光绪三十四年两宫之逝世,嗣君之定策,袁世凯之罢官,拙稿前尝屡有述载,事涉隐秘,内幕传者非一。胡思敬《国闻备乘》所记,亦可供参镜。据云:

> 孝钦病危,张之洞请定大计,孝钦颔之。翼日出奕劻勘易州陵工,密召世续及之洞入内,谕以立今上为穆宗嗣,今上醇亲王载沣子也,生四年(按:当作三年)矣,视德宗嗣位时龄尤弱。国难方殷,连三世临以幼主,世续、之洞恐皇后再出垂帘,因合词奏曰:"国有长君,社稷之福,不如径立载沣。"孝钦戚然曰:"卿言诚是,然不为穆宗立后,终无以对死者。今立溥仪,仍令载沣主持国政,是公义私情两无所憾也。"之

洞曰："然则宜正其名。"孝钦曰："古有之乎?"之洞曰："前明有监国之号，国初有摄政王之名，皆可援以为例。"孝钦曰："善，可两用之。"之洞又曰："皇帝临御三十余载，不可使无后，古有兼祧之制，似可仿行。"是时德宗固无恙也。太后默不言，良久目之洞曰："凡事不必泥古，此事姑从汝请，可即拟旨以进。"策既定，电召奕劻回京，告以谋，奕劻叩头称善，遂于十一月（按：当作十月）某日颁诏明告天下。袁世凯不预定策之功，自知失势，伪称足疾，两人扶掖入朝。

瑜贵妃者，穆宗之妃也。自幼入宫，侍孝钦四十余年，警敏知书史，凡宫闱文墨，孝钦悉以委之。今上初入宫，孝钦抱以授隆裕曰："以此儿付汝，以养以教，唯汝之责。"时瑜妃在旁，哭诉曰："嗣皇既入继穆宗，先朝经事穆宗者今唯妾在，岂宜以闲人置之?（按：穆宗嫔御，其时非仅瑜妃一人，特瑜妃名位最高耳。）论光绪初年明诏，即今皇帝有子尚当先让穆宗，太后岂忘之乎?"孝钦默然，良久曰："汝言亦大有理，即以嗣皇付汝两人互相保护，不必执意见也。"瑜妃即长跪叩头，谢恩，遍呼宫人而告之曰："顷太后所言，汝等皆闻之乎?"则皆对曰："闻之矣。"已而今上登极，封皇后为皇太后，不及妃。妃大恚，召奕劻至宫，指其名而骂之，曰："奕劻，今日召汝非他，予死守至今，未即从毅皇帝于地下者，正为今日，太后临崩以

1535

嗣君付（咐）我及皇后两人，宫中莫不闻之，今若此，将置我于何地！"奕劻谋于监国，乃封为皇贵妃以慰之，妃终怏怏。后孝钦安奉山陵，宫人皆送葬，事毕，妃与珣妃守陵，坚不还宫。摄政王遣使劝慰百端，乃归。

德宗诸侄，最亲者以溥伟为长，恭忠亲王之孙也。庚子废溥儁，即有继统之望。其姑封固伦公主，孝钦抚为己女，早寡，居宫中为之内援，又结载振以为外援，曰："事成富贵与共。"孝钦之定策也，载沣叩头力辞。太后叱之曰："此何时而讲谦让，真奴才也！"徐训之曰："汝恐一人之力不能胜任，溥伟最亲，可引以为助。"溥伟闻之大喜，私冀当得政权。及遗诏下，只言国事皆听摄政王主持，不及己，大失望，趋入枢廷，大骂张之洞，曰："大行皇太后临崩，命我助摄政王，此顾命也。今诏中略不一及，是安可用？当别撰之。"之洞曰："凡在廷臣子皆当为摄政王之助，岂得以此入诏？且太后弥留之际，之洞在侧，实不闻此言。"溥伟顿足大哭，遍骂诸军机。之洞谨避之，不与校。越数日，溥伟忽传旨诣内务府，有所指挥，自言太后令己总理内外丧事。内务府大臣奎俊疑之，密启监国。监国闻有口传懿旨，太（大）惧，急邀奕劻入见隆裕，言溥伟悖状，遂降旨言自皇帝以下皆当服从摄政王命令，溥伟始不敢逞。后载沣摄政不一年，两福晋、两弟及溥伦、善耆之徒，同起浊乱朝政，国人

1536

悔失溥伟，然溥伟当争位时，亲向载振屈膝，又因私昵与福晋不合，愤极持刀自刎几死，亦属倾覆之才。国统再绝而家无令子，识者早知其必有乱矣。

德宗先孝钦一日崩，天下事未有如是之巧。外间纷传李莲英与孝钦有密谋。予遍询内廷人员，皆畏罪不敢言。然孝钦病痢逾年，秘不肯宣，德宗稍不适，则张皇求医，诏告天下，惟恐人之不知。陆润庠尝入内请脉，出语人曰："皇上本无病，即有病亦肝郁耳。意稍顺当自愈，药何力焉？"迨奕劻荐商部郎中力钧入宫，进利剂，遂泄泻不止。次日钧再入视，上怒视之，不敢言。钧遂托疾不往，谓恐他日加以大逆之名，卖己以谢天下也。当孝钦临危定策时，德宗尚在，而大臣不以为非。既立今上称双祧，次日又诏各省疆臣保荐名医，其矛盾可笑如此。（按：以上四节均见卷三。双祧之命，在宣布德宗遗诏以溥仪为嗣皇帝后，以孝钦之名义行之，并非称自德宗生前。）

……三十三（按：当作三十四）年陈田、赵炳麟劾罢袁世凯，不知者以为言官之力，实则非也。……隆裕奉德宗遗诏，命诛世凯，监国与之洞力解之，迟迟未决。炳麟侦得其情，乃邀田各具一疏参之，而世凯款段出都门矣。（按：此节见卷一。）

袁世凯忌张之洞誉望出己上，尝语人曰："张中堂是读书有学问人，仆是为国家办事人。"意盖讥其书生迂阔不达事情也。之洞闻而恶之。太后之病亟也，已

1537

属意今上,恐为奕劻所挠,命勘陵工,密召之洞、世续,夜半定策,不及世凯。世凯既不与定策功,意颇怏怏。载沣监国之初,推心以任之洞。之洞与监国密商处置世凯事,累日不决。其孙君立(按:君立为张权字,之洞子也)泄之御史赵炳麟。炳麟曰:"是可撼也。"犹恐势孤不胜,后邀陈田,两人同日各具一疏参之。疏上,世凯果罢。初田未具疏时,往谒之洞,极言世凯之奸。之洞曰:"袁公知兵,习夷情,亦朝廷不可少之人。"田又极言其挟外交自重误国欺君各款。之洞掀髯笑字田曰:"松山,持论不必过激。君读史人,岂有枢辅重臣朝廷肯轻听一言官之辞遽行易置乎?"田出,大骂之洞徂奸庇恶,与世凯结为一党,而不知其内谋如是之秘也。(按:此节见卷四。又江庸《趋庭随笔》云:"隆裕以戊戌之事,深恶项城,张南皮命其孙厚授意御史赵炳麟弹劾。炳麟逡巡不敢发,于是给事中陈田露章参之,袁遂去位。")

所纪本(未)必尽确,而出自当时留心国闻之朝士,故录以备览。定策宣示之前,或以叩诸外务部侍郎邹嘉来,首及恭王溥伟,嘉来曰:"庚子之役,外人于彼颇有责言,倘入承大统,恐外议未叶,殆非也。"又问:"然则贝子溥伦欤?"曰:"与臣僚太熟,亦恐非是。"宣示后,有人与张之洞谈及,有疑词,之洞曰:"他们家里还有什么人!"意谓非如此不可也。

德宗之崩，最是疑案（传闻吉林巡抚陈昭常有电质问病状，为东三省总督徐世昌所格，未知其审）。恽毓鼎《崇陵传信录》云：

> 上天表静穆，广额丰下，于法当寿。……戊申秋，突传圣躬不豫，征京外名医杂治之。请脉时，上以双手仰置御案，默不出一言。别纸书病状，陈案间。或有所问，辄大怒；或指为虚损，则尤怒。入诊者佥云六脉平和无病也。……十月初十日上率百僚晨贺太后万寿，起居注官应侍班，先集于来薰风门外。上步行自南海来，入德昌门。门鐍未阖，侍班官窥见上正扶奄肩，以两足起落作势，舒筋骨，为拜跪计。须臾忽奉懿旨：皇帝卧病在床，免率百官行礼，辍侍班。上闻之大恸。时太后病泄泻数日矣。有谮上者，谓帝闻太后病有喜色。太后怒曰："我不能先尔死！"十六日尚书溥良自东陵覆命，直隶提学使傅增淯（按：当作湘）陛辞，太后就上于瀛台，犹召二臣入见，数语而退。太后神殊惫，上天颜黯澹。十八日庆亲王奕劻奉太后命往普陀峪视寿宫，二十一日始返命，或曰有意出之。十九日禁门增兵卫，讥出入，伺察非常。诸奄出东华门净发，昌言驾崩矣。次日寂无闻，午后传宫中教养醇王监国之谕。（按：是日惟授载沣为摄政王，命其子溥仪在宫中教养，若监国，则翌日宣布帝崩及嗣君，乃有此命也。）二十一日皇后始省上于寝宫，不

知何时气绝矣。哭而出，奔告太后，长叹而已。以吉祥轿舁帝尸，出西苑门，入西华门。吉祥轿者，以御辇而长，专备载大行，若古之辒辌车也。皇后被发，群奄执香，哭随之。甫至乾清宫，有侍奄驰告太后病危，皇后率诸奄踉跄回西苑。李莲英睹帝尸委殿中，意良不忍，语小奄曰："盍先殓乎？"乃草草举而纳诸梓宫。时礼臣持殓祭仪注入东华门，门者拒不纳。迨同部具文书来，乃入乾清门，则殓事久毕矣。……帝崩之明日，太后乃崩。

谓德宗实先孝钦而崩，于当时情事言之，似颇历历，而亦深疑其非善终焉。 　　　　　（原第12卷第29期）

## 四七　徐龢甫编《四六法海》

先兄龢甫，耽心文史，劬学通识，于骈俪之文，曾重编《四六法海》（附校注），精思孤诣，为晚年心力所萃，病危时犹耿耿在念也。［前岁在济南逝世，其壬寅乡举同年友孙念希（松龄）挽以联云："再不闻议论风生，可堪卧病连年，老去书签沈药里；巳（已）共分科名泥辱，岂意通家童稚，便从华屋见山邱。"］以卷帙较繁校印有待，兹录手书缘起，藉质识者：

明昆山王氏所编《四六法海》，为初学偶文善本，惜乎碔玉并收，艾兰兼采，清铅山蒋氏曾拟更为编撰，而未竟全功，仅存略例，今通行八卷本是也。余不揣鄙陋，取王氏原编，重加甄录，得文三百二十篇。又依蒋例，录原编外佳作三十篇，曰《补录》。明人不工兹体，可勿论；清代名家如林，美不胜收，取其足以启发性灵者，得六十篇，曰《续录》。刘舍人云："博见为馈贫之粮，贵一乃拯乱之药。"重编旨趣，如是而已。

《书经》传写，亥豕鲁鱼，大足为害，故校勘遂成专门，研诵须求精刊。四六文以隶事为主，设有讹字，学者不知，甚且认为本文如斯，今佚无考，为累滋大矣。兹编遇有讹字，均据善本校正，各本皆误者，如按之文理，灼知不误，则直以己意改之，但每有校改处，必详缀校语，以明非逞臆妄改也。

四六语有来历，往往微注不明。夫孝标之注《世说》，崇贤之注"萧选"，皆去作者时代匪遥，且又职典词林，书窥中秘，然而未详之事，无卷弗有，况在今日，载籍既苦极博，文献每患无征，选四六者，如为津逮学子计，而不校复不注，直钞胥耳。以李申耆、彭甘亭、陈受笙、彭芸楣诸先生，皆笃学稽苦（古），著作等身，而于此昧之焉，吁，其怪矣！兹编所录，为平日所熟诵覃思者，故凡生事必求其原，凡奥文必求甚解，萤窗雪案，缏汲累年。至于熟事恒言，能读兹编者，不合不晓，惟运用之妙，随人而异，智者千虑，或亦偶忘，即不然，而原文亦未必尽记，故此类

1541

亦不能过略。其一篇之中，熟事太多，且系屡见他篇，或生事都不能详，或句奇语险，前无古人，或竟体清畅，有似散文。凡此则择要约注数事，或全篇不著一字焉。自知缺误尚多，所望通人是正。释回增美，岂无毛郑功臣，而大辂椎轮，不妨先自隗始耳。

凡未详各条，必于注中表明，更依次摘出，列诸卷首。所谓未详者，不知所出，且不得其解，或虽得其解，而不知所出，且明系征引语气者也。其明白易解之词句，或人名、地名、官职、事物，随文附见，虽不加细考亦无碍文义者，凡此虽不知所本，亦不注未详。其造句奇兀险怪，独出心裁，如鲍明远一派，则间为引据字书以训诂之。

旧注善者，悉为采入，并标注者氏名，示不敢攘善也，然删烦汰复，纠缪补遗，则必详必审，不敢以因人成事，稍涉疏忽。虽以崇贤选注之精博，兹编所录三十六篇中，鄙见商榷者且百余事焉。惟吴注孝穆文集，过于简略，止供参考。倪注子山集，则堆砌闲文，缺漏要事，臆造典故，擅改古书，又每引绝不相涉之事，武断强解，可云诸恶毕备，兹故屏斥不用。此书向为艺林所重，以其字多行密，受其欺罔二百余年，足见不求甚解者之多也。此类妄作，始于唐五臣选注，近代复有程师恭、仇兆鳌，岂谓人尽可欺乎？

注四六文，时代愈远则书佚愈多，虽孝标、崇贤无如何也。又有未亡佚而所见不同，亦足为笺注之障。

如昭明太子《七召》"百味开印"一句，颜注《汉书》，"味"作"末"，注曰："百华之末也。"若非崇贤选注及陈、张正见诗互证，必疑其无考或传写之讹矣。又如庾信《谢乾鱼启》"雷池长"事，各书所引，皆作"盐池"，微孝标《世说注》可证，将不知为孟宗事而曰未详矣。又有误在出处者，如庾肩吾《谢宅启》"里号乘轩"句，微黄氏《战国策札记》及参考《史记正义》，孰敢决策文之"里"误为"车"耶？此类甚多，难以遍举。注近人四六，凡作者所见之书，吾辈皆得见之，似较易矣，然时代愈后则典册愈多，余藏书太贫，而《四库总目》所载，即有力购置，亦岂能遍读，况《总目》未收者尚不可以数计乎？兹编所录清代各家，多尽有旧注者采之。鄙意间有补正，不能多也。其无旧注而不忍割爱者，就所知之事举最要者，熟事（如经书正史中童而习之者）及已见他篇者略。（并已见某篇字样省之。）所不知者，必注未详，必摘列卷首，与他篇同，复各于本篇之末摘出，所以引起读者之注意，以益绵力所不逮也。

凡事实掌故无法检查者，曰僻典，曰生事；词句难解难检者，曰僻语，曰奥词：检查之法不一，能于无法中觅得径路，斯为上乘，舍此则涉猎时细加注意，其文中暗用合用者，更须悟性敏捷。不然者，纵令目力所及，亦恐对卷茫然，失之眉睫者多矣。此鄙人甘苦自得之言，因附记于此。

1543

补录各篇，依蒋例当从《文粹》以及《英华百三家集》诸书中选录，惟兹编篇数视蒋本已逾半倍有余，亦只四百十篇，奚须陟昆采玉入汉求珠乎？今取清代各家选本，如《骈体文抄》《唐骈体文抄》《南北朝文抄》《纪评文心雕龙》《史通削繁》是也。之数编者，皆前人所已选，兹又从而选之，与选诸《法海》者合而为一。因思前人如《文苑英华》《南宋文录》《唐人万首绝句》，皆有节本，意在由博求约，兹编则于约中求约，亦精益求精也。《文心雕龙》虽非选本，然纪氏加以评点，则固是读本，与《削繁》事异而用意同也。惟蒋例谓《雕龙》宜入全书，则选家实无此例。且同一四六也，有以理为贵者，如陆宣公一派，陈受笙所谓内相奏书不与词华并录是也，故此类概可勿登（长沙王氏选《清代古文辞类纂》，无"奏议"一门，谓今之奏议，要在明切事理，不尚古义美词，即此意）；有以词为贵者，即《雕龙》所云"负声有力、振采欲鲜"，选本之准的也。《雕龙》《史通》二书，则词理并美，第以入兹编，则与崇研本书不同，词为主而理为从矣，故《文心》所取，王氏止录《外篇》，《补录》亦然，《史通》则取其驳辩最多者五篇补之。

清代开创，稽古右文，超登鸿博，以故名儒辈出，即四六一道，亦足方隋唐之驾，而摩魏晋齐梁之垒。兹编所取，限于卷帙，不能多也。袁、吴二家，最便初学，所录比他家为多。《善卷堂集》稍弱，然不俗不卑，未可轻视之也。仁和谭复堂以《伍庙碑》为甲等，兹录之。章思绮则卑矣，而与曾宾谷几如出一手，论者崇曾抑章，不平甚矣。又章氏全集皆出自注，独具卓见。使古人皆如斯，则读者不复以僻典为苦，而五云大甲不至永远费解矣。今于章氏亦取一篇，藉存一家面目。

以上所录，系另纸所书，未知是否先兄最后定稿，俟检理全稿就绪，或更有写定之缘起发见也。

（原第12卷第30期）

## 四八　旧闻五则

### （一）吴国镛力抵礼部改院之议

二陵复书旧闻数则见遗，为录如次：

光绪三十一年，派五大臣载泽、载鸿慈等赴各国考察宪政。鸿慈旋以户部侍郎升礼部尚书。考察事竣，先厘定官制，为立宪张本，各部以尚书一人为厘定大臣，并派载泽、瞿鸿禨总其事。鸿慈以礼部尚书与厘定官制。当时已有裁礼部改设典礼院之议，命部中司官具说帖。各司官之说帖，咸主保留礼部，措词最厉者为郎中刘果、员外郎吴国镛，有"《周礼》六官，统名曰"礼"，盖天经地义，莫能出此范围。若变政之始,灭天之经,废地之义,流弊不堪设想"等语。礼部改院之议遂罢(至宣统三年改设新内阁时,仍实行),依新官制设丞参。果升右丞,国镛亦保记名参议,时鸿慈已调任法部尚书矣。其后鸿慈保国镛御史。(时新章尚、侍、督抚得各保三人考御史,鸿慈所保者,国镛而外,为编修麦秩严、徐谦二人,惟秩严记名,旋传补。)鸿慈殁后,国镛挽以联云:"雅量迈时贤,能受直言容戆吏;不才负知己,曾无长刺到高门。"

### (二) 端方与岑春煊龃龉之始

光绪庚子,端方以陕西藩司护陕抚。时岑春煊以甘肃藩司勤王随扈,西(两)宫西幸,途中授陕抚。未至陕,与端方一札文,其官衔为"总统威远全军扈跸大臣新授陕西巡抚"。札文中有"该藩司受国厚恩,身膺藩寄,车驾临幸,所有供张,责无旁贷"等语。端方接到札文后,大恚,谓:"备办两宫供应,义不容辞,若未到任之巡抚,札饬护院之藩司,无此体制,恕不接受。"因拒而不收。春煊到任后,端方调任河南藩司(未之任,旋擢湖北巡抚)。盖政府知二人之不能相处也。

### (三) 张曜充乡试监临

光绪戊子科山东乡试,正考官为盛昱,副考官为陈与同,张曜时官山东巡抚,充监临。首题为"节用而爱人",诗题为"海右此亭亭古(得'亭'字)"。曜起家不由科第,用武功显,以提督改巡抚,获监文闱,意兴高骞,并拟作一诗,刻之闱墨,有"湖山天共老,丹膴劫曾经"之句,颇有气概。曜又有《谒僧王祠》诗云:"即今遍听舆人诵,都说王贤将不才。"曜旧为僧格林沁部将也。

## (四)张之万拟作闱墨

光绪癸未会试,张之万以刑部尚书充总裁。首题为"或问谛之说,子曰:不知也,知其说者之于天下也,其如示诸斯乎"。之万文兴大发,拟作一篇。外省乡试,主考、房考及监临、提调、监试等,如积习未忘,可以拟作刻之闱墨,而顺天乡试及会试则向无此例。之万脱稿后甚得意,以为淹没可惜,乃作为新贡士之文,交聚奎堂发刻。时严修中第四名贡士,闱墨所刻此题之文,即之万拟作,非修原文也。

## (五)杨遇春诗

幼时闻之先祖朝议公云:道光中杨遇春督陕甘,巡阅至陕西,公宴于雁塔寺,席间赋诗为乐。有好事者问遇春曰:"公亦有佳句否?"遇春曰:"某有《咏塔》一首,特恐贻笑大雅。"众强之,遇春遂出以示人,曰:"一节一节又一节,好似唐朝敬德鞭。拔地黄风吹不倒，满天红日晒不蔫。"

## 四九　端方获简湖北巡抚

端方之获简湖北巡抚，政府承外人之意也。按之王彦威所辑《西巡大事记》，光绪二十七年三月十五日，西安行在接湖广总督张之洞电奏云："顷驻鄂英领事来见云，彼国闻鄂抚用锡良，最不妥当，各国必来商阻，不如中国先行措置，方于国体无损。云云。查锡良在晋藩任，上承毓贤意旨，不无与教士龃龉之处，进退疆吏，外官不敢质言也。……又西人拟保堪任督抚数员，端方居首，可否于其未送照会以前，先行位置，以免外人干预痕迹。谨奏。"于是立降"锡良着开缺，另候简用，湖北巡抚着端方补授"之谕。因外人之言而罢免督抚，庚子之前已不乏其例，若端方之抚鄂，则封疆大吏之简畀，亦复恪遵外旨矣，可叹也。

## 五〇　戴南山巧对

简斋函述巧对，云："友人话及，戴南山少时才名藉甚，学使某公以'孔门传道诸贤，曾子子思孟子'使属对，戴即应声对曰'周室开基列圣，太王王季文王'，可云妙对。"

（原第12卷第31期）

## 五一　袁世凯遗事

### （一）假忠臣

袁世凯辛亥应召入都组阁之初，于往见者必痛言世受国恩，当兹危难，誓鞠躬尽瘁，捐生以报，盖义形于色也。驻外使臣陆徵祥等电奏，请清室逊政，岑春煊等之电亦至，会李家驹诣世凯，世凯以电示之，并手批岑电曰："此又一陆徵祥也！"指谓家驹曰："老柳（家驹字柳溪），你来看，这是忠臣说的话吗！"

### （二）善于做戏

庚子两宫出走，世凯时在山东巡抚任，派候补知县曹某解饷银暨贡物赴行在。曹上院禀辞时，世凯送客将止步矣，忽向曹屈膝请安，曹与同见者均为之愕眙，世凯肃然曰："君父之难，昼夜兼程！老哥偏劳，兄弟先行道谢。"闻者多叹世凯之忠，而亦有笑为"善于做戏"者。

### （三）忘恩负义

沈祖宪（绍兴人）久居世凯幕，即与吴闿生合编《容庵弟子记》者。其进身之始，由吴大澂家推荐。世凯营帝制时，祖宪忽以谋乱嫌疑被执，人多讶之。闻其事起于家庭，世凯虑长子克定难制，故假事执祖宪下之狱，藉以戒慑克定云。(克定与祖宪相善，其妻大澂女也。)

## （四）几犯僭越罪

又闻世凯督直时，统率新军，尝拟发银奖牌，牌之一面作龙形，一面则一大"袁"字。祖宪力言其非制，如事闻于上，将以启疑招咎也。及改制，世凯戊申罢官后，息影洹上，尝建一亭，拟颜曰"涵虚"，以问祖宪。对曰："不可。'涵虚混太清'，孟浩然诗句也。'清'可言'混'乎？若题此，恐为忌者以蜚语中伤之资矣。"世凯悚然舍之。

## （五）偶露不臣之心

于式枚在李鸿章幕中时，每戏称世凯为"太祖高皇帝"，或以世凯乍露头角，顾盼非常，有不可一世之概，故以此致谑。若谓是时已识其有不臣之心，似尚未必。

## （六）暗杀赵秉钧

江庸《趋庭随笔》云："梁格庄有赵公祠，赵公为赵秉钧智庵。赵曾监崇陵工程，殁葬梁格庄。祠当系赵氏家庙。祠内悬挽联甚夥，内有项城手书挽联'弼时盛烈追皋益，匡夏殊勋楙管萧'，字殊豪放。项城书公牍外罕见，楹帖则仅睹抱存处一联。袁、赵交深，挽联故亲笔书之。智庵之死，传闻为项城所酖，殆一疑案。"世凯不工书，故罕为人书联，吾所见者，为挽郑汝成联。其文云："沪海竟失岑彭，衔悲千古；苍天再生吉甫，佐治四方。"殆即世凯最后所书之联矣。辞甚粗豪，而饶有雄健挺拔之概。书法犷率，似败笔蘸淡墨所书，亦深具悍霸之气，肖其为人。并有一额，亦世凯自书，为"河山壮气"四字。若由"气"字逆读，则即常用之"气壮山河"一语也。化熟为生，亦见倔强（此额亦可称为回文体）。当汝成之枢抵京，治丧仪节极隆，承世凯命也。在先农坛追悼，吊者云集，盛极一时。未几世凯卒，亦追悼于先农坛，则所亲昵者多星散，余人亦多避嫌弗往，景象殊凄凉萧瑟矣。炎凉异态，益足令人兴"一世之雄"之感。秉钧之死，即日由总统府医官处发表诊断书，送各报登载，以人言可畏，藉杜物议耳。汝成之遭狙击，当时亦颇疑即世凯所使，严复挽诗，盖有微辞。迨世凯取消帝制，复与人书有云："项城之败著夥矣，而莫厉于暗杀。……生性好用诡谋以锄异己。往者勿论，乃革命军动，再行出山，至今，若吴禄贞，若宋教仁，若赵秉钧，若应桂馨，最后若郑汝成，若张思仁，若黄远庸，海宇哗然，皆以为项城主之。夫杀吴、宋，虽公孙子阳而外之所不为，然犹可为说，至于赵秉钧、郑汝成，皆平日所谓心腹股肱，徒以泄秘密之口，忍于出此，又况段祺瑞以不同意称帝，杜门不动，数见危机，人间口语，怪怪奇奇，则群下几何其不解体乎！"赵、郑并举，以著世凯之喜暗杀焉。世凯自辛亥再出以来，死于暗杀而被指目为世凯主使者甚夥，复所列犹未尽也。

## （七）挽联露雄心

官文、胡林翼奏报李续宾三河镇阵亡情形，文宗朱批云："详览奏牍，不觉陨涕。惜我良将，不克令终，尚冀其忠灵不昧，他年生申甫以佐予也！"故曾国藩挽续宾联云："八月妖星，半壁东南摧上将；九重温诏，再生申甫佐中兴。"（妖星谓彗星。）世凯挽汝成下联，似由此及汉高帝《大风歌》"安得猛士兮守四方"语脱化。

## （八）挽李鸿章联

天津李鸿章祠有世凯一联云："受知早岁，代将中年，一生低首拜汾阳，敢诩临淮壁垒；世变方殷，斯人不作，千古大名配诸葛，长留丞相祠堂。"闻是阮忠枢手笔。纪昀挽福康安联云："汾阳王名位相同，功业常新，万里有将军壁垒；忠武侯经纶未尽，英灵如在，百蛮拜丞相祠堂。"亦上联汾阳，下联诸葛，"壁垒"及"丞相祠堂"亦正同，未知袁联是否暗合，抑即以斯为蓝本耳。世凯之奏请为鸿章在天津建专祠，文中云："蜀中伏腊，拜丞相之祠堂；岘首涕洏，摩太傅之碑石。以古方今，讵有多让？"亦颇为人传诵。

## （九）忘恩于吴长庆

世凯之露头角，始于受知吴长庆。为大总统时，以匾额送朝鲜长庆祠，文为"怆怀袍泽"四字，大似长庆尝为世凯部将者，说者讥其忘本。

### （一〇）追封郑汝成赵秉钧

世凯追封汝成为一等彰威侯（原官彰威将军），秉钧为一等忠襄公。忠襄公似谥，彰威侯则似城隍神之封号。（已死者之追予爵封，此一公一侯之外，尚有徐宝山封伯。宝山之被暗杀，世亦指目世凯也。）汝成枢到京，由车站移停先农坛时，世凯命用侯爵之礼，仪仗甚繁，中有鹰及犬，颇引人注目，盖从旧制也。

### （一一）赠段祺瑞寿联

其时生者之封公，为龙济光、张勋、冯国璋、姜桂题、倪嗣冲、段芝贵、刘冠雄七人，济光等一等，冠雄二等（济光旋加郡王衔）。未及段祺瑞也。而在此以前，民国三年祺瑞五十生日，冯国璋赠联，署款即曰"芝泉仁弟上公"，他祝辞之称"勋爵"者尤多，盖当时颇以勋位拟爵封，祺瑞授勋一位，遂见称"公""爵"耳。（世凯赠联额各一。额曰"节钺延釐"，上为"大总统题赠段陆军总长五十寿"，下为"中华民国三年四月穀旦"。联曰"汾阳福寿光唐史，淝水威名壮晋国"，上款"芝泉总长五十寿"，下款"袁世凯"。） （原第12卷第32期）

## 五二　陈宝箴典试江西

常熟孙师郑（雄）月前卒于北平，年七十，闻晚境颇不佳也。其友好及门人经纪其丧，且拟筹设郑斋图书馆，为之长留遗念。馆如有成，亦足慰其憔悴著书之志矣。孙氏近著《诗史阁笔记》，分日刊登《北平晨报》，其绝笔也。顷见其数则，中有录张志潜函，述陈宝琛典试江西以"岁寒松柏"命题事云：

> ……先是，同治癸酉，弢老分校顺天乡闱，年才廿六，房首乃一耆宿，年已六十有二。光绪乙亥，又与洪文卿同任顺天乡试分校，文卿戏语弢老，谓："衡文应取少年文字，气象峥嵘，他日桃李成阴，罗列鸾台凤阁间，师门得以食报，无再取老师宿儒迂疏寡效之松柏为也。"弢老颇不谓然。洎壬午典试江右，洪适督学，弢老询以士风如何，洪戏对云："来此三年，尽栽桃李，无一松柏。"弢老入闱后，遂以岁寒松柏命题，所取多章江硕彦，陈散原即于是科获隽……

与拙著《随笔》所录杨苓泉君来稿述陈、洪论取士一节（见本报本卷第二十四期），大旨不殊，而情事颇有异同。杨君云："此节弢老为余面述。"张君亦谓"立雪所闻"，则均亲闻诸陈氏者，二说孰为最确，殆难质矣。以语气论，杨君所述，洪以春风桃李为言，陈以岁寒松柏尚之，较之张君所述，洪于称扬桃李时即先将松柏骂倒，似更于事实为近。

## 五三　张百熙瞿鸿禨入军机事真相

《诗史阁笔记》又一则，录陈夔龙《梦蕉亭杂记》云：

> 长沙张文达公百熙、善化瞿文慎公鸿禨，……同岁举于乡，先后入翰苑，均为高阳李文正公高第。文正每与长白荣文忠公禄谈宴，极称许两君不置。……庚辛之际，两公（宫）驻跸西安，枢臣端邸载漪、刚相毅、赵尚书舒翘、启尚书秀，因庇拳获严谴，枢府乏人，文忠密荐于朝，特旨令迅速来陕，预备召见。时文达任广东学政，文慎任江苏学政，相约交卸后会于汉口，联辔入秦。文达先到，谂知文慎莅鄂需时，爰纡道回湘省墓。讵文慎到汉，接秦中友人密函，星驰而去。文达由湘返汉，乃知文慎已著先鞭，竟不稍待，有孤前约，意颇不怿。迨赴行在，定兴鹿文端公传霖已先入政府（亦文忠所保），只须再简一人充数，两宫无所可否，转询文忠，择一委任。文忠密奏：圣驾计日回銮，举行新政，可否令张百熙、瞿鸿禨各抒所见，缮具节略，恭呈御览，再求特旨派出一员，较为得力。上颇然之。奉谕后，文达力论旧政如何腐败，

新政如何切用，并举欧西各国治乱强弱之故，言之历历，何止万言。文慎不逞辞华，但求简要，略陈兴利除弊四端。两宫阅竟，谓文忠曰："张百熙所言，剑拔弩张，连篇累牍，我看去不大明晰，还是瞿鸿禨所说切中利弊，平易近情，不如用他较妥。"文慎遂入直军机……

按：瞿鸿禨之成进士，入词林，早于张百熙一科（瞿辛未，张甲戌），庚子之岁，瞿方以礼部右侍郎督苏学，张则以内阁学士督粤学（戊戌政变，张以曾保康有为获革职留任处分），迨瞿升左都御史，张乃递补礼侍，瞿升工部尚书，张又递补总宪，两人资序，雁行相次如此，虽枢臣简畀，不必尽循阶资，而瞿既班在张上，当时选用枢臣，以地位论，机会自属较优，其得入直军机，亦自无足异耳。庚子各省学政报满，未及简放新任。瞿在苏闻两宫西行之讯，即专折驰问。嗣因头风自额顶至脑后苦作掣痛，病体难支，再奏请先行交卸，给假两月回籍就医。奉旨准假后，于十月间移交关防，十一月初二日抵长沙，十二月初八日启程赴西安。见《长沙瞿氏家乘》卷五《止庵年谱》附录。是瞿实迂道回湘也。瞿自苏西行，张自粤北行而后西，自以瞿之行程为尤便，所谓莅鄂需时云云，盖有未谛。至应诏陈言一事，乃缘辛丑三月初三日之通谕，中外大臣皆有条奏。瞿以是月二十三日递折，所陈确系四条，主张择要以图，行之以渐，大略谓：

……今日情势，譬如大病之后，元气尽伤，不独攻伐之剂不可妄施，亦岂能骤投峻补？若欲百废俱兴，一时并举，不惟无此财力，正恐纷更罔济……

一曰整饬吏治。……请饬下各省督抚，慎委州县，必以尽心民事兴利安良为考成。至命盗案处分，则应从宽。

一曰造就人才。……学堂创办之始，除京师原有大学堂外，但于各省会立一时务学堂……期以十年，各省府厅州县次第自兴学堂矣。

一曰变通军制。……请各省建一练兵学堂……学成之后，使分充队长，转相教习，推广多营，就中择尤委为管带，即以督抚统之。

一曰开浚财源。……一切搜括病民之政，断不可行。除加抽进口洋税及改定镑价二端，为出入大宗要款，应由全权大臣与各国公使商议，期于必行外，其余别无开源之法，计惟有求之于地，犹可资以裕民。……又见在铸造银元，已有数省，惟湖北、广东两省为精，拟请饬下户部，将机器提至京师，依照湖北、广东办法，由部铸造精式大小龙圆，颁发各省，一律通行。

又，鹿传霖于庚子闰八月初二日即奉旨入军机，时尚未召瞿、张，荣禄亦尚在保定，未至行在也（是月十三日始谕令荣禄前来行在，入直办事）。瞿于辛丑正月十五日抵西安（四月初九日奉旨在军机大臣上学习行走），鹿已为军机大臣数月矣。

尝闻人言，陈氏笔记叙戊戌事有甚失实处。

（原第 12 卷第 33 期）

## 五四　陆徵祥与许景澄交谊

陆徵祥早任坛坫，中陟中枢，晚作畸人，洵近世名人之自成一格者。以受知于许景澄，获其裁成，而景澄又舍生效忠，节概凛然，故徵祥服膺甚至，钦慕无已，其事足传也。昨承沈君怡君由上海以徵祥在欧印行之纪念品见寄，书谓："去岁游英，曾获有印刷品一种，系陆子兴先生在欧印行以纪念许文肃公者，吉光片羽，亦颇可珍，爰置之行箧，携归故国。兹因素喜读尊著《随笔》，知搜集史料，不厌其多，用敢奉上，聊作芹献。"雅谊甚可念。此印刷品印有景澄遗像，暨陆润庠联云："事君以忠，能临大节；与人为善，赖有真传。"上款："许文肃公遗像，为子兴陆君题。"下款："年侍生陆润庠撰句并书。"并有景澄致徵祥手书墨迹数行。正文为《追念许文肃公》，词云：

> 呜呼吾师！自庚子七月初四日吾师捐躯就义，至今已足足三十年矣。回溯在俄时，勉祥学习外交礼仪，联络外交团员，讲求公法，研究条约，冀成一正途之外交官。祥虽不才，抱持此志，始终不渝。吾师在天

之灵，想鉴之也。己亥春，祥与培德结婚。吾师笑谓祥曰："汝醉心欧化，致娶西室主中馈，异日不幸而无子女，盍寄身修院，完成一到家之欧化乎？"尔时年少未有远识，未曾措意。丙寅春室人去世，祥以孑然一身，托上主庇佑，居然得入本笃会，讲学论道，以副吾师之期望，益感吾师培植之深厚，而为祥布置之周且远也。呜呼！生我者父母，助我者吾妻，教育以裁成我者吾师也。今先后俱登天国，而祥独存，岂不悲哉？虽然，祥以衰朽多病之体，自入院后，除朝夕诵经外，于拉丁文、道德学、哲学、神学以及新旧圣书等，无不竭吾智能，以略探其精微。历时非为不多，用力非为不勤，数年以来，不唯无病，且日益强健，此上主之赐。九泉之下，吾师闻之，当亦为之慰快。祥惟有永遵主命，日颐（颂）主名，以终吾年耳。本笃会修士门人陆徵祥谨述。夏历己巳七月初四日。

其词并印有英法文者，兹录英文者如左：

PAX.
TO MY DEAR AND REVERED MASTER SHU

It is to this eminent and deeply regretted Master that I owe my first training in diplomacy and my whole career therein, of which he had foretold the different stages.

In his fatherly solicitude for me, he also foresaw my future retirement into the seclusion of the monastery and the peace of the cloister.

To his sacred memory, I dedicate my profound and eternal gratitude, in remembrance of the 30th anniversary of his death.

He was condemned and decapitaed on July 29th 1900 a victim of false accusations, but his complete innocence was vindicated and all honours restored to him post humously by an Imperial Decree of February 13th 1901.

Oh God. Thou hast taken from me my Parents, my Master, my Wife.

Thy will be done.

Blessed be Thy. Name forever.

    U. I. O. G. D.

His old devoted pupil.

    D. Pierre Celestin Lou Tseng Tsiang O. S. B.

    Benedictine monk of St Andrew's Abbey.

July 29th 1900-July 29th 1930.

又有一纸云：

民国二十年十一月二日追思已亡瞻礼。祥伏读北平公教青年会季刊《读书运动》专号，内有补白一则，题曰《回首三十年前事》，兹特恭录于后："庚子之乱，迄今已三十年矣，回顾往事，有足述者。有致命荣冠之父，然后有主教品位之子，近故第一位罗玛祝圣国籍主教赵公是也。有殉难牺牲之师，然后有弃俗精修之徒，此事之明证，可举陆子兴先生为例。前者世所周知，后者人所罕闻，故舍前者而述关于后者之故事云。许文肃公，陆子兴先生所师事者也，为清末著名之大外交家。庚子乱作，因诤谏而赐死，实即殉难之牺牲者。许公曾使诸国，亦明晓公教事。查《许文肃公日记》：'甲申十一月初九日即一八八四年申刻抵罗玛住店，是日为西历十二月二十五日，相传为耶稣诞日，店中悬灯召客。初十日游花园两处及大礼拜堂，规制宏丽，极天下巨观。十一日游礼拜堂三处，其一旁楹下有穴，石椁在焉。其一堂小，相传为耶稣受刑讯院，石梯尚存，教徒皆以膝行上。十四日游教王官。'再丙戌一八八六年二月二十一日《日记》，提及教王通制之议云。可证。在许公牺牲二十五年后，其弟子中乃有陆子兴先生入本笃修会，殆先烈之血亦自有其代价乎。"云云。祥读至"有殉难牺牲之师，然后有弃俗精修之徒""殆先烈之血亦自有其代价乎"句，不禁神往祖国，追慕先师，盖祥始知入院苦修之愿，不独得先师预言之指导，实则为文肃捐命鲜血之代价焉。谨据文肃中表兄弟朱君文柄叙述庚子七月初三日未刻经过情形，略云："比逮至提署，即交刑部，并未经审讯，便与袁忠节公同时就义。权奸构陷，营救无方，惨酷情形，不堪寓目。事平，仅得开复原官。后隔数年，始经郭春榆侍郎奏请，加恩予谥，略慰忠魂。"云云。谨按先师被逮之顷，尚与朱君谈论学务，从容就义，视死如归，宛然有基多信徒殉难之慷慨态度。呜呼，我师殆有勖祥追步芳踪之处耶！祥惟有早夕虔祷上主赐祥以不负先师期望之特遇耳。门人本笃会修士陆徵祥追念谨述，以告来兹。

于此可见徵祥追念师门之笃，尤见其皈依耶教之肫诚；自行所信，物外萧然，于同时辈流中，洵为特异。

## 五五　《欧阳生笔记》

湘潭欧阳兆熊笔记，最初于民国十一年见之，系刊载于上海有正书局发行之《小说时报》壬戌第一、二两期（李涵秋编辑），标题为《欧阳生笔记》，附跋云："右湘潭《欧阳生笔记》一卷。欧阳生者，不知名，其姓氏里居亦于其记中得之。此记亦不知其本何名，因其体类笔记，遂谓之《欧阳生笔记》。悲天识。"按其内容，则兆熊所撰也。其后又见一木刻本，署曰《槶柮谈屑》，内容相同，撰者忆即明著为兆熊。此书足广轶闻，兼饶趣致，拙稿曾屡加征引。（其见于本报者，如第六卷第三十五、四十一、四十五等期所载《曾胡谈荟》及第七卷第三十八，第九卷第六，第十卷第四十六等期所载《随笔》均尝引及。）近读本报本卷第十期载张荫麟君所撰《跋〈水窗春呓〉》一文，乃知其又名《水窗春呓》也。　（原第12卷第34期）

## 五六　梁鼎芬梁启超汪精卫之辞谢表

梁鼎芬以湖北按察使辞职得请，谢恩折谓："伏念臣才非贾谊，学愧刘蕡，本孤苦之余生，值艰难之时会，揆之古人致身之义，岂有中年乞病之章？乃者疾来无时，医多束手，群邪杂进，正气潜凋，外患既滋，内维又溃，既忧伤之已过，欲补救而无功。仰荷生成，曲加怜惜，戴山觉重，临海知深。臣病虽入膏肓，圣恩实如天地。虎须曾捋，何知韩偓之危，鸾翮能全，不似稽康之铩。归依亲墓，松楸之荫方长，眷恋君门，葵藿之心未死。"措语颇工。"虎须"云云，谓曾劼奕劻、袁世凯也。其以病情喻国事，尤有语重心长之致。（又闻鼎芬去官之前，张之洞尝荐其堪任封疆，为奕劻、世凯所持，不获简畀，恒郁郁不自得，自撰一联云："读书学剑两无成，此心耿耿；钟鼎山林俱不遂，双鬓萧萧。"乞罢得请后，亟命取公服焚之，以示不再作官，众劝止不听。夏口厅同知冯贲，其乡人也，徐曰："公虽不作官，家祭可以便服从事耶！"鼎芬瞿然曰："吾过矣，吾过矣！"乃止。）

梁启超由津南下从事讨袁时，濒行，以辞呈致世凯（时启超官参政院参政），自叙病情处云："比觉百脉偾张，头目为眩，外强中干而方剂屡易，冬行春令则疠疫将兴，偶缘用药之偏，遂失养生之主。默审阴邪内闭，灾沴环攻，风寒中而自知，长夜忧而不寐，计非澄心收摄，屏绝诸缘，未易复元，恐将束手。查美洲各属，气候温和，宜于营卫，兹拟即日放洋，择地休养。"表规刺之意，语亦工妙。

近者行政院长汪兆铭于八月八日由青岛发出因病请辞院长兼外交部长职务之庚电，有"标病虽去，本病未治"之语，论者颇谓亦足象征时事，特事态与二梁迥殊，自不能相提并论耳。

## 五七　梁鼎芬新婚馆选

鼎芬于光绪六年庚辰入翰林，娶妇龚，时称佳话。李慈铭与为同年进士，是年八月二十一日《日记》云："同年广东梁庶常鼎芬娶妇，送贺分四千。庶常年少有文而少孤。丙子举顺天乡试，出湖南龚中书镇湘之房。龚有兄女，亦少孤，育于其舅王益吾祭酒，遂以字梁。今年会试，梁出祭酒房，而龚升宗人府主事，亦与分校，复以梁拨入龚房。今日成嘉礼，闻新人美而能诗，亦一时佳话也。"二十六日云："诣梁星海、于晦若两庶常，看星海新夫人。"九月三十日云："为梁星海书楹联，赠之句云：'珠襦甲帐妆楼记，钿轴牙签翰苑书。'以星海濒行，索之甚力，故书此为赠，且举其新婚馆选二事，以助伸眉。"此鼎芬玉堂花烛，为一时胜流所艳称者。（时鼎芬年二十三岁。）后来之事，盖不堪回首云。

## 五八　吕海寰轶事

客谈吕海寰轶事：海寰原籍山东掖县，游京师，遂入大兴籍，补博士弟子，领同治六年丁卯乡荐。会试屡不第，以舌耕为业，设帐于户部经承樊某家。时咸丰间政府所发钞票，已等废纸，惟捐官上兑尚可用。樊家所存甚多，一日樊与海寰谈及，曰："先生何不捐一部曹？此间所存之钞票可作上兑也。"海寰唯唯。樊遂代为上兑，捐一员外郎，签分兵部，贽郎行走，仕途亦甚滞也。会总理各国事务衙门考章京，经本部保送与考。题为"为（惟）断乃成论"，出自韩愈《平淮西碑》，与考各员多不知出处，海寰则源源本本，文特精采，取列第一。传到后，为堂官所重，洊历总办暨同文馆提调等差，迭膺优保。迨甲午（光绪二十年），遂由兵部〔郎〕中外简常镇通海道。丁酉，开缺以四品京堂候补，充出使德国大臣。值庚子之变，以周旋坛坫，累得升擢。壬寅回国，已简任左都御史，留沪办理商约，旋又升兵部尚书。回忆蹭蹬公车，浮沉郎署，当有遇不遇之感欤。

## 五九　特知试题出处之公案

李慈铭光绪五年己卯四月十五日《日记》云："是日部院诸员考试差者二百八十人，潘尚书拟题，《四书》文

'信而好古'，经文'望于山川'，诗题'进贤兴功，得官字'。"二十二日云："族弟慧叔来。此人新补兵部主事，与考试差。此次试于廷者二百七十六人，惟六人知诗题出《周礼》，押《夏官》字。慧叔与其一，以兵部堂上有扁题此四字也。其四人皆部曹，一人为内阁中书，盖转相告语得之，而翰林闻其语者皆不信。张香涛谓：'《周礼》必无此成句，或数语中有此四字，而唐宋人诏疏中合而用之。'遂于押官字韵云：'古意合《周官》'"。一时以为口实矣。（大司马掌建邦国之九法，其三曰进贤兴功，以作邦国。郑注："起其劝善乐业之心，使不惰废。是进贤兴功者，以诏诸侯，各进其贤臣兴其功臣也。"九法皆所以为诸侯之法，疏中申释甚明。而入试诸人，剽闻《夏官》之语，以为必指武功，虽不敢明点《夏官》，皆主武事为说。其径用《夏官》者，又误仞九法为九伐，遂明点九伐字。夫记诵之举本难，虽博览多闻，而于经典正文或亦不能悉记，其留心名物训诂者，往往攻其所难，略其所易，是固不足为诟病，然如此之扣槃扪烛，亦太觉朝无人矣。）此亦一兵部司官特知试题出处之公案。关于试题不知出处之谈柄，拙稿述之屡矣，可均合看。

## 六〇　张曜食言

客又谈张曜轶事：曜原籍浙江钱塘，入顺天大兴籍。光绪十一年乙酉，授广西巡抚，奉命督治京城外河。大兴、宛平两县京官宴之宣外北半截胡同江苏会馆。席间，曜曰："外省大县尚有县馆，大、宛为首善之区，县馆阙如，此朝士之耻也。请诸君偏劳，择地建一大宛试馆，用款若干，均由张某担任。"时大兴朱梁济方以兵部主事充定东陵监修，遂商诸木厂，在西河沿建大宛试馆（今元成店址），用银一万余两。当宴罢之翌日，曜遍拜大、宛两县京官，并谢昨日之宴。其时京官惯例，凡客来含有答谢意味者，以挡驾为恭敬，故所至之处，均挡驾。曜以为京官轻己，大不怿。迨大宛试馆落成，梁济向曜道及，曜仅捐银一千两。盖事缘误会，曜非以吝此万余金而食言也。

（原第12卷第35期）

## 六一　首县琐谈

昔日知县与知府同城者，号为首县，府属他州县尊称之曰首台，以其居诸州县领袖之地位也，而附郭知县，每疲于肆应，实不易为。若首县而在省会者，其地位俨为全省州县之领袖，则长官层累，趋跄倥偬，供亿纷纭，尤有疲于奔命之苦，而于民事往往不暇尽心致力矣。梁章钜《归田琐记》云：

> 小住衢州府城，西安令某极言冲途附郭县之不可为，因举俗谚"前生不善，今生知县。前生作恶，知县附郭。恶贯满盈，附郭省城"云云。按：此语熟在

人口。宋漫堂《筠廊随笔》已载之，云其先文康公起家阳曲令，常述此语，则其来亦远矣。近时有作首县十字令者："一曰红，二曰圆融，三曰路路通，四曰认识古董，五曰不怕大亏空，六曰围棋马钓中中，七曰梨园子弟殷勤奉，八曰衣服齐整言语从容，九曰主恩宪德满口常称颂，十曰坐上客常满樽中酒不空。"语语传神酷肖。或疑认识古董四字为空泛，不知南中各大省州县交代，凭首县核算，有不能不以重物交抵者。余在江南，尝于万廉山郡丞承纪处见英德石山一座，备皱瘦透之美，中有赵瓯北先生镌题款字，云系在丹徒任内交代抵四百金者。又于袁小野郡丞培处见一范宽大幅山水，来（云）系交抵五百金者。使非认识古董，设遇此等物，何从判断乎？若第十字所云，则亦惟南中冲途各缺有之，偏远苦瘠之区尚攀跻不上也。

首县状态之谈柄也。袁枚《答陶观察问乞病书》，痛论冲繁省会首县之不可为，语尤警动。其说云：

> 凡人有能有不能，而官有可久与不可久。即以汉循吏论，桐乡渤海专城而居，此官之可久者也，龚遂、朱邑能之，至于久道化行，生荣而死哀。京兆三辅多豪强，兼供张储待，此官之不可久者也，赵广汉、韩延寿能之，久果不善其终。江宁类古京兆，民事少，供张储待多，民事仆所能也，供张储待仆所不能也。

今强以为能，抑而行之已四年矣，譬如渥洼之马，滇南之象，虽舞于床，蹲于朝，而约束勉强，常有踬弛泛驾之虞。性好晏起，于百事无误，自来会城，俾夜作昼，每起得闻鸡鸣，以为大祥。每自念曰：苦吾身以为吾民，吾心甘焉尔，今之昧宵昏而犯霜露者，不过台参耳，迎送耳，为大官作奴耳，彼数百万待治之民犹齁齁熟睡而不知也。于是身往而心不随，且行且愠，而孰知西迎者又东误矣，全具者又缺供矣，怵人之先者已落人之后矣，不踠膝奔窜，便瞠目受嗔。及至日昳始归，而环辕而号者老弱万计，争来牵衣，忍不秉烛坐判使宁家耶！判毕入内，簿领山积，又敢不加朱墨圈略一过吾目耶！甫脱衣息，而驿券报某官至某所，则又蘧然觉，錾然行，一月中失膳饮节违高堂定省者旦旦然矣，而还暇课农巡乡如古循吏之云乎哉！且一邑之所入有限，而一官之所供无穷，供而善则报最在是，供而不善则下考在是。仆平生以智自全，得不小小俯仰同异，然而久之情见势屈，非逼取其不肖之心而丧所守，必大招夫违俗之累而祸厥身，及今故宜早为计也。若得十室之邑，肆心广意，弦歌先王之道以治民，则虽为游徼啬夫必泰而安之终身焉。

又《复两江制府策公问兴革事宜书》有云：

左氏有之曰："非德莫如勤。"《尚书》曰："六府三事惟勤。"勤之益于政也如是。今公亦知州县中有求勤而不得者乎！赤紧之地，四冲之衢，严上官之威以及其孥子姓，以及其傔人别奏，若行辕，若水驿，若厨传酒浆，若阍钱杂赐，琐屑繁重，其能得上意者称贤，其不能得上意者称不贤。其得不得又非上下之情相通也。为大吏者率皆盱衡厉色，矜矜自持，馈刍禾不受，馈牲牢不受，然而不受之费往往更甚于受者，何哉？在大府以为吾既不饮若一勺水矣，其应备之馆舍夫马当无误也，而不知扈从之人所需不遂，则毁精舍而污之，鞭人夫而逸之，诡程途而误之，入山县则索鱼，入水县则取雉，临行或并其供应之屋幕、几帟、银杯、象箸而满载之。诉之长官而听，未敢必也；诉之长官而不听，是徒结怨于宵小而拂上意也。虽忠直之士亦多畜缩隐忍为不与较之说以自宽，而不知为政之精神已消磨于无益之地矣。其在会城者，地大民杂，事务尤多。不知每日参谒之例，是何条教天明而往，日昳而归，坐军门外听鼓吹者几何时，投手版者几何时，待音旨之下者几何时，忍渴饥，冒寒暑，而卒不知其何所为。以为尊督抚耶？至尊莫如天子，而未闻在京百官终日往宫门请安者。以为待训诲耶？一面不佯，何训诲之有！而父之教子，亦无终朝嚾嚾者。及至命下许归，而传呼者又至，不曰堂庑瓦漏则曰射堂须圬，不曰大府宴客则曰行香何所，略一停候一筹画，则漏掣掣下矣。虽兼人之勇，其尚能课农桑而理狱讼哉！不知当其杂坐戏谑欠申（伸）假寐之时，即乡城老幼毁肢折体而待诉之时也；当其修垣辕治供具之时，即胥吏舞文匿案而逞权之时也。朝廷设州县，果为督抚作奴耶！抑为民作父母耶！清夜自思，既自愧又自笑也。

则分论冲衢州县办差之弊习及省会首县之难为，亦甚条畅，可参阅。明人之论此者，如唐顺之《赠宜兴令冯少虚序》有云：

> 丽省之邑，上承监司部使，而监司部使一省率数十人。此数十人者，满其意，皆若欲得一令而为之役，而令以一身而役于数十人，拜跪唯诺之所承应，米盐琐屑之所责办，率常以星出，以星入，然炬而后视邑事，中夜而治文书，鸡鸣而寝，睫未及交，耳闻钟声，而心已纷驰于数十人之庭矣。驿道之令，蚤夜饬厨传，戒廪饩，走而候于水陆之冲，宾旅之往来者如织，迎于东而惧其或失于西，丰于南而惧其或俭于北，以为得罪。幸其无呵望，欢然而出境，则骤马而归，未及脱鞯，而疆候又以宾至告矣。此两者，烦文缛礼之疲其形，惕逸畏谴之闷其心，虽有强干之资，剸割之才，且耗然而眊矣，何暇清莞库，察狱讼，注意于刀笔筐篋之间，而为俗吏之所必为者乎！而又何暇蓄其力，精其思，罢罢然为百姓根本计虑，而出于俗吏之所不

1571

能为者乎！非其人之所不能，势使之然也。

与袁氏所论，殆若出一辙。省会首县及冲衢州县虽甚足厌苦，而巧宦任此之藉供张趋奉见好于上，因得速化者，亦不乏。 （原第12卷第36期）

## 六二　裁衣者说

梁章钜《归田琐记》云：

缝人通称裁缝，以能裁又能缝也，而吾乡之学操官音者，因"缝"与"房"音近，讹而为"房"，众口同音。余家妇女多随宦者，自负为善说官话，亦复呼"裁房"不绝声，牢不可破。余尝笑之，则群辨曰："司茶者为茶房，司厨者为厨房，则裁房亦同此例耳。"然则剃头者亦当称剃房，裱褙者亦当称裱房，木匠亦当称木房，泥水匠亦当称泥房乎？缝人之拙者，莫过浦城；其倨傲无礼，亦莫过于浦城。浦人风尚节俭，士大夫率不屑丰食美衣，即素封家亦然，惟长年制衣不倦。余常往来一二知好家，厅事无不有裁衣棚架者。缝人见客过，皆坚坐不起。余偶以语门徒詹捧之，捧之曰某尝呼此间缝匠为大王，盖亦嫉其倨傲，且言家中妇女辈每奉之如上宾，惟所指挥，此风殆不可化也。余归为儿女辈述之，无不匿笑，因合家亦呼缝人为大王，而裁房之称终不肯改。其偷窃衣料及皮絮之属，又极巧而实拙，迥不在意计之中。余宅中偶制新衣，使仆辈督之，辄至喧呶不止。适余换制一皮马褂，用月色绸为里，甫制成，即掷出令换钮扣，且斥之曰："一钮扣尚且钉错，似此本领，何喧呶为！"渠狠目熟视再四，大作京腔曰："并无钉错，何以冤我！"余指身上一翻穿马褂斥之曰："若尔所钉不错，则我之旧衣俱错矣！此系以月色绸为里，非以为面也，自应照常左扣右绊，何得右扣左绊！"因使仆辈尽出翻穿之长褂及马褂示之，并厉声色痛斥一番，渠乃嗒然不敢辩。自是之后，凡缝人之气少衰，至全家者始稍谨默。夫一技虽细，而既专司其事，即未可掉以粗心。忆蒋伊《臣鉴录》中有一条云："嘉靖中京师缝人某姓者，擅名一时，所制长短宽窄，无不合度。尝有御史令裁公服，跪请入台年资。御史曰：'尔裁衣何用知此？'曰：'公辈初任雄职，意高气盛，其体微仰，衣当后短前长；任事将半，意气微平，衣当前后如一；及任久欲迁，内存冲挹，其容微俯，衣当前短后长，不知年资不能相称也。'"此虽谰言，却有至理，又岂此间大王所与知乎！

谈裁缝，甚觊缕，亦颇有趣。所引蒋氏之纪缝人，则嘲御史之寓言，虽实际上不必真为缝人应具之知识，而谈言微中，自是隽永可喜。独逸窝退士《笑笑录》引《敝帚斋余谈》云：

> 嘉靖季年，政以贿成，入赀即补美官，又告讦每得上赏，而大臣幸进者一失意立见诛夷，时人嘲之云：近日星士出京，逢旧知，问以何故南归，曰："术不验，无计觅食耳。向者官印相生者方贵，今则财旺生官矣；向者正官正印方贵，今则偏官偏印俱处要地矣；向者身居禄命方贵，今则杀重身轻，即为大官，至死不顾矣。此所以弃业耳。"虽寓言，亦善谑矣。近年科道各为上腾计，建白殊鲜，又有作裁缝问答者：一言官呼制袍服，辄问仆曰："汝主为新进衙门耶？抑居位有年耶？抑将候升者耶？"呼者曰："汝但往役，何用如此絮聒。"缝匠曰："不然，若初进者，志高气扬，凌轹前辈，其胸必挺而高，袍宜前长后短；既据要途稍久，世态熟谙，骄气渐平，则前后宜如恒式；倘及三考，则京堂在望，惟恐后生搜抉疵秽，遏其大用，惟俯首鞠躬，连揖深拱，又得前短后长方称体。"此虽尖刻，而实酷肖。

借星士、缝人以讥宦途，缝人一节，犹之梁氏所引蒋说。又钱泳《履园丛话》云：

> 成衣匠各省俱有，而宁波尤多，今京城内外成衣者皆宁波人也。昔有人持匹帛命成衣者裁剪，遂询主人之性情，年纪状貌，并何年得科举，而独不言尺

寸。其人怪之，成衣者曰："少年科第者，其性傲，胸必挺，需前长而后短；老年科第者，其心慵，背必伛，需前短而后长；肥者其腰宽，瘦者其身仄；性之急者宜衣短，性之缓者宜衣长。至于尺寸，成法也，何必问耶？"余谓斯匠可与言成衣矣。今之成衣者，辄依旧衣定尺寸，以新样为时尚，不知短长之理，先蓄觊觎之心；不论男女衣裳，要如杜少陵诗所谓"稳称身"者，实难其人焉。

亦纪缝人，所指不专在言官，语亦颇有异同，大旨要为一类。至谓京城内外成衣者皆宁波人云云，盖清中叶情事。而明末清初之宁波人周容（籍鄞县）《春酒堂文集》中，有《裁衣者说》，尤有致。其文如下：

> 崇祯初，帝京尚恬熙也，共矜体貌。有厉成者，以裁衣名著，非赫然右职不能得其一日暇，然指未尝拈针纴云。每旦，携剪以出，群工随之，至一家，必请见主人而后下剪，剪如风生，剪已，指一工曰："若完之。"出又至一家亦如是，以次毕，晚乃收群工之值，群工安焉，曰："非若剪不适主人体。"若此十余年，资以裕，乃借例参选，得司库，冠带将就道，群工醵钱是饯。酒酣，合座起曰："衣非翁剪莫当意，是必有道，向固不敢请也，今翁已就仕版矣，敢以请。"于是成乃曰："予固未尝为冗员外僚治衣也，治

必右职。右职各有体，体不止修短肥瘠间也，须审其资。"众曰："何资?"曰："官资。"众愕然。成曰："凡人初登右职，其气盛，盛则体仰，衣须前赢于后。久之渐平矣，又久之，心营迁擢，思下人，前乃反杀于后。故衣之适体，在审官资之浅深，即观其人之俯仰，予能一见而知之也。"众皆悦服，独一少年者起曰："近日人情多意外者。吾乡有初登右职，未习也，意自下，已而得势，遂生骄，是与翁言反矣，且人不自为体矣，以所接之人之体为体，今日而接当途，衣宜前杀后赢；明日而接冷曹，衣宜前赢后杀；或一日而当途与冷曹参伍接焉，衣又将奈何？翁虽神于剪，亦将穷矣。"厉成大笑曰："若言是也，予犹是行古之道也，予行矣，不可以宜于时矣。"周子闻之曰：厉成善用剪，而年少善用尺，不特以度衣也，能以度人，厉成司库，彼可司铨。思二人言，则知当日京师右职，求端其躬，正其体，使裁衣者守其剪尺而无所短长其间者，不一二见也，世事安得不有今日哉！于是述之为《裁衣者说》。

亦当作寓言观。其言厉成为少年所折，自谓不宜于时，与《余谈》星士弃业一节，机杼略同。

（原第 12 卷第 37 期）

## 六三　洪钧生平

洪钧为中国外交官之前辈，治《元史》之学，尤见称于世，其人亦颇非碌碌一流。近自赛金花复时传于人口，有以洪状元生平事实见询者。友人某君藏其墓志铭拓本，为其乡人台湾道顾肇熙所撰，（吴郁生书丹，汪鸣銮篆盖。）外间现颇罕见，因属录以见示，即披露于次，亦考究洪氏本末之资料也：

国家自道光二十二年始允泰西通商之请。阅二十年，乃置总理各国事务衙门，以王大臣领之。又十年而后遣使聘问诸国，慎简贤能，颁给钦差出使大臣关防，三年一任，盖递重其事矣。同县洪公，以阁学奉命出使俄德奥和（比）四国，就迁兵部侍郎，任满归，奏对称旨，充总理各国事务衙门大臣，光绪十九年八月二十三日，疾终京邸。遗疏上，天子轸悼，有"才猷练远，学问优长，尽心职守，办理妥协"之褒，谕赐祭葬，赏延后嗣，饰终之典视常例有加。孤子洛既奉公之柩归里，乃邮状抵余台湾，言将以明年九月某日葬公于县之西乡十一都十二图燉字圩赠光禄公茔次，请为之铭。忆同治纪元同应京兆试，订交乡馆，虽在贫约，顾尝慨然有当世之志。洎同乡举，忽忽三十余年，而公已千古。余虽不文，又奚以辞？按状：

公讳钧，字陶士，号文卿，先世自徽州歙县迁吴。曾祖讳士树，候选运同，妣王、李；祖讳启立，国学生，妣巴；考讳垣，候选从九品，妣潘。三世皆以公贵，诰赠光禄大夫，妣皆一品夫人。公年十八入吴县学，同治三年举于乡，七年成一甲一名进士，授修撰。恭修毅庙《实录》告成，赏戴花翎，加四品衔。擢侍讲、侍读、左右春坊庶子、侍讲学士、侍读学士、詹事府詹事，凡八迁至内阁学士兼礼部侍郎衔，时光绪九年也。以母病疏请开缺归，明年丁太夫人忧。服除，以原官充出使大臣，迁兵部左侍郎。一为顺天乡试同考官，视湖北、江西学各一，典陕西、山东试各一，历充日讲起居注官、文渊阁校理、国史馆协修、功臣馆纂修、实录馆纂修、总纂、提调、本衙门撰文。及为卿贰，殿廷试阅卷，武试较射，覆核朝审，承修坛庙陵寝工程，以十数。公性孝友，幼颖异。家道中落，父兄欲令习贾，涕泣跪请卒业。及通籍，赠公已即世，未逮禄养，哀慕终身。太夫人素刚严，意不惬，辄厉声色谯呵不少贷，公则竦息惕伏，怒解乃已。严事兄嫂如父母。歙县修宗祠，需万缗，议按丁出钱盈其数，公立输半资，以恤贫族。自廷试第一，未散馆即视学湖北，感激知遇，锐志报国。屡司文柄，简阅精审，惟恐失人。光绪五年主山东试，人文为各省冠。六年视学江西，廉知枪替重名诸弊，严行覆试，终日堂皇，侥幸遂绝。定经训书院规制，与诸生讲经济之学，多所成就。俗有溺女风，檄各学官与诸生收恤之，手书联额奖其勤，活婴无算。去任日，诸生于书院尸祝焉。九年，河决山东，朝廷命侍郎游百川驰往筹度，议开徒骇、马颊二河。公奏其未谙河务，且陈治河当因时制宜，黄河宜合不宜分，止可宽展重堤，不可别谋分泄，若开引河通二渠，此数百里土性松浮，一旦溃堤北趋，将为畿辅患，并条上治河事宜，臬司潘骏文熟悉河务，新获谴，无敢举者，力言其可用。疏入，旋命游百川回京，起用潘骏文，河患渐纾，实自公发之。会法越有事，条陈海防事宜，复蒙采纳。于是上结主知，骎向用矣。出使外洋，廉正自持，守约不挠，洋人感服。凡有裨军国者，密疏以陈。中外交涉繁要，多以电通信，外国用三马电，中国用四马电，费倍蓰，公创以干支代一十百千字，亦成三马电，岁省经费巨万。其精敏类如此。既入总理衙门，力持大体，勇于任事。沿江教案起，西人获谤书，牵涉湖南道员某，欲得甘心，当路亦思重惩，以儆效尤。公持不可，谓徇人意如国体何，其人卒得保全。边界瓯脱，间有违言，公以华离错互，非口舌所能争，不欲为国家生事。天子知公深，时赐独对，造膝敷陈，而外不能喻于人。人徒见公之踔厉名扬，不可一世，而不知其旁魄郁积，耿耿于中，非旦夕矣。向者使还，道经红海，感受暑湿，病伏甚深，一旦触发，遂以不起。公治事聪强，无所瞻避，与疆吏论公事，下笔辄千余言，兵部复推公主持，不于私宅判牍，每入署，吏抱牍进，恒逾尺，或竟日不得休，在告疾少间，犹一日书二十余函，不遑自恤。故闻公之薨，同官自王以次临吊，无不哭失声。悲夫！公生于道光十九年十二月初八日，年五十有五。配何夫人。子一，洛，县学廪生，复由荫生通判改工部郎中，公薨，奉恩旨服阕后以本部郎中遇缺即补。女一，庶出。公之使海外也，于俄罗斯见元代旧史本回纥文，凡更数译，审为元代藩属旧史，详于西北用兵。公得之甚喜，谓足补《元史》疏陋，于是遍考元人官私书及关系《元史》诸纪载，手自纂辑，成《元史拾遗》若干卷。搜异域之佚闻，订中国之惇史，古未尝有也。铭曰：

昔班固氏传西域，慨叹汉使益得职，惟公三年历四国，平迁一官依品秩。明修《元史》病荒率，史臣自实惮考核，鄂罗斯文本回纥，纪朔漠事颇翔实，公既觏止等球璧，私幸谋于野则获，爰召舌人通累译，手自濡染奋大笔，俾阙者完疏者密，千秋裘非一狐腋，彼褚先生何足述，武库乃有左传癖，旁行斜上成都帙，宜进史寪藏石室，千秋不朽视方策，吾铭匪私秘真宅。（按："千秋裘非一狐腋"句，"秋"字是"金"字笔误，上石后乃知之云。）

兹更将《清史稿·洪钧传》录左，俾参阅：

洪钧，字文卿，江苏吴县人，同治七年一甲一名进士，授修撰，出督湖北学政，历典陕西、山东乡试，迁侍读，视学江西，光绪七年历迁内阁学士。母老乞终养，嗣丁忧。服阕，起故官，出使俄、德、奥、比四国大臣，晋兵部左侍郎。初，喀什噶尔续勘西边界约，中国图学未精，乏善本，钧莅俄，以俄人所订《中俄界图》红线均与界约符，私虑英先发，乃译成汉字，备不虞。十六年使成，携之归，命直总理各国事务衙门。值帕米尔争界事起，大理寺少卿延茂谓钧所译地图画苏满诸卡置界外，致边事日棘，乃痛劾其贻误状。事下总署察覆。总署同列诸臣，以钧所译图本以备考核，非以为左证，且非专为中俄交涉而设，安得归咎于此图。事白，而言者犹未息。右庶子准良建议，帕地图说纷纭，宜求精确。于是钧等具疏论列，谓：《内府舆图》《一统志图》纪载漏略，总署历办此案，证以李鸿章译寄英图与许景澄集成英俄德法全图，无大纰缪，而核诸准良所奏，则歧异甚多。《钦定西域图志》，叙霍尔干诸地则总结之曰属喀什噶尔，叙喇楚勒、叶什勒库勒诸地则总结之曰属喀什噶尔西境外，文义明显。原奏乃谓："其曰境外者，大小和卓木旧境外也，曰属者，属今喀什噶尔，为国家自辟之壤地也。"语近穿凿。喀地正北、东北毗俄七河，正西倚俄费尔干，其西南错居者帕也。后藏极西曰阿里，西北循雪山径挪格尔、坎巨提，讫印度克什米尔，无待北涉帕地。设俄欲蹙喀，英欲逼阿里，不患无路。原奏乃谓："二国侵夺拔达克山、安集延而终莫得通。"斯于边情不亦暗乎！中俄分界，起科布多、塔尔巴哈台、伊犁，讫喀西南乌仔别里山口止，并自东北以达西南。原奏乃谓："当日勘界，自俄属萨马干而东，实以乌仔别里西口为界，今断以东口，大乖情势。"案：各城约无萨马干地名，惟浩罕、安集延极西有萨马尔干，《明史》作撒马儿罕，久隶俄，与我疆无涉。当日勘界并非自西而东，亦无东西二口之说，不知原奏何以传讹若此。谨绘许景澄所寄地图以进，并陈扼守葱岭及争苏满有碍约章状。

先是，坎巨提之役，彼此争甃其间，我是以有退兵彻卡之举，英乘隙而使阿富汗据苏满。至是俄西队出与阿战，东队且骎骎逼边境，总署复具筹办西南边外本末以上。钧附言："自译《中俄界图》，知乌仔别里以南，东西横亘，皆是帕地，喀约所谓中国界线应介乎其间。今日俄人争帕，早种因喀城定约之年。刘锦棠添设苏卡，意在拓边，无如喀约具在，成事难说，唯依界图南北经度斜线自乌仔别里径南，尚可得帕地少半，寻按故址，已稍廓张。俄、阿交哄，揣阿必溃，俟俄退兵，可与议界，当更与疆臣合力经营，争得一分即获一分之益。"上皆嘉纳。十九年卒，予优恤。钧嗜学，通经史，尝撰《元史译文证补》，取材域外，时论称之。

其因地图被劾事，即曾朴《孽海花》所藉以发挥者。

(原第12卷第38期)

## 六四　军机处掌故

嘉庆二年闰六月，通政司参议吴熊光与侍讲学士戴衢亨，同加三品卿衔，由军机章京擢跻大臣之班，时称异数。梁章钜《浪迹丛谈》记熊光事有云："公由中书入枢直，洊历台谏，擢通政司参议。时和珅为枢长，即欲令公出直，曰：'通参班厕大九卿，应退出军机。'阿文成故善公，争之曰：'故事，副宪及通正、通副、理正、理少不得直军机，通参阶止五品，不在此例，且前此给事亦官五品，并未出直也。'和珅益衔之。嘉庆初元，纯庙以训政忧勤，丙夜即起视事，召军机大臣，皆未到，旋召章京，惟公与戴衢亨二人已上直，入对称旨。少顷和珅入，上曰：'军机事繁，吴熊光甚明干，可在军机大臣上行走。'和珅谓吴某官才五品，与体制未符。上即命加吴三品衔。和又奏曰：'吴某家贫，大臣例应乘轿，恐力不办。'上命赏户部饭银一千两。和珅与公共事，每多龃龉，欲私拔一人以抗之，以日前吴与戴同被召，奏曰：'戴衢亨由状元出身，已官学士，在军机日久，用吴不如用戴。'上晒曰：'此岂殿试耶！'和珅语塞。未几戴卒与公同加三品衔入直，而班次仍居公下。"所记有关军机处掌故。通政司列大九卿衙门，通参为大五品卿，和珅遂欲藉口罢熊光章京也。

又英和《恩福堂笔记》云："谕旨初皆由内阁，康熙中有南书房翰林撰拟者。雍正七年，青海用兵，始设军机房，乾隆初改名总理处，三年复名军机处。其章京例用内阁中书舍人，改庶吉士则不复入，改六曹御史给事中，递迁卿寺，至都察院副都御史内阁学士，入直如故，擢侍郎乃不复入，惟满洲章京如保公成以少宰，勒公保以少司马，鄂公容安以侍讲，汉章京如张公若霭以庶子，戴文端以修撰，仍入直，皆特旨，非故事也。嘉庆间始定官至通副理少者出军机，科道亦不兼，行复改各衙门咨送，不似向时之专用中书及指名取知名之士矣。"可参阅，并与拙稿前述军机处者（见本报十卷四十九等期）合看。惟章钜、英和两说有未吻合处。英和谓嘉庆间始定通副理少及科道不充军机章京，而章钜所言阿桂以故事争云云，则谓通副理少之罢直，早成故事。李元度《吴槐江宫保事略》有云："乾隆甲辰授御史，擢给事中，父忧去，服阕补原官，嘉庆丙辰迁鸿胪寺少卿，通政司参议。故事，科道司纠劾，通参班厕大九卿，皆退出军机处，公以明达勤慎，当轴特保得留直。"且谓熊光官科道及迁通参时，依故事均应罢直。（乾隆甲辰为乾隆四十九年，嘉庆丙辰为嘉庆元年。）此故事究始于何时，诸说相歧，容再考。至章钜引阿桂谓给事亦官五品云云，则给事御史之宜否留直，不关品级，熊光为科道前，尝以刑部郎中在直，已是五品矣。

## 六五　军机章京之取用

光绪二十五年告成之续修《大清会典》，于军机处（称办理军机处）章京之取用，谓："满洲章京以内阁中书六部理藩院郎中员外郎主事笔帖式兼充，汉章京及汉军章京以内阁中书六部郎中员外郎主事七品小京官由进士举人拔贡出身者兼充，豫行传知各衙门保送，军机大臣考取或数名或十余名引见，奉旨记名者，遇出有军机章京缺，以次传补。三品京堂以上及外官臬司以上之亲子弟皆回避。其补放御史者即不充章京。或升任京堂，至通政使司通政使大理寺少卿者，奉特旨仍充章京。"此为军机章京入出制度是时明著于《会典》者。手头之《会典》为光绪戊申（三十四年）商务印书馆印本，"通政使司通政使大理寺少卿"句，疑有误。通政使与大理卿为大三品卿，通政副使与大理少卿为大四品卿，不应以通使理少对举。光绪间章京已至通使理卿者，率得留直，大理"少卿"之"少"字盖衍。（光绪季年，军机章京改兼充为专任，并许编检与试，与《会典》所载又有异矣。）

## 六六　非常格之擢用

熊光、衢亨而后，如嘉庆十六年卢荫溥以光禄寺少卿加四品衔，咸丰元年穆荫以候补五品京堂内阁侍读，咸丰十年焦祐瀛以太常寺少卿，十一年曹毓瑛以鸿胪寺少卿，奉命在军机大臣上学习行走，或为小四品卿，或为小五品卿，或为未补缺之五品卿，与吴、戴之由通参讲学擢用，均非常格。

## 六七　瞿鸿禨《𠊳直纪略》

瞿鸿禨《𠊳直纪略》有云：

> 新入枢廷谢恩，初次即命同枢臣入对，谓之随起。入殿，先于两宫前磕头谢恩，同列诸臣立俟。既毕，同上垫。

> 凡初入枢垣，例不遽赴直庐，必待于他所，俟领班大臣到后，与同列遣供事邀请，然后入，示谦也。

> 军机处办事直庐，定例森严，虽王大臣，非本处行走，不能擅入。

> 大内军机处在隆宗门内，当乾清门内右门之西。枢臣入对，例许进内右门。此门惟军机大臣与内廷诸王大臣出入得由之。自内右门进月华门，诣乾清宫西丹墀下板屋候起。板屋二间，其一间则召见外起之所也。

> 西苑军机处直庐，在西苑门北南海之东岸，临水五楹，明窗净几。液池水满，则赐乘舟，芙蕖盛开，画舫穿过。冰坚以后，则赐拖床，铁齿承床，安坐如

轿，以人推挽，其行若飞。既达西岸，诣南朝房候起。如不乘舟床之时，则坐二人肩舆，循东岸行，至版桥而止，步行至南朝房。朝房四间，其二间则御前大臣值日之所也。

颐和园军机处直庐，在东宫门外之南。初止五间，中为过道，与章京相对分坐，外临衢道，人声喧嚣。回銮后拓建后五间，既敞且静，以前楹专为章京办事之所，亦较整齐。召见则入东宫，诣仁寿门外之北配房候起。

两宫办事，召见，皆有定所，共一御案。大内在乾清宫西暖阁，太后坐西，皇上坐东，皆北面。西苑则在勤政殿东暖阁，太后坐东，皇上坐西，皆南面。颐和园则在仁寿殿之北楹，亦太后坐东，皇上坐西，皆南面。

召见之处，仁寿殿最宏大，居高临下，有时天语音微，同列跪远者或谛听不能详悉，奏对太远，上亦或不尽闻，则由跪近者传述。乾清宫暖阁规制，召对极为合宜。勤政殿暖阁浅狭，枢臣至六人时，跪垫几不能容，进退亦未能鱼贯。每三人先入，负墙立，余则在后者先入而南，以次继入，就垫位，班齐同跪；退则后三人近门者先出。踧踖之间，难以秩如。

雍正以前未设军机处时，常由南斋翰林拟旨。今犹承旧制，以南书房太监拨充军机处当差，枢臣即呼之曰南书房。每日起单下后，同列理齐折件入匣，出直庐先入候起，皆南书房太监持匣前行，退下亦如之。

每日召见，承旨退至直庐，照例写旨之件，有成样可循者，即由章京拟稿送堂阅定缮写，有特别明发或廷寄，则堂上自拟为多，抑或章京起草，堂上改定。缮旨成，汇入一匣，由南书房太监交内奏事太监呈览发下，太监捧至军机处，传谕述旨是命散，事毕然后散。

枢廷一切折单，皆由章京缮写，惟二事必堂上自书：一考差单，由枢臣亲拆弥封，手缮名单，按阅卷大臣所取，各列姓名，书某人拟取，汇一总单，即日带上面呈；一督抚所奏年终密考单，每到一省，上披览后发下，枢臣即另纸照录，固封存堂，将原单黏一黄签，写某年某省某人密考单，即日带上面呈。俟各省到齐，再将考语不佳者汇开一单，中有应调应开缺及应察看之员，分别请旨办理。

瞿氏以军机大臣罢归后，纪述躬历，因有此作，甚翔悉。（其门人吴士鉴跋云："枢要之地，谈掌故者纪载阙如。吾师于宫廷之规制，奏对之礼节，办事之程序，扈从之情状，委曲详备，密记无遗，非苣林梁氏之书所得窥见也。"）兹摘录若干则，以见大凡。新为军机大臣者，不遽赴直庐，俟邀请乃入，与外官新过道班者，上院仍坐旧官厅，候藩臬邀请，始进至司道官厅，其情事略同，皆所

以示谦也。　　　　　（原第12卷第39期）

## 六八　读《曾孟朴先生年谱》

早岁最喜读东亚病夫《孽海花》，旋知东亚病夫即常熟曾孟朴（朴），颇以未详其身世为憾。顷于《宇宙风》第二期得读《曾孟朴先生年谱》（其子虚白所撰），极感兴味。《宇宙风》此期开始登载，由"一八七一——一八八九"至"一八九五——一八九七"为止。其"一八九〇——一八九一"一节有云：

>抵家后，稍事摒挡，就跟着君表公，坐着一只帆船，沿江直驶南京去应考。不料走至中途，忽然吐泻交作，热度骤增，船到南京，几至病不能兴。君表公本擅医术，立投止泻药剂，勉强登岸入闱，然其颓疲可知矣。不料题目纸发下时，先生见策对题皆投所好，精神为之大振，顿时忘记了百度以上的寒热，振笔疾书，篇篇都是满卷。

此纪光绪十七年辛卯江南乡试中式事。按：其时乡会试制度，凡入场三次，首场试《四书》文三篇及诗一首，次场试《五经》文五篇，至第三场乃是对策五道。所谓"见策对题皆投所好"云云，明系第三场中事，首场、次场（每场三日）均已经过矣。文中写扶病勉强登岸入闱，下即迳接第三场题纸发下，叙次之间，有欠明晰。"篇篇都是满卷"，亦有语病。五策共为一卷，非一篇一卷也。"一八九一——一八九二"一节有云：

> 这次闱试，汪柳门（鸣銮）侍郎本有大总裁之希望，因为他跟孟朴先生有岳婿的关系，特意请假让避。结果大总裁放的是翁叔平（同龢）尚书，在场中暗中摸索，致误认黄谦斋先生二艺，用了六朝文体，当做先生。在拆弥封的时候，翁尚书还自诩眼力，高喊："这定是曾朴卷，这定是曾朴卷！"那里料到，先生早因试卷墨污被剔，登了蓝榜了。

此纪光绪十八年壬辰会试事。是科翁同龢为正考官，（祁世长、霍穆欢、李端棻三人副之。）刘可毅卷被误认为张謇卷，中会元，其事知者较多，读此乃知同时更有认黄为曾之事也。所异者，张为同考官所抑，曾则以污卷被贴耳。文中叙汪鸣銮请假及翁同龢为总裁，二事若有因果关系，其实总裁四人，翁氏居首，固无待汪氏请假乃得为总裁。若云"大总裁"系专指正总裁一席而言，则汪官侍郎，纵不请假，只能派充副总裁也。（会试、典试者正式之名称为正考官、副考官，通称正总裁、副总裁，尊称则一律谓之大总裁，如中式者刻朱卷于正副考官均列衔曰大总裁是。有称正考官为大总裁以别于副总裁者，盖为不词。）"一八九二——一八九五"一节有云：

《马关条约》的订立，辽东割让的争夺，英法条约的援例，一桩桩痛心的消息，究竟不能尽作痴聋不闻不问，先生受不住刺激，到底又偕同香生夫人，买棹返常，跟君表公筹商北上的计划。……一八九四年冬，先生就怀抱着一腔奋斗的热诚，乘轮北上。这时候清庭受着战败的刺激，也知道注意到办"洋务"了，因此特设同文馆，选聘曾赴外国的官员教授外国语言。并设总理衙门，专办对外交涉。先生到京的时候，同文馆刚开始创办，因由俞又莱先生的介绍，报名入学。该馆即设在总理衙门内……可是同文馆数月停办之后，同学诸公，都一无所得，而先生独能打定他法文的底根，也是这一番苦功换来的。

按：咸丰十年庚申九月与英法和议成立后，即于是年十二月设立总理各国通商事务衙门（沿称总理各国事务衙门，简称总理衙门，更简则曰总署，又曰译署），命恭亲王奕䜣暨文华殿大学士桂良、户部左侍郎文祥领之，为办理对外交涉之机关。迨同治二年癸亥二月，更设立同文馆，隶于总理衙门，以培养"洋务"人才。一八九四年为光绪二十年甲午，去总理衙门之创设，已三十四年，去同文馆之创设，亦已三十二年，不当云"这时候特设同文馆并设总理衙门"也。所谓"清廷受着战败的刺激"云云，指咸丰庚申之役则可，指光绪甲午之役则不可。盖误以谱主入学同文馆之时为"刚开始创办"之时耳。所述同文馆停办期，亦非是，其时实仍续办（光绪二十五年己亥八月进呈之续修《大清会典》，总理各国事务衙门内犹列有同文馆），盖又误以谱主出同文馆之时为"停办"之时也。马关订约云云，是一八九五年（光绪二十一年乙未）事，未宜叙在一八九四年冬之前。（上节称翁同龢为"翁尚书"，本节叙谱主劝说翁氏主战，又称"翁相"，在此两时期中，不宜有异，翁至光绪二十三年丁酉始拜协办大学士之命也。特此类犹无大关系者耳。）同节又云：

> 一八九五年……可是要应考总理衙门的心未死，在家坐候了四五个月，直到夏末秋初的时候，考试有了定期，又复束装入都。主考的是庄幼樵（佩纶），本来是注意想罗致先生的人，可是先生平日出入于翁同龢之门，而这次应考也由翁同龢为之各处打招呼，翁、庄本不洽，因此庄也移恨到先生身上而先生竟落了第。落第之后庄佩纶却招先生而告之曰："你要进总理衙门，何必应试，我可以保举你的。"这明明是牢笼的手腕，先生鄙之，愤然拂袖而去。连夜套车襥被出都，悻悻之情，不能自已也。

庄幼樵（佩纶）何人？其张幼樵（佩纶）耶？然张佩纶虽曾为总理衙门大臣，而光绪十年甲申以会办福建海疆事务赴闽，旋即以偾事获重咎，久废不用，至光绪二十六年庚子之役，李鸿章以全权大臣议和，始获赏编修，交李差遣，何能于光绪二十一年主总理衙门考试章京之事？意者或是张樵野（荫桓）耳。张荫桓久直总署，为用事之大臣，翁同龢颇与结纳，而亦时有芥蒂也。其误"张"为"庄"，或缘《孽海花》（张之洞、张佩纶、张荫桓在《孽海花》中均姓庄）。"一八九五——一八九七"一节有云：

> 这时候，康、梁入都，力倡新政，谭复生、林登阁、唐才常、杨深秀等一班力主改政的青年也都聚集在沪上。

林登阁当即林暾谷（旭），与谭复生（嗣同）、唐佛尘（才常），为二三十岁人，称以青年，可也；若杨漪村（深秀），光绪二十四年戊戌被杀时年五十，此处所纪为稍前之事，已非青年矣。惟慷慨捐生，谓为有青年英锐之气则可耳。

读《曾孟朴先生年谱》前期一部分一过，略举所见如右。虚白君于此谱称"未定稿"。其引言有云：

> 我决心要继续他的遗志，替他做一篇传。可是说也惭愧，他的一生我实在有许多地方是隔膜的。小时候，我虽在他膝下盘桓，可是现在这影象也模糊了；我进了学校，我就很少跟他有见面的机会；出了学校，我又是湖南、平津、汉口各处瞎跑，更是几年才得见他一面；最近的八九年中，总算在一块的机会多

些，可是只能在他自己的口述中，拾到一些他生活的片断。现在我努力从自己的记忆，从遗著中，从亲友的告诉中，编成了这篇《年谱》。……我希望跟先父共过生活和确切闻见过生活史中的逸事的诸位前辈，把这东西仔细检讨一下，把这里面应该修改的，应该补充的，应该删除的各部份（分），逐条指点出来，告诉我，让我得到给先父做传的准确张本，那我真要感激不尽了。

其欲然之意可睹也。不佞与孟朴先生非雅故，兹以读者资格书此，或亦足为壤流之助欤。

（原第12卷第40期）

前稿于《宇宙风》第二期所载《曾孟朴先生年谱》前部，略书所见，供撰者曾虚白君之参镜。兹更考之。曾君所叙总理衙门考试情事，不特误张樵野（荫桓）为"庄幼樵（佩纶）"，而此次考试，为一八九六年（光绪二十二年）事，亦非一八九五年，不应列于"一八九二——一八九五"一节之内，且谱主其时实未获应总理衙门之考试也。翁同龢光绪二十二年丙申之《日记》，言及谱主暨总署考试者，如三月二十八日云："曾孟朴以所著《补汉书艺文志考》十卷见赠。此子年才二十五，而著书博赡，异才也。"七月二十六日云："待樵野不来，令其拟策题，明日考译署章京也。"（内阁满汉各取三十名，曾孟朴未与，张映南取在后。）二十七日云："作策题，访樵野，与商定，在彼处写之，即在彼饭。饭罢，偕至署，巳正矣。麟公尚未来，敬溥两君先集。待麟公来，点名，散卷，宣题，已午初二刻矣。直至未初三刻始毕。速者六刻，迟者十三刻（本限八刻）。随缴随阅。余所取不过十本，同人意在多，遂定十六本。申初二刻归，倦极……"八月朔云："曾孟朴来辞行，不得送总署章京，拂衣而归矣（送食物）。"丙申岁总署考章京及谱主失意而去，其情事盖如是。翁氏对谱主甚赏识，试事由翁以总署大臣与同列张荫桓等主之，而翁、张二人最负责任，谱主却以内阁未经保送，不获与考，非考而"落第"也。如云"落第"，只可谓"落第"于内阁耳。按：其时总署章京考用之制，系以内阁侍读中书各部郎中员外郎主事，各由本衙门保送，再由总署堂官汇同考取，引见记名，以次传补。（汉员限进士举人出身及非捐班之拔贡出身者，满员不限。）谱主（举人内阁中书）未得内阁录取保送，自难应总署之试。翁氏《日记》谓"内阁……曾孟朴未与"及"不得送总署章京"，文意甚明。

一八九六年总署考章京，谱中所叙，既误提前，以后之事，遂亦有连带而年分有误者。出京途中遇退隐之绿林豪客雷翁一段，自亦为一八九六年事。又如"一八九五——一八九七"一节有云：

> ……不久康、梁在京运动渐趋成熟，电约海上诸同志，入都共成大业。谭、林得电，立刻就要动身，

并约先生即日同行。时先生以父亲丧葬尚未料理，而沪上事业更难立时摆脱，因约期数月后，必北上参加。当晚在花丽娟寓处为谭、林饯行，那一晚慷慨激昂的紧张论调，先生日后道之，每津津若有余味。不料谭、林入都，事机不密，为宵小所乘，政变未成，竟演成了身首异处的惨剧，可是先生的未罹此难，也是间不容发的了。林登阁在沪给先生介绍了一位深通法国文学的朋友，名叫陈季同。他那时做着福建造船厂的厂长，在法侨居多年，与法国第一流的文学家如伏尔泰等，常相往还，故深得个中真谛，并且还用法文编过许多中国的戏曲，曾经哄动过巴黎。先生跟陈季同晤面时的一席谈，真像发见了宝藏似的，窥见了真正的光辉，从此才像着了迷似的研究法文起来了。

光绪二十四年戊戌（一八九八年）政变事，何以写入"一八九五——一八九七"一节内，初谓或因顺笔带叙，未暇致详，兹乃知承上节递推而误耳。（通常指慈禧囚帝临朝推翻新政为政变，此云"政变未成"，亦宜酌。）《胡适文存》三集中附录之谱主民国十七年三月十六日答胡氏书有云："直到戊戌变法的那年，我和江灵鹣先生在上海浪游。有一天，他替谭复生先生饯行北上，请我作陪，座客中有个陈季同将军，是福建船厂学堂的老学生，精熟法国文学，他替我们介绍了。我们第一次的谈话，彼此就十分契合，从此便成了朋友，成了我法国文学的导师。陈季同将军在法国最久,他的夫人便是法国人。他的中国旧文学也是很好,但尤其精通法国文学;他的法文著作,如《支那童话》(Contes Chinois)、《黄衫客悲剧》(L'homme de la Robe Jaune)等,都很受巴黎人士的欢迎;他晚年的生活费,还靠他作品的版税和剧场的酬金;他和佛朗士仿佛很有交谊的。我自从认识了他,天天不断的去请教,他也娓娓不倦的指示我……我文学狂的主因,固然是我的一种嗜好,大半还是被陈季同先生的几句话挑激起来。"自叙与陈氏订交及受其影响,其相识实亦在戊戌(一八九八年),介绍则由江标。

谱中叙同文馆创办暨停办时期之误,前稿已辨之。兹又按谱主答胡氏书,述及在同文馆学法文事,云:"我的开始学法语,是在光绪乙未年——中日战局刚了的时候——的秋天。那时张樵野在总理衙门,主张在同文馆里设一特班,专选各部院的员司(按:谱主时官内阁中书,非部非院,各部院云者,盖泛指之词耳),有国学根柢的,学习外国语,分了英法德日四班,我恰分在法文班里。这个办法,原是很好的,虽然目的只在养成几个高等翻译官,那里晓得这些中选的特班生,不是红司官,就是名下士,事情又忙,意气又盛,那里肯低头伏案做小学生呢。每天到馆,和上衙门一样,来坐一会儿,喝一杯茶,谈谈闲天,就算敷衍了上官作育人才的盛意。弄得外国教授,没有办法,独自个在讲座上每天来演一折独语剧,自管自走了。后来实在演得厌烦,索性不大来了,学生也来得参差错落了。这个特班,也就无形的消灭,前后统共支撑了八个月。这八个月的光阴,在别人呢,我敢说一句话,完全是虚掷的,却单做成了我一个人法文的基础。我的资质是很钝的,不过自始至终,学一点是一点,没有抛弃,拼音是熟了,文法是略懂些了。"与《年谱》"一八九二——一八九五"一节中所写:

……先生到京的时候,同文馆刚开始创办,因由俞又莱先生的介绍报名入学。该馆即设在总理衙门内,各国语言,分班教授。英文由总翻译官张在初(德彝)教授,法文则先由旗人世益三(增)教授,后世奉使出洋,改由德友轩教授。这时候学英文的有彭子嘉(谷孙)、潘经士(盛年)、翁又申(炯孙),三人,而学法文的就只有先生和张隐南(鸣)二人。先生当时以为,英文只足为通商贸易之用,而法文却是外交折冲必要的文字,故决意舍英取法。馆课规定,每日读三十三字,第二日背诵后再上新字。教授既无方法,学习倍觉困难;担任教授的教官,大都官而不教,只想弄一个差使,得一种资格;而一般就学的人,也只以入同文馆是进总理衙门的敲门砖,谁也没有研究学问的诚意。所以不到几个月,先生学生都弄得意兴阑珊,大家敷延(衍)塞责而已。惟独先生,既具决心,安甘放弃,虽教授的讲解不明,却仍是仔仔兀兀昼夜勤读,正类盲人摸索,其苦难述,可是同文馆数月后停办之后，同学诸公，都一无所得，而先生独能打定他法文的根底，也是这一番苦功换来的。

可对看。谱主在同文馆，所入者为一种临时设立之特班。未有此特班，早有同文馆；此特班消灭，同文馆尚存。谱主与此特班相终始，不与同文馆相终始。《年谱》遂以此特班概同文馆，于是具有数十年寿命之同文馆，遂若仅有数月之寿命矣。又"一八九五——一八九七"一节中有云："在同文馆所学的那一点点，事实上连启蒙的程度还没有完成的，所以他的学法文可以说是压根儿在那里瞎摸。"与上节所云"独能打定他法文的根底"对照，词句上似不无稍欠融贯吻合之处。　　（原第12卷第42期）

## 六九　陈夔龙重宴鹿鸣

陈夔龙以光绪丙戌进士为兵部司员。荣禄长兵部，承知遇，辟充武卫军幕僚，历京卿而外任封圻，仕途号速化焉。丙戌三总督，徐世昌最早（后且大拜），夔龙及杨士骧次之，均光绪三十三年膺简（三月，世昌授东三省总督，七月夔龙授四川总督，旋调湖广，士骧署直隶总督，旋真除）。世昌、士骧皆翰林，惟夔龙以部曹起也。辛亥革命，夔龙方官直隶总督，于退位诏将下时辞免。既久膺膴仕，遂于上海租界为安乐窝，楼名花近，友联逸社（社友余肇康和夔龙感旧诗所谓"桃源尚是人间世，花近楼高且纵观"也），诗酒遣意，声色怡情，盖遗老中之晚境最优者，今年七十有九矣。其入学在同治壬申，时年十六，至民国二十一年壬申，甲子一周，于旧例有重游泮水之典，因用赵翼《重游泮宫》诗韵，赋诗如下：

其一

五夜书灯映柳塘，弱龄初采泮芹香。
道人再作游仙梦，老衲重登选佛场。
发箧莫寻陈蠹简[①]，压箱犹剩旧萤囊[②]。
圜桥此日如观礼，谁识当年瘦沈郎[③]！

自注：①童时书院课卷，曾请叟庵太傅题句，旋复失去。

②往日上学书包，由先妣亲制，迄今尚存。

③赵诗末韵，他本押"长"字，当是初刊本。

其二

龙门百尺溯前游，温峤甘居第二流[①]。
齿亚洪乔宜把臂[②]，才输颖士愿低头[③]。
漫劳门左争题凤[④]，差免墙东学僧牛[⑤]。
幸拾一衿聊慰母，焚膏犹记夜窗幽。

自注：①榜发，名列第二。

②余年十六入庠，齿最少，同岁同榜有殷君诰。

③榜首萧君射斗,后中甲戌进士。

④与伯兄少石、仲兄幼石先后得科第。

⑤先光禄公弃养,余始八龄。家贫,有劝学贾者,先妣姜太夫人未允,力延师课读。

其三

风景河山举目殊,江关萧瑟负终羽。

凡才敢诩空群马,晚景翻怜过隙驹。

白发慵搔非故我,蓝袍重着感今吾①。

举幡又见新人贵,老谢盐车悔识途。

自注:①黔俗,新秀才释菜日,例着蓝衫拜客。

其四

数仞墙高许再循,检场灯火最相亲。

桐官献艺狂书草①,藜阁观光利用宾②。

旧揭浮签留示客③,同题团榜慨无人④。

假年还向天公乞,桂籍秋风杏苑春⑤。

自注:①试题"于桐"二字,极枯窘,同试有阁笔者。

②学使刘藜阁检讨青照,极荷青睐。

③蒋励堂相国有《赋童试浮签》诗,广征题咏。

④考录先发团榜。

⑤明年重赋鹿鸣。重宴恩荣之期则在十年后矣。

原唱及和作刊为《璧水春长集》，以获赏匾额曰"璧水春长"也。其乡举在光绪乙亥，时年十九，至今年乃甲子一周，因是恩科，亦循旧例，准上届正科（同治癸酉），以民国二十二年癸酉为重宴鹿鸣之期。是年又有诗：

其一

白发依然举子忙，耄荒惭对五经房①。
甫看冀荚新年绿，回忆槐花旧日黄。
棘院又来前度客，苹筵重上至公堂。
孔怀顿触令原恸，不共吹笙并鼓簧②。

自注：①定制，房考入闱，各分一经。
②先兄少石先生癸酉孝廉，惜已仙逝。

其二

当年恩榜庆龙飞，奉使双星曜锁闱。
毕卓通才便腹笥①，张华博物副腰围②。
浓圈墨笔兼蓝笔③，暗点朱衣赋翠衣④。
岂有文章惊海内⑤，科名草绿报春晖⑥。

自注：①正考毕东屏师保釐，蕲水人，庚申翰林。
②副考张兰轩师清华，番禺人，乙丑翰林。
③房考谢小蘧师绍曾，南康籍，贵州拣发知县，壬子举人。
④试场诗题：山色朝晴翠染衣。
⑤用成句。试场首题：焕乎其有文章。

⑥赴宴归来，先母姜太夫人率子祀先，喜极而涕。

其三

圜桥碧水爱春长①，又逐秋风战士场。
年比看羊苏典属②，才输倚马左文襄③。
月宫在昔香飘桂，云海而今劫换桑。
高会傥延三益友，他题请试互评量④。

自注：①昨岁重游泮宫，荷颁到"璧水春长"御书横额。

②十九岁获中。

③湘阴左恪靖侯相国壬辰乡举三场试卷朱墨本十四艺，至今完好，近日文孙乞余题词。

④今年重宴鹿鸣者，近日所知，尚有湘潭秦子质军门炳直，泸州高蔚然太守树，无锡杨小荔太守志濂。

其四

宦迹东西印雪鸿①，龙门跋浪鲤鱼风。
梁园造榜人犹在②，罗甸观场我尚童。
明镜双看衰鬓白，公车五踏较尘红③。
头衔乍换惭非分，雅什重赓句未工。

自注：①余宦游五行省。

②癸卯河南乡试，余充监临。是科撤棘后，乡

举遂废。

③五上春官，始成进士。

一时和者尤夥。以夔龙两诗可为科举旧闻之谈助，故录之。夔龙与秦炳直（清末以臬司迁提督）同以重宴鹿鸣获太子少保衔之赐，和者因多以宫保称之云。是年陈、秦及高树、杨志濂而外，缪润绂（正白旗汉军人，字东麟）亦光绪乙亥举人，旧例同有重宴鹿鸣之资格者。秦、高、杨、缪四人于陈诗均有和作，并录如次，俾汇览焉：

秦诗：

> 科名早达多成毁，甲第迁移变屈伸。
> 惟有圣皇宏造士，必推元命乐嘉宾。
> 三章观始赓宵雅，一德能终信老臣。
> 黔楚风云联属久，宫袍双着拜恩纶。

高诗：

> 奔驰皇路半生忙，老耄归田昼闭房①。
> 君或理须饶茜碧②，时当举足踏槐黄。
> 丁年赴省观苹宴③，亥岁登科别草堂④。
> 两姓弟昆全盛日，一门唱和沸笙簧。
>
> 丹诰荧煌御翰飞，天恩宠渥到秋闱。
> 庄书悬壁金泥饰，大笔如椽玉带围。
> 白下今留黄阁老，蓝衫昔换紫罗衣。

长春行在褒耆旧,万里晴光望彩晖⑤。

秋闱四赴首途长,席帽芒鞋屡入场。
嗜古尊经开学校,怜才爱士遇文襄⑥。
生资固陋嗤高叟,赋命清寒类子桑。
一路荣华到开府,何堪郡守并衡量!

何时北雁语南鸿,捷报传来耳畔风。
例举先朝谈贡举,门旌罗甸励儿童⑦。
老臣谢表孤衷白,贺客盈庭醉面红⑧。
自笑江淹才早尽,口占俚句未能工。

自注:①住卧室闭门不出。
②树须发皆白,公必不然。
③树十六岁入学,十八岁丁卯赴乡试。
④乙亥登科,游浣花草堂归里,未北上。两弟中举后乃偕赴京。
⑤泸县数月阴雨,近日晴。此首诗望我公重赴鹿鸣,有恩旨。
⑥乙亥张文襄调树入尊经院。
⑦公之罗甸及沪上大门,应悬匾以鼓励后辈儿童。
⑧公届时当置酒酌客。

杨诗:

千门看榜万人忙，瑞气珠联星聚房。
已入网珊量尺玉，不嫌伏枥骋飞黄。
黔灵秀出牂柯郡，绿野花添丛桂堂。
今日鹿鸣诗再赋，九州几辈协笙簧。

鱼跃登龙鹩退飞，升沉途判系春闱。
樗材我分青毡守，花兆公宜金带围。
贡举兼知持节钺，疆圻遍历挂冠衣。
科名草已无根久，犹托苔岑映碧晖。

黄发丹忱恩眷长，宫花簪自少年场。
臣称耋老命重贲，天焕文章耀七襄。
待得春归还染柳，宁因河改悔栽桑？
齿居三益蒙何敢，山海壤流窃忖量。

望公遵渚逐飞鸿，迎侍鼍头趋下风。
韩尹敲诗宠岛佛，宋人献颂愧辕童。
居夷舺梦萦甜黑，入洛车尘忆软红。
恨昔未为梁苑客，巴词不获附邹工。

缪诗：

乡闱回首捷三场，花信番风过眼忙[①]。
碑字未堙先圣庙[②]，艺文曾刻聚奎堂[③]。
名标北榜邀魁选[④]，遇感南丰爇瓣香[⑤]。
惆怅种桃人去远[⑥]，重来仙观有刘郎。

1606

凌云发轫路先探，洄溯名场述美谈。
家庆幸登恩榜再⑦，公才杰出鼎元三⑧。
音传鹊报邀亲喜⑨，会际龙飞沐泽覃。
荣被宠光臣草莽，记陪秋宴酒尊酣。

贤登天府数同俦，问有晨星几个留。
炊熟黄粱寻昨梦，香分丹桂快前游。
歌诗恍听群鸣鹿，策杖偕来健倚鸠。
自信黔中声望卓⑩，湘潭无锡更泸州⑪。

易名偶比宋司空⑫，敢道扬云异曲工⑬。
五上春官叨馆职⑭，九膺民牧剩清风⑮。
济南流寓惭高隐⑯，海内同年有巨公⑰。
懋典优隆天万里，白头双对夕阳红。

自注：①时年二十四。

②乡试恩榜例于文庙前树题名碑，与进士同。

③首艺并诗幸与闱刻。

④名次第八。

⑤房师鲁芝友，南丰人。

⑥毛旭初、崇文山、殷谱经、徐荫轩四座主化去已久。

⑦先堂叔祖际唐公举咸丰纪元辛亥京兆榜。

⑧丙子曹竹铭、庚辰黄慎之、癸未陈冠生三殿撰并同是科京兆榜。

⑨先母爱新觉罗太恭人盼子成名心切，闻报喜极。

⑩公籍隶贵阳。

⑪秦子质军门炳直。杨小荔太守志濂。高蔚然太守树。三人均乙亥同年，寿八十以上。

⑫绫榜名裕绫，散馆后改。宋庠本名郊。

⑬公乡举名亦与今异。

⑭癸未、丙戌、丁丑三科未赴试，及壬辰始登第，与馆选。

⑮改官山左，洊擢临清直牧，膺民社者凡九。

⑯国变解冠，客历下。

⑰公前开府北直。

遗老辈旧梦重温，其情态如此。

## 七〇　陈夔龙讥徐世昌

夔龙辛酉十二月下旬（民国十一年一二月间）有句云："龙头休浪执，腹尾会平分。"自注云："同年生有曾厕清班，膺艋仕，迄今仍觑踞高位者。余与尧衢则当日之两曹郎也。"盖讥其丙戌同年徐世昌，时世昌为民国大总统也。然如己未（民国八年）诗题有"寄谢齐照岩中丞杭州，并怀沈冕士中丞山东"等语，齐耀珊、沈铭昌前清官阶均不能有中丞之称，盖以浙江省长、山东省长准浙江

巡抚、山东巡抚而称之，是对民国总统下之高位，亦未尝不重视耳。尧衢为余肇康字。（原第12卷第41期）

## 七一　督府同城

督抚同城，势分略等，体制平行，权限之区分复相沿不甚清晰，其能和衷共济者不多见，胡林翼善处官文，俾委诚输心，资以集事，所以传为美谈也。总督官秩较尊，敕书中又有节制巡抚之文，往往气凌巡抚，把持政务。巡抚之强鲠或有奥援者，间能相抗，其余率受钤制，隐忍自安，而意气未平，龃龉仍时有之。同治五年郭嵩焘《督抚同城急宜酌量变通疏》有云："大致以兵事归总督，以民事归巡抚，此国家定制也，而巡抚例归总督节制，督抚同城，巡抚无敢自专者，于是一切大政悉听主持，又各开幕府，行文书，不能如六部尚书、侍郎同治一事也，而参差扞挌之意常多。"盖自道抚粤二三年之经历。薛福成《叙督抚救同城之损》一文（光绪十六年作），征引事实以言其弊，云：

> 国朝设总督八阙，巡抚十五阙，近又添设新疆巡抚一阙，而移福建巡抚于台湾。当未移以前，凡督抚同城者四，闽浙总督与福建巡抚同驻福州，湖广总督与湖北巡抚同驻武昌，两广总督与广东巡抚同驻广州，云贵总督与云南巡抚同驻云南。厥初总督不常

设，值其时其地用兵者设之，军事既平遂不复罢，亦俾与巡抚互相稽察，所以示维制防恣横也。然一城之中，主大政者二人，志不齐，权不壹，其势不得不出于争。若督抚二人皆不肖，则互相容隐以便私图，仍难收牵制之益，如乾隆间伍拉、纳浦霖之事可睹矣。若一贤一不肖，则以小人恁君子力常有余，以君子抗小人势常不足。即久而是非自明，赏罚不爽，而国计民生之受病已深，如康熙间噶礼、张伯行之事可睹矣。又有君子与小人共事不免稍事瞻徇者，如乾隆间孙嘉淦、许容之事可睹矣。若督抚皆贤，则本无所用其制，然或意见不同，性情不同，因而不相安者，虽贤者不免。曾文正公与沈文肃公葆桢，本不同城，且有推荐之谊，尚虽始终浃洽，其他可知矣。郭侍郎嵩焘于去广东巡抚任时，疏陈督抚同城之弊，谓宜酌量变通，言甚切至。兹余姑就见闻所逮者述之。

　　吴文节公文镕总督湖广时，粤贼势方张，为巡抚崇纶所龃龉，迫令出省而隐掣其肘，军械粮饷皆缺，文节由此死绥，武昌旋陷。厥后惟胡文忠公与总督文恭公官文相处最善，为天下所称诵。文忠既没，文恭劾巡抚严树森去之；威毅伯曾公国荃为巡抚，又劾去文恭，曾公亦不安其位以去。迨伯相合肥李公总督湖广，为巡抚者本其属吏，诸事拱手受成。李尚书瀚章继之，一循旧辙，又在位日久，自此巡抚几以闲散自居，而督抚无龃龉，政权无纷挠矣。郭侍郎之巡抚广东也,适故相瑞麟以将军迁总督,颇黩货卖官,治军尤畏葸。侍郎心弗善也,上疏微纠其失,以无奥援罢去。蒋果敏公益澧为巡抚,英锐喜任事,瑞麟心悍之,严劾蒋公去职,因愈专横无顾忌。其后英翰为总督,以允闽姓缴捐事为巡抚张兆栋所劾罢。近今张尚书之洞总督两广,与历任巡抚皆不相能,朝廷至令兼摄巡抚以专其任。则督抚同城之无益,亦可概见矣。咸丰、同治间徐之铭巡抚云南,为叛回所胁制,复倚回寇以自固,杀升任陕西巡抚邓尔恒于境上。张尚书亮基为总督,至引疾求退,以速出滇境为幸。潘忠毅公铎为总督,方图以回攻回,之铭泄其谋,忠毅遂遇害。光绪初年,总督刘岳昭与巡抚岑襄勤公毓英不相能,舆论皆不直总督,寖至罢黜。潘鼎新巡抚云南,盛气陵总督刘武慎公长佑,颇蔑视之。刘公郁郁上疏求去,朝廷罢鼎新,慰留刘公。此皆督抚不能相容之明证也。福建督抚之外又有将军及船政大臣,政令歧出,尤不能画一。自巡抚移台湾,复裁船政大臣,而总督兼理船政及巡抚事,未始无裨于政体。余谓湖北、广东、云南三行省,皆可废巡抚而以总督兼理,如福建之例……

述督抚同城事颇详。后湖北、广东、云南三巡抚均裁撤,如所主张。文中引噶礼、张伯行事,列诸同城,则噶礼为两江总督,驻江宁,伯行为江苏巡抚,驻苏州,虽同省而与同城之官有间也。胡思敬《国闻备乘》（作于光绪季年及宣统间）卷一及卷二有云：

> 督抚同城，权位不相下，各以意见缘隙成龃龉，虽君子不免。两广总督那彦成与巡抚百龄相攻讦，百龄寻以失察家丁议遣戍。继百龄者为孙玉庭，劾彦成滥赏盗魁，彦成亦被逮。及百龄再至两广，以玉庭葸懦，覆劾罢之。此君子攻君子也。吴文镕初至湖广，与巡抚崇纶不协，崇纶百计倾陷，以孤军无援死黄州，则小人攻君子矣。郭嵩焘权粤抚，不一年，见事权尽被总督侵夺，戚然不安，疏请罢抚院，不报。云贵总督魏光焘与法人议路矿约已定矣，巡抚李经羲监临入闱未知也，出则尽反前议，总督大恚。经羲力求去，朝廷恶其奏辞不逊，遂削职。张之洞在粤与倪文蔚争，在楚与谭继洵又争，但未露章相诋耳。戊戌诏罢云南、湖北、广东三巡抚，旋复设如故。谕旨言总督主兵事，巡抚主吏事，然总督位望较崇，之洞任两广时自言有节制巡抚之权，不能限其专治兵不问吏事也。至光绪三十年，复用前诏罢三巡抚，留总督，事权始一，然总督名实不称，载之国史，徒滋后世之疑。云贵总督驻云南，未尝问贵州事，两湖总督驻武昌，未尝问湖南事，推之两广闽浙陕甘，莫不皆然。江苏幅员不及四川四分之一，总督驻江宁，巡抚驻苏州，提督驻清江浦，兼兵部侍郎，专典制淮南，同于

督抚，江督名节制三省，其实号令不出一城，遑问皖赣。宜将六总督各正其名，如直隶、四川，斯得之矣。

张之洞督两广时，潮州府出缺，私拟一人授藩司游百川，而百川已许巡抚，遂压置勿用。之洞大怒，即日传见百川，厉声责曰："尔邈视我而媚抚院，亦有所恃乎！"百川谕（？）曰："职司何恃之有！旧制兵事归总督，吏事归巡抚，职司居两姑之间，难乎为妇，不得不按制办理。"之洞益怒曰："巡抚归总督节制，天下莫不知之，汝安从得此言，其速示我，我当据汝言入告，以便脱却吏事不问也！"百川惧，归检会典，仓卒无所得，忧之至呕血。之洞持之急，遂谢病归。自是广东政权尽归督署而巡抚成虚设矣。后戊戌政变，凡巡抚与总督同城者悉裁罢之。不数月，孝钦再出垂帘，下诏复设如故。诏言督抚分管兵政吏治，虽同居一城，各有所司，毋庸裁汰，如百川前所云云。乃知总督兼辖两省以资策应，盖国初专为用兵而设，遇兵事则有节制巡抚之权，吏治非所问也。之洞非憒于掌故也，平时恃才傲物，狭小汉家制度，故事事把持如此。

所述可与薛文合看。张之洞之为总督，自负才望，最喜揽权，良为事实，惟言广东藩司是游百川，则甚误。百川于光绪八年正月由顺天府尹擢仓场侍郎（时之洞以阁学简山

*1613*

西巡抚未久），以侍郎终，并无外任藩司之事。游姓而当张之洞任两广总督时为广东藩司寻乞休者，盖游智开也。智开湖南新化人，以举人州县起，历官著循声，终身未为京官；百川山东滨州人，由翰林官台谏，世称直臣（抗争重修圆明园事最有名），其由给事中至侍郎，为时仅二年余，终身未为外官。二游籍贯不同，宦历不同，未可误为一人耳。总督对兼辖之省分，虽非完全不能过问其事，而视所驻省分得以就近统辖者自属迥殊，故通常对云贵总督简称曰滇督，两湖（即湖广）总督曰鄂督，两广曰粤督（广东、广西虽有两粤之称，而通常以粤指广东，桂指广西），闽浙曰闽督，陕甘曰甘督，均就所驻省分称之，偏重可见也。两江总督，情形又为特异，驻地为江苏境内，却与江苏巡抚不同城，且自有江宁布政使受其直接指挥（清初安徽布政使驻宁，后移安庆，另设江宁布政使，与驻苏州之江苏布政使分理各属），一省地方隐分督治抚治，故谑者谓两江总督乃半省总督，特江督兼南洋大臣，其地位及权力犹足重视耳。光绪三十年十二月改驻清江浦之漕运总督为江淮巡抚，督治地方悉归管理。两江总督仅亦兼辖，翌年三月即复裁撤而设江北提督，加侍郎衔，节制淮扬海及徐州两道，体制略侔开府，与旧有驻松江之江南提督不同。思敬所谓提督驻清江浦云云，指江北提督也。惟江北提督虽加侍郎衔，却并无"兵部"字样。刘永庆首任是职，刊关防，文有"钦加兵部侍郎衔"字样，成为笑柄。曾任淮扬海道护理江北提督之奭良，所撰《野棠轩撼言》中，言之颇详（拙稿前曾征引）。至总督主兵事，巡抚主吏事，虽向有此说，而界限实不易画分，既均膺兵部、都察院头衔，似整军、察吏，二者咸有责任。（康熙时曾谕巡抚之不管军务者改加工部侍郎衔，后仍悉加兵部。）又如乾隆间所修《会典》有云："直省设总督，统辖文武，诘治军民；巡抚综理教养、刑政；承宣布政使司掌财赋；提刑按察使司主刑名；粮储、驿传、盐法、兵备、河库、茶马、屯田及守、巡各道，核官吏，课农桑，兴贤能，砺风俗，简军实，固封守。督抚挈其纲领，司道布其教令，以倡各府。"光绪间续修《会典》有云："总督、巡抚分其治于布政司，于按察司，于分守、分巡道。"总督何尝不主吏事乎？有明设置总督之初制，盖非所论于后世矣。光绪三十年裁滇、鄂、粤三抚，督抚遂无同城者，而三十三年设东三省总督及奉、吉、黑三省巡抚，奉天巡抚又与总督同城。新制东督权大，奉抚若其佐贰，然其后时由东督兼署，有专员之时甚少，聊为督抚同城更作一尾声而已。

（原第12卷第43期）

## 七二　巴夏礼在狱情状

咸丰十年庚申之役，怡亲王载垣等执英参赞巴夏礼，奏交刑部收禁，其事颇成痛史中之一幕喜剧。赵光（时为刑部尚书）《自订年谱》，是年记巴夏礼在狱情况及偕部中同列瑞常（尚书）、灵桂（侍郎）赴狱查看各节云：

八月……自初五日怡〔亲〕王将英酋巴夏礼诓拿，奏交刑部锁鐼收禁，并该酋手下十余人亦皆锁禁南北两监。初六日，予偕瑞芝生、灵香生同至南北所查看，盖以外国人收禁，为本朝从来未有之事也。巴酋向予与芝生、香生言："各位大人，容我一言否？"予曰："尔何言？"巴酋云："我本奉我国将令来议和，大局未定，何以遽将我诓拿锁鐼收禁？我有何罪？是何道理？"芝生云："尔罪恶贯盈，天道不容。"香生云："尔害我中国，其罪甚大，尚复何说？"巴酋怒言："若论天道，我之生死自有天命；若天命不该死，恐中国亦不能令我死也。"伊哓哓舌辩。予因向巴酋云："尔昨日系钦命王大臣怡〔亲〕王等将尔拿至，奉旨收禁。我三人乃刑部堂官，前来阅视，并非承审研讯。尔无须多言，但静以俟之，亦决不令官人凌虐汝，惟刑具乃奉旨锁禁，未敢开释。"因约芝生、香生至他所阅视，饬提牢司狱各官，令官役禁卒小心防守，不可凌虐为要。予谓香生云："英、法非比朝鲜等属国，该酋即有罪犯，不得谓之叛逆。我辈非承审之员，自不必向其多言也。"南北所查毕，各散。是时颇有人向予言："巴酋为英国谋臣，不如乘此时奏请诛之，以绝后患。"予谓："巴酋来议和，本不应诓拿锁禁。伊既为彼国谋臣，焉肯弃而不问？倘将该酋正法，彼国来索，何以应之？如直攻城索取，彼之枪炮火器精利，此时我之兵勇业已溃散，又将何以守御？万一都城被彼攻陷，则宗社宫殿尚可保乎？百万生灵，亦不可问矣。予观大局，非和不可，而议和仍舍此人不可，姑静以听之，未可置目前大祸不顾而计及将来之后患也。"其人唯唯而去，心或以为不然，不知予言竟验也。初六日，提牢满汉司官来禀：巴酋不食，意欲求死。予谓："此人关系綦重，尔等须再三劝慰，待以好饮食，不可以常犯视之。伊若肯食，不妨以鱼肉鸡羊等物待之。若无费，则传予言，令饭银处先提银五十两交尔开销可也。"至次日，提牢来言，如予所嘱，向其开导，伊已饮食如常。是日忽传言上已启行北狩，京都人心涣散。英国兵已抵通州八里桥之西，胜帅败退进城，各门戒严。两监人犯六百余名，终日喧闹。十二日，武备院卿恒子久祺奉恭王谕札到刑部，进监看视。时英国来文索取巴酋甚急，恐其进兵攻城，欲令巴酋作字，止其带兵统目，谓将议和，不可进攻。该酋不应，且云："我现在何所，身披刑具，辱莫大焉，尚能作书止兵耶？"子久以此回复恭邸，于是复奉来札，子久再进监，将伊提出大牢，另住一屋，释其刑具，婉言开谕再三。该酋乃亲笔作彼国书，付子久，携呈恭邸，令人送僧王大营，遣弁赍投。十八日，奉恭邸札，仍令子久进监，将巴酋及其手下人十余名，将提禁备车送至德胜门内高庙安置，日以酒果鱼羊各物款待之。该酋临出监，向提牢摘帽申谢不已。

*1617*

此巴夏礼在刑部狱之一段经过也。满堂官义愤填膺，与巴夏礼在狱中斗口，赵光则认题较清，调护其间，以免生事，写来盖颇如画。至巴夏礼之绝食示威，如谱所云，或因囚粮实难下咽，激而出此，故迨以鱼肉鸡羊等物相飨，便即饮食如常耳。其时彼盖亦深恐中国方面有不顾利害而杀以泄忿者，是以在狱犹不甚作难也。

## 七三　咸丰戊午科场案

咸丰八年戊午顺天科场大案，赵以刑部尚书充监斩官。《谱》中于此案亦略叙及。戊午云：

> 因科场案发，十月二十四日奉派覆勘顺天乡试卷，在圆明园九卿朝房公阅，并令派审此案之怡、郑二王、全小汀大司马庆、陈子鹤大司马孚恩监试（按：试字疑是视字笔误），覆勘三日乃毕。此次科场之案，未令刑部会审，予深以为幸焉。

翌年（己未）云：

> 二月……十三日……是日适值钦派王大臣奏科场案，已革协办大学士户部尚书柏葰拟斩决，编修浦安、主事李鹤龄、罗鸿释皆斩决。上御勤政殿，召见惠亲王以下诸王大臣，跪聆圣谕讫……奉派户部尚书肃顺与光监视行刑，命肃顺先往，光候谕旨下，午正

三刻捧旨赴西市，宣读后行刑。各献首级，目不忍睹。时申初二刻。偕肃顺回园覆命。日已暮，宫门尚未闭，以待覆奏折呈递进内，奉旨："知道了。钦此。"乃由园进城，已亥刻矣。……三月初六日，奉旨，会试正考官派大学士贾筠堂桢，副考官派光与户部左侍郎沈朗亭兆霖、工部右侍郎成伟卿琦。得旨即刻入闱。……本年会试，因去岁顺天秋闱科场案发，严惩积弊，此次……实属弊绝风清，为从来所未有。

柏葰戊午八月入闱时，系协办大学士户部尚书，旋于九月晋大学士，管户部，狱兴，革职对簿。《谱》云已革协办大学士户部尚书，盖仍其派充考官时而言，实误。忆某笔记言：柏葰既至刑场，犹嘱家人预备上路用具，盖冀文宗念旧，临刑加恩改处遣戍也。及见赵光涕泣而至，乃顿足曰："完了！"大狱骤兴，文宗赫怒，大加诛谴，承审者咸为朝士侧目。后载垣、端华及肃顺（被指目为阴主此狱者）被杀，甚为人所称快，亦多因此。全庆碌碌，犹少注意之者；陈孚恩历官有声，曾负清望，缘此亦成矢的。赵氏深以刑部未与会审为幸，恐受谤结怨耳。至此案获整肃科举风纪之效，允为事实。浦安为光宣间大学士那桐之父，其妻藏其血衣，衔痛抚孤。闻那桐事母颇不驯顺，惟遇其母陈血衣以诫之，辄痛哭自责云。

(原第12卷第44期)

## 七四　旧闻五则

### (一) 李鸿扶《香奁诗》十二律

剑花楼主由郑州惠函，承以旧闻数则见寄，特移录如次：

陈夔龙以湖广总督调署直隶总督，有诗四律留别，题为《由鄂移寓津门赋此留别》。到津后，又有《遣兴四首叠前韵》，《花近楼夜坐再赋四律仍叠前韵示幕中诸君子》。夫人为庆王义女，生日，陈制诗为夫人寿，词甚都丽，亦用原韵。各诗传诵，赓和风起。时李兴锐之孙鸿扶，以候补道分发直隶，年少风流，喜弄文墨，改夔龙诗题，并用其韵，为《香奁诗》十二律，传钞之广，至于洛阳纸贵。未几，陈亦见之，心殊愤恨，尤于"好语王昌绷绣裤，宁馨宁不称官貂"二语，最所切齿，立召鸿扶入见曰："世兄诗词很好。"（陈与兴锐相识。）鸿扶鞠躬惟谨，连称"职向来不会诗词"；见陈睁目竖眉，瑟缩而退。知祸之将及，宵夜遁鄂投端方。越日，陈果奏参。鸿扶字春煦，现任军事参议院少将参议，僦居海上，萧然老矣。陈诗余不复记忆；李诗清丽，犹录存之：

由鄂移寓白门赋此留别：

其一
武昌官柳夹江干，醉眼颦眉感万端。
竟日蓸腾如中酒，霎时缱绻此凭阑。
拗莲作寸丝难绝，烧烛成灰泪自看。
欲剪黄绝终未就，与奴方便问仙官。

其二
泪痕心事竟谁知，昔昔倾身敢自私。
隔座逢迎花气暖，留欢颠倒漏声迟。
锦衾翻浪迷昏晓，绣帕余香惹梦思。
绮陌宵寒秋露重，花袍白马莫频驰。

其三
披香姊妹尽英瑶，鸾唱遥闻驾绿轺。
解佩只愁人漠漠，弄珠谁信自骄骄。
胎含豆蔻腰移带，露浥芙蓉颊晕潮。
好语王昌绷绣袄，宁馨宁不称官貂！

其四
凤泊鸾飘又一年，每将归思对啼鹃。
莫愁烟水长凝梦，淡粉笙歌欲散眠。
顾影羞经桃叶渡，扫眉应和柳花篇。
若为怜藉休相谑，又抱琵琶过别船。

**遣兴四首叠前韵：**

其一

儿家生小住长干，一曲清歌锦百端。
花底吹笙忘月落，楼前斗草惜春阑。
佯嗔贪索檀奴问，失喜还妨小妹看。
记否眉楼宵宴罢，戏拈红豆打魁官？

其二

画堂南畔没人知，一晌相偎腻语私。
瓜子含瓤初未破，青梅如豆那嫌迟。
却无气力何曾惯，越样风情忍不思。
往事只堪成后悔，刹那光景已云驰。

其三

两鬟动翠复鸣瑶，云路钿车侣凤轺。
灯火楼台人影乱，春风杨柳马蹄骄。
麝脐一霎腾新暖，猩靥双红上晚潮。
背面思量争忍俊，归来应笑肉污貂。

其四

春花秋月自年年，长只春心托杜鹃。
罗袜双翘刚半折，仙腰一把已三眠。
仙郎久误收妆镜，狎客虚传赋侧篇。
谁谓芳晨强梳掠，采莲羞上鄂君船。

**烟媚楼夜坐再赋四律仍叠前韵示曲中诸姊妹：**

### 其一

悄倚红楼十二干,飞花乱点髻云端。
一春消息愁仍阻,五夜凄惶梦易阑。
刻骨寒从罗被觉,断肠诗在画屏看。
珍丛休怨繁英谢,输与娇怜有蜜官。

### 其二

窥帘明月始应知,极宠深怜恃眷私。
对镜故慵撩鬓久,搴帏教恨解衣迟。
薄妆粉褪融珠汗,细炷香侵荡绮思。
已镍雕鞍交小婢,斑骓系着漫狂驰。

### 其三

楼头青漆覆青瑶,门巷枇杷驻桂轺。
索酒来时鹦鹉唤,踏花归去紫骝骄。
梦回历历犹行雨,信断沉沉忆弄潮。
几欲咒伊呼薄倖,抛人何处唤金貂。

### 其四

懒把心情托少年,啼红朝暮恼愁鹃。
枉转鸾镜收双影,料被花枝笑独眠。
谁遗珍珠怜寂寞,自拈银管写诗篇。
湖边春色休辜负,说与邻娃好放船。

## （二）曾国藩器重李兴锐

（上略）李兴锐、李瀚章同居曾幕，同管粮台，又同谥勤恪。（中略）《清史·李兴锐传》："曾国藩率湘军东征，闻兴锐名，招入戎幕，令管粮台于祁门。时徽宁贼氛炽甚，祁门当孔道，贼所必争，兴锐运输皆赴期会。逆酋古隆贤雪夜来袭，兴锐侦知，先匿其辎重，贼无所获而去"云云。兴锐墓在浏阳县古港镇，神道碑与御赐祭文及王闿运所撰墓志铭，均载此事，谓"保全银饷逾百万"。其保全之法，系就粮台以泥土加筑夹墙，实银饷其中。墙有新迹，以烟火熏之使黝，宛如旧墙。敌至不辨，毫无所获。既去，掘验，悉如前数。文正拊勤恪肩曰："老弟怎么想得这条妙计，仓卒之中又怎么做得这样严密！"临危不苟，从此益重之。

## （三）王闿运为李兴锐撰墓志铭

乞闿运为文，例须赂周妈，然后得之速。闿运性放恣，中兴将帅，多所訾诮，乞文者有戒心焉。兴锐薨后，犹子昌洵闻闿运到鄂，载酒四坛，访之舟中，请撰墓志铭。闿运谓曰："大侄，这是我的事，三日交卷，连周妈都不许受一只火腿。"周妈旁坐，微笑睇之。果如期交卷，略无微词，明日解缆东下矣。好酒四坛，是为闿运文值之最低者。

## (四) 胡林翼交欢官文

官文为湖广总督，初与胡林翼齮龁。胡以大局所关，勉谦事之。官妻早死，有妾专宠，外间不知其身分。值生日，官为铺张称寿，僚属多趋承之。臬司某（忘其名）亦往贺，甫登门，审知为妾，索回手本，咆哮而退。妾闻大恚，且至哭闹，咎官未予扶正。时胡林翼继至，臬司适遇之，具以告。胡微笑，竖拇指相赞，己则徐行而入，官延入别厢，行常礼焉。妾闻巡抚至，以为殊荣，足以遮臬司轻视之羞，心窃感之。明日，遣人来告，将躬拜胡太夫人。林翼先入禀两院不洽事，乞太夫人便为成全。又明日官妾果来，认太夫人为义母，执礼颇恭。越数日，妾得扶正，名正则言顺，僚吏咸与贺，臬司亦至，前嫌尽释。从此林翼乃得邕所欲为，官文画诺而已。

## (五) 陶澍以女嫁胡林翼

林翼为陶文毅公（澍）女婿。议婚之初，陶夫人力沮之，文毅不听。合卺之夕，遍索新郎不得，后自北里中曳归，烂醉如泥，草草扶入洞房。陶夫人闻之，痛怨文毅失着。公劝慰之，徐曰："此子瑚琏之器，未可小视，他日担当大事，必不糊涂。年少纵情，不足责也。"

## 七五　再记胡林翼官文交谊

关于胡林翼交欢官文，亲拜其妾之寿，梁启超于壬寅《新民丛报》中所记云：

> 官文恭有爱妾，常欲宠异之。到任甫一月，值妾生日，伪以夫人寿辰告百僚，拟待贺者至门，然后告以实为如夫人也。届期客群集。藩司某已递手本矣，阍者以实告，藩司则大怒，索回手本去。胡文忠亦至，询其故，藩司曰："夫人寿辰，吾侪庆祝，礼也，今乃若此，某朝廷大僚，岂能屈膝于贱妾！"卒索手本去。胡文忠从旁赞叹曰："好藩台！好藩台！"乃语甫毕，竟自昂昂然传"年家眷晚生胡林翼顿首拜"之帖入视矣。当藩司之索回手本也，道府以下亦纷纷随索者不少。及胡文忠以巡抚先入视，则又相随而入。官氏妾几于求荣反辱，得文忠乃完其体面。妾大德之。文忠诇知文恭之爱而畏其妾也，归署乃以夫人之意请官妾游宴，而先告太夫人善待之。官妾至，胡太夫人认为义女，自是官妾见文忠矣。文忠欲有所施设，虑官为难者，则先通殷勤于其妾。妾乃日夜聒于文恭之前曰："你懂得甚么！你的才具识见安能比我胡大哥，不如依着胡大哥怎么做便怎么做罢！"官辄唯唯奉命惟谨。自此官、胡交欢，而大功之成实基

于是。

盖与剑花楼主所记小有异同，可合看。梁记此事较详，且写得兴会淋漓，然按之颇有欠分晓处。

(原第12卷第45期)

## 七六　赵炳麟参劾袁世凯内幕

光绪三十四年两宫之殂逝，袁世凯之罢斥，以及其时张之洞之态度，胡思敬《国闻备乘》所纪情事，经录入前稿（见本报本卷二十九期）。赵炳麟与思敬同官御史有声，其名尤著，而世凯之去，炳麟且与有力。其《宣统大事鉴》中所纪，亦有关史料。据云：

> 德宗夙负大志，自戊戌新政之蹶，幽闭瀛台，抑郁无所发舒，病瘵数年。当是时，庆亲王奕劻长军机，专政，贪袁世凯之贿，引入军机以为己助。张之洞、那桐亦同在政府。世凯机警富权术，而以戊戌政变，与德宗若仇敌。会陕甘总督升允，疏劾奕劻、袁世凯"假立宪为名，劫制政权，凌逼主上，是以皇上目睹心伤，忧郁愈甚，敢怒不敢言。若不去奕劻、袁世凯，皇上之病必不起。固大清之忧，抑中国之忧"等语。德宗欲下其奏，孝钦曰："狂言也。"寝之。德宗病更甚，痿痹不能行坐。言官中有请择宣宗之后长

者贤者入侍左右，以固根本，孝钦乃召醇亲王载沣子入宫，立为皇子，年方三岁。孝钦忽病痢剧，世凯及太监李莲英等惴惴惧孝钦先德宗逝，祸且不测。（按：如王小航《方家园杂咏纪事》所云，李莲英曾暗中保护德宗。）未几德宗遽崩，孝钦懿旨以皇子继位，太皇太后训政，醇亲王载沣摄政，未几太皇太后亦崩。（或谓孝钦病急时，太监称孝钦旨，告德宗曰："皇上病甚，心当明白，皇上衣上之扣钮皆金制也。"及德宗崩，衣上少一扣。斧声烛影，天下疑之。）

德宗之崩也，内外啧啧。度支部尚书载泽素亲德宗，密谓摄政王载沣曰："昔晋赵盾不能讨弑君之贼，史书赵盾弑其君。今大行皇帝之事，天下称冤，皇上年幼，尔摄政，其毋自贻伊戚。"载沣大感动。会给事中陈田、御史赵炳麟上书劾世凯，遂以足疾罢归。

（江）春霖在台，弹劾不避权贵，时有朝阳鸣凤之目，尝于是年九月九日劾庆亲王奕劻、袁世凯朋比为奸，殃民祸国。（按：《梅阳江侍御奏议》，此日所上之折系专劾世凯权势太重，略及奕劻送世凯寿联去爵署名，以证其交通亲贵，熏灼一时。）德宗见疏，痛哭流涕，而以孝钦故留中不敢发。至是春霖复言：世凯虽去，奕劻尚留，打草惊蛇，纵虎还山，为祸更急。摄政王召见嘉纳之。

炳麟以世凯虽罢，而朝廷布置太疏，必有后患，上书陈孤危情形。摄政王召见，谓曰："尔言关系极

*1628*

重，究应如何布置？"炳麟对曰："世凯罢官而罪名不著，天下疑摄政王排汉，奸人构之，使民解体，为患滋大。当宣布德宗手诏，明正世凯之罪；黜逐奕劻，以靖内奸；任张之洞独相，以重汉人之权；起岑春煊典禁卫军，巩固根本；召康有为、安维峻、郑孝胥、张謇、汤寿潜、赵启霖授皇帝读，并为摄政王顾问，以收海内物望；实行立宪，大赦党人，示天下以为公。"摄政王首肯者再，旋召见张之洞商榷。之洞与岑春煊、康有为皆不合，力保奕劻持重宜加信用，非彼不能镇安皇室，炳麟所奏多纷更，不可用，议遂寝。当是时，之洞督办川粤汉铁路，广西人覃兆鹒为川粤汉路文案，居之洞家。之洞遣兆鹒警告炳麟曰："张中堂以我与君同乡，特嘱传语。今日君所面奏，中堂极不谓然，已于召对时逐条面驳。人生难得清名，毋为人误。"云云。自是以后，摄政王不召见小臣矣。

均可与第二十九期参阅。

## 七七　赵炳麟自记罢言官之职

炳麟于宣统三年三月解言职，以四品卿候补，盖假升迁以摈之。其在《大事鉴》中纪其事云：

炳麟知责任内阁将设立，总理已定奕劻，乃援顺治时魏象枢请留台效忠例，疏云："内阁将立，王大臣权太重，非有不避权贵之谏臣不能监察。臣自问吏事实未谙，惟弹劾亲贵，不畏强权，臣尚能之。请援魏象枢之例，将臣京察一等记名道府及记名提学使，一律取销，俾臣得安心谏垣，纠察行政，较一官一事裨益必多。"当是时，广西巡抚张鸣岐奏修桂全铁路，摄政王遂下诏开去炳麟御史本缺，以四品京堂候补，回籍办理桂全铁路。（按：炳麟为全州人。）故事，候补京堂例能奏事，又下诏以后凡候补京堂不专折奏事。炳麟赋别台诗，即归桂林。[诗云："年来豪气已销磨，六载台垣一梦过。检点皂囊焚谏草，涓埃未报负恩多。""范孔同盟忆昔年，扣镮痛哭冀回天。贞元旧侣纷纷散，翘首解（瓠）棱倍惘然。"]

盖乌台负敢言之誉者，至是先后几已尽去矣。

## 七八　樊增祥秦幼衡轶事

孙思昉君（至诚）由安庆来书，谓："费润生《当代名人小传》语多违实，窃思有所弹正，如谓李审言以樊诗得名，秦幼衡以万言书干袁，均属子虚。李有《书樊云门方伯事》，至有《书秦幼衡轶事》，足资辨诬。以有关掌故，倪亦先生所乐闻欤。"两文均有致，因移录于次：

书樊云门方伯事

李详

樊云门方伯官宁藩，甫视事，缪艺风先生劝余谒之，曰："子老且病，须赖人吹嘘，盍以骈文稿示我，当为先容。"后月余，余往谒之。问乡试几次，对九次。曰："沉屈矣。"又问受知系何学使，余曰："入学为瑞安黄侍郎，补廪为长沙王祭酒。"曰："俱是名师。"又云："前见大作，骈文甚古；谭世兄尚在我署内。"盖见余骈文前有谭复堂先生序也。又曰："江北有顾清谷先生善骈文，见过否？"余曰："《方宦酬世丈（文）》见过。"又曰："顾耳由先生是兄弟荐于鹿芝轩中丞者。"余起谢云："顾为姻亲。渠奉母讳留陕，不得归，当时只知陕西主考泰州同乡黄君葆年所荐，不知为方伯也。"又曰："此时不尚风雅，但知阿比西地字母耳。"余因进曰："江宁藩司自许仙屏先生升任去，尚未有讲求文字者，方伯可以提倡提倡。"樊唯唯。余出告友人王君宗炎。曰："子称谓太抗，当称大人。"余笑曰："渠大人，我小人耶？"后友告："樊方伯好收门生，不见某君齿逊樊二年，新经拜门，委办南洋官报局，岁可得数千元。"余曰："缪艺风先生可谓知己，余尚未执贽门下，何况樊山？"某君既办官报，果获数千元，存储宝善源，折阅泰半。余告友人："若如君言，得钱亦不可保，门生名湔洗不去矣。"余见樊后，樊有诗寄艺风，末句"可有康成腻帢无"，盖用《世说·轻诋篇》"著腻颜帢，逐康成车后"，戏艺风即以戏余；遂薄之不往，而索回文稿甚亟。樊弃之，不可得。艺风一再函问，不复。艺风复余书云："前日方伯谈次，寻大作未获，杂入文书中矣。昨又函催，亦未复也。"余复作书求之，亦未答。因知樊忌前害胜，善效王恭帖笺故事，且复仿吾家昌谷中表投溷之举，益太息，谓有夙憾。改革后，樊遁上海，余复馆沪。徐积余观察谒樊出，问何往，云将候李审言，樊似有眷眷意。徐劝余往见，余不可。艺风又告："云门知君在此，曰李是行家，称之者再，君可趋樊一谈。"余又不可。后沈乙庵语余："云门约我及散原打诗钟，君可同往。"余以事辞。樊名满天下，后生小子唯樊为趋向，友人官京师，钞示樊山近诗，有"新知喜得潘兰史，旧学当推李审言"语，以是为重。数年后，上海有《当代名人小传》出。其文人一门，有李审言、潘飞声同传，云往樊某有诗，潘兰史、李审言上各空方□四字，即京师友人钞示二语也。下云"二人因得名"。余之得名非由樊始，海内先达，可以共证，然亦见世上拥樊者多，若以余一穷秀才，樊由庶常吉士官至藩司，一言之誉，足为定评，岂知余素不嗛于樊耶？樊今年八十有五，余今年七十有二，各有以自立，亦各不相妨。恐读《当代名人小传》者不知余与樊山本末，故备书之，亦以见江宁藩司，自许仙屏先生去后，驯至亡国，无一人可继也。庚午四月。

## 书秦幼衡先生轶事

### 孙至诚

固始秦幼衡先生，文笔奇丽，傲倪一世，少所许可。自谓骈文突过六朝，散文虽不俗不乱，尤以书自喜，然不措意于词。夏孙桐闰枝、缪荃孙艺风皆词家，与先生集都门酒楼，将以穷先生。问能以词赌酒乎，曰能。乃以用古人原韵聑合词律为度，夏、缪皆立成，先生竟曳白，大受谯讥，苦无词以对。次晨未晓，先生往叩闰枝门，形神惨澹。问何事，曰词成矣。示所作，闰枝叹服，曰："有一不能何害，竟如此，得无呕心死！"先生盖通宵构思，未交睫也。于小品辄数易稿。尝曰："凡选词未工毋休，必有一天造地设之工者以俟焉。"其湛思如此。先生虽诙诡玩世乎！然于出处之节无稍苟。项城袁氏慕其名，将致之居仁堂。先生抵以书，故尽为僻典难字，累数千言，不可句读。袁偏（遍）示僚属，罔测其意，竟无以复致之。沃邱仲子谓其以万言书干袁者非也。东海徐氏初当国，偏（遍）觞都中名下士，先生与焉。徐致谦词，求教督所不及，皆逡巡。先生独曰："此时尚可有言乎？"曰："幸甚。"应声曰："公不作总统亦佳。"一座皆惊。徐又以东坡真迹夸示座客。先生殊不视，曰："东坡知书乎？"更以诗稿就正，曰：

"公无能，毋语此。"徐笑曰："他非所知，惟官未敢让公。"先生出语人曰："东海徒以官傲我耳。"呜呼，其魁垒而骨骾也，可以厉末世婀娜之风矣。

至诚与李、秦两公雅故，李晚年与至诚笔札论文甚密，秦先生曾为点定小文数首，均有知己之感。以润生所述实诬，违实远甚，故亟以此为辨正之。孙至诚附记。

沃丘仲子（费行简）所撰《当代名人小传》等书，不乏中肯之记载，文笔尤犀利可观，而亦颇有失实之处。至李氏所叙文稿入不复出一节，盖樊增祥惯技，读之益令人念及增祥持去其师李慈铭《日记》最后数年者，使永不得见，为可憾也。（樊死后，知交为理后事时，遍觅卒不可得，殆毁之矣。） （原第12卷第47期）

## 七九　骆秉章查户部银库

骆秉章以掌江南道监察御史任稽查户部银库差，清正自持，大著声誉。虽缘银库积弊获谴，而实以斯上结主知。其《自订年谱》道光二十年庚子叙任差情事颇详，云：

> 十月，奉旨稽查户部银库，当于二十日到库，接晤四库官荣庆、嵘禄、公占、苏隆额，察其才具似非

认真办事。到库数次,库官请至库内谈库事,言:"收捐项每百多收四两,昔年成亲王稽查三库,奏请归入公款,以后每百再加四两,是以捐项每百加四两是正款,今再加四两,内二两归库丁,二两归库官及查库御史均沾。此事捐生乐输,向来如此。我等年中在此辛苦,以作酬劳。"我询以每年各得若干。伊云约二万余金。我询以此款曾经奏明否,"若奏明,我则收;未经奏明,分厘不敢受。"四库官语塞,皆云:"阁下不收,则弟等五人亦〔不〕收。"我直言:"此项如于公事有碍,诸公亦宜酌量。如于公事无碍,我亦不管。我平生向不受人挟制。若我亦收此规,公事我不能办。"越数日,库官又请说话,云:"四两平足下既不收,何不带银号捐,每年约得万余金。"我对以:"公事公办,银号自能上捐,何必我带?库内同事六人,若各带各捐,亦属不成事体。明辞而暗受,我亦不为。"库官又无词。不数日,有同乡李某至寓,问:"足下收到任礼否?若收,各银号即送来。"我询其数若干,伊云:"约七千,三节每次亦七千。"我询以银号何故要送礼,伊云:"不过求都老爷勿挑斥。"我云:"伊做买卖,有钱财则接捐,无钱财则不接,何必如此行求?尔可说知各银号,照例足平色上兑,则不挑;若以少作多,银色低潮,岂不挑耶?"李某无言而退。后有最相好言带捐及托情者,皆却之。盖库官库丁总欲御史受规,伊等作弊不敢言。此若辈之长技，其实库中弊端亦易查出。当与诸君言："此项是规，我说直是弊。"自己不受陋规，收放皆照例办理，即相好亦不徇情，如此而已，然必认真稽查，方能杜弊，故人皆以为难。我在库每月止收饭食银三十八两，并将年中所得饭食银分一百两与车夫跟班，不准在库需索分文。如此一收一放，严密稽查。外间传言，皆谓："此次骆都老爷查库，如此认真，难于舞弊。"其实察库之要，总在一收一放，须用矮椅坐对天秤，查真砝码，不准库丁弄手法。放项最大总是八旗钱粮，秤银时即要查验清楚，以防多出之弊。此弊虽有，尚不甚大。收项最多弊，如收各省鞘饷，尚无弊端，惟收捐项与崇文门税课，其弊不可胜言。必先打扫银堂，止准银号一人，库丁二人（一上砝码，一上银）。御史当面秤兑，不准库丁压秤。如银不足，尚须添补，止准将银逐锭轻放，库官用椎敲秤，须在当中，不准旁敲。盖从前收捐多有六七百或四五百作一千者。库项之亏短，多在捐款。每逢收捐至一二十万者，收毕出库，在炕稍坐，则两目皆眩，回寓须睡息半时，始能吃晚饭。劳则劳矣，非如此不能杜弊。至相好上兑，亦不宜徇情。忆潘四世兄之亲戚上兑，亦曾面托。是日伊门上同乾泰号之掌事携银八百余两到库上兑，库官秤毕，言短秤二十五两。我云："既欠必须补足。"库官云："此是潘相家人上兑，可以作收。"我云："即潘相在库，亦必要补。此是公事，非私事也。"其家人云:"现未有银带来。"我云:"尔说知四少爷,如有银补,明日送上库;如不补,我代补便是。"翌日四世兄即着人送银到库补足。外间传言:"潘相是伊老师,犹不徇情,何况他人?"此后并无到寓而说之友。且我对库官说:"朋友相托,是恐库丁多收,并非欲求短交。我持公道,不使库丁作弊多收,即朋友所托者亦不过如此。"有一次抽查收项,多十余两。库丁云搭错砝码。我云:"公事岂能错?即不办罪,亦须杖责。"库官云:"此等人亦是锦被牙床。"我云:"既如此,不应当库丁;既当库丁,自应执官法。"即将库丁重责四十板了事。数月以来,银号见库丁不能作弊,不交陋规。库官库丁,毫无出息,至洒库镶镶亦不能赊,亦困甚矣。四月时,有一京畿道缺出,银号等约五六人到帅副宪承瀚宅,求见少爷。门上对以"少爷向不见客,求见何事?"银号等云:"现有京畿道缺出,二爷能求大人将查库之骆都老爷保京畿道,送一千银与二爷,送六千银与大人。"门上云:"糊说!"将银号诸人大骂逐出。帅副宪回寓,门上以此事告知。帅副宪云:"诸人曾留住否?"门上云:"已经撵去。"又问是何姓名,门上云:"未有问其姓名。"帅副宪申饬门上,言其"不懂事,说甚么"。翌日到院,署内都事果以送京畿道稿呈堂。恩小山总宪桂问:"某位都老爷俸深?"都事答云:"骆都老爷俸最深。"恩总宪云:"如此,以骆

*1637*

拟正。"帅云："别位可送，此位骆都老爷断不能送。若送他，是中小人之计。"将昨日银号到宅之事说一遍。恩云："如此真不能送。"因有此事，都中乃喧传银号库丁出银七千为骆某捐京畿道耳。嗣后每见潘、穆师相，皆云："尔今年查库办得甚好。"穆相并云："尔查库真是超前绝后，我必奏留尔再查三年，于库项大有益。"我对云："此地一年已经难办，再留三年，恐无活人矣。"穆相云："我稽查三库三年差使，时时提肝吊胆，独不难为我乎？"迨辛丑二月，库官嵘禄放山西大同府。伊是穆相晚亲，临行时到穆寓禀辞。穆相云："今尔出库，以后库上事一无所闻，实不放心。"嵘禄云："中堂且放心，库上断无事。现有骆御史稽查，事事认真，又不受陋规，库丁甚畏他。伊在此断不至有事。"穆相云："四两平亦不受乎？"禄云："亦不受。"穆相云："真体面。此是我门生，想不到他能如此。"自后谒见穆相，益见加器重矣。从前库上作弊，止是在外截留，其权在书办，知库有盈余，截留解款，在外瓜分，此是羡余之项，于公项无短。自穆麻子做库官，改过章程，书办止得解费，收放盈余皆归官丁，无数可查，虚入盗取，毫无节制，故短公项亦无可考数。

此其生平一得意事，故津津言之，而银库积弊亦可略见焉。（掌京畿道御史，为各道御史之首，职务繁重，未便兼查库之差，银号等欲其离库，故为贿求迁此也。）二十三年癸卯，在奉天府丞任内，值银库案起而革职。既缴清勒令分赔之款，奉旨以庶子用。（秉章曾官编修、御史、给事中，因是而得遍历翰、詹、科、道四种清秩，罕事也。）召见时乃大蒙嘉许与慰藉。《年谱》叙此云：

> 五月十七日奉部文，因库案革职罚赔……承禧将军伍亲家及庚子会试门生壬辰同年同乡亲友各寄到银两，于十一月三十日共缴赔项一万二千八百两，全数上兑。十二月经户部汇奏，二十六日奉旨以庶子用。二十七日具折谢恩，蒙召见。谕曰："汝是年查库办得好，不独我知之，人人皆知之。操守是读书人本分事，汝是读书人，清廉二字为本自是知的，况汝在库上办事甚想为国家出力，事事整顿，人所为者汝不肯为，无如积重难返，岂汝一人所能挽回，况库款如此之多，非汝一人所能清盘，可见为君难为臣不易。库上亏短，汝亦不过得之传闻，必不得准数，是以不敢奏。若汝知短至九百万之多，断无不奏之理。即如仓米为数既多，既不知准数，就是奏请盘查，而挪东挪西，即清盘亦无不足之理，岂不是白奏？我就是将所有库官、御史实杀、实发、实革、实调，四样办法，亦无不可，但于公事无济。即将此等人正办，有已故的，岂尽好人？岂不偏枯？是以一律革职，一律罚赔，亦是《易经》变卦。就是王大臣管三库大臣亦有

1639

知亏短者，但未得准数，亦不敢奏。今日有此案，汝之名更显。若无此案，我亦不知汝。人藏其心，不可测度。今有此案，便知汝好处。今日赏汝庶子，此是翰林出身升途。汝不要看五品，汝看将来怎么样。汝前是府丞，虽是四品，不过四品便了。汝好好读书，好好做官，将来为国家办事。"问年几何，对以五十一岁。谕云："汝如此年力，何事不可办？会试主考何人？"对以正考官潘世恩、穆彰阿。谕云："此二人是汝老师。"又奏副考官朱士彦、戴敦元。谕云："此二人不在了。房师何人？"对以许球。谕云："亦不在了。"

宣宗之言，情辞款款，亲切之至，且为解释己之御下手段、理财政策焉。后于秉章屡有褒辞，不数年遂擢至藩司矣。秉章为穆彰阿（以首辅为宣宗所倚信）所重，其受知宣宗，穆彰阿盖与有力焉。穆以赞宣宗主和，为清议所诛，众恶皆归，甚著奸贪之名，盖物论有未可尽信者，其人亦非一无可取耳。曾国藩官翰林时，屡邀峻擢，闻亦颇得穆力云。（国藩戊戌会试中式，穆为正考官，亦是师生。）

（原第 12 卷第 48 期）

## 八〇　宦皖亲闻二则

张二陵君谈：

### （一）阿克达春目不识丁

光绪十五六年间，阿克达春（字达斋）为安徽藩司，以系出身旗员，汉文程度甚浅，遇属吏之递手折请示者，均以"查卷后再议"答之，成为口头习语，一时有"查卷方伯"之称。旋为言路纠参，谓其目不识丁。旨交皖抚沈秉成查，秉成覆奏，谓其文理虽不甚优，办事尚属认真云云，位置得以保全。十八年升山西巡抚，复被参劾，交两江总督刘坤一查。时阿克达春已交卸皖藩，至江宁谒坤一。坤一适奉交查之廷寄，会晤时，出廷寄暨附钞之参折示之，曰："兄弟顷奉到政府此项公文，请达翁阅看。"阿克达春对曰："查卷后再复。"坤一曰："此系达翁被参之事，何从查卷？"乃瞠目结舌，不能一语。既勉为翻视，仍茫茫然莫对。坤一始知人言其识字无多确是事实，未便回护，遂以"文理欠通，若任疆寄，难保不受人愚弄，请改用旗员"覆奏，奉旨开缺。闻坤一示以原作，盖初未尝无官官相护之意，俾其自为之计，而谋所以覆奏者，不料其竟作如此状态，致成僵局，欲保全而不能，然犹请改用旗员，待旧属颇不薄云。又阿克达春官皖藩时，联元（字仙荇）方为安庆府知府。每相谒，阿克达春辄呼为迁翁，盖以形似而误，亦笑柄也。

## （二）丁峻善折倨傲者

斯时官安徽安庐和滁道者为丁峻。（字滇生，江西人，任是职至十八年之久，署藩、臬共十三次，后升浙江臬司以终。）会长江水师提督李成谋巡视江防至安庆，峻方署藩司，用手本谒之于行馆。（故事：司道见提督用官衔帖，长江水师提督势分较崇，司道率用手本。一面虽用，一面仍谦而不受。）其材官谓曰："大人如有要事，则请军门起，否则，请明早再来，现在军门正睡午觉也。"峻曰："无事，但给军门请安，问腿疼愈否。"材官不解所以，据以告成谋。成谋大惭，亲至峻处谢过。盖峻之问腿疼者，成谋昔在杨岳斌部下，曾有过犯被棍责，时峻居岳斌幕府，为之乞情，兹病其太倨，特隐提前事以折之也。见面后，峻为之谈岳斌在江西督师时，由福建水师提督迁陕甘总督。次日岳斌欣然对幕僚言："文官太讲体制，今日见我，较往日恭顺多矣。"峻即以"不可太高兴"相规，岳斌敛容谢之云。

二陵云："以上二事，均闻之先叔父景琦公，盖官安徽时亲所见闻也。"

## 八一　李审言绝笔之作

昨复承孙思昉君钞示所存李审言（详）最后遗文一通，原意可念。此文亦有关掌故，足资省览，录左以广其传：

蒯礼卿观察《金粟斋遗集》书后

兴化李详（辛未年稿）

礼卿观察既没之后，余友合肥殷君孟樵搜其遗著，奇零琐屑，不足成集。其学博而识精，议论奇伟。在同治、光绪初元，名都会胜流所集，君多预其列，成一谈士之魁，而名特闻。诗文为其绪余。余馆君家五年，自言有笔记数十册，可名《三十年野获编》，余请观之，则言语多时忌，不敢遽出。君没已二十年，又值易世，无所为讳。君之夫人李氏，颇知重君手泽。今君从子寿枢字若木者，刊其诗文，大都不外殷君集录之本，而未向其叔母求君笔记刻之，是失其所重轻也。集中《文王受命改元考》为与梁星海辨难之作，亦本经生旧说而立一为干，余皆政治家言。君好谈诗，自为诗乃不越昌谷、义山家数，且不多作。但有一事可纪。昔在光绪甲辰，张文襄奉朝命与江督魏午庄会勘湾沚工程，留江宁月余，遍游名胜园林，得诗数十首，门生故吏争写其稿。张子虞太守录副，遣一干送君处属和。君请馆师山阳段笏林及余和之。段谦不敢任，余为和其《金陵杂诗》十六首。君自仪栈回扬州，揖余曰："承和张宫保诗，音调遒亮，部居秩然，足为鄙人生色。"会补淮扬海兵备道，与江北提督刘永庆不合，欲投劾归。缪艺风先生闻之，遗余书云："可怜跋扈桓宣武，强迫兴公赋遂初。礼卿诗也，恐竟成谶。"此余代和文襄绝句中语。余意指袁世凯癸卯岁设计锢文襄不令回鄂督任事。此诗余集载之，《国粹学报》《文艺杂志》并载之。余诗与君诗体绝不相似，盘挐劲折，掣与轻倩婉丽者比，一望而知为异。今乃定为君作，误甚；且系十六首，而删去五首，不知何意。余之末一首云："诗吟佳丽谢玄晖，临水登山更送归。收拾六朝金粉气，庾公清兴在南畿。"此结束语，所以尊文襄，今乃无此，有识者固知其未竟也。余为礼翁代作，亦可附渠集中，唯读若木君跋语有云："叔父所撰文字诗词，随手散遗，此编所录，寥寥无几，而搜辑则极慎，然非亲笔不敢录，亲笔而非确知其为自作仍不敢录，有得诸戚友者，非确知其非代作亦不敢录。"今当质于若木，余此和诗果得之礼翁亲笔邪？抑亲笔确知为礼翁自作邪？抑得诸亲友确知其非代作邪？又余所撰礼翁别传及礼翁行状，致于缪艺风，乞送之史馆者，乃不足登邪？抑或为审定编次之程先甲挟爱憎之见有所去取邪？夫审定当审定其误，如集中《答朝鲜贡使》诗：

"篱刹狡谋犹未已，绳冲遗恨极难忘。"篱刹抑即罗刹，冲绳应作绳冲邪？余不敢遽信也。抑闻之，古人编定师友文集，不欲录其誉己之作，恐涉标榜。今程君编次之本，载有礼翁致渠书，称其骈文，有："虽令屈原、宋玉、司马相如、杨子云、邹、枚、伯喈诸子执笔为之，亦不过如此，真可上抗周秦，奚止汉魏？更何有于六朝诸作本朝八家邪？"又云："自合肥与鄙人书一首，昔尝叹为建安神境。"又云："自来骈文家罕臻极则，贤竟登峰造极，连夺前人之席。"云云。余友礼翁五年，与论并世诗文，未尝有此屹然裁断不顾嘲弄之语。若果有此，恐为礼翁一时风动（唐人谓郑昄语），或值病呓，失其常度，而余终不信者，往与礼翁评论同辈诗文，皆适如其分而止，或有过量之处，余必规之，如论俞理初、吴挚甫皆是。今乃徇一门生如俗所谓灌米汤者，使据为许子将月旦之定评，又或谢太傅作狡狯语，为人遽传，而礼翁因之不免有失听妄叹之玷，此余为故府主争此得失，不禁愤懑而长叹也。此等和诗，因若木君确字一说，乃谋收回，而礼翁于程溢美之言，又当执简而争。礼翁有知，宜陵云一笑，以余言为老宾客所当干涉。读此集竟，为悲诧者久之。

附：李氏致孙君书

昨承复书，知随使节反扬，在前菊坪寄示尊著

《逍遥游释》虚实并践，此支道林钻味所未及者。通敏之材，以余事治他书，无不造入深际，真可叹服。弟一闻含光之言，重以菊坪所荐，亟思入郡趋晤台教，奈疾痛萦绕，先后踵起，扶杖櫜散，艰于登陟，绿杨城郭，付公赏之。近文一首，略同白话，眼前岂有屈、宋、邹、枚、扬、马其人耶？佥人假《师说》自鸣，枕膝之伪，不可不为亡友辩也。作答附此，亦欲公诸海内硕流，助我张目耳。

李氏卒于民国二十年（辛未）五月，斯盖其绝笔也。所述蒯光典自言拟名《三十年野获编》之笔记数十册，李氏亦未得睹，果有之，自较其诗文为重要，其从子寿枢未刊，或仍以有所顾忌耳。此书倘得与世人相见，当为讨究晚清史实掌故之大好参考资料耳。

（原第 12 卷第 49 期）

## 八二　曾国藩与王鑫相失

王鑫（古珍字）为湘军骁将，以善于治军著，其初起以勇毅为曾国藩所器赏，后乃相失，盖以矜张见疑也。骆秉章《自订年谱》咸丰三年有云：

> 调任总督吴甄甫八月到长沙，住数日，即起程赴鄂。八九月田家镇兵船失利，张署督已交卸矣，吴制

台接印，带兵赴堵截御贼，兵败阵亡，(按："堵截"当是"堵城"刻误，吴文镕殉难堵城也。)贼复上窜，长沙又办防堵耳。先是王璞山珍带勇一营，是时营规三百六十名为一营，往兴宁县剿办土匪，全股殄灭，奏以同知补用。时曾涤生住衡州，伊言于曾曰："若令我募勇三千，必将粤匪扫荡。"曾遂致信省城，言："王璞山有此大志，何不作成之？"我覆信请其到省面商。后王璞山偕从九吴坤修来见，备言先发口粮二万两，硝磺各一万，回湘乡招勇三千，必能不负所委。王璞山操湘乡土音，多不甚晓，吴坤修代达。我谓："暂且招二千，因经费支绌。若不敷调度，再招。"即发札，并饬局发口粮及硝磺等项。王璞山遂偕吴坤修回湘乡去矣。闻曾涤生致书伊座师吴甄甫先生，极言王璞山之能。不数日，即得吴甄甫咨函，请调王璞山招勇三千赴鄂，遂发札与王璞山，招足三千之数。不数日，吴坤修到省求见，言："王璞山回乡招勇，出入鸣锣摆执事，乡人皆为侧目。其人如此，实不可用。"我言："伊得保举同知，初回家乡，不过荣耀之意。我粤新科举人回乡，亦是如此，似不足怪。"吴坤修无词而对。翌日，伊又来求见我，言："王璞山所招之勇，多是匪类，又不发口食，连夜在县城偷窃，赖令不胜其苦，又不敢言。将来带勇到省，难免骚扰。"我言："汝同王璞山回湘乡招勇，又是至好，何以不为规谏？"吴坤修云："伊凡事不由我

1647

管理，是以难进言。"我云："伊一切皆不交汝管理，是以尔说他。"吴坤修见我不信其言，辞去，即往衡州见曾涤生。两旬间，吴甄甫即有咨函，言王璞山之勇恐靠不住，止其不必来鄂。不数日，王璞山带勇到省。我以吴制军之咨示之，着其留勇二千四百人，其余六百名作长夫，嘱其日日训练，以备调遣。吴制军若调王璞山带勇赴鄂，有此得力之将，恐不致有田镇（？）之败。"利口覆邦家"，信然！

**不满国藩之信谗，而深咎吴坤修之中伤焉。**（坤修江西新建人，字竹庄，后以军功起。官至安徽布政使，署巡抚。）又按：国藩是年与鑫各书有云：

仆素敬足下驭士有方，三次立功，近日忠勇奋发，尤见慷慨击楫之风，心中爱重，恨不即游扬其善，宣暴于众，冀为国家收澄清之用。见足下所行未善，不得不详明规劝，又察足下志气满溢，语言夸大，恐持之不固，发之不慎，将来或至偾事，天下反以激烈男子为戒，尤不敢不忠告痛陈。伏冀足下细察详玩，以改适于慎重深稳之途，斯则爱足下者所祷祀求之者也。（又与骆秉章书有云："王璞山自兴宁归来，晤侍于衡，见其意气满溢，精神上浮，言事太易，心窃虑其难与谋大事。"又云："璞山血性可用，而近颇矜夸，恐其气不固，或致偾事，特作一书严切规之。"又与吴文镕书有云:"璞山驭士有方,血性耿耿,曾邀吾师赏鉴。惟近日气邻盈溢,语涉夸大,恐其持心不固,视事太易,曾为书规之,兹录呈一览。吾师用其长而并察其不逮,俾得归于深稳之途,幸甚。")

接到手书,改过光于日星,真气塞于户牖,忻慰无极。前者足下过衡,意气盈溢,视天下事若无足为,仆窃忧其乏惕厉战兢之象,以握别匆匆,将待再来衡城时乃相与密语规箴,以求砥于古人敬慎自克之道。自足下去后而毁言日至,或责贤而求全,或积疑而成谤,仆亦未甚深虑。逮吴竹庄书来,而投梭之起,乃大不怿,于是有初入(八)奉规一函。仆函既发以后,又接家严手谕,道及足下忠勇勃发,宜大蕴蓄,不宜襮露,然后知足下又不理于梓里之口,向非大智慧转圜神速,痛自惩艾,几何不流于矜善伐能之途?古人谓齐桓葵邱之会,微有振矜,而叛者九国,亢盈悔吝之际,不可以不慎也。比闻足下率勇三千,赴援鄂渚,仆既幸吾党男子有击楫闻鸡之风,又惧旁无夹辅之人,譬如孤竹干霄,不畏严霜之摧,而畏烈风之摇,终虞足下无以荷此重任。

近日在敝处攻足下之短者甚多,其来尊处言仆之轻信谗谤弃君如遗者亦必不少。要之,两心炯炯,各有深信之处,为非毁所不能入,金石所不能穿者,别自有在。今欲多言,则反以晦真至之情,古人所谓窗

*1649*

棍愈多则愈蔽明者也。

当时鑫之见讥物论及为国藩所规切有如此者。盖坤修而外，嫉之者颇多也。国藩取人，以多条理少大言为主，鑫则意气特盛，大言无所讪，故终难水乳耳（鑫之盛气凌人，左宗棠亦尝与书诫之）。又国藩与秉章书有云：

> 侍日内心绪极为烦恼……王璞山本是侍所器倚之人，今年于各处表襮其贤，盖亦口疲于赞扬，手倦于书写。其寄我一函，曾抄示师友至十余处。（按：其与江忠源书有云："弊友王璞山忠勇男子，盖刘琨、祖逖之徒。昨二十日仆以一书抵璞山，璞山亦恰以十九日为书抵我，誓率湘中子弟，慷慨兴师，即入江西，一以愤二十四之役，为诸人报仇雪耻，一以为国家扫此逆氛，克复三城，尽歼群丑，以纾宵旰（旰）之忧。其书热血激风云，忠肝贯金石，今录一通往，阁下试观之，洵足为君添手足之助矣。"可见一斑。）近时人有向余（？）讥弹璞山者，亦与之剖雪争辩，而璞山不谅我心，颇生猜嫌，侍所与之札饬言撤勇事者，概不回答，既无公牍，又无私书，曾未同涉风波之险，已有不受节制之意，同舟而树敌国，肝胆而变楚越。

相乖之情毕见矣，鑫不乐受国藩羁钤也。王闿运《桂阳直隶州泗州砦陈侍郎年六十有九行状》有云：

咸丰……三年，从文正军下湘援湖北，而湖南巡抚先遣王壮武出岳州。至蒲圻遇寇败退，曾军新集，营岳州城外，寇乘胜追奔，将士力战不能支，遂水陆退走。壮武自以为违文正诫致败，耻与俱退，独入空城死守。文正愤懑，将士莫敢为言。侍郎独进曰："岳州薪米俱绝，明日必溃，宜遣救璞山。"璞山者，壮武字也。文正愠不应。侍郎自以建议为公，不宜逢颜色，退卧顷之，自计曰："为千人请命，奈何计小礼数？"复入请曰："璞山军宜往救。"意色愈和。文正方环走，遽停步，曰："救之如何？吾倾（顷）遣侦之，城中无人，但外有燎火。"即召侦者两人质之。侍郎诘之曰："若等畏贼不敢往，若城中人出，寸斩汝矣。"两人俱伏虚诳。文正因问计，侍郎具言贼无战船，宜遣水师三（舢）版（板）傍岸举炮为声援。壮武因得缒城走出，免者九百余人，其后平浙克新疆大将皆在其中。壮武后为名将，号无敌，数同壁垒，意以为桂勇倚己乃能战，有自功之色，未尝与言前事也。

国藩以不快于鑫，微陈士杰一再进言，几坐视其殆而弗援，斯盖闿运闻诸士杰者。如所云，国藩不亦已甚乎？

*1651*

## 八三　袁大化林绍年之相知

光绪三十三年，林绍年为河南巡抚。舞阳县知县某，经本府揭参，将登白简，任内欠解正杂各款甚巨，浼开封府知府某，向布政使袁大化关说，但能保全功名，公款必设法解清。大化请于绍年，绍年允之，公款果如数报解。当时虽无恙，而年终甄别案仍被劾。大化上院问何以食言，绍年漫应之曰："前姑许之者，俾其解清欠款耳，本非真恕之也。"大化厉声曰："是何言乎？大帅为骗人之巡抚，司里尚不屑为骗人之藩司也！"绍年自谢失言，而年终密考于大化有"赋性耿直，守正不阿"等语。（未几，大化升署山东巡抚，值丁忧，未到任，服满后简新疆巡抚。）追入民国，绍年卒于天津，大化挽联有"天许公以直，公奖我以直"等语，盖清室谥绍年以文直，故及之云。

（原第12卷第50期）

# 第八卷（原第十三卷）

1936年（民国25年）

## 一 六十年之回顾——丙子谈往

中国之有常驻外国之公使，自前一丙子（光绪二年，公元一八七六）郭嵩焘衔命使英始。嵩焘通才远识，为外人所重，与继其任之曾纪泽，并称郭、曾，同为名使臣，而当时士大夫锢于旧习，以与闻"洋务"为羞，若远驻外国，更为讥笑所丛，嵩焘处境良不易也。董恂时为总理各国事务衙门大臣，其自订之《还读我书室年谱》是年九月有云：

> 尝与文忠言：外国使臣驻京者纷纷矣，彼知我情，我未能知彼情，我听若言，我无以测若虚实，彼国听若言，我又无从剖我是非，则以我无人焉在彼故，是宜早为之所，惜使才难得，经理洋务之使才尤不易得也。相与咨嗟而罢。已而复论此事，愚以为洋务谤薮也，总署之事，惟署中谅之，即署中犹或未尽谅之，至治洋务于外国，其势当更难于总署，将来使

1653

果得人，总署不可不有以谅之，庶继起有人，肯力任其难。文忠以为然。至是郭侍郎（嵩焘）奉使英国，于是月二十五日出都。星使不远万里，往驻外国治所，自此始。乃文忠已于是年端阳前一日作古，竟不及见，能勿泫然。

文祥以大学士直枢廷及总署，用事之大臣也。嵩焘之以奉使受谤，如王闿运是年三月初三日《日记》有云：

……（裴）樾岑继至，言时事，多拂人意，余不欲闻；唯传骂筠仙一联云："出乎其类，拔乎其萃，不容于尧舜之世；未能事人，焉能事鬼，何必去父母之邦！"筠仙晚出，负此谤名，湖南人至耻与为伍。余曰："众好众恶，圣人不能违。"

又李慈铭是年九月十八日《日记》有云：

闻郭嵩焘、刘锡鸿以二十五日赴西洋，故十五日召见二人，以请训也。此后分使各国者尚多。去年文相国等保举之二十余人，皆将出使。许竹篔虽归，亦不能免。凡官二品者月支薪水银千四百两，五品以上者八百两，七品以上者六百两（如何如璋等虽以侍读用，仍以七品论）。计朝廷岁縻帑金至六七百万，于洋税中提支，所使皆鄙夫下材，不知国体。许钤身者，尤险诈无耻，洋人颇以其不由甲科，益侮辱之。

此议发于粤人陈兰彬，谓各国皆有夷官驻我都城，而中朝官无驻外国者，欲以知情伪，通信命，非此不可。谋国无人，曲意从之；不知夷人挟其虎狼之威，犬豕之欲，近据辇下，外扼各口，唯唉一言，上下惕息，要求劫胁，无计不从，彼之监我宜也；我之使彼，形同寄生，情类质子，供其驱策，随其嚬笑，徒重辱国而已。虽有智者无所施力，况皆驵侩奴隶之辈乎？兰彬嗜利小人，敢为大言，自以翰林改官，潦倒不振，涂（途）穷日暮，倒行逆施，只以自便私图，不惜卖国，言之可为切齿。郭、刘衔命至英，实以马嘉理之死，往彼谢毕（罪），尤志士所不忍言也。

又是年五月朔复徐树铭书有云：

郭侍郎文章学问，世之凤麟，此次出山，真为可惜。行百里者半九十，不能不为之叹息也。

设使之举与奉使之人，为当时物议所诟病如是。嵩焘起家翰苑，曾任疆圻，以李鸿章推其通达外情，召直总署，旋持使节，清望为之顿衰焉，嵩焘著论颇推重西洋政法，见者哗怪，出使而詈者声大作矣。关于英翻译官马嘉理上年在滇境被戕一案，嵩焘疏劾署云贵总督岑毓英，毓英时正以此案为士论所崇，故嵩焘益遭抨击。此案是年由李鸿章与英使威妥玛议结，订所谓《烟台条约》，亦外交上一大事也。翁同龢七月三十日《日记》有云："滇事已冰释，举朝熙然如无事矣。"又是年政府准左宗棠之请,借洋款以充西征经费,中国之借外债始此。嵩焘使英,副以刘锡鸿,本嵩焘所汲引,竟大施媒蘖,致愤郁乞退(光绪五年受代回国)。遂不复出。其解任后与黎庶昌书有云:

……故于开端奉使西洋,颇谓朝廷用人为不虚,区区才力亦尚能堪之,而于其时力举一刘锡鸿充当随员,枢府遽以副使任之。一意傅会京师议论,以嵩焘为的,自负能攘斥夷狄,深文周内,以相齮齕。不独区区一生愿力无所施用,乃使仰天欷歔,发愤呕血,志气为之销靡,才智聪明亦为之遏塞。自古平陂倚伏之几,相乘迭见,诚有然者,而未若刘锡鸿发之暴而施之悖谬至于此也。

又复曾国荃书有云:

……亦使刘锡鸿之凶悖,译署稍能裁之以正,不过相假借,嵩焘老病余生捐弃海外,亦不至乞归。

既斥锡鸿,兼不满总署之态度。迄嵩焘之罢,董恂固犹直总署也。曾纪泽于光绪四年奉命派充驻英、法两国使臣,所记八月二十八日召对诸语(《使西日记》)有云:

……(对)郭嵩焘总是正直之人,此次亦是拼却声名替国家办事,将来仍求太后皇上恩典,始终保全。(旨)上头也深知道郭嵩焘是个好人,其出使之

1656

后所办之事不少，但他挨这些人的骂也挨够了。(对)郭嵩焘恨不得中国即刻自强起来，常常与人争论，所以挨骂，总之系一个忠臣。好在太后皇上知道他，他就拼了声名也还值得。(旨)我们都知道他，王大臣等也知道他。

**嵩焘之谤议沸腾，亦可见也。**(对外设使，初命郭嵩焘许钤身使英，继改派钤身使日本，而以刘锡鸿为驻英副使，旋以何汝璋代钤身使日。后裁副使，命锡鸿使德。)

光绪元年十二月，翁同龢以同治旧傅偕夏同善受毓庆宫授读之命，(参看本报第十二卷第一期拙稿《乙亥谈往》。)翌年(丙子)德宗入学，时六龄也。同龢丙子《日记》有云：

> 二月二十一日：寅正入，与子松敬俟于朝房。是日上于养心殿东暖阁见侍学诸臣，恭亲王偕伯彦诺(讷)谟祜、景寿、臣龢、夏同善为一起。上南向坐，设矮案，铺纸，索笔作书，臣龢以墨染笔，即写"天下太平"四字，又书"正大光明"四字，极端正。臣等以朱书仿格进，上运腕稍涩，臣龢引袖，书四字讫。伯王等以清字条子授(一字)。上略观，即应声曰"阿"(满洲字头第一字)。臣等以"帝德"二字进，上亦应口诵数四。又以《帝鉴图》进，指点开说，上甚会意，引手指帝尧大舜，若甚喜者；并命臣

书"帝德"二字，恭亲王又接书"如天"二字，玩视良久，乃退。俯仰身世，不觉汗之沾衣也。凡三刻许退，时辰初二。

四月十一日：是日入见于东暖阁，与劻贝勒、夏侍郎同起。懿旨谓："入学期近，尔等辛苦。"又言："皇帝向学，即尔等退后，犹寻检书籍，温熟字号，无他戏弄。"（所讲《帝鉴》，上能为两宫言之。今日上体稍不适，本辍讲，犹屡催宣入讲。）又言："可谓近君子远小人。"语次因流涕久之。臣劻（龢）奏对，谓："皇上正在冲龄，辅导之责，臣等无所辞。首宜读书涵养性情。功夫当有次第，不可骤进生厌。又，骑射固为根本，此时少缓，正所以保卫圣躬，专心讲习。"语甚多，不悉记。退复待于庐中，惇亲王起下，复偕诸臣入，劝讲良久乃出。

闰五月二十四日：上读书极好，指书内"财"字曰："吾不爱此。"又曰："吾喜'俭'字。"此真天下之福矣。

七月二十三日：以第二起入对于养心殿西暖阁（不垂帘，无带起），先论书房功课，极奖，以为得宜。

二十八日：日来正讲人心道心之分，上曰："吾作事皆依道心也。"

十月初八日：读生书十遍，不佳，自十遍以后则极好。上于是有日新之功，且于是非之界判之极严，如某号书几遍未善，某字某笔不到，历历言之，不肯回护也。

二十二日：中官备言：每日黎明，上到书斋，朗诵书史，作字一叶，未尝间断。可胜喜抃耶！

二十六日：……盖上性高明，不喜人敦迫，然好谀之病，亦当深凛；他时记取臣言！

同龢于德宗典学，始终其事，自授读后，《日记》中排日所记颇悉，阅之可见德宗之聪颖好学，太后之重视课业，及同龢之勤勉任职。兹摘录是年数则，略著梗概。

文祥、崇实先后卒于是年（崇实十月十九日卒），皆旗籍名臣。文祥谥文忠，崇实谥文勤，盖无愧忠与勤焉。同龢五月初五日《日记》有云：

荣仲华来，知文相国竟于昨日申时星陨，不觉惊呼，盖为国家惜也。此人忠恳，而于中外事维持不少；至于知人之明，则其所短也。

美犹有憾，当有所指（或指保荐使才事欤？同龢是年《日记》中于使才之擢用亦有微辞也）。汉滨读易者（闻即辜鸿铭也）《张文襄幕府纪闻》卷上有云：

余同乡故友蔡毅若观察，名锡勇，言：幼年入广东同文馆，肄习英文，嗣经选送京师同文馆肄业，偕同学入都。至馆门首，刚下车卸装，见一长髯老翁，

1659

欢喜迎入，慰劳备至，遂带同至馆舍，遍导引观。每至一处，则告之曰：此斋舍也，此讲堂也，此饭厅也，指示殆遍。其貌温然，其言霭（蔼）然。诸生俱知为长者，而不知为如何人。后询诸生曰："午餐未？"诸生答曰："未餐。"老翁即传呼提调官。旋见一红顶花翎者旁立，貌甚恭。诸生始知适才所见之老翁乃今日当朝之宰相文中堂也。于此想见我朝前辈温恭恺悌之风度也。余谓文文忠风度固不可及，而其远略亦实有过人者。中国自弛海禁后，欲防外患，每苦无善策。粤匪既平，曾文正诸贤，筹画方略，皇皇以倡办制造厂、船政局为急务，而文忠独创设同文馆，欲培洋务人材，以通西洋语言文字学术制度为销外患之要策。由此观之，文文忠之远略有非曾文正诸贤所可及也。

以同文馆之设，极赞文祥，然曾国藩、李鸿章不亦尝奏定遣幼年学生赴美留学乎？至所述文祥对学生之情致款款，盖张百熙、蔡元培辈之先声已。崇实以刑部尚书署盛京将军，饬政剿匪，大有成绩，经营东陲者两年，尽瘁而死。今日而念及斯人，盖有不胜感慨者。

是年有恩科会试及正科乡试。会试以户部尚书董恂为正考官，刑部尚书桑春荣、吏部右侍郎崇绮、礼部左侍郎黄倬副之。乡试以工部尚书魁龄为顺天正考官，户部左侍郎殷兆镛、兵部右侍郎夏同善、理藩院右侍郎麟书副之。

其各省正副考官如下（以简派之先后为序）：

云南龙湛霖、胡乔年，贵州顾奎、李岷琛，福建孙诒经、王緺，广东王之翰、郁崑，广西朱文镜、李嘉乐，四川周家楣、吴观礼，湖南潘衍鋆、陆润庠，甘肃黄毓恩、胡聘之，江西文澂、刘恩溥，浙江潘斯濂、王先谦，湖北叶大焯、梅启照，江南龚自闳、边宝泉，陕西洪钧、陈钦，河南汪鸣銮、杨霁，山东锺骏声、曹炜，山西萧晋藩、冯光勋。

丙子状元为曹鸿勋（山东潍县人），榜眼为王赓荣（山西朔州人），探花为冯文蔚（浙江归安人），传胪为吴树梅（山东历城人）。四人均本京官，鼎甲皆刑部司员（曹七品小京官，王、冯主事），传胪则内阁中书也。是科同膺馆选后独入阁者，为戴鸿慈。

（原第13卷第1期）

## 二　黄侃性行乖僻

黄侃治学有声，其卒也，论者以失一通人为惜。孙思昉君（至诚）以所撰《黄季刚别传》由安庆寄示，盖于其性行怪特处写状尤尽致，雅有风趣。兹录实《随笔》，为研考黄氏人物者之一助焉。

季刚讳侃，湖北蕲春人，父云鹄，清永宁道，儿时授以《说文解字》,为书笘使诵之,以更《千字文》。稍长,读书多神悟,尤善音韵。文词澹雅,上法晋宋。先后以父执谒南皮张广雅督部之洞、湘潭王壬秋闿运,携文为贽,皆激赏之。王曰:"君英年文已斐然,吾儿年若许,尚未通,真眈犬耳。"曰:"尊翁犹未通,遑言哲嗣?"王不以为忤,因与论文曰:"君知余为文之窍要耶?近每下笔,犹取古名篇筑架子,不敢自放也。"(湘绮论诗文主摹拟,曰:"欲己有作,必先蓄有名篇佳制,手披口吟,非沉浸于中,必不能炳著于外。"又曰:"于全篇摸(摹)拟中,能自运一二句,久之可一两行,则自成家数矣。"与此言符合。)及游日本,倾心光复,因师事余杭章先生,章先生奖藉之甚至,由是名日高,狂日甚。善骂,任北京大学教授时,几遍骂同列。与陈伯弢汉章言小学不相中,至欲以刀杖相凌。胡适倡白话文,辄众辱之,唯于刘申叔师培无间言。或问故,曰:"以与本师章先生有雅也。"后刘尝叹生平无佳弟子足传其学者,即曰:"以余执贽门下何如?"刘曰:"君自有名师,岂能相屈?"曰:"不以玷门墙,即执贽。"明日果往修弟子礼。刘夷然受之曰:"今日不复谦退矣。"其恢怪自喜,有不可测者。后移教武昌师范大学,尝与友小集联句,某后至,不知谁何,嫚骂曰:"狗屁不通。"即反以恶声曰:"吾不通尔之狗屁也。"太虚法师尝与晤,谓来日且与欧阳竟无先生一言法相。曰："座无当家，或为君说欺罔，归休乎君，不足与欧阳先生语也。"及教于南京中央大学，介汤某见欧阳先生。欧阳先生亦喜其能文，乃以作圣贤开来学相勖。曰："先生自期则可，非某所敢闻命。先生所教者人，某所教者沐猴耳。"曰："人皆可以为尧舜，何云沐猴？"又自述朝夕以整齐经子自课，忽谓所学与先生异撰，先生所诵者为无"也"字书，某所诵者"也"字书尔。询以所云"也"字者云何，其《说文》"也"字本义耶？（《说文》："也，女阴也。"）曰然，先生不亦有子女欤？欧阳先生大怒曰："学者贵笃敬，今轻儇如此，不可与言。"遂拂袖去。欧阳先生为所心仪，及相见，又嫚侮之如此。性好色，在北平嬺一房姬。至武昌，每来复，必过汉口，招妓十数，如石崇以十余婢环侍云。今夏在都门有所眷，辄杜门谢客，大署其门曰"奉师命赴苏讲学"，实未出跬步，而恐披帷之有人也。言行大率任己意，时人目以汪容甫，盖文行俱肖焉。民国二十四年十月八日以中酒死，年五十。

论曰：余杭章先生称之曰：侃颇好大乘，而性少绳检，故尤乐道庄周。昔阮籍不循礼教，而居丧有至性，一恸失血数升。侃之念母，若与阮公同符焉。士行不齐，取其近真者是。若其清通练要之学，幼眇安雅之词，并世固难得其比方。恐世人忘其闳美，而以绳墨格之，则斯人或无以自解也。老子云："常善救人，故无弃人。"余每以讽侃。观此则其瑕适并见矣。今春季刚年五十，章先生寿以联云："韦编三绝今知命，黄绢初裁好著书。"或以为谶云。

(原第13卷第2期)

陈毖涛君由济南来书，谓："适阅第二期《国闻周报》，见《随笔》栏载有孙思昉君所撰《黄季刚别传》，仆于拙著《不羡神仙馆诗文存》中亦尝为文纪之，于其恢怪乖僻处，尤多实录，愿为足下陈之。"文移录如次，以谂读者，并谢雅意：

侃从余杭章氏学文字，三年未下楼，日手段氏《说文》，浏览批校，未尝辍，书眉批写，至无余隙。篇幅有损毁，先缀其纸，次补其文，全书已无完璧，缝补略尽；眉际朱墨交错，而侃独珍惜如护头目，行居皆携与俱。余读书武昌时犹及见之，以此见一代大师用功之苦。五四既作，侃方在北大，目击白话文学勃兴，极恶之！盖与林畏庐同其意向，诋为"耳朵文学"，以语体既须标点，而疑问号固与耳朵似也。侃以陈独秀、胡适之为新文化运动领袖，抨击不遗余力，遇必丑诋，频出恶声，然独秀仍敬之。民九陈氏演说武高，犹言："侃学术渊邃，惜不为吾党用！"可以知其服膺之情矣。大学每届毕业，例刊学谱，全校师生，写真（填）履历，裒为一集。大率印刷精妙，费颇不赀，而率皆出自教授之捐廉。侃独不然：既不照像，又不捐钱，迨脱版，学校一视同仁，仍为侃赍一册，留为纪念，侃立起如郊，举而投之河中！忿然骂曰："何物群丑，请饮秽水！"侃在北大，既与新派龃龉，竟返鄂中，主讲武高，犹时时吐其不平之气。时桃源张某，教兵式操，一日会宴，张偶于门前便溺，与侃两贤相扼，侃大骂之曰："若何人！亦欤余在此便溺？"张虽赳赳，亦蚤知侃名士，无如何也。鄂督自王占元、萧耀南以下，靡不敬礼侃，侃视之藐如也，每相见，谩不为礼。然极畏丘八，某夕与门下士数辈，谈颇洽，深宵又欲往酒家，以尽其欢。时正戒严，甫出门不数十伍，啰卒即大呼口令，侃闻而颤栗，急以手牵诸生曰："秀才遇着兵，有理讲不清，速回速回！"入门又大骂萧督不已。事为萧闻，遂撤侃门前哨。侃一生傲慢，而孝母尊师，有足多者，与人论学，必时呼："本师章先生，本师刘先生"不止。刘先生者，仪征刘申叔师培也。师培之丧，侃奠文曰：

庚申年壬申朔越六日戊寅，弟子楚人黄侃，自武昌为文，奠我先师刘君：呜呼！岁序一周，师恩没世，泪洒山阿，魂销江澨！学丰年啬，名高患至，夫子既亡，斯文谁系？丁未之岁，始事章君，投文请谒，日往其门，因观之子，言笑欣欣，齿虽相若，道则既尊。我归奉亲，深山晦遁，犹蒙素书，时相存问，榆枋鸠抢，大池鹏运，小大虽殊，各安涯分。欓枪东出，大野麟来，局促风尘，望远兴哀，据图吻喉，智士所悝，变态百端，天谅人猜。我滞幽都，数得相见，敬佩之深，改从北面：凤好文字，经术诚疏，自值夫子，始辨津涂；沛疾缠绵，知君不永，欲慰无辞，心焉耿耿！我归武昌，未及辞别，曾不经时，竟成永诀！始闻凶信，以诗表哀，恩德莫称，临文徘徊，嬴躯幸存，方寸已灰，虽传不习，亦负甄培。君之绝业，春秋周礼，纂述未竟，以属顽鄙，世则方乱，师则既亡，尧典入棺，文献俱丧，伤哉小子！得不面墙，手翻断简，泣涕浪浪！呜呼哀哉！贤士夭年，可数而悉：颜回、韩非、贾谊、王弼，如我夫子，岂非其一，尚藉鸿名，慰斯幽室！周孔虽圣，岂必长生？聊将此语，慰我悲情。呜呼哀哉！

观此可知侃最重师道。群生有欲从学绝业者，必令行九叩首礼，或问故，则答以"我尝以此施之本师章、刘两先生也"。

侃以早岁攻读，心力交殚，不暇及女色，中年以后，转沉溺焉。（中略）时女师校长为王式玉，侃颇欲攫讲席，王靳而未与，盖防微杜渐之意也。或者侃之意，本似醉翁，因极恨之。一日值于途，侃猝曰："式玉！式玉！若有一挂号信在我处，晚可过我取之！"及昏，玉果至，备受揶揄而去。盖侃特诱至其家，以面责之，聊报宿隙，所谓挂号信者，固子虚也。其风趣怪诞多如此。侃学术深湛，于国学无所不窥，而特长于文字与音韵。《说文》《文选》《文心雕龙》三书，几能全部成诵，每登坛讲授，博引旁征，确能抉其精义，发前人所未发。其弟子范文澜，拾侃余绪，注《文心雕龙》，已成三巨册，可以见其精深。因此侃为教授，极能叫座。然迟到早退，亦以为常，或漫骂时人，不开书本。至其逸兴飞，神志爽，运其如棃之舌，议论证据古今，卓厉风发，听者忘倦。侃于词，宗《花间》，两宋词人，亦间有许可，与吾宗伯弢，论文字不合而颇赏其词！余在武昌屡以为询，许为两湖能手也。侃晚年教授南京中大、金大，本职之外，杜门述造。闻其卒前二日，尚与友好在鸡鸣寺为荼蘼之会，不图归后病作，呕黑血以死，惜哉！（原第13卷第7期）

## 三 《曾孟朴学术年谱》补正

前草《读曾孟朴先生年谱》（见本报第十二卷第四十、第四十二两期），系就《宇宙风》第二期所载本谱前部，略事考订，以鄙见供撰者曾虚白君（谱主之子）之参镜，盖感于其欿然之意也。昨承李哲生君（思纯）由成都来函云：

> 一士先生大鉴：读《国闻周报》第十二卷四十二期，中有尊著《读曾孟朴先生年谱》（二），于撰者

曾虚白君之误点，指正甚多，极为钦佩；惟其中尚有一较大之错误，尚未指出，兹敬为陈明如下：曾虚白君谱中有一节云："林登阁给先生介绍了一位深通法国文学的朋友，名叫陈季同，在法侨居多年，与法国第一流的文学家如伏尔泰等，常相往还。"而谱主《答胡适之书》又云："陈季同将军，在法国最久，尤其精通法国文学。他和佛朗士仿佛很有交谊的。"纯按：陈季同实有其人，当民国七年余在巴黎读书时，曾由法国友人沙博君出示其所译之李白、杜甫、白居易等诗，并经录入《旅欧笔记》中。惟虚白君谱云与伏尔泰往还，而谱主则云与佛朗士仿佛有交谊，伏尔泰与佛朗士，既为两人，年代亦相去悬绝。查中译伏尔泰，即法文原名之 Voltaire，旧译一作福禄特尔。其人生于西历一六九四，死于一七七八，约当中国康熙三十三年至乾隆四十三年。其人为法国大革命前文豪，今北平中法大学之文学院即名伏尔泰学院，所以纪念之也。陈季同为同治光绪间人，断不能与康乾间之伏尔泰往还无疑，然则伏尔泰其佛朗士之误乎？佛朗士原名作 Anatole France，其人生于一八四四，即道光二十四年，寿八十余，至民国二十年乃逝世（逝年记忆不确，惟实在近三四年中）。陈季同所往还，为此君无疑。尊著指出诸误点，独未及此，因为补陈之，以备虚白君之改正焉。肃上，并候著安。李思纯上。十二、八。成都。

按：谱谓与伏尔泰往还，本有可疑，故拙稿引谱主与胡氏书，并及"和佛朗士仿佛很有交谊"一节，以资对照。兹得李君推阐，盖大明矣。（佛朗士卒年，为一九二四，即民国十三年，寿八十。所指北平中法大学之学院名，系作服尔德学院，则又译名之小有出入者也。）至虚白君之勇于撰谱，不失为孝子之用心，自称"未定稿"，虚心求益，态度亦无可议。李君殷勤商订，与不佞本怀正同，当亦虚白君所乐闻欤？　　（原第13卷第2期）

## 四　光绪间科举轶闻

### （一）河南乡试

光绪十一年乙酉河南乡试，二场经文《诗经》题为"皇皇者华，于彼原隰，駪駪征夫，每怀靡及。"祥符裴维信，已拟中第七名举人，因《诗经》文用骚体，改副榜第一。主司批曰："骚体创自三闾大夫，一片哀怨之音，以之应试，断不相宜，移置副车，惜哉！"迨十九年癸巳恩科，维信于二场《诗经》题"昔我往矣，杨柳依依，今我来思，雨雪霏霏"，文仍以骚体出之。已拟中副榜第一，以此篇为主司特赏，批曰："葩艺用骚体，古色古香，望而知为积学之士。"改为正榜第七。前之由正改副，后之由副改正，竟以同一原因，而名次复遥相吻合，可云巧矣。乙酉河南正副考官为周龄、曾培祺，癸巳河南正副考官为王懿荣、李桂林。闻维信系邀懿荣特赏云。

## （二）解元文字之得失

陈其元《庸闲斋笔记》卷九、高照煦《闲谈笔记》卷一所记科举二事，解元文字与其他卷雷同，一得一失，可合看，兹并录如次：

《庸闲斋笔记》：

嘉庆戊寅福建乡试，先外舅闻蓝樵先生充同考官。题为《既庶矣二节》。主司阅文，合意者少，至十八日犹未定元。外舅适得一卷荐之，主司大喜，以为独得骊珠矣，传集诸房考示之。合座传观，咸啧啧赞赏。内中一人独曰："文甚好，记从何处见之。"主司骇曰："是必抄刻，不可中矣；然此文君究从何处见来？"某凝思良久，无以应。外舅乃前谓之曰："每科必有解元，解元原无足奇，各人房中必有一房元，我房中即不得解元，亦无足损，然君无确据而以莫须有一言误人功名，未免不可耳。"某大惭，因向主司力白，谓："其文剧佳，读之有上句即有下句，故似曾经见过，实则并未见过也。"主司又令各房官于刻文中再加搜索，竟无所得，遂定解元。比放榜后，某公于落卷内随手翻得一卷，即已前所见者，与解元文一字不讹，持以示外舅，共相惊叹，谓此君必有阴德。继乃知其母抚孤守节三十余年，子又甚孝，其解元固天之所以报节孝也。

《闲谈笔记》：

高观察篙渔，名长绅，字子佩，由进士任江苏知县……升常镇通海道……长毛变起，军事旁午，被议失官……屡充江南乡试同考官……尝又曰："安徽、江苏合曰江南乡试，虽同一闱，仍分上下江，各定中额。某科闱中停荐已久，主考私人忽语予曰：'两大人昨夜密语，下江尚缺一人中式。大老爷房备有卷，请速荐下江数卷，或可多收一门生。'予即取备卷数本，换批语，亲身纳入袖中，将诣内监试荐之。路遇某房官，系同年，问何往，予给以他，问袖中何物，予未及应，强索观之，惊问：'此时停荐多日，携此奚为？'予告以故。同年曰：'篙渔果有神通；我亦当补荐之。'遂揖而去。是晚闻解元文刻板劈矣。急使询之，据云取定解元文已发刻，因与日间某房补荐一卷雷同，故劈之。予惜其已成之科名，颇悔日间多此一举；又叹只此一文，彼房已荐而中元，此房尚备而未荐，衡文之无定也乃如斯。"

两解元盖皆钞袭成文，一幸得保全，一则以补荐之卷巧值败露而被黜，所谓有幸有不幸也。至衡文无定之叹，亦见闱中精鉴之不易。其元阴德之说，盖历来谈科举故实而好言因果报应者之常。解元一中，而母子之节孝愈彰矣。

光绪壬辰会试，翁同龢为正考官，祁世长、霍穆欢、李端棻副之。同龢是年四月初七日《日记》云："祁公查落卷，忽见一卷与九房房首雷同，因以余九房中卷易之，即昨夕发刻之卷也。异哉！"事亦颇类。又三月二十九日《日记》云："定各省中卷，有补荐之卷，一扬一抑，忽升忽降，莫之为而为矣，然最耗神费力。"同龢屡掌文衡，阅卷尽心，以精于鉴识著，而有不敢自信之意，《日记》中时有此等语，其他更无论矣。此谈科举者所以好言命运与因果报应欤？

## （三）制艺文字之精

于科举文字，以鉴识之精而传为美谈者，亦不乏。前引杨苓泉君来稿暨《随园诗话》《郎潜纪闻》所载（见本报第十二卷第二十四期），盖其例也。又如《庸闲斋笔记》卷十二云：

> 制艺文字，有特识者决之如响。余生平见二人焉：一为任邱边仲思太守宝诚，一为余姚朱九香阁学兰。同治乙丑，太守在宁波考试书院，取前列三人，决为本科必售。洎榜发，中者二人，而所取第一者竟无名。太守讶之。未几北闱榜来，则其人已中南元，乃复大喜。阁学督湖北学政时，乡试前决科于省中书院，所取十名前皆得中式，而解元即阁学之第一人

也。尤为科名中盛事。

亦宜类观。

## 五　李慈铭辨正《庸闲斋笔记》

其元关心国闻，留意轶事，所撰《庸闲斋笔记》，可为谈故之参证，说者或以与薛福成《庸盦笔记》并称焉。李慈铭光绪丙子九月朔《日记》，对此书加以订正，有云：

> 其载乾隆（原书误作嘉庆）癸丑科一甲一名潘文恭公，二名陈远双（云），二甲一名张春山，三甲一名马秋水。时人为之语曰："必正妙常双及第，春山秋水两传胪。"盖世谓二甲第一为金殿传胪，三甲第一为玉殿传胪也。案：是年探花为陈锺溪侍郎（希曾），二甲第一为吾乡陈冶锋（秋水），故当时有"必正妙常三鼎甲，春山秋水两传胪"之语。春山不知何人，当是三甲第一者之号或字。（尝以问星丈、绂丈，亦不知。）冶锋先生登第时，年已四十余，榜后以不肯谒和珅，遂用中书（乾隆以来，二甲一名不入翰林者，惟任氏大椿及先生耳），旋告归不出。并无所谓张春山、马秋水者。至传胪日，殿上传鼎甲三人后，止唱二甲第一、三甲第一之名，盖举此以概其余（洪氏亮吉《北江诗话》中言之甚详）。《实录》

亦书赐一甲某某等进士及第，赐二甲某等若干人进士出身，三甲某等若干人同进士出身，皆例举其首，而自来世俗相沿，称二甲一名为传胪，以亚之于鼎甲，其家或悬扁（匾）树坊，则称之曰金殿传胪，若三甲一名，则无人以此称之。（家居时，惟见康熙间三甲一名山阴人诸来晟之门悬传胪扁（匾）额，余无闻者。）盖榜眼、探花，已属不典之辞，然尚肇于唐宋，传胪则国初以前未有此称，若金殿、玉殿之分，更可怪笑矣。其间及考据，无不舛谬。如论官制，谓唐之尚书以处藩镇，侍郎则居宰相之位。（唐惟门下中书侍郎为宰相之职，非侍郎皆居相位也。此语亦微误。）案：唐于尚书省设六部尚书，领吏、兵、户、刑、礼、工之事，而侍郎为之贰，始终未尝改易，惟唐制长官多虚位，中叶以后尤甚。尚书省之尚书令，以太宗尝为之，后遂不置，而升左右仆射为长官，此无论矣。门下省之侍中，中书省之中书令，惟以待元勋重臣，余不轻授。御史台之御史大夫，肃宗以后不常置，多以中丞摄之。六部尚书官亦不必备，或亦除拜而不必莅职，往往以侍郎掌部事，而节镇留守及分司致仕者多以尚书系衔，皆犹今之虚衔耳。节镇所带，自御史中丞、左右丞、散骑常侍以至太保、太尉、司徒、司空、侍中、中书令，凡自五品（御史中丞武宗时始升四品）以至正一品，或为检校官，或为兼官，皆视其勋格以示加崇，并无一定，未尝以尚书处藩镇也。至谓官名官制，历代不同，惟宰相及大将军始终贵重；古之官名今有以呼执艺者，剃发曰待诏，工匠曰司务。岂知自古及今无宰相之官名，待诏、司务亦非古官乎？

此阅《庸闲斋笔记》者所当兼及也。（癸丑殿试一节见原书卷三，官制一节见卷四。）慈铭并谓："此书本不足驳正，因其中屡自夸博奥，而书甫刻于去年，今年已有翻板，盖短书小说，最易惑人，故略辨之。"夷然不屑，是慈铭素态，而此书之风行一时，亦可概见。慈铭又谓："所载多见在显人，谀誉归美，尤为可厌。"斯则几成通病。　　　　　　　　　　　（原第13卷第3期）

## 六　黎吉云诗

于湘潭黎劭西君（锦熙）处，获见其伯祖樾乔先生（吉云，原名光曙）《黛方山庄诗集》。先生为道光癸巳进士，由翰林院编修转言官，侃侃谔谔，道咸间名御史也。所为诗深博清超，亦负盛名。集凡六卷（诗余附），同治间雕板，甫印一部，原板即失去，此成孤本矣。劭西将付影印，以永其传，实大佳事。因先假读摘录数首，以饷阅《随笔》者，俾快睹焉。《都门留别八首》云：

### 其一

残蝉已无声,楚客今当归。
寸禀养顽钝,悠悠经岁时。
仰视苍天高,正色无由窥。
周道自挺挺,我行殊纷歧。
省识转惶惑,汗漫无端倪。
炉熏就詹尹,繇偶滋然疑。
人生要自审,进退命所司。
吾其为瓠樽,襆被从此辞。

### 其二

束发受诗书,志与温饱别。
时事有悲愤,森然五情结。
柱后叨在簪,刍荛屡陈说。
献芹诚乃痴,孤怀不能抑。
朝廷宏喬受,折冲尟陈力。
深宵焚谏草,废纸如山积。
事往空慷慨,悲来但呜噎。
百期不一酬,志愿何时毕?

### 其三

物情久乃敝,积渐匪一日。
谋国妙张弛,岂不资人力?
君子养其源,塞流虑横决。

制用诚急务，选材讵宜忽？
植橘尚成枳，何况植樲棘？
从来名世臣，必有活国术。
方今承华勋，峨冠皋夔列。
协心隆翊赞，树立定宏达。
愿治均朝野，况曾忝簪笏？
炙背称尧舜，百年容蹇劣。

其四

谏官非冗员，为国肃纪纲。
骢马好威仪，绣豸美文章。
一介田间来，居然谬所当。
岂犹不足欤，而有他志萌？
顾惟策万里，驽劣岂宜襄？
六载了无补，得不还耕桑？
敬告同僚友，去就皆官常。
昨者陈与朱，翩若凫雁翔。

其五

我皇十三载，通籍二百余。
经今陟显要，屈指晨星如。
瞻惟鲁灵光，岿然东南隅①。
古今师儒重，端不系金朱。
通德景郑公，实践期苏湖。

*1677*

经训辟榛莽，古义相灌输。
持以报国家，或且贤公孤。
人情护所私，只为膴仕图。
不朽当有属，烜赫裁须臾。
小子不自废，还以质吾徒。

自注：①阮仪真师。

### 其六

屈宋擅风骚，根柢在忠謇。
藻艳性之华，末流派弥远。
至今吾乡士，文采抱忱悃。
感激拜荃孙，彪蔚集梧筻。
以我厕其间，声实涸端窾。
左右相掣提，旰宵得被渷。
论交属心骨，几与天属近。
人生有离别，精气无域畛。
敬恭复敬恭，来者得观善。
临行眷槐荫①，双眦泪痕泫。

自注：①湘潭邑馆槐为陈恪勤公手植。

### 其七

离菊瘦已华，庭树寒犹叶。
离觞更迭进，累日愁增集。
故乡岂不好，苦乏友朋接。

平生金兰契，见已化车笠。
及门二三子，相赏素心惬。
许与关气谊，谅不责报答。
自顾了无取，厚意感维絷。
长安若传舍，车马日杂沓。
巢痕故未扫，都门傥重入。

### 其八

幻想学那吒，骨肉还吾亲。
终知非了义，为有心肝存。
昔抱终天憾，便拟余佩捐。
丙舍今当成，寝食依松阡。
礼让式间里，诗书逮儿孙。
仕隐有殊轨，萝荄皆君恩。
百年会有尽，一息念所天。
去去君门远，魂梦长周旋。

《出都留别送行诸友》云：

### 其一

匹马冲风出国门，夕阳浩荡满郊原。
回头廿载只如昨，注目西山无一言。
黄叶何心辞故树，白云依旧宿寒村。
征车历碌长安道，梦绕觚棱晓月痕。

其二

从来吾道各行藏,感谢群公意惨伤。
十驾终难千里致,九牛岂惜一毛亡?
西风别泪酬朋旧,白雪新诗厌客装。①
拂拭袍痕余雨露,江湖满地有恩光。

自注:①送行诗装成二巨轴。

此道光季年以力陈时事不见用,移疾而归之作,最为一时胜流推许者。磊落恻楚,低回无限,盖颇有孟子三宿而后出昼之意味焉。(曾国藩诗集中有《送黎樾乔侍御南归》五古五首、七古一首,亦颇雄骏,可合看。)《寄胡咏芝》云:

识君弱冠时,长身面如玉。
名驹汗血成,凡马敢齐足?
彯缨上玉堂,清班喜联属。
春官与分衡,搏沙阅晦朔。
君持大江节,声名甚烜赫。
作贡列玑贝,收材就珑斫。
谓当抟扶摇,排翼上寥廓。
讵知风力微,欲进为少却。
丈夫志开济,焉能久屈蠖?
柔兆月之皋,都门手重握。
我门有雀罗,勤君日剥啄。

说剑星斗翻,对酒檐花落。
欢会那可常,一麾去我速。
牂牁渺何许,望远愁心曲。
殷勤递尺书,好语慰离索。
恍兮若可接,沉思转无著。
安得列屋居,相对两无逆。
不愿长相对,愿君念畴昔。
努力崇令名,无令山泉浊。
举世随波流,亮节守金石。
我将捐佩去,谷口事耕获。
政成何时归,近局招要数。
更寻左氏庄①,宵分翦桦烛。

自注:①谓季高亲家。

## 《送曾涤生典试江西》云:

### 其一

星轺四出后先望,忽听除君喜欲狂。
臣节独伸时所倚,天心向用道将昌。
当秋自可盘雕鹗,到处争来看凤凰。
动为苍生锡之福,谁云报称只文章?

### 其二

愁闻风鹤近吾乡,大帅深居气不扬。
此去衔恩瞻岵屺,可能画策扫欃枪?

> 事同救火关心切，语待还朝造膝详[1]。
> 割舍私情催上道，未须携手赋河梁。

自注：[1] 君谢恩时有归来面奏之语。

《题彭雪琴茂才从军诗后》云：

> 雪琴文甚武[1]，逸气浩纵横。
> 目下无曹谢，胸中有甲兵。
> 何时膺节钺，为国作干城。
> 榕峤方骚扰，幺麽岂足平？

自注：[1] 雪琴名诸生，亦奇男子，胸有韬略。集《坐位帖》十四字奉赠云："将相致身非异数，朝廷侧席正须才。"盖望其为时一出也。

与曾、胡同官京朝，为文章道义之交，斯亦足见相期许勖勉之意。彭氏尚为秀才，乡先达推重如是，可谓鉴识非虚。（寄胡诗盖作于移疾出都之前，时胡于典试江南缘事镌级后援例以知府分发贵州也。题彭诗之作，在返乡后。送曾诗则文宗即位后再起重官御史时作，未几曾即以丁忧侍郎奉旨治军矣。）曾、胡、左、彭等后来建树赫然，湘军威声震动一时，先生未及见其成也（卒于咸丰四年三月）。又《闱中杂咏》云：

其一

礼闱襄役八人同①，名在丹豪点注中。

监试头衔差不恶，煎茶故事续坡翁。

自注：① 外帘监试，满汉各四。

其二

昨岁毡帷两被恩，春秋分校到龙门。

何如此度夸荣遇，朱盖高张鼓吹喧。①

自注：① 监试出入甬道，例有红伞导行，并鼓乐。

其三

南宫风月妙宜诗，清景偏从局外知。

回首八年堪腹痛①，沉思未就烛阑时。

自注：① 余成进士今八年矣。

其四

主持坛坫属宗工，咫尺风云有路通。

举子五千齐鹄立，定谁入彀是英雄？

此道光辛丑以江南道监察御史充会试外监试所作也。外监试有张盖鼓吹之荣，可与光绪丙戌会试内监李鸿逵《春闱内帘杂咏》所谓"惟有内帘监试阔"云云合看（见本报第九卷第八期），均都老爷之尊贵处。

(原第13卷第4期)

他如：

### 花朝二首

#### 其一

火中退寒暑，日中斩倾昃。
花事甚今朝，老丑变顷刻。
大力暗中移，谁能挽之息？
桃李门前华，向人作光泽。
忍使尊罍空，今朝足可惜。

#### 其二

园秋始有菊，岭冬始有梅。
造物何先后，乃循资格为？
彼此若互观，迟早两无猜。
生机自不息，时至当得之。
不信万卉繁，青阳专其司。
群儿艳唐花，火力相攻催。

### 题画

树古云阴积，岩深石气寒。
知音若可遇，试取鸣琴弹。

### 初度言怀（三首录一）

为学岂多言，忠信洵德基。
吾观万弊丛，悉由浮伪滋。
真意苟不存，两间盈杀机。

靡丽习慆淫，揣摩蹈险巇。
积渐非一日，岂曰非人为？
摇摇风中蘽，未足喻我思。
南山有松柏，终古枝条垂。
愿言结邻居，高咏羲农诗。

过邯郸县题壁（二首录一）
富贵安能了此身，难凭一梦谢尘因。
如何燕赵今犹昔，不见悲歌感慨人。

约曾涤生至陶然亭小酌代柬
明日日之吉，及午游江亭。
枯苇带残绿，高柳垂余青。
我友具笔砚，儿子携楸枰。
行厨稍供顿，芡菱杂荤腥。
庶以极谐笑，谁能知悴荣？
今我不欢乐，卒卒秋霜零。
愿言高仁驾，在耳萧萧鸣。
无为效颠当，双户牢昼扃。

送朱伯韩侍御归里
索索雨叶天欲霜，朱子随雁于南翔。
置酒为饯各叹息，我殊无语情则伤。
桂林山奇水清驶，大好家居画图里。
出舁肩舆入图史，子为子计诚得矣。

*1685*

年来丹山群凤喑,卑飞敛翼巢深林。
衔阙忍饥俟一饱,见者不复名珍禽。
闽海一人奋长袂,撞钟伐鼓闻海内。
粤海一人继其声,琼琚大放何觥觥。
二子离立子往参,奄有两美峰成三。
二子翩其竟不顾,每一思之怅烟树。
今子又作黄鹄举,侧身天地奈何许。
我亦百鸟之鸣鹅,所值与子同坎坷。
塞马得失岂须较,隍鹿迷离安足多?
已矣从子岩之阿,闭门高咏康哉歌。

### 校陈庆覃云石初稿为题后还之

君诗卷舒岩上云,朝暾射映光璘彬。
君诗皎皎湘江月,绝底沦猗鉴毛发。
平生襟期杜牧之,罪言一箧情万丝。
挥毫如不用意为,渥籍汗走难庶几。
贱子论交在早岁,同官近复推前辈。
形影真看麐蚷连,唱酬况复丝桐契。
琵琶拉杂春风手,烧烛同倾蓟门酒。
万种愁牢有此樽,三尺喙狂肆谈口。
此后合离安可知,我去将抉湘上犁。
他日相思欲愁绝,松风万壑对君诗。

### 四柏行

司徒庙前四古柏，森然布列各殊状。
一株郅偈干云霄，众条纷敷酌宜当。
气象尊严若王者，雍容冠服朝堂上。
一株标异在肤理，寒产诧若缠丝纩。
骨节锴□中藏棱，劲枝折铁谁敢抗？
其东一株伸两爪，駃牟如獜不相让。
又如奇鬼欲攫人，伏地侦伺翘首望。
迤西一株尤绝奇，皮之仅存无腑脏。
首尾至地枝仰撑，其中豁开外健壮。
世间万木总雷同，此四株者傥新创。
吁嗟造物有意无，伫立斯须为惆怅。

### 放鹤亭

鹤飞去兮何时还，山川悠邈日月闲。
湖水不波云不出，千秋岑寂一孤山。

### 正月十四夜上饶舟中对月

水浅滩声沸，沙明月色新。
孤舟初泊夜，三载未归人。
碕岸柴门静，低枝宿鸟亲。
他时倚虚幌，回首话酸辛。

### 过歧岭韩祠榕树绝大，枝干扶疏恰蔽祠宇

岭海东行半是山，百围榕树壮边关。
孤根盘结三唐后，直干高陵百越间。

谁假诗篇滋异说,似闻阴洞富神奸。
苍茫独立悬崖影,万里秋空见鹤还。

途间负担者多女子作歧岭曲
鬟侧垂青丝,与欢两肩并。
妍媸待欢定,将欢作明镜。
十里上蓝关,对面相逢笑。
双声歌入云,知是龙川调。

六十初度言怀

浮生过眼渺云烟,秋至俄开六秩筵。
白笔十年惭报国,丹忱一片许笺天。
入闲老骥思千里,作茧春蚕已再眠。
蜀肆蓍龟休就问,从头甲子且重编。

曾经作赋侍螭坳,几辈青云客定交。
官职迤邅鱼上竹,身家辛苦燕营巢。
行藏差可逃訾议,富贵从来等幻泡。
但勉儿孙守清白,百年农具肯轻抛?

忽漫江湖聚乱民,土崩鼎沸太无因。
幺麽梗化原非敌,帷幄成谋要有人。
沧海即今归禹贡,诸公努力答尧仁。
属櫜缚袴平生志,试拟人间老大身。

世故乘除幻万重,静观物变转从容。

风花过去双蓬鬓,云梦谁曾一芥胸?
壮岁心期刘越石,暮年志趣郭林宗。
太平但许余生见,湘上渔人早晚逢。

追悼钟小亭舍人
欢会如云散,无端作鬼雄。
名喧三极北,气慑大江东。
骄帅心难问,苍生恨未穷。
史祠应配食,蘋藻四时同。

悲张玉田同年
未觉英雄老,焉知祸变寻?
萧骚巫树暗,惨淡皖云深。
隔岁虚传札,长途感赐金。
苍茫悲世事,洒涕望江浔。

盖均斐然卓然,不愧名作(佳构尚多,不备录)。郭嵩焘序(咸丰十年撰)云:

往在京师,樾乔侍御语予曰:"顷曾侍郎表章山谷内外集,有羽翼诗教之功。凡为诗,意深语博,屏绝尘俗,惟山谷为宜。"其后侍御乞假归,有出都感事诸作,传诵一时,尽变平日和夷清丽之音而为抑塞磊落,因悟向者之言为自道所得也。侍御既归,沿淮涉江而南,东尽岭表,而诗日多。居久之,复还京师，逾年卒。盖侍御自通籍二十余年，落拓不适意。为言官，数陈事，中忌讳，益以困穷。始终一节，而所为诗顾数数变，变而益工。中年以后，潦倒人事，乃益发擿，沉潜于山谷以写其幽窈。信哉，诗之穷人也。然自予少时，见侍御谈艺京师，曾涤生侍郎、汤海秋农部、何子贞太史、陈庆覃侍御及凌荻舟、孙芝房、周荇农诸君，先后以诗文雄视一世，从容谈宴，日夕间作。其时国家岁忧水旱，海夷渐起，追思百余年乡人宦京师，文章遭际，博大光显，慨然太息，憾生年之晚。七八年来，复有今日，顾念往昔文宴之盛，流连慨慕，又渺不复得。然则侍御之官与年不甚丰，而幸生无事，自少逮老，优游文字，而其诗既久益为当世所贵重，斯其幸不幸又岂以穷达修短为哉？嗣君寿民大令属校侍御之诗，因为之序其略，而以侍御生平与世运升降相发明，附著之，寄余慨焉。

**又罗汝怀序**（同治五年撰）云：

……或以绿萼梅画扇属题，周翁者为七言律诗四章。先生怫然谓余曰：某君自负时艺老宿，则谈时艺可耳，何用作诗？如此题者，数绝句足以了之，而若是繁重乎？盖自乾嘉之际，一二学使者提倡风雅，邦人靡然从风，流连景物，矜尚藻采，题多赋物，作必连篇，时之风尚使然，莫以为诗之道不如是也。……

一夕见远水清澄，斜影荡漾，先生曰：吾昨独游于此，得句云：夕阳空翠无人到，自棹孤舟一叶来。殆以喻独得也。……先生天机清旷，风趣流溢，略无宿物著其胸臆，故出语疏俊，雅近眉山，而性术挚厚，萦系家国，恋眷友朋，时具往复缠绵之致。就其深至处绎之，可生人流连慨慕之思。……

各于作者境诣风旨有所申说，录资并览。

(原第13卷第5期)

## 七　黎吉云轶事

湘潭黎樾乔先生（吉云）诗，经摘录实吾《随笔》（见本报本卷第四、五两期）。先生在台有声，咸丰三年忽以细故获咎，其事亦颇足述。左宗棠与为友，且姻家也，所撰《前江南道监察御史黎君墓志铭》记此云：

> 时都城方戒严，君奉命驻京城。一日语守者曰："城上宜多积砖石。"守者慢诺之。君督责急，谓："明日不具，将治尔！"守者惧获罪，走愬诸大僚，言御史恐我明日寇将至也。大僚闻于朝，以恇扰降官。

略举其概，而委曲未尽。罗汝怀《清故监察御史前翰林院编修黎君传》，所叙有云：

癸丑春，派巡视东城。时有请添派守城人员者。上谕：毋庸添派，即分派巡城御史。是时粤贼踞江宁，分股北窜，及于静海独流，君忧甚。十月朔，有湖北人直南斋者来告曰："天津已有贼踪。"君故警动，即驱车至广渠门，周视城堞，守具不备，遂谕门领达兴阿严密防范，预储石块，以为堵御。翌日，巡防处王大臣传问，谓其张皇。当君语门领时，有"明日"二字。楚人谓"明日"者，犹言他日，而门领执为次日。或谓君但诣某王目（自）陈，事当解。君曰："襕职耳，何降志为？"及事下部议，朝士皆谓君思患预防，非私罪，宜从轻拟，独协揆某公坚持从重，遂镌五级。

**差详，盖先生曾书告罗氏也。（罗氏序先生诗集，有云："当先生被议左迁，曾详书其由以贻余。"）先生手书《日记》，并承劭西假读，是年所记关于此事者，摘录如下，以资印证：**

五月十九日：本日见钞，五城添派御史共十二员，吉云派巡东城。

九月二十六日：饭后出城，至广渠门查门弁兵丁。缘皇上批何赓卿请添派御史查门之折，旨：无庸添派，即着五城御史稽查。中城陈琴山拈定，广渠派袁幼泉与我专查，故往彼也。

十月初一日：未刻金可亭来此，言天津有了贼。闻此心甚着急，即套车至广渠门谕该门领达兴阿严密防范，并谕："警信若加紧，城门不免有要关闭之时，甚至要将大石块堵塞。此处隔巡防处甚远，汝当预至该处回明，并先筹起石工费。"又见城上带兵章京，问及守垛之具，诸多未备，心更着急，因将纸条书写"赶紧诣巡防处具领守垛一切应需之件"云云。又到城上周阅一晌，天色将晚，即便回寓。至半晚，忽有李参将偕一守备来，言定王爷叫他来问如何向门领说的。我即述前言。参将即去。因想谕该门领之时，或口称"明日怕要关城"，此"明日"二字，系南边口腔，作"将来"二字看，并非即指次日也。该门领或是误会此二字，不可不遣人说明，因属杨八于天未明时即持名片往告以不可误会。

初二日：东城遣差送到联台长一札，亦是问明昨事，即据实呈复。

初三日：午刻忽有东城差役送一札来，巡防处王大臣传往说话，即坐车至其处，见惠王、定王、恭王、花、联、罗三台长，孙符翁、璧心泉数人，旁问我供词。缘门领达兴阿具呈控我，并谓我遣人持名片去是求他上去含混说下。当具亲供据实写明，即回寓。

初四日：巡防王大臣联衔奏请将我交部严加议处，未知折内所说云何。

十二日：本日吏部奏我处分，降五级调。闻各堂都说此事因公，不可拟私罪，惟贾筠堂协揆定要从重。功司司员呈三个样子：一降二级留，一革留，一即降五级调用。贾执意用此，奏入，依议。我生官运至此遂决绝矣。此次复来，本为蛇足，今年两次遣人持印结告病，皆不果，必待镌级以去，合是数定。况此时官爵，毫无足恋，岂复有顾惜之心？惟耿耿孤忠，既不见谅于同朝，复不邀鉴于主上，天实为之，谓之何哉！

读之益详此事之原委焉。事缘急公，以方言之偶被误解，遽获降五级调用之处分，贾桢（时以吏部尚书协办大学士）之力主从重，可谓刻矣。以"天津有了贼（贼）"相告之金可亭，名国均，湖北黄陂人，道光戊戌榜眼。先生自道光癸巳通籍，至是凡二十年，入台以后，未迁一阶。咸丰二年《日记》有云：

> 七月十六日：九点钟引见，奉旨补江南道监察御史。吉云于道光庚子年冬即补是道缺，越十三年仍由故步，可笑也。然此十三年中，飞黄腾达者固不乏人，而降黜死亡者亦自不少，今得仍居原官，而儿子福畴亦挂名朝籍，且系吏部，亦随带领引见各员之后仰觐天颜，讵非厚幸？

> 十二月初十日：五点钟进内引见，梁子恭得。数年为人抬轿，曾不能分一勺之波，可悲亦可笑也。

盖不免自嗟淹滞。（咸丰三年《六十初度言怀》诗所谓"官职迍邅鱼上竹"也。）其官御史事，罗氏所为传，除前引一节外，所叙云：

庚子……擢江南道监察御史。明年充会试监试。派稽查颜料库事务。吏盛饰供张,醵金为寿,君一切却之。库物例由内务府官庭领,其后仅持名刺领状取物,相沿久矣,君一遵旧例给发,领状积百余纸,而内务府官来领者不过一二,冒领之弊顿革。湖南解蜡,库匠斥蜡坏,延不出结,君取向所收蜡较之,无少异,遂收蜡革匠,自是库役无敢需索。解官至私宅求见,君使人谓之曰:"收蜡,公也,非私厚尔,何谢为?"卒不见。壬寅署兵科刑科掌印给事中。当是时,海氛大肆,要挟无已,而当事惮发难,多主款,君陈封事十余,语多直切,遂失执政意,而君亦以外艰归矣。丙午起补山东道监察御史,复力陈时务,论难侃侃。时有五御史之目,君居其一,而皆不见用,相继引退,君抑塞不自得,亦移疾归,赋诗见志,世所传都门留别八首是也。文宗显皇帝登极,政治日新,大开言路,中外朋旧咸趣君,君亦思勉图报称,起补江南道监察御史,转四川道。派充武乡试监试,中式百六十四名,所监张字围取中五十五名,一、二、三、五名皆在围内。先是君假归时,粤西寇事孔棘,朝廷命湖广总督某驻衡州相机防御。君于会垣遇新化邹汉章谈楚粤厄塞。汉章故精舆地之学,为一夕作图数纸。君大喜,挟图往见总督曰:"公婴防务,岂弟'身居城卒支更'已乎?"总督曰:"然,不过如此;抑更有何术?"君乃出图授之,并商控制之法而别。其后贼卒由全州入楚,豪无防御,故君首劾之。复奏陈兵事八条,其筹饷条：分户口为三等，上户每日输钱十文，中户五文，下户免输。合直省州县凡千四百四十九缺，省会市镇多至十数万户，简僻州县亦万余户，截长补短，每县以上中二万户为率，约计月得五百余万金，岁得六千余万金。如以为扰，则周官口率出泉，汉制人出一算，古以口计而不虞其扰，今以户计独虞其扰乎？又请革步军统领衙门积弊：步军二万一千一百五十八人，分布周列，此八旗禁旅之制，至今日几同虚设，且添办事名目，二十四旗，旗五人，皆出召募，饷银悉归其手，其正身旗人注籍在营者，并不当差，但食甲米，虚伍缺额，不足十之一二，预雇无赖应卯，以备稽查，应请革办事之名，除召募之弊，月粮由各旗都统躬同印房章京放给，庶饷不虚糜，兵归实用。又言：步甲每名月支饷银两半，不足应事，莫若并三为二，兵贵精不贵多，人减饷增，以期鼓励；操练武艺，当责成健锐火器两营，简派多名，勤为教习。盖君之奋发忠直，期于有为，出自天性，不可遏抑如此。

其为御史盖若斯。所劾湖广总督某，程矞采也。《日记》所云"儿子福畴"：系其长子，以咸丰壬子进士为吏部主事，旋改知县，官直隶藁城县，用军功保直隶州知州，署安徽宁国府知府，兼摄泾县事，以劳卒于任，恤典准知府例，加赠太仆寺卿，荫子知县。（附见传末。）曾国藩有联挽之云："四十年忧患饱经，叹白发早生，襟韵真如古井水；二千石谋獃初试，只丹心不死，精魂长绕敬亭山。"又代弟国荃挽之云："湘妃白眼随愁长，有德配远道相从，一曲鸾飞，不得见夫婿声音笑貌；谢朓青山带病看，叹使君到官遽逝，千里鹤返，应眷恋宣州城郭人民。"　　（原第13卷第6期）

## 八　汪文端代主上发隐痛

英和《恩福堂笔记》卷下云："乾隆年间，以徽州汪文端公有著作才，官至内阁学士，仍兼翰林撰文。岁戊辰，孝贤纯皇后大事，纯庙召文端谕曰：'当日慧贤皇贵妃薨，定谥时，孝贤纯皇后泣曰：我朝后谥，上一字皆用孝字，倘许他日谥为贤，敬当终身自励，以副此二字。今不幸竟予孝贤之谥。其将此意，作祭文。'文端所撰文云：'尚忆宫廷相对之日，适当慧贤定谥之初，后忽哽咽以陈词，朕为欷歔而悚听，谓两言之征信，传奕祀以流芳，念百行以孝为先，而四德惟贤兼备，倘易名于他日，期纪实于平生。岂知畴昔所云，果作后来之谶！在皇后贻芬图史，洵乎克践前言；乃朕今稽古典章，竟亦如酬夙诺。兴怀及此，悲恸如何！'此文前后记忆不清，而叙事精详，情文委婉，岂专以词藻为工耶？"此作稳惬而饶情韵，自无愧馆阁佳文。（赵翼《簷曝杂记》卷二有云："汪文端公诗、古文之学最深，当时馆阁后进，群奉为韩欧；上亦深识其老于文学。殁后，上以诗哭公，有云：'赞治尝资理，论文每契神。'公之所以结主知者可想已。"）宋邵伯温《河南邵氏闻见录》卷二云："孙文懿公为翰林学士，撰升祔李太后敕文曰：'章懿太后，丕拥庆羡，实生眇冲，顾复之恩深，保绥之念重。神驭既往，仙游斯邈。嗟乎！为天下之母，育天下之君，不逮乎九重之承颜，不及乎四海之致养。念言一至，追慕增结。'仁宗皇帝，览之感泣弥月。公自此遂参大政。"仁宗隐痛，能为发摅，亦代言之工者，盖可并传。

(原第13卷第7期)

## 九　李鸿章评曾纪泽

光绪十六年曾纪泽卒后，李鸿章复曾国荃书有云：

劼侯易名蒙赐惠敏二字，勤施无私，才猷不滞，体用兼备，足称平生。国朝臣工，自潘补堂外，联用此二者尚无第二人也。子产之善邻有词，伯业之长大好学，千秋论定，一节已传，况于弭兵息民之大功，临机制变之深略哉？前在都门，颇得深语，于世俗谬悠之口，忌者排挤之情，藉悉阻巇，极为抑郁，故疏语联语，俱本此意发舒，使知才难，一申公论，并荷激赏，感喟何穷。湘中卜葬，尚未有期，沪上暂作停顿，以待秋凉，最为妥当。侯夫人重以爱女之悲，不无摧损，近知调理已就顺平，日前道出津门，谊同一家，分应照料，重劳奖饰，弥增悚仄。令侄孙女深可悯惜，至此无可复言，业经电谕舍侄辈速往料理后事，将护还里，望释廑怀。

又《复倪文蔚书》有云：

> 劼侯忽逝，失一洋务人才。年来亦颇不得意，既为同官所排，又不得当路之助，郁郁戚戚，赍志以终；文正后人，骤难有继起者矣。昨具疏略为表扬，既抒故府之哀思，亦折时人之空论耳。

称惜之外，兼言其遭排挤而抑郁以终。所谓同官所排，当有所指。尝见张荫桓（直总理各国事务衙门）与人手札有云："署中各事，徐筱翁主之，念可藏拙。劼侯每日与之水火，至愤郁以终。念此中空洞，随遇安之而已。"（荫桓别号"念初"。）深不满于徐用仪（字筱云），或即鸿章所指耶？至所谓"世俗谬悠之口""时人之空论"，亦见纪泽以通"洋务"讲西学见嫉当时之概。鸿章侄妇为纪泽长女，复国荃书中，"谊同一家"句，于式枚拟稿本作"至亲谊同一家"，鸿章删"至亲"二字，盖谓曾、李关系之深，非藉联姻始然耳。纪泽谥惠敏之前，惟乾隆朝福建巡抚潘思榘谥敏惠。是年国荃继逝，鸿章复王文韶书有云：

> 曾忠襄猝以微疾告终，抚事感时，可胜哀惋。饰终之典与文正同符，朝廷眷念旧勋，可谓至优极渥。初意此席较量资望，无以易尧，九牧论才，同深属望。旋闻特起岘帅，自为湘部防维。南北两洋，提衡相倚，比来忽逾廿载，南中顿易数人。文肃、文襄，并是故知，公义交情，亦云不负；至论同时之久，相得之深，七载如

1699

新,纤毫无间,则忠襄盛德,尤过群公。举目遂无此人,拊膺可为太息。循绎来示,弥叹击磬之同心也。

于国荃尤特示推服,和衷可见。谓刘坤一之再起督两江,"自为湘部防维",良然。坤一此次重任江督,至光绪二十八年卒官,与同时之直督李鸿章、鄂督张之洞并称久于其任之三总督焉。

## 一〇 彭玉麟与曾国藩相得

坤一前于光绪七年解江督任,为被劾而由彭玉麟查覆之结果。玉麟于原参各款,颇为辨解,惟云:

> 刘坤一禀质素弱,前在广东时奏恩终养,未蒙俞允;时会艰难,受恩深重,遂不敢复上乞退之章。上年与臣察看圌山关形势及各炮台操演水陆兵勇,并出洋一次,终日登山陟险,步履尚健于臣,惟难耐劳,劳则疲倦,精神稍不如前。两江地大政殷,慎海疆之重防,全该督之晚节,出自逾格鸿施,微臣不敢妄请。

于是坤一解任,而玉麟奉署理斯职之命。玉麟上疏力辞,左宗棠乃由军机大臣出督;国荃则于光绪十年继宗棠之任也。而玉麟疏辞时,即曾附片密保国荃,谓:

> 现在两江总督以办理洋务为最要,亦以办理洋务为

最难。就臣所知，惟现授陕甘督臣曾国荃，坚忍耐劳苦，沉毅有智略。昔岁围攻金陵，英、法两国人皆谓非用洋兵不能成功，曾国荃独率湘军攻克坚城，不假西洋一卒之力，洋人至今慴服。臣往来长江十余年，习闻两江士民称曾国荃之勋而戴其慈惠，感激犹在人心。曾国荃系心君国，感奋图报之念，亦实始终不渝，徒以体气虚弱，最畏风寒，又因两子相继病殁，忧郁成疾，若令处东南温暖之地，水土相合必当尽心效职，不至畏难自沮。臣与曾国荃共事日久，察其议论见识，高出一时，上年筹办山海关海防，与直隶督臣李鸿章，遇事推求，和衷商榷，于洋务亦甚熟习。臣为任事需才起见，既知之有素，不敢不据实附片密陈，伏候圣慈采择。

足见与国荃之相得。（追闻朝命畀宗棠，与郭崑焘书有云："以左湘阴相国肩此一席，实两江三吴亿万生灵之幸。"则又见对宗棠之推许；特宗棠以大学士直枢廷，自非玉麟所能奏请外简耳。）然曩者玉麟固尝恶国荃也。曾国藩复玉麟书有云：

> 叠接手书六件，敬悉种种；国藩亦有无数事件，急欲熟商。柳寿田曾充敝处戈什哈，亲兵营之立，柳寿田及各哨官，皆系鄙人自放。鄙人现尚有兼辖水师之责，乃昨撤柳寿田之委，阁下竟不令其卸事一日，离营一日，亦不许其来金陵一行，仅借成发翔兼管之名，俾柳寿田

*1701*

任事如常。此等举动，若他人以施之阁下，阁下能受之乎？阁下于十一年冬间及此次，皆劝鄙人大义灭亲。舍弟并无管、蔡叛逆之迹，不知何以应诛，不知舍弟何处开罪，阁下憾之若是？来示谓国藩将兵则紊乱，鄙人在军十年，自问聋聩不至于此。舍弟之贤否，吉中营之好歹，鄙心亦自泾渭分明，亦自能访察。外间之议论，痛诋吉中营者，阁下为最；此外官绅商民，水陆各军，有贬吉中者，亦有褒吉中者。若如阁下之所诋，则安庆、金陵之绅民必痛憾吉中营入骨髓矣。柳寿田明知阁下与舍弟积不相能，而故重责割耳，谓非有意挑衅，其谁信之？吉中之勇，既有所挟以凌人，而反不说出营名，露出号补，直待打毕割毕，始行满出吉中二字，又谁信之？

此书盖作于同治三年十月间，时国荃已解兵回湘矣。玉麟因与国荃不睦，对国藩亦几有凶终隙末之势，一时龃龉形于事实焉。至是知国荃不愿赴陕甘总督之任，特为密请量移，甚加赞扬，盖意气早平，重归于好矣。（国荃对于甘督之命终以病辞。）至其自辞江督疏，系谓：

> 兹又钦奉恩命，署理两江总督并通商大臣，以臣愚戆，再四忖度，有不能不披沥上陈仰渎圣聪者。伏查天下各直省者，惟两江地大政殷，素称烦剧，加以盐务、洋务，较曩时尤为难治，以曾国藩、沈葆桢之力，励精图治，尚形支绌。臣久病之躯，特以受恩深重，不敢稍

偷安逸，勉力从公。年来巡阅长江，心血久亏，思虑不及，挂一漏万，内疚方深，岂能复当两江并通商大臣巨任？此不敢受命者一也。臣秉性淡泊，不善理财。查两江总督以筹划饷糈充储国课为第一要务，若臣任之，必致饷绌课虚，上误朝廷，下误苍生。此不敢受命者二也。臣迂拙戆直，但愿用夏变夷，不敢用夷变夏。查通商大臣时与外洋交涉，臣不谙夷务，不习夷情，遇事每与该夷人忤，彼族又视臣为怪物，不合时宜，彼此成见在胸，任之必多决裂。万一或生衅隙，深虑贻患将来。此不敢受命者三也。臣昔年力辞兵部侍郎，今以侍郎较总督，其责任轻重以及治事难易，相别天渊，臣才力不足任兵部侍郎，岂转足任两江总督？既变易乎初心，恐贻讥于物议。此不敢受命者四也。臣昔年督率水师剿贼，身膺前敌，右手足三次受重伤，五十岁后遂频时咯血，又以水师素来清苦，臣幕无朋友，公私事件，系臣一手经理，心血愈加耗散，神智不时昏眊，遇事每不知所裁。去秋奉谕筹办海防，不时出海奔波，其咯血心忡气逆及筋骨疼痛等症，较昔更甚，精力因之更甚，精力因之愈衰。两江督臣刘坤一年小于臣一纪，其步履精神尚健于臣，言者且责以精力难胜，臣年近七十，古宜致仕，心血精神，更逊于刘坤一，虽署任为日无多，而在任一日，即有一日之事，实非病躯所能尝试。此不敢受命者五也。

**玉麟性刚卞，不愿服官，屡辞疆寄，或疑其矫，然实善**

藏其短，得自处之道，徒以高尚称之者，亦未为深知也。

(原第13卷第8期)

## 一一　旧闻三则

张二陵君近书示旧闻数则，移录如次：

### （一）袁大化傲视俄使

光绪二十九年，袁大化在奉天东边道任。俄国于庚子之役后，在东三省势张甚，其驻兵武官，每盛气以陵华官。大化不肯示弱，时有争执。政府恐启疆衅，遂拟将大化他调。会大化以明保入都引见，谒军机大臣。时庆亲王奕劻以外务部总理大臣兼军机大臣领袖，问以日俄情形，大化即言日俄战事不久必将发生。奕劻问何以知其必然，大化曰："日俄在东三省已成相持不下之局，目下俄人布置尚未周密，日本不乘其准备未齐之时，先发制人，而待其布置已周坐失机宜乎？以职道之愚尚见及此，岂明治、伊藤之见解，反出职道下哉？"奕劻曰："两宫召见时请勿如此奏对，缘外务部方奏日俄在东三省尚可相安无事也。"大化词气之间，颇不谓然。翌日奉旨调任福建兴泉永道。既具折谢恩（道府此类谢折，例由军机处人代办，酬以数十金，到任则不能如藩、臬之专折谢恩也），即传旨迅速赴任，而未予召见。时道府州县凡明保送部引见者，均召见一次，大化以边缺道员他调而不蒙召见，都中咸以为奇，不知内幕中有此一段曲折也。岁杪日俄之战果作。

## （二）言官风闻言事获咎

清制，言官得风闻言事，苟无纳贿徇私情事，虽不采纳，亦无过，间有获咎者，重者降革，轻者回原衙门行走。光绪丁酉，侍郎徐致祥以浙江学政任满，续简安徽学政。御史王廷相条奏时务，对此有"貌似优遇实则屏绝"等语。旋奉旨谓："朝廷用人行政一秉大公，该御史辄以偏见窥测，殊属不胜言官之任，着回原衙门行走。"廷相原系由编修迁御史，遂仍官翰林。戊戌，文悌以参劾康有为由御史回户部，未几政变，以知府用，旋简河南开封遗缺知府。廷相以诗三十韵送行，有云："我心方鼠戚，世变竟蝉联。伐鼓争扶日，封章直诉天。分宜金锁伏，犹许玉堂旋。"自言前事也。又云："身为朝望系，家有祖功绵。此行殊恋阙，预计到归田。"文悌为费扬古后裔，留别诗有"此行臣拟五年归"之句。

言官职司纠劾，保举则悬为厉禁。犹忆光绪甲辰，广西会匪猖獗，广西提督苏元春，以纵匪酿乱被劾获重咎，革职拿问，时下走方供职秋曹，见御史徐堉条奏，以苏元春未便置身事外，请饬该革员回广西，戴罪图功，疏成尚未入告，下走即以台纲为言，堉曰："我此奏不过令其戴罪图功耳，并非保举也。"竟缮折递上，旋奉旨回原衙门（礼部）行走。

1705

## （三）与马新贻论政

同治三年攻下金陵后，马新贻未几由安徽布政使升浙江巡抚，以书通候先曾祖太仆公，并赠以表忠观碑拓本。先太仆公复书，与之论政，大意有云："历朝皆以暴君污吏激乱，本朝则圣君贤相，深仁厚泽，何以洪杨之乱，蹂躏十余省，竭天下之力，仅乃克之？历朝失于严酷，本朝失于宽纵。即如秋审一项，已分情实、缓决，情实之中又有'法无可原、情有可贷'加签声请之条。彼良民既不犯法，又不为盗，即使网开三面，亦无从沐此旷典。"又论曾国藩不应再令督师（时僧格林沁方阵亡，国藩受督师剿捻之命），谓宜令入值枢廷兼充翰林院掌院学士，一则平章军国，一则培植人才云云。旋得马复书，谓"所论高瞻远瞩，钦佩无既，当据以入告，以副我兄救时之宏愿。至关于湘乡一层固属至当，然弟曾为湘乡僚属，只能存诸心而不敢宣诸口"云云。

马氏以表忠观碑拓本赠先曾祖，并书有跋语如左："按钱武肃之丰功伟烈，《新唐书》及《五代史》言之綦详。综其生平，才大志小，以不希非分为家法。五季之世，中原鼎沸，吴越之民不被兵祸者百余年。因果家言，谓宋高为武肃后身，未免附会，然其休养两浙之功，良足多也。同治三年，新贻承乏两浙，循例致祭地方先贤暨有功德于民者，览钱王之祠宇，读坡公之文章，觉非斯文不足称斯题，又非斯书不足书斯文，觅工精拓，装成四册，寄赠石渠二哥大公祖大人，并希鉴赏。抑更有进者，咸丰之季，石公典守吾曹郡，时发捻北窜，承平日久，民不知兵，人心汹汹，莫知所底。石公到任后，缮城郭，搜军实，民以安堵。事平，叙前功，简济东泰武临道，并赏孔雀翎。由是而陈臬开藩，洊历封圻，以福吾曹者福苍生，是尤新贻所馨香以祝者尔。同治四年春日，如弟马新贻志。"

二陵之曾祖，讳文林，字石渠，道光辛卯举人，以大挑知县官山东，洊至道员，署济东泰武临道，有名绩。卒后，大吏上其事，予恤赠。封邱何家琪为撰《渑池张先生墓碑》（见《天根文钞》卷三），铭词云："庸世以杂学而独严于身，鞠乱以重法而独宽于民，乌乎古之人！"碑文中叙其在曹州府知府任内事云：

> 咸丰……十一年天子诏户部侍郎杜翔练民兵于其乡，至则拔各郡县士耆之悍者领保甲长。民尽输钱于长，备军需，田废，催科无出，长恃势因民以抗。官怨，上变，置诸法。当是时，先生以同知摄曹州府事，属县亦以变请兵。先生曰："嗟乎！此粤寇所以起，数年破数行省千百城，杀亿万无辜之人，至今未已也。吾廉之，即变，诛其魁足矣，何兵为？有罪知府坐之！"立驰谕变者："曹州府知府张文林按汝境！"乘一马车，役十余人手鞭从。道遇变者刀而出，望见先生车，刀坠地。先

1707

生曰:"进!"皆膝而进。下车一一指之曰:"汝等罪也,当死。"变者齐应,声震数里。半顷曰:"悔否?"皆悔。又高言曰:"天不罪悔过之人,今天子仁同天,知府请汝命;再,知府不汝活也。起!"皆起。

颇为有声有色。

马新贻被张文祥所刺而死于两江总督任,案情迄未大白,身后甚滋遗议,而其人由知县累擢至封疆,竟继曾国藩而为两江总督,当时极为朝端所重可知。闻新贻雅有吏才,抚浙督江,颇有政绩。震钧《天咫偶闻》卷六有云:"曾文正公……之所不可及,尤在深识大体。江南甫平,即撤兵,讲求吏治,兴复典礼,大乱十二年,一旦平定,即能使民不知兵,一归承平之旧,洵非他人所能及……继公督两江者,为马端敏公新贻,承文正之后,威望不及文正,而吏治过之。时丁雨生(日昌)为苏抚,与公协力整顿,陋规悉裁,改为办公经费,以地之肥瘠为等差,于是州县不甚累,而道府之用亦足。又如保甲、恤嫠、育婴,次弟(第)修举。江南吏治以此际为称首,惜乎敷政未终而有被刺一事也。"盖于其吏治极示推崇焉。(新贻之死,当时有疑及丁日昌者,为一种误会。)

(原第13卷第9期)

## 一二　何家琪诗文集所记逸事

封邱何家琪，字吟秋，别号天根，光绪乙亥举人，官至汝宁府教授，文誉颇著，有《天根文钞》正续集暨《天根诗钞》，以留心时事，集中不乏可供参镜之作。如：

### （一）书曾文正公逸事

同治三年湘乡曾文正公之克江宁也，首下令覆秦淮河灯船，江宁织工三年不税，他郡县税倍之，木商自江汉至江宁者亦三年不税，是故四方之工商皆集江宁，江宁城皆屋。当是时，凡江宁贫士下吏、孤寡老疾，无一失所者。呜呼，乱定以来，封圻之臣，类专务榷算、汰节、综核、苛刻为功，公勋盖天下，而其政宽大如此。

### （二）书浙江布政使蒋公逸事

同治三年，浙江复，湘乡蒋公益澧以功最为布政使。适吴公存义来视学，公往谒，兵卫仪从甚盛，吴公逆之入。坐顷，吴公进曰："今乱定，公左右宜少裁抑。"蒋公起，旋伏地谢曰："益澧少年不学，随大军鞍马，窃余功，悉上命待罪于此。公幸教益澧，益澧敢不奉教！"遂叱左右去，徒步出。明日肃衣冠具弟子贽吴公门，曰："益澧愿受学。"吴公不敢当，固请曰："吾一言望留意，遇读书士厚之耳。"公再拜谢。初，公屡

*1709*

得窖金给军食，及值乡试，士予金一铤，会试者三倍之，无毫毛私焉。当是时，绍兴知府诛一士尝为贼诖误者。公闻，解其职，曰："诛甚当。虽然，浙江久陷贼中，一方之人，其不为威劫胁从者几人？而可尽诛哉！且不能卫于始而罪于终。皇上下诏赦，原许不死，复追论之，是违诏旨也。上追论一人，下之讦告仇诬必多，甚或利其产以要功于上，则民无噍类矣。矧反侧弗自安，昔之乱不将复起于今日哉？"于是大张示谕：凡士民有敢以旧罪相告者，以所告之罪罪之。（下略）

## （三）书杭州知府薛君逸事

浙江既复，陷贼逸出者童子数千人无所归。杭州知府薛君时雨，遍给衣被，亲送之市中诸贾肆，揖贾而进之曰："此无家儿也，愿肆置一人为其徒。"佥曰诺。时同治三年也。童子长皆号薛儿。何家琪曰：承平之时，所在有育婴、养老、守贞、栖流诸义所，然立法不善，或司非其人，有生之转杀之者矣。以予所见，类中蚀其利，甚且米杂以石灰，食者辄病，有宁饿死不入者。若夫广施衣谷，中上之户冒领以被奴婢饲犬豕，而贫者不得与。至于水旱盗贼之余，公私互假，速迟失宜，名为赈济，实益其祸，事尤不忍道。然则必如薛君所为而后谓之义哉！

## （四）记黄崖狱

（上略）余特悲山东肥城黄崖狱。黄崖张积中者，江都老贡生，山东临清直隶州知州阖门殉节积功弟也。以兄弟次七，学者称为张七先生。为学本儒兼道家，旁及陶白治生之术，论《易》"财成天地之道"，"财"读如字，广《大学》末章"生财"之义。咸丰三年粤寇陷江都，依兄。兄殇，见山东寇乱方炽，思卫乡人与山东官吏宾客旅居无归者，道黄崖，相其壁斗绝可结寨为避寇计，乃筑室讲学其中。乡人与山东官吏宾客妻孥环居之，远迩巨室亦闻而往焉，于是黄崖有富名，守寨卒伍多无赖。同治六年春，寇犯山东，寨卒有诱寇者，益都临朐知县捕得，以变闻，状甚亟。巡抚阎文介公遣总兵某率兵围之，谕：三日降，赦其罪。是时积中已受制于下，不得出，报书愿自刎明非叛而已。总兵某亟攻，破之。公令止杀男子，男子死，女妇类衣不蔽体，争投崖。长清，毗县也，知县陈恩寿亟取家人衣衣之，不给，分裂布絮，各护归，其道远者亲启一室，访族戚属焉。事平，获黄幔黄裈裙，背有"关帝庙"三字，乃羼入粤寇太平天国旧旗实其狱。公悔，乞病去。后十有六年，光绪癸未科会试，恩寿子冕以第一人及第。（按：以上四篇均见《文钞》卷二。）

之类，咸足备览。同治间山东黄崖一案，私家记载，率谓冤

狱。拙稿亦尝就在鲁所闻,有所记述(见本报第六卷第四十九期)。可参阅醒醉生(闻即汪康年)《庄谐选录》卷五有云:

　　黄崖在山东肥城长清之间,素无居人。咸丰间,江浙避洪逆之难,流寓山左者甚众。有张积中字子中者,扬州人。其兄尝为临清州,殉难死。积中读书,稍有文学,好诵佛,常以行善劝人,又略能堪舆诸术,聚徒讲学,一时从游者甚众。张告人,言黄崖地可避寇,即独先移家往,从之而去者,渐积至八千余家,筑寨购守具,为久居计。张尝以每月某日为众人讲书,其语不尽纯正,外间人已纷纷疑为邪教。会青州府首县汉军某大令获异言异服数人,讯之,供言奉张七先生令,招军买马;而宜都县知县扬州某大令,获数人,供亦如之。乃各飞禀至省。时某相国为巡抚,得禀大惊,急欲剿办。丁公葆桢时为按察,白相国云:"张之子实在省为候补知县,观其人循谨,其父亦必非谋逆者,请令其速赴寨,招其父至省,而一面令长清县往查确实,毋遽发兵为也。"相国良久始许之,允予张子限五日。丁即传张子,告以将灭门状。张子伏地叩头大哭。丁曰:"无惧,可速于五日内招汝父来,则可无事。"张子即飞驰而往。时长清县知县陈伯平大令奉命入寨察视,而宜都县某大令之父与张有连,往力劝张,亦适在寨中,出陪陈,力言并无反状。坐顷,忽外间传一信至,言访得长清县来寨,穷探虚实，请速杀以灭口。信为某大令之父所得，大惊，即示陈曰："本谓其诬，今乃若此，奈何！"陈愕眙出门，则马夫已被杀矣。二人乃急以被缒墙而出。是时抚藩在省待张子七日不至，已大疑。盖张子至寨，哭劝张，张曰："吾反无据，若往，是实其言也。汝辈若惧，可自往。"妻子环跪请之，不许，而长清飞禀已至省。相国复问丁，丁不能复为地，乃令两司率总兵湖北人王某，记名提督湖南人王某，道员湖南人王某，率大兵往剿。至则寨中亦闭门严守。俄顷间已破城而入，张举家自焚死，官兵大肆淫掠，死者万余。丁命植旗西门外，使人以令箭约城中曰："出西门乃免。"从之而生者千余人。陈伯平欲救之，无策。适登州府知府豫山至，陈语之故，且教之策，豫乃于众中大呼曰："大人命勿妄淫杀，奈何违令！长清县知县何在？"陈即出，半跪请示。豫以令箭予之，使禁兵毋妄动。被难者由是稍得出，陈救得妇孺五六百人。时杀人已万余，而未得谋反实据。相国乃责三王曰："汝等皆言谋反是实，今奈何无据！若三日不得，则杀汝！"三王急命搜得戏衣一箱，使营中七缝工稍补治之，即以此为据。由是诸在事者皆开保如剿匪例。七缝工后亦被杀以灭口。是役冤死无数，道员王某被鬼捉去死，提督王某亦惨死，家中淫乱无状。陈子冕，后登癸未状元。

按：此事传者不一，是说较详，亦尚平允，姑记之以质知者。或曰：某相国后屡被召不出，盖亦疚于兹事

*1713*

也。又闻难未作时，有候补道某君之子在省中娶妇，其妇翁亦道员也。成婚甫三日，欲远出，妇怪问何事，子言赴黄崖听张七先生讲书。女恚曰："新婚未几，乃即远离，何无人理耶！"子曰："张先生约束严，不可不往。"妇哭诉诸父母，疑婿为邪教人。父曰："张读书人，何至是？"母诟曰："汝已误将女适匪人，今不速发，将灭门矣！"父不得已，乃禀闻中丞，而大祸遂作云。

亦私家记载之言此案情事者。（山东无宜都县，若是益都，则即青州府首县，不应歧而二之。）大抵此案诚属冤滥，而张积中辈当彼时而形迹启疑，亦非无取祸之道也。

（原第13卷第10期）

## 一三　曾国荃之治绩

曾国荃晚岁督两江，清静无为，号为卧治，恒以衰老为言，托病不见客，即见亦每着便衣，大典始以公服从事，闻终岁着公服不过数次，而好于夜间出署微行，步履固甚健。时论颇讥其不事事，政府以其为中兴名将，奏大勋，资其宿望，雍容坐镇，弗予苛求也。光绪十五年，李瀚章由漕运总督迁两广总督，过宁谒国荃。投刺后，阍人启曰："宫保有病，挡驾。"瀚章为曾国藩门下，夙以长者之礼事国荃，即降舆曰："久未谒见，极为渴慕，必须入内请安。"遂步行入署。国荃便衣接见之于内室，瀚章一见即跪拜。国荃曰："吾老且病，不能还礼，奈何！"竟不答拜，实则瀚章年犹稍长于国荃也。略谈之后，国荃曰："礼宜设筵奉邀，惟病体不耐酬应，请即在此便饭。"遂立设数簋，与之小酌。迨瀚章兴辞而退，国荃亦不送。以总督款待总督，如此脱略形迹，传为罕事，盖国荃不免故作偃蹇云。

关于国荃微行，《章华笔记》云：

曾忠襄督两江时，年六十余，朝廷倚若长城，其治术颇主清静，与民无扰；然喜变服微行，恒数日不归署。先戒门者，不得惊疑及偶语，久乃习然若无所见。一日公自外归，门者卒呼宫保，乃逐去。其严密如此。予少客江南，颇闻其事。后询重伯太史，云："忠襄在宁时，尝令其与公孙凌生，俱着布衫，己则戴毡帽，衣大袖短服，状如老兵。候月将中，相率步行，出仪凤门，登狮子山至下关老湘营。渴甚，入其厨，食瓜果以去，营中方鼾睡，弗觉也。江光月色，浩淼千里，阒无人声，各倚石以待旦。而上水轮舟适来，遂登之。赴鄂，住汉口小旅店数日。过江，闻总督方阅兵，偕至校场。时南皮张文襄督鄂，介胄登大将坛，布阵演武。忠襄故长髯，至是纳于大袖中，若恐人见者。事竣，复返汉口，谓重伯曰：'今日之事，夥颐沉沉。'毋何，更买小舟，沿江而下，所至辄小住。忠襄一人发岸，而重伯等守舟，故不识其所往。后返江宁，计时将一月矣。重伯尝谲谏，

*1715*

恐非大臣所宜。忠襄笑曰："天下承平日久，兵废不用，凡此皆习练机谋，非尔等知也。"重伯素以警辟自喜，以为天下人莫能及，独于忠襄，则谓弗如远甚。

述闻诸其侄孙广钧者，应非无稽，特微行离任几一月，未免过于奇诡耳。

我佛山人（吴沃尧）《二十年目睹之怪现状》有云：

第五回：继之道："向午时候，你走了，就有人送了一封信来，拆开一看，却是一位制台衙门里的幕府朋友送来的，信上问我几时在家，要来拜访。我因为他是制台的幕友，不便怠慢他……我出去会他时，他却没头没脑的说是请我点戏……因问他道：'莫非是那一位同寅的喜事寿日，大家要送戏？若是如此，我总认一个份子，戏是不必点的。'他听了我的话也好笑起来，说不是点这个戏。我问他到底是甚戏，他在怀里掏出一个折子来递给我。我打开一看，上面开着江苏全省的县名，每一个县名底下，分注了些数目字，有注一万的，有注二三万的，也有注七八千的。我看了虽然有些明白，然而我不便就说是晓得了，因问他是甚意思。他此时炕也不坐了，拉我下来，走到旁边贴摆着的两把交椅上，两人分坐了。他附着了我耳边，说道：'这是得缺的一条捷径。若是想要那一个缺，只要照开着的数目送到里面去，包你不到十天就可以挂牌。这是补实的价钱，若是署事,还可以便宜些。'……"

第七回:继之道:"……这位大帅是军功出身,从前办军务的时候,都是仗着几十个亲兵的功劳,跟着他出生入死。如今天下太平了,那些亲兵,叫他保的总兵的总兵,副将的副将,却一般的放着官不去做,还跟着他做戈什哈。你道为甚么呢?只因这位大帅,念着他们是共过患难的人,待他们极厚,真是算得言听计从的了,所以他们死命的跟着,好仗着这个势子,在外头弄钱;他们的出息,比做官还好呢。还有一层,这位大帅因为办些军务,与士卒同甘苦,所以除了这班戈什哈之外,无论何等兵丁的说话,都信是真的。他的意思,以为那些兵丁都是乡下人,不会撒谎的。他又是个喜动不喜静的人,到了晚上,他往往悄地里出来巡查,去偷听些兵丁的说话。无论那兵丁说的甚么话,他总信是真的。久而久之,他这个脾气叫人家摸着了,就借了这班兵丁做个谋差使的门路。譬如我要谋差使,只要认识了几个兵丁,嘱托他到晚上觑着他老人家出来偷听时,故意两三个人谈论,说吴某人怎样好,怎样好,办事情怎么能干,此刻却是怎么穷,假作叹息一番,不出三天,他就给我差使的了……"

第五十九回:原来今年是大阅年期,这位制军代天巡狩到了扬州,江、甘两县自然照例办差。……述农查了老例,去开销一切!谁知那戈什哈嫌钱少,退了回来。述农也不和继之商量,在例外再加丰了点送去,谁知他依然不受。述农只得和继之商量。还没有商量定，那戈什哈竟然亲自到县里来，说非五百两银子不受。继之恼了，便一文不送，由他去。那戈什哈见诈不着，并且连照例的都没了，那位大帅向来是听他们话的，他倘去说继之坏话，撤他的任，倒也罢了，谁知后来打听得那戈什哈并未说坏话。

第六十回：他简直的对那大帅说："江都这个缺很不坏，沐恩等向吴令借五百银子，他居然回绝了，求大帅作主……"那大帅听了，又是奇怪，他不责罚那戈什哈倒也罢了，却又登时大怒起来，说："我身边这几个人，是跟着我出生入死过来的，好容易有了今天，他们一个一个都有缺的，都不去到任，都情愿仍旧跟着我，他们不想两个钱想甚么？区区五百两都不肯应酬，这种糊涂东西还能做官么？"也等不及回省，就写了一封信，专差送给藩台，叫撤了吴令的任，还说回省之后要参办呢。

所指两江总督，就书中所述时代印证，盖即影射国荃。此书写晚清社会诸状，非无相当价值，而每多逾量渲染，不可尽信。鲁迅（周树人）《中国小说史略》名此类小说曰"清末之谴责小说"。其说有云：

戊戌变政既不成，越二年即庚子，而有义和团之变，群乃知政府不足与图治，顿有掊击之意矣。其在小说，则揭发伏藏，显其弊恶，而于时政，严加纠弹。或更扩充，并及风俗。虽命意在于匡世，似与讽刺小说同伦，而辞气浮露，笔无藏锋，甚且过甚其辞，以合时人嗜好，则其度量技术之相去亦远矣，故别谓之谴责小说。其作者，则南亭亭长与我佛山人名最著。

又云：

《二十年目睹之怪现状》……杂集"话柄"，与《官场现形记》同……相传吴沃尧性强毅，不欲下于人，遂坎坷（坷）没世，故其言殊慨然。惜描写失之张皇，时或伤于溢恶，言违真实，则感人之力顿微，终不过连篇"话柄"，仅足供闲散者谈笑之资而已。

持论颇允。而此类小说，固尝风靡一时，影响颇巨。辛亥革命之成，此类小说非无关系也。

文廷式极诋国荃，其《知过轩随录》有云："曾沅浦晚年为江督，贿赂公行，女眷用事，一营之兵，不过百五十人，分栈一差，应酬督署干脩，每年万二千两。昏德如此，而日事鬼神。吾以高骈比之，闻者皆深以为允。"又批李慈铭《日记》有云："余尝谓国荃晚节似高骈，幸江淮无事耳。时以为知言。"疑亦不免伤于溢恶。国荃晚年不能勤理庶政，自有未满人意者，而实大事不糊涂之重臣。（不喜延接新进好谈大略之辈，盖亦致讥士论之一因。）

(原第13卷第11期)

## 一四　官场升降内幕

知府为四品官,以品级论,奖加二品衔,未为僭越,而惯例知府罕戴红顶,则以体制较卑,不敢与司道抗衡也。即疆吏以此请者,每遭部驳。京员之有外任道府资格者,其保二品衔,类皆用"俟得道员后"字样,而外放知府为多,须俟迁擢道员后,始得改用二品章服。翰林院编修京察一等记名道府江澍畇(江西弋阳人,原籍安徽旌德,字韵涛,光绪丁丑进士),当光绪十五年德宗大婚典礼,获与本院保案,自请保奖"俟得道府后赏加二品衔",不曰道员而曰道府,俾一麾出守,即可珊瑚其顶珠耳。掌院学士徐桐,颇为疑,语人曰:"韵涛能自信必放道员乎?伊宜再加斟酌。"意谓知府而戴红顶,颇非所宜也。于是有劝以自请更正者,澍畇意亦动,而尚踌躇未能即决。迁延数日,始行陈请,而保案已出奏,不及待矣。此类关于皇室之保案,例均特旨照准,不交部议。发表未久,澍畇即简放山东济南府遗缺知府。外省首府出缺,应由疆吏就通省知府中选员调补,京员简放者,则补其递遗之缺,故曰遗缺府。惟疆吏如认为本省知府无堪以调补首府者,而新简遗缺府之员,能胜首府之任,亦可奏准,迳以之补授首府。直督李鸿章夙与澍畇相厚,而鲁抚张曜又鸿章门人,关系素密,因致曜一书以说项,即以澍畇请补济南为请。首府地位重要(颇有民国初年政务厅长性质),升擢道缺较易，且济南辖州县十六，本缺亦以膴饶著称也。书云：

> 新放济南遗缺府江守澍畇，才具开展，器识明练，在清秘堂办事多年，卓著声望。与兄同乡世谊，知之颇深，此行得隶幨幪，喜其有所依归，藉资展布。近闻以武定守移署济南，若迳调补，则所遗武定一缺，似应补江守。武定濒黄，灾区工赈繁重，必须情形熟悉，似非新任外官者所宜。江守久困京曹，虽不敢择地，实虑于公事无裨。向来简放遗缺人员即请补首府者，各省多有成案；江守之才，置之首要，洵可胜任。如尊意已有应调之员，亦祈推爱别与一郡，俾得从容展布，不至公私交困，出自甄植群材衡量器使之盛心，曷胜感荷！

盖其时澍畇视武定府为畏途，不得已而思其次，亦愿得他郡。迨到省谒院，曜以其本翰苑清班，加以傅相之谆托，谈次颇露可以首府一席借重之意。既而语及其红顶，因谓："究竟你们京官便宜，可以得此保举，所谓近水楼台先得月也。余为知府某某保二品衔，曾两次碰吏部的钉子矣。"言下喟然，即端茶送客。曜盖以疆吏之地位，苦于部中之铃制，缘此引起牢骚，不禁作不平之鸣。而对澍畇则未必即有所不慊也。澍畇初为外吏，见巡抚神色不怡，甚为惶悚，深恐因此一枚红顶致干帅怒，下次上院，

1721

即换戴蓝顶。曜一见大诧，诘以何故忽换顶戴。澍畇不及择词，率尔对曰："恐宫保不准卑府戴红顶，故即改换。"曜怫然曰："是何言乎？尔之红顶，恩出自上，岂有皇上准戴而我乃不准之理？此为朝廷名器，岂可视同儿戏，任意更换耶？"遂以登州府知府鲁琪光（江西南丰人，同治戊辰进士）调补济南、澍畇递补登州入奏。琪光之视澍畇，以翰林则前辈，以知府则资深（由翰林院编修迁御史，光绪九年简登州守），曜藉以自示无私，而不俾澍畇补武定，亦可云已遵鸿章之嘱也（澍畇卒于登州任）。

继琪光知济南府者，为刘景宸（河南安阳人，同治壬戌进士），系由青州府调补。已保在任候补道加二品衔，而以尚官知府，未易红顶。一日上院，巡抚李秉衡谓之曰："君已晋衔二品，何不更换顶戴乎？"景宸唯唯。下次上院，当偕历城县知县汪望庚到司道官厅周旋时，布政使张国正曰："大帅既嘱易顶。不可违，盍易诸？"望庚曰："卑职已代顶备矣。"即以珊瑚顶珠献，遂于司道官厅中更换。说者谓秉衡之意，盖风其自请开缺过道班，俾腾出济南府缺，另畀所属意之员（闻即泰安知府卢昌诒）；而景宸竟未请开缺。会秉衡擢四川总督（未及到任以山东教案开缺），张汝梅继任鲁抚，委署盐运使，旋卒于署任。（卢昌诒乃调济南。其后相继为济南守者，徐世光由青州、胡建枢由沂州、吴筠孙由登州、张学华由登州、黄曾源由泰安；曾源值辛亥革命而去。）

曩闻陕友谈：光绪中叶后，李绍芬（湖北安陆人，光绪丙子进士）以吏部文选司掌印郎中放陕西潼商道，以时司道多戴红顶，已未经加衔，暗蓝顶不足壮观瞻，乃于履历中羼入赏加二品衔一项，到省即戴红顶，无人辨其赝也。迨官册送京，吏部发见其二品衔来历不明；幸绍芬本吏部老资格，承办之司员书吏，特加关顾，未予举发，而阴嘱速自为计。绍芬拟补行报捐，而又惜费，乃托京中办理捐务之某金店，为之代觅一空头户部实收，填写报捐二品衔字样，惟此种办法，在吏部仍难视为有效，遂更商通陕西布政司书吏，以后办理奏销时，所送吏部官册中，将其履历中赏加二品衔一项，故意漏书，俾免部诘，而在本省则仍以二品衔之资格戴用红顶自若也。其后历官至云南布政使，此一枚珊瑚顶珠始有实在着落云。

按之实官品级，外官须至布政使始戴红顶，后以加衔冗滥（或保或捐），道员几无不珊瑚其顶珠者。清末花翎二品衔之候补道甚多，诙谐者号曰位极人臣，谓其头衔章服已难再进也。（保举赏戴花翎，常例须军功，而报捐则廉。）严辰《感旧怀人集》（光绪十五年作）感旧诗于《勒少仲中丞同年（方琦）》有句云："不换头衔惹众猜，居然真个践三台。"注："公为江西新建人，以道光丁酉拔贡官刑部，中癸卯副榜，甲辰举人，官至贵州巡抚，乞假归。……军兴以来，名器稍滥，道员无不保二品衔者。公亦得是保，而独不戴用，直至真除藩司，始丹其顶，其力矫浮俗类如此。"可与李绍芬事合看。

京官四品得加二品衔，其不及四品者不能骤戴红顶也；惟清末内务府郎员（五品）多有加二品衔者，堂郎中及七司六库掌印，率戴红顶矣。又太医院院使（五品）、院判（六品）亦每邀此荣。一涉佞幸，一缘方技，所当别论。

薛福辰、福成兄弟均官至左副都御史，福成以使才著，福辰则以医术称。福辰用前山东济东泰武临道与山西阳曲县知县汪守正膺荐奉召诊治慈禧之病，以告痊偕太医院诸官获奖叙，福辰旋授广东督粮道，守正擢江苏扬州府知府，仍留京继续治疗。其后复以全愈诏"特沛恩施"，福辰赏加头品顶带，调补直隶通永道，守正赏加二品顶带，调补直隶天津府知府（处之近地，便于宣召），太医院左院判庄守和、右院判李德昌均赏加二品顶带，余加赏有差，盖优奖不循常格也（此为光绪八年事）。福辰光绪十二年在顺天府尹任，以玉粒纳仓临时未到，为御史魏迺胆（勷）严词指劾，请改任太医院官，实恶作剧。乃勷虽奉谕斥以"胆大妄言"，获咎而去，福辰亦深引以为憾，本以科甲（咸丰乙卯顺天乡试南元）入仕，而缘方技受皇室知遇，自惭贻人口实也。福成为撰家传，言其治愈慈禧之病，"功在天下"，更历叙其政绩，示非专以医术见长，谓"顾以医事荷殊眷，而吏治转为医名所掩，颇用此郁郁不乐"。

（原第13卷第12期）

## 一五　孙思昉谈近人轶事

孙思昉君书近人轶事二则见遗，甚有致，录饷读者：

### （一）辜鸿铭

辜汤生，字鸿铭，性傲兀，喜历诋时贤。某公设宴，辜与严复、林纾皆在座，马其昶亦预焉。辜大言曰："恨不能杀二人以谢天下！"或问二人为谁，曰："严复、林纾也！"严置若罔闻也者，林怫然问故。曰："自严复译《天演论》出，国人知有物竞而不知有公理，于是兵连祸结矣。自林纾译《茶花女》出，学子知有男女而不知有礼义，于是人欲横流矣。以学说杀天下者非严、林而何？"闻者咋舌。马私叩某公曰："此为谁？"曰："君不识辜鸿铭先生耶？"乃为之介曰：此为某，彼为某。辜曰："去！何物马其昶，莽大夫尔，亦集于此耶！此间无尔坐处！"以马固袁世凯参政也。然其言议往往有谈言微中者。虽通数国文字，极重国学，其论中西文化曰："吾儒在陋巷箪食瓢饮不改其乐，西儒则高楼广厦乘坚策肥，而无以自乐，其长幼断可识已。"尝教于北京大学，有所询，强某生起立以对。某生固不立，遂逐之。某生去，余尽随之去。怒曰："礼教果坠地无余矣！"遂去。始终辫发不去，或劝去之，曰："辫去而国富强则去之，否则固不去也！"其奇特自喜如此。

## （二）熊十力

熊十力，字子真，为人介特，与张难先有雅。时张官湖北财政厅长。多求熊为之游扬者，颇不胜其箠捶，乃为启事曰："无聊之友朋，以仆与难先有交谊，纷祈介绍。其实折节求官，何如立志读书；须知难先未作官时，固以卖菜为生活者，其乐较作官为多也。仆本散人，雅不欲与厅长通音讯。厅长何物，以余视之，不过狗卵鲍上之半根毫毛而已！"此启世多见之。窃见其与张仲如先生一函，尤奇。以张求为其子论婚，要以二事：一文理通顺，一中学以上学校毕业。覆书曰："欲求文理通顺于今之大学教授中，几渺不可得，奈何欲于弱小女子中求之！如五百年生圣人，谈何容易！至于女生，往往濡染洋气淫气骄气奢气惰气。不敢当，不敢当！"末为内学院比款库券事，以财政总长陈锦涛不签字，款久之不发，陈始见尚枝梧，后竟不见，书有曰："陈锦涛岂特亡八旦，乃亡九九八十一旦也！"其善骂盖亦黄季刚之亚欤。

辜氏以马其昶曾为袁世凯参政院参政少之，在马氏诚为多此一举，惟袁氏营帝制，马弗善焉，因辞职而去，尚是有所不为者。王揖唐《今传是楼诗话》云："海藏集中，有答严几道句云：'湘水才人老失身，桐城学者拜车尘。侯官严叟颓唐甚，可是遗山一辈人？'第一句似指湘绮楼，第二句有谓即指通伯者，余窃疑之。通伯抗论帝制，曾有长书，心迹皦然，知者共谅。"马氏非不可谅，而自辜氏及郑孝胥观之，则一任袁氏参政，便为大节有亏耳。

### （三）评王闿运

思昉著作斐然，学有根柢，覃思通识，淹雅之士。日前相晤，纵谈甚欢，盖议论多合也。旋得来书云：

> 前承尘教，谓杨子云不重仕新，范文正不薄再嫁，未可以宋后人之见，概量前人，确为的论。窃以宋儒之学孔子，愈求精而愈粗，愈求高而愈下，以违乎中庸也。今日之违反故常，谓宋学之反动可也。如尊君父夫为高不可攀，及其党之在鄂主政时，主仆讼则仆皆直，父子讼则子皆直，夫妇讼则妇皆直。其反应也如响。甚矣，圣人之不可一日易其言也！此说湘绮楼知之。其《日记》云："寝缇以严怒待儿女，节候当嬉戏，皆凛凛然。然亦背之盗弄淘气，无所不至。父子之道苦矣。余欲助之，则下无以为生，欲禁之，则下益玩法。汉宣帝言：乱吾家者太子也。慕为贤明母，而未得其术，其患甚大。故谈宋儒主敬整严之学者，其子弟率荡佚败其家声。若用以治国，则天下大乱。此岂竖儒所能知耶。儿女既屏息远去，余不可与妾相对，遂卧一日云。"然以此说昌言之，流弊滋大。袁简斋云："学佛则迂，辟佛则妄。窃于宋学亦云。未采吾兄以为何如。（王翁本不满宋学，其识

议能轶出宋人上，而行亦多可议。蜀人士谓蜀学由王翁开通，然从学者或得其遗风而好色好货。廖季平曾谓，目见其师湘绮老人盗婢，故季平年七十余尚纳婢，而宋芸子亦好色云。）弟生平极喜湘绮文，故署所居有二，曰化鹏室，曰拜炎揖秋之盦，即崇拜壬秋与太炎两先生也。闻兄尝录存王自批《湘军志》语，渴思一钞，以（弟）尤喜王之《湘军志》也。王有自批《诗经》，刻于四川，（弟）未及购。湘绮楼说诗，其弟子某跋云："先生雅不欲与金圣叹、姚姬传辈争名，故《唐诗选》评点均未入刻，仅《诗经》评点流传。此盖大匠不示人以朴之意，实则此等处最长识力，务祈检示。王之学在自抒所见，有时言中足资启发，想兄既什袭藏之，当有同好也。弟宰桐时，曾借临姚姬传批改《归震川集》，因悟桐城文派，虽导源于归，实则法至姚而密，有后来居上之处。拉杂书此，诸维亮察。

所论颇精，因亦录实《随笔》。宋儒之说，可供自律者不少；若执其反乎人情者，严以绳人，使人动辄得咎，踽踽无所措手足，长矫伪以此，召横决亦以此。其得失固宜辨析，第未可泛加痛詈耳。思昉深知其失，而不以辟之为然，盖为今日言之，则忧世之心也。王氏不受宋儒钤束，非不高明，特所以自律者不甚讲求，小德出入，浸或逾闲，一代经师，而人师之道，乃不免有阙焉。至其文章之美，实足不朽。《湘军志》为其得意之作，虽事迹有未尽谛者，以文论，自是岿然大手笔，迥异凡响。思昉于文崇王与章，均高格，亦足觇所造矣。姚文视归，有后来居上之处，诚然。文足自成一家者，率有独得也。漫缀数语，以附同调。 （原第13卷第13期）

## 一六 杨岳斌彭玉麟之轩轾

曾国藩湘军之成功，甚得水师之力，杨岳斌（原名载福）、彭玉麟同为水师大将，累著战绩，以骁勇齐名。金陵之下，曾国荃先会二人前衔，飞章报捷。比国藩奏入，清廷颁赏功之典，录水师之劳，二人同膺太子少保衔一等轻车都尉之锡，盖杨、彭并称久矣。其后岳斌在陕甘总督任，当艰难之会，兵饷两绌，黯黮而去，声誉为之骤损；而玉麟则于国藩既卒，应诏起巡长江，眷畀甚隆，风猷遐布。疆帅参案之屡命查办，不法将弁之立予诛惩，朝野想望丰采，妇孺钦慑威棱，天下惟知彭宫保，无人更道杨宫保也。法越事起，玉麟以本兵治军岭表，敌师未犯粤东，粤西则奏谅山之捷，世亦以威望多之；岳斌帮办闽防，渡台助战守，迄和议之成，罢归，未获大有展布，晚节复无以自见焉。玉麟余事，更与一时文人学者唱酬，赋诗作画，兴致不浅，其声气之广，亦异岳斌之没没闾里。惟论者亦有扬杨而抑彭者。文廷式抑彭之论，见于所著《知过轩随录》，拙稿前曾引及（见本报第九卷第十四期）。《随录》更有云：

> 瑞麟为两广总督，贪劣无比。其死后十年，为邓承修所纠，命彭玉麟查办，乃尽为洗刷，遂逃法网。此公颇负重望，其实好谀恶直，不学无术处甚多，取其大端可矣，必谓韩、岳之流，则去之何啻天壤。彭刚直不及杨厚庵远甚。厚庵朴直忠笃，有大臣之风。余在湘时，与之晤谭四五日，盖李西平一流人，未易求之晚近也。厚庵六十丧母，举动必依于礼，庐墓三年，非祭祀之日，不归城市。访余于旅店，多徒步而来。谈及渡台一役，惟引咎自言无功而已。

杨、彭轩轾，所论若是，廷式固不满于玉麟也。光绪九年十一月，给事中邓承修奏请罚令在粤赃私最著之故总督瑞麟等十四人捐输巨款，以资要需。玉麟奉旨查覆瑞麟等居官声名若何，于十年正月覆奏谓："故大学士两广督臣瑞麟，公事明白，当红匪肆乱，能次第剿平，洋务大端，亦能坚持定议。在粤十一年，俸入本自优厚，虽未能峻绝馈遗，此外实无贪迹。……瑞麟曾邀谥法，并祀贤良。圣朝宽大，保全臣子令名，似应无庸置议。"对于其余各员，亦率为开脱，谓："其余已故及去位各员，无丁书可讯，无专案可推，亦难确指其赃私之实据，然经奉旨饬查，则大小臣工益知箴箴当饬，否则已故已休之后，指摘仍不能辞，自当秉公洁己，大法小廉，于吏治不为无益。臣不敢徇隐，亦不敢过事吹求。"玉麟易名之典，得"刚直"二字，称其生平，众无间言，而有时盖亦不免有近于瞻顾之处，要难以一二事掩其大端而已。《庄谐选录》卷七云：

  杨勇恪（按：当作悫）公起自行间。其居乡里，循谨孝义，里中人至今称之。……闻其持行有他将所不及者。法越事起，公奉特旨募勇援台。时庞省三为巡抚，重公名，先为公募勇数营。公至省，见多市井不可用，改募之。庞又荐某为将，某乃旧隶公偾事者，公告以不可用，庞衔之。适是月届太后万寿期，文武官绅应庆祝。初所司置拜垫，公与绅士伍。公先时至，拜位列大府后，藩司某至，见公拜垫居第三，曰："公昔为总督，今为钦差，朝廷班次宜有序。"公谦不肯，藩司固请之，乃亲移公拜垫于巡抚之左。庞至即行礼，不知公前之谦也，更恨之，乃日催其拔队，阴持饷不给。藩司请示，不置可否。长沙民习于兵，见乡兵至，辄欺侮之。兵怒，数斗詈，或延烧民间草房一间。庞遂命闭城门，且榜示民得诛乱兵，格杀勿论，阴欲激变，即日以纵兵焚掠入告，且谓彭公受命即行，而杨乃留逗长沙，久不去。于是公部将多愤懑不平，幕府亦怂公疏辨。公慨然曰："朝廷方忧边，何忍更以琐屑烦圣虑耶？降罪我自当之！"然朝廷知公，卒未下庞奏。公至闽，与守官等议办防守机宜。幕府欲公入告，公曰："此守臣事，吾特助为之耳。若我入告，是占守臣颜面也。"卒不奏。时须渡台，而我海军悉已为法人所歼，督臣等意欲留公省中，因问公渡台事。公曰："我奉朝命渡台，是须即行。"问行期，公未语。翌日，公巡阅炮台，提军方留宴，公起如厕，久不出，众候不敢散。逾日始知已改装附舟渡海矣。后和议成，公遂归。公在家与诸乡绅齐列，出门但坐平常肩舆，至乡即乘竹轿，与田夫野老问答如平交。中兴以来，诸将帅纯笃无过公者，人多以是称之云。

**亦极道岳斌之善**（所叙以法越之役再起治军诸情事，有尚待再考处），盖其性行良有足多。关于**渡台**一节，吴光耀《纪左恪靖侯轶事》有云：

他日欲渡海至台湾，杨载福请行。或爱好杨，谓台湾危险。杨曰："中堂硕德重望，请行，吾安得不行。"左曰："去善甚，要机密。"左假他事遣杨以送。俄而杨使人以病告，左拍膝曰："厚庵病矣，若何好！"使人省视，返命曰："病甚，不许外人，裁留一子供药饵在侧。"左又拍膝曰："厚庵去矣。"杨著洋布旧衫，携一子，趁渔船渡海，帮办钦差关防钉船底，奸细搜之无所得。佯令其子按摩，相私语："台湾乱如此，我们生意太野，不知本钱收得多少。"支首而呻吟不辍。

所叙颇有异同，则缘行时甚秘，外间因之传说不一耳。

鲍超尝以哨官隶岳斌水营，受知赏，后改将陆军，遂为一时虎将（与多隆阿齐名，有多龙鲍虎之目），以提督膺爵封焉。于岳斌师事颇谨，不忘本也。光耀《纪鲍子爵轶事》有云：

> 杨载福封侯，历总督，罢归乾州厅，贫不能生，念旧部唯可乞超。走千里，棹小舟，造夔门访超。门者见其布衫，老农也，弗为通。曰："第通，爵爷当知之。"超问状惊其为杨侯，倒屣出迎曰："老师何孤身远游？"情话达旦，就小舟归，家人曰："超遣人馈万金到家矣。"

岳斌仅得世职，何尝封侯？其以提督迁陕甘总督，改武为文，时称异数。前乎彼者，杨遇春之督陕甘，亦自提督迁，而有封侯之荣。光耀殆以同姓而误记耶。岳斌之至蜀访超，是同治八年事，超有所馈遗，亦在意中，惟为数是否果为万金，盖弗可详矣。（光耀纪事诸作，甚有兴会，而浮夸臆断之病不免。）

沃丘仲子（费行简）《近代名人小传》传岳斌有云："岳斌仁厚敦笃，寡言语，治水师十余年，指挥应敌，优于玉麟。既归，家仅中产，怡然奉亲。初起末弁，晚渐通文学，能诗。江宁捷后还乡，口号曰：'藉问归来何所有，半帆明月半帆风。'时诸将多拥厚资归，盖以此自明也。"岳斌虽未若玉麟之以"不要钱"形诸奏牍，而军中自律之严，亦足齐名。李寿蓉挽岳斌联有云："听野外轻雷送雨之吟，叹荩臣安不忘危，廊庙江湖，总关忧乐。"自注："公时退归林下，曾题《雨后耕野图》一绝，末二句云：'劝君且慢收蓑笠，犹恐轻雷送雨来。'"均见岳斌之亦能为诗。

(原第13卷第14期)

## 一七　章太炎论文之雅俗

章炳麟精研文学，所作类敻瑰可喜，议论则独抒所见，不袭常谈。《太炎文录》卷二有《与人论文书》（盖清末所作），于文之雅俗，谓：

……徒论辞气，大上则雅，其次犹贵俗耳。俗者，谓土地所生习（《地官·大司徒》注），婚姻丧纪旧所行也（《天官·大宰》注），非猥鄙之谓。孙卿云：有雅儒者，有俗儒者。李斯云：随俗雅化。夫以俗为缦白，雅乃继起以施章采，故文质不相畔。世有辞言袭常，而不善故训，不綦文理，不致隆高者，然亦自有友纪，窔㝱侧媚之辞，薄之则必在绳之外矣。是能俗者也。……并世所见，王闿运能尽雅；其次，吴汝纶以下，有桐城马其昶，为能尽俗。（萧穆犹未能尽俗。）下流所仰，乃在严复、林纾之徒，复辞气虽饬，气体比于制举，若将所谓曳行作姿者也。纾视复又弥下，辞无涓选，精采杂污，而更浸润唐人小说之风。夫欲物其体势，视若蔽尘，笑若龋齿，行若曲肩，自以为妍，而只益其丑也。与蒲松龄相次，自饰其辞，而只敬之曰此真司马迁、班固之言。若然者，既不能雅，又不能俗，则复不得比于吴蜀六士矣。

俗亚于雅，能俗亦足称，盖推重王闿运之文，而于吴汝纶、马其昶，亦在许可之列，惟不满严复，更深病林纾耳。［所谓吴蜀六士，指欧阳、曾、王、三苏，章氏讥其"志不师古，乃自以当时决科献书之文为体"，并谓："仆重汪中，未尝薄姚鼐、张惠言。姚、张所法，上不过唐宋，然视吴蜀六士为谨。（夸言稍少，比近代文所长。若恽敬之恣，龚自珍之儇，则不可同论。）"］马氏得章此评，盖见视不薄。沃丘仲子（费行简）《当代名人小传》传马氏，称其文"雅而不雄"，所谓雅者，殆即言其不鄙猥，与章氏用语不同，而意有可通。孙思昉君，受业章门，藏有章氏复马氏书稿一篇（约在民国十年后），甚足览观，借钞如下：

> 通伯先生左右：阔别十余岁，人事大变，以文章经术相过者少。忽得手书并大著数种，真所谓足音跫

然者也。平日观先生文字，亦谓世人所能为，比观文士手笔，求惬心者千百不得一，返观尊作，真如孤桐绝弦，其声在尘境之表矣。尊意欲以三经导俗，谓《孝经》为圣人弭乱之原，鄙见正复同此，独世情婹婀，非高节琦行之士，出为表仪，惧不足以振起。宋世儒学，倡之者实在高平；高平所持，只在以气节厉俗耳。此如人病痿痹，非针引阳气，必不能起，其余犹后也。《戴记·儒行》一篇，昔与《大学》并重，所称不尽中行，大率狂狷之才，斐然成章者也。后代儒者，视为豪气不除，或有所訾议矣。不知豪气之与善柔，相为屈伸，豪气除则善柔自至，欲其振起，岂可得耶？自鲁连以逮汉之王烈、田畴，于十五儒者财得一端，今视之即邈乎不可及。宋明诸贤，行谊比于东汉，犹末也。二程尝称子路亦是百世师，后儒视此返漠如焉。故鄙意，《儒行》一篇，特宜甄表，然后可以起痿痹，振罢软，未识尊旨何如也。哲嗣所寄一联，就纸裁字，结体过长，反少意趣。更为书立轴一纸，虽少草率，意趣似过之。今并寄两件，望即察存。桐城山水清奇，弦诵未艾，耆宿之士，视吾辈湫居市井，终日与贩夫为伍者，哀乐之情，当大殊矣。瞻念清芬，搴裳濡足，书复，不尽所怀。章炳麟白。

当章氏在北京为袁世凯所拘留时，侘傺甚，马氏时往存慰，意极拳拳，曾以章氏文章学问，自足千古，劝其专致力于斯，不必再谈政治，以取时咎。章氏犹以经纶自许，于其言未甚以为然，而颇感其肫诚云。

章氏谓"王闿运能尽雅"，固甚重之，而《与邓实书》(亦清末所作，并收入《文录》卷二)有云："近世文士，王壬秋可谓游于其藩，犹多掩袭声华，未能独往。康长素时有善言，而稍谲奇自恣。仆亦不欲与二贤参俪。"是于王文亦尚有未尽满意处。又闻章氏后与人书，有"王闿运文学湛深，近世鲜有其俦，即仆亦以为第二人也"之语。言非一时，亦可参阅。至王之说经，章氏谓为"华词破道"，盖仅许为文士，而不推为经生云。康有为之文，颇以豪杰阔疏为累，而才肆神王，特饶霸气，亦属自成一家。章氏于其政论，力非之，而文章则曾与王氏相提并论焉。

陈三立评马氏《抱润轩文集》云："曾张而后，吴先生之文至矣，然过求壮观，稍涉矜气。作者之不逮吴先生，而淡简天素，或反掩吴先生者，以此也。环堵私言，敢质诸天下后世。"论甚中肯。汝纶之文，得力于曾国藩之启迪者为多，而其"稍涉矜气"，盖亦由学曾所致，张裕钊亦不免焉。曾文之雄伟处，以气力大，张、吴气力逊之，有意恢张，遂形矜气矣。马不逮吴，而此病却罕。

康氏癸亥(民国十二年)祭清德宗文，甚沉痛。以"皇天后土，实鉴忠耿之诚。名山大川，助资凄怆之气"作结，悲壮称题，而套自李廌悼苏轼文"皇天后土，知一生忠义之心。名山大川，还千古英灵之气"之语，颇嫌生

1737

吞活剥。

章氏为思昉大父撰《浚县孙处士墓表》，亦异庸手，并录于次：

> 浚县孙处士，讳晓山，字振清，少果敢，稍长，长六尺，盼睐有威。年十六就学，缊袍蔬食不厌。渐习骑射辄工，补县学武生。旋去为商。为人精明慷慨，善识发敛。兄弟分产，取其薄。所居濒卫河，北贾天津，水行二千里，以贱易贵，辄操其盈虚。尝曰：货殖无他道，如儿童举纸鸢，持之牢，纵之远耳。然每一事，处士为之辄获利，他人百计效放，终不逮也。从事二十年，有田二千亩，屋宇相连半街巷，旋罢去。振人之厄，虽千金无所惜。族党藉其力，得长养子孙者，以十数。处事儆敏，无巨细皆就班，乡里倚以为重。自有大度，横逆不校也。尝有醉人詈于门，阖户不与辨，子弟耻之，处士曰：曲在我，詈当受之；曲在彼，何伤？其达如此。晚岁莳花纵酒，当牵狗行里陌间，乍见不知为千金翁也。清宣统元年，年五十六卒。其孙至诚，为次行事，曰：乡里所称，未足尽吾祖。虽然，如范蠡不遭句践，亦以贾人老耳。既而请表其隧。余曰：人贵有补于世，何必仕宦。浚于七国，魏地也。白圭在魏未尝仕，自谓治生若伊尹吕尚之谋，孙吴用兵，商鞅行法，至今莫能易其道。若处士者，其有白圭之风者欤。至诚所

述，文质略具，故为删略，立于墓，使浚人观焉。

(原第13卷第15期)

## 一八　再记杨岳斌彭玉麟

曾国藩卒，彭玉麟被命巡阅长江，继复起杨岳斌同任此役，以国藩创水师以建绩，杨、彭并为大将，功最，长江既设经制水师，提镇而下，均杨、彭旧部，故政府欲二人共领江防也。光绪元年四月二十日李鸿章致玉麟书云："厚帅跟跄入觐，行李萧条，然幸而两宫眷念旧勋，委以巡阅长江，令吴楚岁筹公费，稍资禄养。厚公亦喜与麾下廿载同袍，一朝共楫，相助为理，尤相得益彰。此疮痍赤子，患难友生，所同声钦慰者。我兄闻之，当更抃掌轩渠。以后互替往来，公私可兼尽矣。弟留厚公在此盘桓数日，渠即由运河南下，先诣金陵一商，望公于江干回棹相待。"亦见岳斌由陕甘总督归里后之清贫。统师多年，身经百战，作督兼圻，位跻正卿，而一寒至此，殊为难得。巡江新命，就杨、彭与长江水师之关系论，诚应如鸿章所云"相助为理，相得益彰"，且前此岳斌离水营而改统陆师，说者颇谓用违其长。(国藩同治七年十二月十六日召见，于太后"杨岳斌他是水师的将，陆路何如"之问，亦以"杨岳斌长于水师，陆路调度差些"为对。)兹仍令督治水师，可云光复旧物，故是年到防后七月二十八日与玉麟会衔陈奏会商江防情形一折，亦有"臣等受恩愈深，报称愈难，惟有力戒因循，亟图振作，期无负皇上慎重江防之至意"等语，而其后常请假，旋复乞罢回籍，事仍专于玉麟。盖两帅齐名已久，地位等夷，相处之际，有难焉者。玉麟正勇于负责，推让亦所以免相挠之嫌耳，昔二人同领水师作战时，固尝发生龃龉矣，方宗诚《柏堂师友言行记》有云：

> 溧阳陈作梅观察鼐为予言胡文忠之公忠体国，其调和诸将，刻刻为国求才，出于至诚。时彭雪琴侍郎、杨厚庵提督分带长江内湖水师，偶因事不和，文忠知之，乃致书杨公、彭公，请其会商要事。杨公先至，欢谈，而彭公至，杨公即欲出，文忠强止之；彭公见杨公在坐，亦欲出，文忠又强止之；两人相对无语。文忠乃命设席，酌酒三斗，自捧一斗，跪而请曰："天下糜烂至此，实赖公等协力支持；公等今自生隙，又何能佐治中兴之业邪！"因泣下沾襟。于是彭、杨二公皆相呼谓曰："吾辈负官保矣！如再有参差，上无以对皇上，下无以对官保！"遂和好如初……其苦心维持大局，盖如此。

此等处为胡林翼特长，故国藩于其卒，兴"赤心以忧国家，小心以事友生，苦心以调护诸将，天下宁复有似斯人者哉"（见国藩咸丰十一年九月《日记》）之叹也。而当时杨、彭龃龉，盖几影响军事焉。王闿运《湘军志·水师篇》有云：

> ……杨载福自外江来会师，同出江，屯沙口。沙口者，武昌下游三十里，至屯（沌）口六十里。还沌口，当从武昌汉阳城下过。载福之出也，寇无备，而玉麟从汉口渡江，距两城远，故寇炮不甚相及。既空屯沙口，不能助攻战，乃议还。众议由汉入沌，虽迂远，其避炮宜易。载福悁之，曰："丈夫行何所避，浮江下，溯江上，乃为快耳！"玉麟耻后之，张帆先行。寇先已密备，觇我还路，舣舟傍中流，及城上悬炮并发，诸军但冒进，不知谁生死，炮丸飞鸣，船仓群子以斗计，击沉四船，中炮死者三百人。炮击玉麟桅折，不能进，望见载福，自呼之，载福船瞬息已去。成发翔三（舢）版（板）过，玉麟跃入，得免。知其事者皆不直载福，而玉麟曰："风急水溜，呼固宜不闻。"载福先已不乐玉麟，林翼亲拜两人，和解之。

此叙咸丰五年胡林翼攻武昌时事也。二将之勇及负气争胜不相下之状，写得极生动有致；其时岳斌曾以见危不救见疑，殆亦缘二将素不相下之故。所云"林翼亲拜两人，和解之"，当即宗诚所记。闿运后为玉麟撰行状，叙此役云：

> 咸丰五年，湖北巡抚胡文忠促进兵攻武昌，要公同攻汉口，而杨公出江屯沙口。寇不出战，陆师不能

1741

战,水师空屯三日,议引还。沙口在武昌下游三十里,还屯沌口,在武昌上游三十里。舟从武昌汉阳城下过,经寇垒下,无生全理。胡文忠由陆循汉入沌,令水师从之。杨公以为懦,微笑曰:"丈夫行何所避,浮江下则溯江上耳!"公闻,愤然,即登舟张帆先行。寇先舣舟中流,且悬炮城上,以为我师必不敢掠而过。公既行,部下莫敢后之,杨公亦愕出不意,匆匆皆发,小船如凫雁散,炮丸飞鸣,万声同发,我军但冒进,不暇计生死。公所乘船,桅折船覆,公落水,起揽船底,横漂江中流。杨公舟掠而过,未及下帆,瞬息已去。成发翔棹三(舢)版(板)来,拯公还营。失四船,死者三百人。胡公亲拜公,请百叩以谢,且曰:"水军徒猛无益,宜大治陆军,乃可为也。"

略有异同,可参看。又《湘军志·水师篇》云:

咸丰……七年二月,国藩遭父丧,奏言:臣军以水师为大,杨载福所统十营、彭玉麟所统八营……请以署湖北提督杨载福为总统,惠潮嘉道玉麟为协理。诏从所请。十一年……诏玉麟为安徽巡抚……再辞,改水师提督。明日又诏曰:彭玉麟有节制之任,武职不足资统率,着候补兵部侍郎。载福避御名,改名岳斌;以母病再请假,诏促令到防。……同治……三年……四月……浙江巡抚左宗棠以岳斌为未尽其用，且密陈其才堪督抚，癸巳诏岳斌督师江西，兼防皖南，未几授陕甘总督。岳斌之贵先玉麟，及玉麟改提督，诏有统率之文。岳斌自恨非文官，常见于词色。还江一奏事，被诏令由国藩转上。当时论者皆以岳斌功高，胜玉麟远甚，叹息于文武积习。诸文人又自耻持常谈，亦交讼（诵）岳斌，称其才德。至是被显命，督师专征，众皆欣欣焉。

玉麟《行状》云：

……改公水师提督，未几又诏：带领水师节制镇将之任，改膺武职，不足统率，着以兵部侍郎候补。旋补右侍郎。时虽与杨公分将，而名位相压，动多嫌忌。军中重文轻武，勇将复猜侮文官。公自奉统率之命，调和倍难于协理时矣。然彭、杨齐名，垂四十年，终始无间。论者多为杨公屈，而不知公之苦心和协，为尤不可及也。

闿运语气抑扬处，姑不论，要见二人共事之不易。战争时有然，承平时恐益甚。　　（原第13卷第16期）

## 一九　李鸿章在京建专祠

李鸿章得在京师建立专祠，为特优之荣典，在汉大臣尤称异数。京绅上庆王奕劻原呈，为吴汝纶所草，其文云：

呈为故相功德在民，吁恳奏建京师专祠，以顺舆情而崇报享事：窃查去年外国联军入京，士民仓卒遇变，天荆地棘，九死一生。王爷衔命入京，首先犯难；故相李文忠公鸿章，航海继至，道途水陆所经，皆敌军占领之地，动遭检制，措手无方。既至，如陷重围，卒仗王爷提挈纲维，故相不辞劳瘁，掉三寸笔舌，以与七八强国数万胜兵相持。绵历岁时，千辛万苦，卒能使联军撤退，地面交还，宫庙再安，市廛复旧。此皆故相熟悉外交，能谋善断，用能上暨王爷和衷共济，相与有成。某等与士民商旅，仰托帡幪，实有起死回生之庆。故相又饬开市肆以通有无，运银米以资流转，饬中外兵丁诘奸除暴，联络中外官商施粥散米。片言禁诫，戎夏帖然；一令颁行，奔先恐后。故处破巢之下，竟忘毁室之忧。今故相告终。在王爷失此臂助，谅难为怀。某等从危急存亡之秋，受劳来旋定之恩，各怀诗人终不可谖之感。谕旨饬令原籍及立功省分建立专祠，伏查京城内外无汉大臣祠宇，良由汉大臣原籍既不在京，京师又非立功之地，是以故事无有。惟去年之乱，为我朝二百余年未有之变，王爷与故相持危定难，恢复京辇，亦我朝二百余年未见之功，故相以劳定国，以死勤事，又始终不离京城，自非寻常勋绩可与比例。不揣冒昧，吁恳王爷俯准奏请破格恩施，准于京师地面建立该故相专祠，列入祀典，春秋官为致祭，都人士女亦得岁时馨〔香〕俎豆，稍答再造之恩，实于盛朝酬庸报功激励忠勤之恺泽，不无裨补。所有吁恳京师奏建故相专祠缘由，谨联名具呈，伏求王爷训示祗遵。

颇委曲尽致。奕劻等入奏后，所奉准予在京师建立专祠之懿旨，谓："京师建立专祠，汉大臣向无此旷典；惟该大学士功绩迈常，自宜逾格，以示优异。李鸿章着准于京师建立专祠，列入祀典，由地方官春秋致祭，以顺舆情而隆报享。"亦特申破格之旨。鸿章京师专祠，命名表忠，御制碑文云：

> 朕惟酬庸之典，以庙食为至荣，列祀之文，惟京师为最重。史称诸葛亮功德盖世，讴思在民，当时犹以沔阳之祠，易成都之祠。议者盖谓宗庙所在，非人臣所宜。是以沛国萧曹，云台耿邓，虽有带砺表河山之誓，不闻烝尝在镐洛之都。惟燕京建邦启土，上溯元明，我国家治定功成，远隆周汉，特于都邑，许作

祠堂，然后先不过数家，于今古俱为异数；或以闲平之尊属，或为丰镐之世臣。尔原任大学士全权大臣便宜行事直隶总督一等肃毅伯晋一等侯赠太傅李鸿章，功冠收京，任崇封陕，实为社稷，天教李晟之生，不以兵车，民受齐桓之赐。念三辅黔黎之再登衽席，殚一年丹赤之竭尽经营，允宜食报于没身，为大有功于兹土。在昔大学士张廷玉殁于告归之后，仰蒙我高宗纯皇帝还其配享之隆，谓汉臣受此殊恩，于开国尚无成例。远稽策府流传之事，近在安庐接比之区，然一则践履亨衢；一则扶持危局；盖论遭际则并称极盛，而论勋名则所处尤难。朕仰秉慈谟，俯从群议，特举非常之礼，用酬不世之功，敕京兆以庀材，置祠官而典守，锡之题额，命曰表忠，事异婆留，特取嘉名于宋观，功高相度，宜书伟绩于韩碑。于戏！两都之父老能言，重瞻司隶威仪之旧，百世之子孙敬念，勿坠洛阳忠孝之声。以昭示于方来，益无忘于既往。凡兹在位，视此刻文。

为有关掌故之作，以题目较好，文亦有所发摅，不同寻常御制碑祭诸文，不知代言者为谁氏也。以桐城之张之配享太庙，为合肥之李之在京建祠作衬托，异中有同，同中见异，亦天然陪客，不形牵强。配享太庙，典尤隆于在京建祠。李元度《哭太傅曾文正师》诗有句云："宗臣应祔祫。"自注："公再造江山，似应援傅文忠、阿文成、张文和例，侑享大烝"。言曾国藩宜配享太庙；而此事固非臣下所敢擅请耳。

张廷玉受世宗殊眷，遗命配享。耄年致仕时，大遭高宗斥辱，褫爵放归。比卒，高宗以"皇考之命，朕何忍违"为言，仍予配享太庙，盖亦甚勉强矣。桐城徐宗亮《归庐谭往录》卷二纪廷玉轶事有云："予闻外大父张浣青府君言：……文和一姊，归姚氏，早寡，著《蠹窗诗集》，有智略。文和告归在家，有两江总督查看家产之旨，先期得闻，亟归视文和，检书椟手录册子，携回夫家。文和家无长物，兄弟戚友恐启寄藏之疑，助成十万金，以待查看。迨两江总督复命，仍饬给还。文和亦未具领，存江宁藩库中。"如所云，更见高宗于其去位后犹未释然也。宗亮又云："文和笃爱长子阁学若霭。阁学少年科第，书画皆精妙，尤善鉴赏。一日，文和至庶僚家，见名人山水，归语阁学，称善者再。既逾日，则悬阁学斋壁中。文和审视毕，语阁学曰：'我无介溪之才，汝乃有东楼之好矣！'阁学跪谢良久，旋归画其主乃已。"亦闻诸其外大父者，事颇有致。

陈康祺《郎潜纪闻初笔》卷七云："张文和公性宽厚，而驭吏特严。长吏部时……一日坐堂上理事，曹司持一牒来曰：'此文元氏县误为先民县，当驳问原省。'公笑曰：'若先民写元氏，外省之误；今元氏作先民，乃书吏略添笔画为需索计耳。'责逐黠吏而正其谬。同官服其公敏。"明朱国祯《涌幢小品》云："王受，洛川人，以监生为东阿丞。邑民王虎,当受重役,赂吏改其名曰田虎。两人争不决。公曰:'此必王虎也,笔画可增。'请府籍质之,果王虎也,遂伏罪。"两事相类。

清代汉人在京建专祠者,前乎李鸿章,实尚有一人,孔有德也。惟有德归附于有清入关之前,以旗籍封王,在丰镐旧臣之列,不能与鸿章一概而论耳。昭梿《啸亭杂录》卷九云:"定南武壮王祠在阜城门外,春秋遣太常卿祠享,盖顺治辛卯(按:当作壬辰,顺治九年也)王殉节桂林时所建立也。近日祠宇颓坏,榱桷倾折,丹青垩鑢,无人奏请修葺者,盖有岁修祭田,为祠官所侵蚀,故不敢揭报,恐破其奸也。"其遗迹未知今尚能指认否。

第十二期所载拙稿,述及吴筠孙由登州知府调济南。兹又考之,筠孙系先以姻家回避登莱青胶道何彦昇,由登州调补泰安,复由泰安调首。继其泰安之任者为玉构,宗室也。旧制宗室不得外放道府,所以尊天潢,此时以为宗室谋出路,已破斯例矣。筠孙之简授登州守,实先选某府(河南河南府?),当其以光绪甲午传胪官翰林之前,曾以部曹充总理各国事务衙门章京。留馆授编修后,捐"大花样"知府在任候选,遂选某府。召见时,孝钦询及履历,略问在总署事,奏对颇称旨,见许谙习外情,因特简登州,以登州为海疆要缺也。(黄曾源之调任济南,系由青州。)

(原第13卷第17期)

## 二〇　彭玉麟之文功武治

彭玉麟以诸生官至兵部尚书，其间回翔文武，不同寻常仕宦。薛福成《庸盦笔记》卷二所记云：

> 衡阳彭雪琴，始以诸生佣书营中。道光季年新宁雷再浩之变，湖南提督率师往剿，事平，彭公获保以把总拔补。曾文正之起兵讨粤贼也，彭公带水师一营为营官。文正询知其实系诸生，始保候选训导，厥后累立战功。咸丰十一年由惠潮嘉道擢广东按察使，遂授安徽巡抚……具疏沥请开缺，专意剿贼，继复陈难离水营，力辞巡抚；曾文正公奏称，彭某素统水师，一旦舍舟登陆，未免用违其长：于是奉旨允其开缺，以水师提督候补，旋改以侍郎候补，补兵部侍郎。继改漕运总督，则辞，授两江总督，则辞，复以巡阅长江水师擢授兵部尚书。光绪十四年因病开缺回籍。夫彭公始以把总改训导，继以提督改侍郎，遂为兵部尚书以归，回翔文武两途之中，亦自古名臣未有之局也。

轮廓略具，而有未谛处。玉麟未尝以把总改训导。其以诸生授外委，由李沅发之役。朱孔彰《中兴将帅别传》传玉麟谓："道光末，新宁民李沅发反，发协标兵捕讨。公从大军战金峰岭，擒李沅发。上功，总督误以为武生，拔补临武营外委，赏蓝翎，公辞归衡。"王闿运撰玉麟《行状》，所叙尤详，盖即孔彰所本。《行状》并谓："镇将欲为声叙，更请保奖训导。公辞以'年幼学浅，不堪人师，且效力有日，凯旋侍母，为幸多矣。'遂还衡阳。"盖改保训导，虽有此一说，未成事实，尤与曾国藩无关。（又按：俞樾为玉麟撰神道碑，叙此节与孔彰文悉同，孔彰实录自碑文也。郭嵩焘所撰墓志铭，亦云："从平李沅发之乱有功，总督庄毅裕泰公见功状，以为武生也，拔补临武营外委。公不赴，亦不自白请改奖。"且指明总督为何人焉。郭、俞、王三人均与玉麟稔交，使玉麟果如福成所述，以雷再浩之役保把总，郭、俞不能漫采王说，一致云然也。）国藩咸丰四年四月十二日《曾奏湘潭靖港水陆胜负情形折》云："附生彭玉麟，书生从戎，胆气过于宿将，激昂慷慨，有烈士风。臣曾国藩前在岳州，派往西湖搜查贼船。该生带水勇三十余名，分坐两小舟，周历重湖，沿途搜剿，杀毙长发贼匪三十余名，夺获贼船数只，拟以县丞府经保奏。此次力疾带勇，犹会同杨载福，亲坐小船，焚剿贼船六七百只，免致他窜，厥功甚伟，应请旨以知县归部遇缺即选。"其未尝以把总改训导明矣。玉麟以诸生从国藩军，亦非为水师营官，始知其实系诸生。辞皖抚得请，命以水师提督记名，旋改兵部侍郎候补，补右侍郎。其后命署漕督、署江督，均辞不就，并侍郎亦经奏准开缺。比擢兵部尚书，辞未获允，而亦迄未莅官也。溯其一生宦历，尚侍督抚司道知府（广东惠潮嘉道之前，简授浙江金华府知府），均未尝一日居其职，而临军任事则勇，自是可传。光绪十四年以衰病获准开缺回籍调理，仍命无庸开去巡江差使，俟病体稍愈，照旧任事。十六年卒于里。闿运为撰《行状》，于其生平事迹叙述甚详备，文亦爽劲，生气勃勃，惟所叙受知高人鉴一节，俞樾甚不谓然。

玉麟未为生员之前，受知衡州知府高人鉴，亦一佳话。樾为玉麟撰神道碑，叙此云：

……公因入城居石鼓书院，然无以自给，投协标充书识，支月饷视马兵。时衡州知府高公人鉴，善相士，见公奇之，使入署读书。衡阳一邑，应童试者千人，入学不易。是岁县试，群拟公必第一；案发，乃第三。越数日，召入见曰："以文论，汝宜第一，今乃太守意也。太守曰：'彭某异日名位未可量，然在吾署中读书，若县试第一人，必谓明府推屋乌之爱耳，是其终身之玷矣。'"公闻而深感之。是岁竟不入学，又二年，始隶诸生之籍云。

前于《春在堂随笔》，述之尤有详焉者，谓：

杭州高螺舟先生人鉴，翰林前辈也，余未及见。彭雪琴侍郎，乃其门下士，为言其轶事云：……授先生衡州府知府，侍郎其部人也，方应童子试。先生见而才之，招至署中，教以读书作文之法。衡阳一县，应童试者千余人，入学颇不易。侍郎是岁县试，正场及初二覆，不出前三名，咸拟正案第一，侍郎亦自谓然。及终覆之日，黎明麇集县前，忽府吏持柬来请县令，令乘轿去，未久即反，点名给卷如常。至正案发，乃第三。越数日，召而语之曰："以文论，汝宜第一矣；亦知不得之故乎？"谢不知。曰："府尊意也。终复之日来召我，即为此。府尊曰：'彭某他日名位未可量，一衿之得失，迟早皆可不计，今岁在吾署读书，若县试第一人，必谓明府推屋乌之爱耳，是其终身之玷矣。'"是岁侍郎竟不入学，后数年始隶诸生之籍。侍郎以此感先生知遇益甚。余谓先生与侍郎，皆有古人风也，因并记之。

闿运所撰《行状》则云：

……遂入城居石鼓书院，……乃投协标充书识，例补马兵，得支月饷，兼试书院，……衡州知府高人鉴，以鉴裁自许。一日，诣协镇，适公送文书稿未及收，协镇入内具衣冠；知府视几下有文字，取视之，问何人所草，对曰："营书彭某也。"知府曰："此字体奇秀，当大贵，且有功名。"即召至客坐见之，益大喜，语之曰："可时入吾署中。"遂执贽为弟子，知府亲课之如严师，绳摘疵谬，不稍假借，然评语辄奖借，每有"他日柱石名臣"之誉。及当府试，众以为必第一，乃置第十。越日县令告之曰："太守以子名位未可量，不欲其速化也。"学院试竟黜。明年学使陈坛取附学生员，赏其文，目为国士，而公名字大闻于郡县。

两家之言，异同如此。樾《与孙妇彭（按：玉麟孙女）书》云："昨得令弟佩芝书，托作墓铭，阅所寄行状，王壬秋先生所作，自是名笔，但其中事实，有可商者。如所载少年受知高螺舟入学一节，与令祖所自言者迥异。其事吾载入《春在堂随笔》第六卷。倘令弟处有此书，可检出观之，便知与行状所载大相反矣。此事虽细，而一生名节有关。今行状中有此一节，吾意万不可刻，刻之则冥漠中必有余恫也。"樾于此盖甚重视。玉麟之于人鉴，以裁抑而益感知遇，闿运谓抑之于府试，樾谓抑之于县试，虽互异，似亦与要旨无大关系。（童试惯例，得府县案首者均有入泮之把握，此督学使者对守令之情面关系也；第二名以下则难预卜矣。）而樾谓"大相反""一生名节有关""冥漠中必有余恫"，或闿运此文，本更有他说，而入集时有所删订耶？（嵩焘所撰墓志铭，谓："衡州知府高人鉴，名知人，诣协镇，见文书几上，取视所具草，惊问谁为是？曰：'书识彭某也。'人鉴曰：'此字体奇秀，法当贵。'即召见，长身立玉，英迈娴雅，益奇之，使就学，即所为文指授程法。明年补县学生。"）

(原第13卷第18期)

# 二一　章太炎论文手札

孙思昉君游章（炳麟）门，藏有章氏手札，兹借录其论学、论文等答书，以飨读者，颇足发人思致也：

思昉足下：连得两书，并摄影一帧，《老子政治思想概论》一部。概论大旨不误，俟再细阅，更为平论。所问佛法尚不足转移人心，其任谁属。仆以为孔子之书，昭如日月，《论语》廿篇，高者如无我无知、克己复礼诸义，本已正趣佛家大乘，若其普通教告之语，德行政事，何所不备，此乃较佛家为近人。昔人偶举"行己有耻"一言，以为楷则，推而极之，则《儒行》一篇，所举十五儒者，皆慷慨行义之人。方今人格日堕，几夷牛马，得此救正，庶几免于亏辱。盖释迦生于印度热地，衣食易给，社会不繁，政事更不足论，故劝戒或有未密。小之如景教亦然，平居不出闾里，守之亦可为善人，一行作吏，或涉机诈之世，无不身败名堕者。若素守孔氏之道，岂有是耶？仆之言此，非以佛法为未至也。正趣真如，自是穷高极深之处，但以其处地不同，故于人事，未尽观其繁变，因之关防有未周耳。儒之与老，张弛稍殊，此如儒家尚有孟、荀之异，其间会通固多矣。老氏多守柔保身之见，及汲黯学之，则伉厉守高，此亦其一例也。所问文章义法，以鄙著文例杂论，上方宁人，则吾岂敢！（按：章氏与思昉另书有云："文章之道，似宜更取宁人救文格论及近代专言义法者观之，自尔简净有则，不堕俗趣。"）文季顷已前赴扬州，时时聚首，当更益新知也。为学之要，若言精求经训，非自《说文》《尔雅》入手不可。足下疲于吏事，恐不能专意为此，但明练经文，略记注义，亦自有用。诸子自老庄而外，管、荀、吕、韩皆要。史自四史而外，《通鉴》最要。诸家文集关涉政治者，陆宣公、范文正、司马温公、叶水心最要。文章之道，亦本与学术相系，欲求其利，先去其病，凡与语录、小说、报纸相似之语，宜一切汰之，稍进则场屋论文如东莱，台阁体如宋景濂，皆宜引为深戒者也。因足下赠《蠛蠓集》，更论弇州、震川事。弇州叙事实为健者，所苦摹拟未化，张设太盛，然用兵如王越，直言如杨继盛，文人落魄如卢柟，此自应极意叙述者。震川平生所遇，多乡里凡庸，故叙述率多平淡，要视所对之人贤愚才鄙，以施用王归之法，则可矣。篇篇学王则近诬，事事学归则近庸。清代桐城、阳湖诸子，虽导原归氏，实亦左右采获，不滞一家。及湘乡出，而文章非归所能范围矣。然不遇其境，则亦不容为此也。略述所知，容有未尽。即问兴居清胜。章炳麟白。

附录思昉原书：

余杭大师有道：廿年私淑，一旦亲炙，其乐固不可量。前依传闻，妄意大师有弥正平之傲物，汪容甫之善骂，及既见止，则叹为开朗潇楸，在魏晋之间，而和易平实，竟与宋儒为近，晚年悟道，岂是之谓，然后知所闻不逮所见远矣。追维绪论，疑佛法尚不足转移人心，然转移人心之任，果焉属乎？又论文重义法，蕲以入史，而颇右宁人救文格论，窃以尊著文例杂论，足与颉颃。此外堪跻斯选者，谅亦匪鲜。至治学为文之途轨维何，敢祈明以教之。

思眆足下：……所问场屋文字与台阁体，辨别甚不易，力欲避之，又恐入棘涩诡怪一流。今谓南宋文全是场屋气味，与北宋文相校，薰莸易辨，不必如刘辉辈也。台阁体由来已远，凡作大手笔，稍一平弛，即易堕入。如韩之《平淮西碑》，柳之《馆驿使壁记》，若用其语意，更使他手为之，则无不堕入台阁体者。柳子亦时患此，宁作俪体以避之，如《岭南节度使飨军堂记》，直作燕许手笔，可知其意。权载之才又不逮，故所作碑版记序，大半为台阁体之先河。前者如元次山，后者如李元宾，力欲避此，即不免为棘涩诡怪。若欧阳詹，则是闽人初观化于中原者，更不足论。以此衡之，淄渑不难别矣。所释《墨子》数事，甚有新意。此书文字奥衍，解者不同甚众，小有差池，正是各尊所闻也……

**附录思昉原书：**

余杭大师函丈：奉示以救正人心唯儒为亟，圣人复起，不易斯言。窃谓内圣外王之道，久为天下裂，而释、儒实分割其半，皆有所明，时通为一，非儒无以持也，非佛无以缮性，未可偏废也。而老庄似介乎其间。我师以为何如？承教以治学轨途，敢不勉自淬厉，以期无玷门墙。至论两用王归之法，足平亭二者之争矣。惟为文务去语录、小说、报纸相似之语尚易，欲尽汰场屋、台阁之气，诚戛戛乎其难之。微特泾渭难辨，而矫之过当，且恐邻于棘涩诡怪也。未审然不？　　　　　　　　　　（原第13卷第19期）

思昉足下：来书尚疑林甫当身苦系，未足惩戒，而引庄生"钱财不积则贪者忧，权势不尤则夸者悲"，以为彼之苦乐，有异恒人。说虽成义，抑思左手握天下之图，右手自刎其喉，虽至愚不为。林甫初念，固欲得权利以为至乐耳，非欲求重关复壁一日十徙之苦也。及其为之，而所乐与所苦杂至，且苦远甚于乐焉。彼不欲舍之而去耶？直以骑虎之势，欲下不得耳。观近时贪财务得者，无时不以绑票为虑，其心亦岂有一日安也？然不能散其所得者，直由妻子、部曲制之，虽欲散不能自由。凡事至此，非大勇不能决去，然事证甚明，明者则易于早悟矣。若此尚不足惩戒，转视福善祸淫之说，则事多不应，转视身后酬业之说，则耳目所不能见，尚安能使其惩戒哉？然固有见事甚明，而终果于一试者。若谓前说足以普戒世人，亦未必然，要较福善祸淫与身后酬业之说，则事属有据，信之者当多于彼矣。今以后说语田夫村妇，彼或信之，语太史公、刘孝标则不信也，语今之学者，更不信也。以前一说语之，信者岂徒田夫村妇，虽史公、孝标，彼之信之犹是也。今之学者，冒于权利，虽信之或不能戒之，然亦尚有能戒者。两说相较，则前者得票为多，固不敢谓提出此案即全场一致也。水火为人所不敢犯，世亦自有犯水火者，要之其数甚少矣。犯猛兽者，必多于犯水火者也；犯盗贼与王法者，又多于犯猛兽者也；犯鬼神者，又多于犯盗贼与王法者也。何者？此犯之验即至，彼犯之而验不必至也。《老子政治思想概论序》，已交文季带致，近想已到矣。书覆，敬问起居。章炳麟顿首。

**附录思昉原书：**

余杭大师函丈：比属马君，袖赇芜笺，仓卒殊不悉意。前闻师说，以末俗苟偷，不复知有明日事，虽佛言因果，尚不足示戒惧以正人心，颇主刘苍为善最乐之诣，将以当前苦乐为善恶之果报，更举李林甫重关复壁，一夕十徙；出入金吾清道，此其至苦，为恶报，世人不知善恶，宜知苦乐，以此骇世，庶知所去取，远愈于强聒者矣。说诚华妙，然至诚犹不能无疑者。庄周有云："钱财不积则贪者忧，权势不尤则夸者悲。"此其业力所系结，正如卿且甘带，鸱鸦嗜鼠，未可以正味争也。此方恶而逃之，不可终日，彼乃乐之不疲，盖人之汩于荣利久矣，矧其声色之娱，威福之恣，又足与苦相庚偿乎？叔世人心，违反故常，犹鲁人之疾，以白为黑，以南为北，微特是非倒植，而苦乐亦复颠倾，傥亦庄周所谓"大惑易性，小惑易方"者耶。且如江都王建之于覆舟，齐南阳王绰之于狙蝎，唐成王千里之于蛇绕龟啮，皆纵观喜噱，固自以为人生之乐，古今不乏此事例，将如之何？疑此仍未足以骇世也。敢不避呫嗫，质诸吾师可乎？

吴宗慈著《庐山志》，章氏有题辞一篇，警峭可诵，亦足征其倔强之性。《章氏丛书》续编，无"文录"一种，此类文字，见者不多，因亦录之于次：

余友吴宗慈蔼林，为《庐山志》十二卷，义宁陈翁序之，举目录详矣，复求序于余。余曰：内则栖逸民，外则容桑门者，古之庐山也；以岩穴处驵侩，以灌莽起华屋者，今之庐山也。中国名山数十，自五岳及终南、青城、点苍、峨眉，近道有黄山、括苍，其地或僻左，或当孔道，而船航不得至，独庐山枕大江，蕃客俗士所易窥，其变迁乃如是，固地势然也。虽然，自今而往，山日槎，市日廓，欲隐于其地者，非高贵则不能已。今之情，求仕不获，无足悲；求隐而不得其地以自窜者，毋乃天下之至哀欤！蔼林，负俗之才也，曩以议员走南北几十年，不得意而去，其后未尝为不义屈，常居是山，期与昏狂相远，其自重若斯之笃也。所为志筦核去华，于昔之胜迹，今之变故，详矣。山志一卷，尤质实，足以备故事。且情之韪非不可知，要之今之庐山，必与蔼林所期者稍远矣，吾乃知天之鼓物，果不与圣人同忧乐也，题其耑云尔。民国二十二年九月，章炳麟。

盖有一肚皮不合时宜之概焉。

## 二二　王氏《字贯》案

周作人《王锡侯的书法精言》（见《逸经》第五期）言及《字贯》案，谓："王锡侯的《字贯》案，在民国六年出版的《心史丛刊》三集中孟先生有一篇叙述，故宫博物院出版的《清代文字狱档》已出至第九集，却还没有讲到这案。……王锡侯实在是清朝的顺民，却正以忠顺而被问成大逆，孟先生谓其以临文不讳之故排列康熙、雍正、乾隆三帝之名，未免看得太高，其实恐怕还是列举出来叫人家避用，不过老实地排列了，没有后人那样聪明，说上一字是天地某黄之某，所以竟犯了弥天大罪耳。"按：民国十七年出版之故宫博物院图书馆掌故部所编《掌故丛编》第一辑至第三辑，载有《王锡侯〈字贯〉案》，系由军机处档案辑出，本案之原委略具于斯。王锡侯供词（见第二辑）有云：

> 问：你身为举人，该知尊亲大义，乃于圣祖仁皇帝钦定《康熙字典》擅行辨驳，妄作《字贯》一书，甚至敢于凡例内将庙讳御名排写，这是你大逆不道的实迹。究竟你是何主意，据实供来。王锡侯供：我从前因《康熙字典》卷帙浩繁，约为《字贯》，原图便于后学。这书内将庙讳御名排写，也是要后学知道避讳，实是草野无知。后来我自知不是，就将书内应行避讳之处改换另刻了。现有改刻书板可据，求查验。

> 诘问：你将《字贯》重行改刻，这就是你自知前书内有大逆不道之处，故又希图掩盖，愈见你从前原是有心悖逆，更有何辩？又供：我将《字贯》重刻，原是自知前书不好，是以改正。如今王泷南将我前刻未改之书呈出。我从前不知忌讳，妄编妄写，就是我的狂悖实迹，还有什么辩处？

> 又问：你于《字贯》凡例内，将先师孔子讳先写于庙讳御名之前。庙讳御名，凡为臣子，何人不知，至孔子名讳，尤属众所共晓。何用你于书内开写？这明是你有心犯讳，故意如此开列，以遮掩你悖逆之

*1761*

迹，还有何说？又供：少年时未知庙讳御名，是后来科举时才知道的；恐怕少年人不知避忌，故此于书内开写，使人人知晓。至将孔子名讳开列于前，是我从前进场时，见场内开出应避讳的条规，是将孔子开列于前，故此我照着写的。但我将庙讳御名，排写直书，这就是我该死处。

王锡侯之本意，不过如是，且已改换另刻矣，而身遭斩决，子三人孙四人均定斩监候秋后处决之罪，冤哉！周氏所云"其实恐怕还是列举出来叫人家避用"，自属不诬也。

（原第13卷第20期）

## 二三　补记彭玉麟行状

俞樾于王闿运所撰《彭玉麟行状》，除不满所叙受知高人鉴一节外，《与孙妇彭书》中并谓其"所叙战功，如沙口、沌口一事，与令祖所述亦有不同"。樾撰玉麟神道碑叙此云：

> 咸丰……五年，湖北巡抚胡公林翼攻武昌，贼闭城不出，水军无所事，自沙口还沌口，道经武昌汉阳，冠（寇）炮雷鸣，万声同发。公所乘船桅折，船覆，公坠于水。或以三（舢）版（板）船拯之，力挽不起，则水中有抱持公足者。舟人呼曰："速释手，

此统领也！"公在水中闯然曰："此时岂顾统领邪！"已而并出水，则抱足者即本船司舵者也。公笑骂曰："若知是尔，我提掷数丈外矣！"公当生死之际，犹从容谈笑如此。

颇趣，可与闿运《彭状》暨《湘军志》中此节参看。

樾《与孙妇彭书》谓："昨得令弟佩芝书，托作墓铭，……吾衰且病，此等大题目，恐不胜任。窃意王益吾祭酒，本令祖旧友，又是同乡，何不托渠作之？如必欲吾作，当更博考参稽，非可率尔操觚也。"盖尝推王先谦为玉麟作墓志铭，后乃自撰玉麟神道碑，墓志铭则郭嵩焘、王闿运各有一篇。

玉麟谥刚直，颇异常格。樾撰神道碑谓："易名之典，略其功业而独表其性情，上之于公有特鉴矣。敬本斯意而为之铭。"铭词云：

> 人之生直，其为气刚，刚则近仁，直大以方。明明天子，知公特详，锡此二字，纪于太常。公之故旧，私让其旁，情性似矣，功业未彰。岂知功业，非公独长，即在当时，并称彭杨，至于情性，日月争光，睥睨宇宙，笑傲侯王，直如矢笴，刚若剑铓。同时元老，令名孔臧，曾曰文正，左曰文襄，历观史策，后先相望，公曰刚直，自古未尝。皇朝谥法，稽之旧章，曰刚曰直，莫克兼当，惟帝知公，特笔褒

1763

> 扬，传千百世，久而弥芳。朝野共识，妇竖不忘，辟除魑魅，激发忠良，刚直之泽，永永无疆。

就刚直之谥发挥，详人所略，而亦题中应有之义也。

闿运《彭状》，洋洋万言，详记生平事迹；而所为墓志铭，则三四百字之短文耳。略叙世系后，以"公承先德，功位烜隆，行状登于国史，勋绩纪于赐碑，薄海周知，固无述矣"一笔带过，其下即以感慨缠绵之辞，写其郁抑孤愤之态云：

> 爰起孤幼，有志功名，及履崇高，超然富贵。然其遭际，世所难堪。始则升斗无资，终则帷房悼影。但耻于侘傺，一从豪宕，吴音楚服，炯然冰映。其用兵也，众所疑议，飘然赴之；其辞官也，人所咨趄，倏然去之。常患咯血，乃维纵酒，孤行畸意，寓之诗书。客或过其扁舟，窥其虚榻，萧寥独旦，终身羁旅而已。不知者羡其厚福，其知者伤其薄命。由君子观之，可谓独立不惧者也。晚邅海氛，起防南越，自谓得其死所，乃复动见扳缠，因积悲劳，加之瘴毒，重感末疾，遂以沉弥。……埋忧地下，郁郁千年，宜溯幽词，以毕深恨。

虽若偏锋，而情文相生，低回靡已，诚文家之逸调，亦史笔之隽辞，不仅与所撰行状避复而已也。（铭词亦颇道美。）

醒醉生（闻即汪康年）《庄谐选录》卷六云："近见某武员到任后谢恩折，内有云：'伏念奴才一介武夫，毫无知识，从军襄鄂，转战函秦，枕戈驰宛洛东四，负弩遍皖江南北，决眦伏三军之气，由行伍而擢材官，裹创留百战之身，历将领而膺专阃。前此总戎畿辅，愧无保障之功；即今移镇中州，更被温纶之宠。查河南居天下要冲之地，归德实豫东门户之区，与江苏、安徽、山东诸行省，面面皆依辅车，凡练兵、缉盗、筹边诸大端，事事均关紧要'云云。读之似自谦，又似自负，良由武员多不识字，此等奏折，大约系营中贴写及庸劣文案所为，故措辞不免失体耳。"按此折固未为佳构，然亦不必诋之太甚。"似自谦又似自负"，在谢恩折中不为特异。盖有功者必自谦无功，而折中却每有铺叙功绩之语也。如彭玉麟同治三年八月十七日《谢赏世职并加太子少〔保〕衔恩折》有云："伏念臣早陪簧序，谬列戎旃，溯夫癸丑之年，始造舟于衡郡，甲寅之岁，初试战于湘潭，嗣是攻克鄂城，长驱田镇，回援楚北，驰救江西，破湖口之名区，划浔阳之剧寇，以洎鏖兵安庆，决策芜湖，断铁锁于西梁，耀金戈于东坝，三山镇下，九洑州头，虽无役之不从，实靡功之可录。荷两朝之恩遇，跻九列之崇班，曾未报于涓埃，久抱惭于夙夜。"历叙成劳，可谓有声有色矣。而忽申之以"靡功可录""未报涓埃"，由自负落至自谦，不亦近于兀突乎？玉麟在并时将帅中，尚为能文者，奏折多出自撰，（其光绪十三年七月二十四日《巡阅事竣请开缺开除差使折》有云："臣前后在军数十年，百事躬亲，未用帮办。……臣以寒士始，愿以寒士终，曾经奏明在案，故力薄不能延幕友帮助。"俞樾序其奏稿，谓："公虽以战功显，而翰墨固其所长，扬历中外，幕无僚友，上而朝廷章奏，下而与友朋书札，皆手自属稿，不假手于人。"似其奏折均自撰也。惟又按玉麟与郭崑焘书有云："两奉密谕，均应速复，因卧病稍滞，而不学无术，兼之心绪恶劣，神智昏昧，言莫达意，姑毋论其文也，拟就起程并复奏附片二稿节略，先专弁祈我兄鸿才斧削润色，或以复奏为正折，起程为附，应如何始妥当之处，敬求代为斟酌。"又书有云："倏奉两江并通商大臣之命，恭读之下，惶悚不知所为。与其才疏任大，贻害将来，莫若陈情恳辞，获罪今日之为甘耳。兹匆匆书节略一纸，专呈我兄台览，恳求代作一稿。"又书有云："此次奉准开两江署缺，仍温谕责成巡阅江海，不知要谢恩否？如须要此，俟奉到明谕，即当具折前进，惟不才不文，不知谢折体裁何似，兹抄来邸报上谕，乞检阅，求代拟一稿。"则亦非完全不假手于人，特自撰者为多耳。其与崑焘各书，见崑焘子庆藩所辑《名贤手札》。）且号为质实，而词令如此，某武员之谢折云云，更无足怪。

又玉麟光绪九年三月初二日《辞兵部尚书折》，既云"前年仰沐皇太后、皇上殊恩，厚予京察，至今愧悚，寝馈未安，乃忽被非常宠命，无已有加，愧悚弥深，震惊莫措"，是言恩宠逾量，非所敢当也；而接下即云"伏思我皇上用舍黜陟，自有权衡。或以臣补授兵部侍郎，在金陵未复以前，至今已念有余年，资格似应与考绩之列；或以臣辞兵部侍郎，奉巡阅长江之命，至今又十有余载，叙劳似可在升擢之中。此自是朝廷论官授职之宜，至公无私"，则又代上设想，颇认为当然之举，且若有淹滞之感者。其下乃复以"……臣虽巡阅江海之防，究皆仅治其末，而未能治其本，日夜疚心，深虞罪戾。即此侍郎虚声，已觉忝窃，清夜惭惶，若复加官进秩，岂不致朝廷有滥赏之愆？左右思维，功既不足以掩罪，何敢复饰罪以为功？才既不足以当官，何敢复受官以溺职？病既不足以履任，何敢复虚职任以忝荣名？"等语，归入恳辞之意。盖先似自谦，继似自负，后又似自谦云。（原第13卷第21期）

## 二四　于敏中与乾隆

于敏中为清代状元宰相之一，号为得君。（乾隆二十五年以户部侍郎入军机，官至太子太保，文华殿大学士兼户部尚书，为军机大臣者二十年，后数年为枢臣领袖。）生授世职，没予上谥，而有谓其死系高宗示意自杀者。李岳瑞《春冰室野乘》有《于文襄出缺之异闻》一则云：

> 金坛于文襄，在高宗朝为汉首揆，执政最久，恩礼优渥。辅臣不由军功而锡世爵者，桐城张文和廷玉而外，文襄一人而已。（新疆底定时，文襄以帷幄赞

襄之劳，锡一等轻车都尉世职。）然世颇传其非考终者。云：文襄晚年，偶有小疾，请假数日，上遽赐以陀罗经被，文襄悟旨，即饮鸩死。往者闻萍乡文道希学士谈此，方以为传闻之辞，绝无依据。顷者读武进管缄若侍御《韫山堂集》，有代九卿祭文襄文，中四语云："欲其速愈，载锡之莫；欲其目睹，载赗之衾。"乃知陀罗经被之赏，固当时实录也。经被之为物，凡一二品大员卒于京邸者，例皆有之，并非殊恩异数，以文襄膺眷之隆，身后奚虑不能得此，而必及其未死以前，冒豫凶事之戒，使其目睹以为快耶？此中殆必别有不可宣布之隐，故特藉两汉灾异策免三公故事，以曲全恩礼，如孝成之于翟方进耳。国朝雍正以前，汉大臣居政地者，虽无赫赫之功，然大抵硜硜自守，不肯以权势自肆。洎张文和当国，风气始一变，而文襄实承其衣钵，士大夫之浮薄者，纷纷趋其门下，权势赫奕，炙手可热，国初诸老刚正谨厚之风，至是乃如阙文乘马矣。裕陵之聪察，岂有不烛其隐者？文襄之祸，实由自取。昔文和晚年，以致仕归里，陛辞日要请宣布配享世宗庙廷之旨，致触圣怒，下诏谴责，撤其配享。及其薨也，以配享为先朝所许，复下诏还之。其用意殆与此举同。英主之驾驭臣工，真有非常情所能测度者矣。

此说可信之程度如何，颇可研究。

高宗之于敏中，倚畀殊隆，惟乾隆三十九年七月（时敏中已以大学士领袖枢廷），内监高云从泄漏记名人员朱批记载案起，词连敏中，上谕谓："自川省用兵以来，于敏中书旨查办，始终是其经手，大功告竣在即，朕正欲加恩优叙，如大学士张廷玉之例，给以世职，乃事属垂成，而于敏中适有此事，实伊福泽有限，不能承受朕恩，于敏中宁不知痛自愧悔耶？因有此事相抵，于敏中着从宽免其治罪，仍交部严加议处。……于敏中务宜痛自湔洗，以盖前愆。傥此后再有过犯，朕不能复为曲贷也！"（寻部议革职，奉旨从宽留任。）迨四十一年正月，以征剿金川蒇功，谕颁酬庸之典，谓："……大学士于敏中，自办理军务以来，承旨书谕，夙夜殚心，且能巨细无遗，较众尤为劳勩，其前此过失，尚可原恕，着赏给一等轻车都尉，以示格外恩眷。所有此次恩赏世爵世职，均着世袭罔替。"特膺懋赏，非枢垣同列所能望，前事若消释无迹矣。四十四年十二月卒，谕谓："大学士于敏中品端才练，学职（识）优长，久直内廷，小心谨慎，历数十年如一日。自简畀纶扉，办理金川军务，承旨书谕，懋著勤劳，因加恩列入功臣，特予世职，并赐双眼孔雀翎黄褂，以彰优眷。恪恭匪懈，倚任方殷。前因其喘疾较甚，谕令乞假加意调摄，即派太医院堂官前往诊视，并赐人参，俾资培益，用冀速痊；复屡遣大臣存问。昨闻病势沉剧，倍增廑念。兹闻溘逝，深为悼惜。着加恩入祀贤良祠，并派皇八子带领侍卫十员，往奠茶酒。所有应得恤典，仍着该部察例具奏。"（寻赐祭葬，予谥文襄。）饰终之典，亦不为不优。

其后乃甚恶之。乾隆四十五年七月，以敏中原籍财产发生争执一案，谕谓："大学士于敏中所遗财产，若伊生前营私不法之事已显露，即将伊正法，查抄入官，皆所应得。今既完名而没，朕亦惟始终保全，以存大体，本无庸治其生前之罪。"并令除酌分银二三万两给予其孙德裕外，余均拨充本籍地方公益之用。八月，以苏松粮道章攀桂曾为敏中雇匠盖屋，谕谓："于敏中受朕深恩，乃听本省地方官逢迎，为之雇匠盖屋，若在生前，必重治其罪，今既完名而殁，姑不深究，以示朕始终保全之意。"五十一年三月，乃撤出贤良祠，降谕详言之云：

> 朕因几余咏物，有嘉靖年间器皿，念及彼时严嵩专权炀蔽，以致国是日非，朝多秕政，复取阅严嵩原传，见其势焰薰灼，贿赂公行，甚至生杀予夺，皆可潜窃威柄，颠倒是非，实为前明奸佞之尤。本朝纪纲整肃，太阿从不下移，本无大臣擅权之事，即原任大学士于敏中，因任用日久，恩眷稍优，外间无识之徒，未免心存依附，而于敏中亦遂暗为招引，潜受苞苴，然其时不过因军机大臣中无老成更事之人，而福隆安又年轻未能历练，以致于敏中声势略张。朕非不知，而究之于敏中亦止于侍直枢廷，承旨书谕，不特非前朝严嵩可比，并不能如康熙年间明珠、徐乾学、高士奇等，即宠眷声势，亦尚不及鄂尔泰、张廷玉，

安能于朕前窃弄威福，淆乱是非耶？朕因于敏中在内廷供职尚属勤慎，且宣力年久，是以于其身故仍加恩饰终，并准入贤良祠，以全终始。迨四十六年甘肃捐监折收之事败露。王亶望等侵欺贪黩，罪不容诛，因忆及此事前经舒赫德奏请停止，而于敏中为朕前力言甘省捐监应开，部中既省拨解之烦，而间阎又得粜贩之利，实为一举两得。朕以其言尚属有理，是以准行；讵知勒尔谨如木偶，为王亶望所愚，遂通同一气，肥橐殃民，竟至酿成大案。设非于敏中为之主持，勒尔谨岂敢递行奏请，即王亶望亦岂敢肆行无忌若此？是于敏中拥有厚赀，亦必系王亶望等贿求赂谢；种种弊混，难逃朕之洞鉴。若此案发觉时，设于敏中尚在，朕必严加惩治；虽不至如王亶望等之立置重典，亦不仅予以褫革而已也。因其时于敏中先已身故，不加深究，曲示矜全。但于敏中如此营私舞弊，朕不为已甚，不肯将其子孙治罪，已属格外恩施。若贤良祠，为国家风励有位，昭示来兹，盛典攸关，岂可以不慎廉隅之人，滥行列入？朕久有此心，兹因览《严嵩传》，触动鉴戒，恐无知之人，将以嘉靖为比，朕不受也！于敏中着撤出贤良祠，以昭儆戒。朕用人行政，一秉至正大公，从不稍涉偏私，亦岂肯意存回护？前明严嵩之营私植党，嘉靖非无闻见，第已用之于前，不免回护，遂以酿成其恶。朕宁受乏知人之鉴，断不使天下后世谓朕有为于敏中始终蒙蔽之名！

*1771*

刑赏黜陟，彰瘅所系，赏一人而天下知劝，罚一人而天下知惩，是以不得不明白训谕，俾天下后世，咸知朕意。将此通谕知之。

借严嵩作陪客，骂得颇恶，特处处自留地步而已。至六十年五月，更降谕夺其"世袭罔替"之轻车都尉世职云：

> 昨阅国史馆进呈《于敏中列传》，朕详加披阅。于敏中以大学士在军机处南书房行走有年，乃私向内监高云从探问记载；又于甘肃监粮一事，伊为之从中主持，怂恿开捐，以致酿成捏灾冒赈巨案，因此案发觉时于敏中先已身故，不加追究；但于敏中简任纶扉，不自检束，既向宦寺交接，复与外省官吏夤缘舞弊，即此二节，实属孤恩，非大臣所应有。使其身尚存，必当从重治罪；今虽已身故，若仍令其滥邀世职，又将何以示惩？于敏中之孙于德裕，见官直隶知府，已属格外加恩，所有承袭轻车都尉，着即撤革，以为大臣营私玷职者戒。

在其生前已认为"尚可原恕"之"过失"，亦复旧事重提，而在"孤恩……必当从重治罪"之列矣。（于德裕系四十七年奉旨承袭一等轻车都尉，并加恩以主事用。）

(原第13卷第22期)

就以上经过观之，敏中之为高宗所恶，在其身后，且逐步加厉，若其生前，以迄卒时，实可云恩礼终始。虽曾缘高云从案获咎，而旋即释然，至敏中卒后十余年，始又旧事重提，痛加斥责耳。乾隆一朝，大臣之因事获咎而罪名甚于敏中在高云从案者多矣，苟非诛戮，往往事过仍得重用，况敏中未解政柄，倚任依然者乎？大凡古来号为权臣者，往往难保其身后，盖身死势去，弗能更以术自卫，而为人所乘也。例证不乏，史册可按。敏中虽尚非真权臣，然于政府同列中，最为有权，荣于生前，辱于死后，其理固未尝不可推耳。非考终之说，似即因其身后屡为高宗斥责，而揣臆其必早为高宗所大不满，适又有未死而已赐陀罗经被之事，遂相传仅患小疾，悟高宗旨而饮鸩自杀。窃以为傥非别有强证，未可遽信其为事实也。

岳瑞以陀罗经被之赏于未死之前为当时实录，因以饮鸩之传说为不诬，而谓"此中殆必别有不可宣布之隐"。此种特赏，使受者仅敏中一人，认为示意自裁，犹可说也；而一考其事，则实不仅敏中为然。嘉庆二年八月，大学士军机大臣公阿桂卒，以高勋凤望，饰终之典，更隆于敏中，高宗以太上皇帝所颁敕谕，谓："……顷闻患病颇剧，即特命三皇孙贝勒绵亿、御前侍卫丰伸济伦，由热河驰往看视，并赏赐陀罗经被，仍冀调理或可就痊。兹闻溘逝，深为悼惜。……"是闻其病重，即由行在有陀罗经被之赏，见之煌煌敕谕，其为实录，尤属信而有征，岂高宗对于阿桂亦"必别有不可宣布之隐"，而欲其"悟旨"自裁耶？二者相距十余年，同为高宗之事，何独于敏中而以是断为非考终乎？

陀罗经被之赐，本为敛时入棺之用，使赐到已在大敛盖棺之后，则不能入棺矣。如值庆典佳节或朔望之时，遗折不克邌递，故有时经被赐而不能用之也。陈恒庆《归里清谭》（又名《谏书稀庵笔记》）云："清代大臣在京告逝，第二日凌晨，遗折呈递，先赏给陀罗经被。被系黑绫，书满洲字，盖棺时加于身上。接被时，孝子向北三跪九叩。若第二日，或遇初一、十五，为补褂期，或遇大典，则遗折不能呈递，先行盖棺。至陀罗经被赐下，焚之而已。"所述赐被制度，可供参考。（惟云被系满洲字，盖非。昭梿《啸亭续录》卷一云："本朝王大臣有薨没者，上特赐陀罗经被，被以白绫为之，刊金字番经于其上，时得赐者，以为宠幸，盖即古人赐东园秘器类也。"所述被制较确。据吾所闻，系白绫上印金字藏文佛经。）高宗在热河先赐阿桂经被，当因恐见遗折再赐不及入棺之故。敏中之先赐，或亦为便于入棺起见。所谓"冒豫凶事之戒"，非所顾也。若对敏中是含有赐死之意味，必不再施之阿桂矣。

岳瑞于此节中，尚有未谛处。除误金川之役为新疆外，其叙高宗与张廷玉事，亦不免失考。廷玉受世宗殊宠，有将来配享太庙之命。乾隆十三年，廷玉以老乞休，高宗温旨慰留，谓："岂有从祀元臣归田终老之理？"翌年冬乃允其致仕，俟来春旋里，而廷玉以高宗前言，虑因致仕而不获配享太庙，面请一言以为券。高宗十二月谕云：

朕因大学士勤宣伯张廷玉年跻大耋，步履维艰，特降温旨，许其致仕，以全晚福。今日大学士特请面见，奏称："前蒙世宗宪皇帝逾格隆恩，遗命配享太庙，而上年谕旨中有从祀元臣不应归田终老之语，恐至身后不获蒙配享大典。"免冠呜咽，请一辞以为券。朕为恻然。大学士奏称外间亦有如此议论者，不知朕前降旨，原因大学士受恩至深，故举其最重者，以明无可去之义，俾其安心奉职，且以示受殊恩者不可存为己误老之义耳。今朕酌其年力实衰，优加体恤，令其引年，恩礼备至，岂有千秋俎豆庙廷至大之典，转不令大学士受此殊荣耶？且配享乃恭奉皇考遗命，纶綍所宣，久已布告中外，大学士非有大罪，朕何忍违？设谓致仕大臣于礼不可配享，则朕何难留之京邸，不令南还耶？况汉大臣中有此特邀异数之一人，亦可风示百寮，成熙朝盛事；而外间倡此浮言，鳃鳃窃议，是不知朕眷旧之深仁，且不知国家待老臣之厚谊矣。为此特颁谕旨，令共知之；并成诗一章，以示朕意，以安大学士之心也。

是廷玉所请，意在高宗更正前言，并非"陛辞日要请宣布配享世宗庙廷之旨"。世宗遗命配享太庙，固早已宣布，不待此时也。高宗既有此谕，廷玉具折谢恩，称"泥首阙廷"，而未亲至，方将降旨令其明白回奏，而翌日黎明廷玉即至内廷。高宗以军机处泄漏消息，乃大发怒，因而深

*1775*

斥大臣门户党援之弊，并对廷玉肆口痛詈，不留余地。廷议处分上，谕云：

> ……夫张廷玉之罪固在于不亲至谢恩，而尤在于面请配享。其面请之故，则由于信朕不及。此其所由得罪于天地鬼神也。然朕念张廷玉为耆旧大臣，蒙皇考隆恩异数，优渥逾涯，自朕临御以来，加意矜全，曲为体恤，即今此许令原官致仕，许令配享庙廷，前后所降谕旨及御制诗篇，其眷待之优崇，中外大臣具所备悉，本欲保其晚节，以成全美，今乃甘自暴弃，实非思虑所及料。设令朕意稍有勉强，则进退予夺，惟朕所命，何难不许其予告？其面请配享，亦何难却之不从？且又何能逆料其不亲来谢恩，而故加此种种格外之恩，以为陷于有罪之地耶？乃谢恩不来，次日又来，俱令人不解。是岂非其得罪于天地鬼神，有莫之为而为者，使之自为败露，以为在朝大小臣工之戒耶？夫配享乃皇考遗诏，朕何忍违？观其汲汲而请惟恐不得之意，直由信朕不及故耳。张廷玉事朕十有四年，朕待群臣事事推心置腹，而伊转不能信，忍为要挟之求。观其如此居心，其有不得罪于天地鬼神者耶？且配享大典，千秋万世自有公论。得所当得，则为没世之荣；苟其过分叨恩，徒足供人指摘，何荣之有？试思太庙配享，皆佐命元勋，张廷玉有何功绩勋猷，而与之比肩乎？鄂尔泰尚有经度苗疆成绩，而张

廷玉所长，不过勤慎自将，传写谕旨，朕诗所谓"两朝纶阁谨无过"耳；而腼然滥膺俎豆，设令冥冥有知，当跼蹐惶悚而不能一日安矣。此在朕平心论之，张廷玉实不当配享，其配享实为过分，而竟不自度量，以此冒昧自请，有是理乎？"及其老也，戒之在得。"岂有展转思维，惟知自私自利，不惟得之生前，而且欲得之身后，不亦昧于大义矣乎？但如大学士九卿所议，不准配享，革去大学士勤宣伯，令其在京待罪，不知者将谓朕初不许其归里侑庙，而谬加之恩，终抵之罪矣。朕不云乎：张廷玉忍于负朕，朕不忍负张廷玉。朕之许张廷玉予告，原系优老特恩，明纶甫降，朕不食言。其大学士由皇考时简用，至今二十余载，朕亦不忍加之削夺。配享恭奉皇考遗诏，朕不忍罢斥。至于伯爵，则朕所特加，今彼既不知朕，而朕仍令带归田里，且将来或又贪得无厌，以致求予其子者，皆所必有，朕亦何能曲从至是？着削去伯爵，以大学士原衔休致，身后仍准配享太庙。夫以年老予休之大臣，志满意得，自恃其必不加罪，遂至求所不当求，而忽其所不可忽，必致入于罪戾而后已。神明之昭鉴，可畏如此，大小臣工，其可不以此为戒乎？……

语气之峻厉严刻，殊足令廷玉难堪，然所予处分，仅削爵休致，对于配享太庙一层，虽责其面请之非，并以"腼然滥膺俎豆"等语骂之,而为尊重"皇考遗诏",依然申明"身后仍准配享太庙",何尝"撤其配享"乎?

廷玉卒于乾隆二十年,四月高宗谕云:

> 致仕大学士张廷玉,历事三朝,宣力年久,勤劳夙著,受恩最深。前以其年届八旬,精神衰惫,特加体恤,准令退休,实朕优念老臣本怀。至于配享太庙一事,系奉皇考世宗宪皇帝遗诏遵行,而恩礼攸隆,则非为臣子者所可要请。及朕赐诗为券,又不亲赴宫门谢恩,自不得不示以薄谴,用申大义。今张廷玉患病溘逝,要请之愆,虽由自取,皇考之命,朕何忍违?且张廷玉在皇考时勤慎赞襄,小心书谕,原属旧臣,宜加优恤。应仍谨遵遗诏,配享太庙,以彰我国家酬奖勤劳之盛典……

略将前予处分之谕,复加申说,其准配享,不殊前谕之意,本未撤销,无所谓"下诏还之"也。又,岳瑞言高宗之于于敏中,"特藉两汉灾异策免三公故事,以曲全恩礼,如孝成之于翟方进耳",亦有语病。方进自杀,不能仅目为"策免"。

(原第 13 卷第 23 期)

## 二五　孙思昉欧阳渐论章太炎

章太炎（炳麟）论学、论文等书，前由思昉处借钞，实吾《随笔》。关于所钞第一书（见本报本卷第十九期），兹更经思昉书其缘起见示，并及欧阳竟无（渐），因复录左，俾参看：

民二十年夏，谒余杭章先生沪寓（时先生寓法租界同孚路同福里十号），先生论文曰："文求其工，则代不数人，人不数篇，大非易事，但求能入史斯可矣。若梁启超辈，有一字能入史耶？"或问及吴稚晖之作，曰："吴稚晖何足道？"次论佛法云："佛法能否转移人心，尚待商兑，盖语其高眇，实非众生所能与，（并谓：尝持此语印光，印光谓："因果之说，固愚夫愚妇所与知，不难普渡众生，然非所语于晚近科学渐明之时也。"）语其浅近，如因果之说，往往不验，又非智士所能信，即当时治法相宗既精且博如欧阳竟无者，犹负气特甚，亦未能出家，习气终难尽绝，疑此尚未足易世也。"至诚曾以书达欧阳大师，意在激成两大师之雄辩，极论佛、儒修短，当不减会稽斋头，一义一难，莫不厌心抃舞，快何如之？欧阳大师竟以"四不答"置之。迭函相渎，答书有"孙至诚太笨"之斥。

前钞章氏论果报书（见第二十期），亦可相印证。欧阳氏答思昉书，其文云：

思昉弟鉴：屡书不复，惧增戏论，亦学"四不答"之用耳。世尊度人，先有指归之的，然后发运用之妙。机无一定，法无一定，说亦无一定，岂必执死一因果报应法哉？斤斤致辩，宁非戏论？昌黎虽非见道人，然能担荷，抗颜为师，有必为圣人之志。王阳明不怕挂牌。居今世，接今人，到究竟为学上，容得人情耶？某乌足语此？孙至诚太笨，一不得复，再不思索，屡屡乱谈，必欲逼人巉言刻论，亦止好巉言刻论而已。老子见事之机，立足在象帝之先，天将明而反暗，故正言若反。孔子物来顺应，立足在素位而行，本何思何虑，而精义入神。韩非遍得老用，而不得老体，终为帝国主义舆台走卒，吾终不取。著书有精到处，然孔老大处，犹嫌透未得也。洪水夷秋，民命何存，而忍言寿？二十元为购《藏要》寄读，应洗心涤虑研求也。小照寄上察收。此颂近祉。渐。

**附录思昉原书：**

竟无大师慈鉴：闻湘亭述驾返都门，《藏要》诸序已脱稿，欣慰莫名。比太炎先生论及佛法，有云："语其高眇，非众生所能与；语其浅近，如因果之说，往往不验，又非智士所能信，即当时治法相学（宗）

既精且博如欧阳先生，犹负气特甚，未能出家，习气终难断伏，疑此尚未足易世也。"窃以为斯论所关者大，我师辩才无碍，何以应此？兹抄奉太炎先生书暨复书三通，祈赐览观。庄生曰："谋稽乎泓，知出乎争。"愿将予此觇之。

思昉于此，尝有自记一则，述欧阳氏所谈，一并移录于次：

先生游扬时，语及此书，谓："余杭'负气'之说，特覆露门墙耳。前其弟子黄君季刚求见。……尝谓学者贵笃敬，以其轻儇无礼，遂拂袖去。某行事岂不然乎？近世人皆以奄然自媚于时为贤，将尽化国人为妇女，独一太炎傲骨自喜，未尝不许其厉世矫俗。某硁硁自守，不无衣冠涂炭之思，正以明耻远虑，独不足余杭所乎？"综观两先生之言，各有所明，夷惠殊轨，皆有圣人一体，庸何伤焉？

《黛方山庄诗集》暨著者《日记》，前曾摘录（见第四、第五、第六各期）。近《诗集》影印将蒇事，劭西属跋卷后，因草一短文如下：

《黛方山庄诗集》六卷、《诗余》一卷，湘潭黎樾乔先生著，版毁久矣。近其从孙劭西以家藏孤本付诸景印，传薪火于将尽，发潜德之幽光，甚盛事也。

当清道光间，外患洊臻，内乱将作，而缨绥之徒，犹恬然宴安，罔恤国事。先生玉堂雅望，柏府清班，使容容谐俗，不难循阶以跻公卿，乃与三数同官，侃侃抗章诤议，迕时遭忌，弗顾也；辛言不见用，落落无所合，遂浩然引疾归。读《都门留别》诸作，身归江湖，心系魏阙，而忧时爱国之怀，一篇之中往往三致意焉。咸丰初元，朝宁之上，□危思治，先生再起补官，冀材志获一发舒，复以急公而见谓张皇，罹谴以去。其刚正之气，伉直之节，虽历迍邅困踬而始终不衰，所谓"富贵不能淫，贫贱不能移"者非耶？至其诗高格远韵，约文微辞，深得诗人忠厚之旨，自足俯视群流，独有千古。湘阴郭氏、湘潭罗氏论之详矣，不具论。曾文正《仁和邵君墓志铭》有云："文之精者不复存，存者又未必果传，独其耿耿不磨之志，与日星而长悬。"先生文之精者，仅存斯集，今得劭西重印行世，足永其传，所愿读斯集者，其与先生精神往来，以求其耿耿之志，斯为得之。传曰："诗言志。"若舍志而论辞，乌足以知先生，又乌足与读此诗也哉！

愧不能工也。按：道光二十七年二月十一日《日记》云：

三点钟，下园引截取之见。奏履历毕，即闻皇上说"回衙门"三字。此生仕进之途，从此休矣！不知何以见弃于圣明，命也何如！前于壬寅年保巡西城，拟正不得，保京畿道拟正又不得，京察一等不记名，服满来京，保送巡西城又不得，圣意可知矣。原不欲引截取之见，因今年正月初六日所奏之折，皇上尚为许可，冀可释前愆而观后效，而圣意乃决绝如此，亦我生命运合该如此，敢有一毫怨怼乎哉！归与，归与！惟愿我后人干我蛊而勉报国恩耳！晚间微雨，陈庆覃、何子贞、李晓邨、刘佩泉诸人，咸来慰藉。

其落落无所合，尤可概见。报国之愿难偿，此其决然引退也。自伤遇穷，更属望后人之继起，其志洵可悲已。

(原第13卷第24期)

## 二六　谈章太炎

本报第十二卷第三十七期，载王芸生《到北方来!》，论远统不如近防，有云：

……最要紧的是首都的位置要近于边防，甚至就把首都置于边防线上。宋以不防河北而亡，明成祖迁都北平，修建长城，西起嘉峪，东极山海，皆置重防，以首都当要塞，以天子守边疆，因有朱明二百多年的天下。终明朝之世，蒙古未成大害，直至思宗殉国，真正敌人尚限于山海关之外。满清继都北平，北收蒙古，西掌天山，疆域之阔，超越往古。这都是首都置在边防线上的成绩。……及十七年北伐成功，首都南迁，十八年有中俄冲突，十九年九一八张学良通电入关，二十年九一八便发生了中日奇变。这个大教训，更证明了远统不如近防的铁则。根据这个教训，我们可以大胆的说：没有十七年的迁都，便不会有二十年九一八事变，更不会有这四年来国不成国的劫运。中国的边疆，半部临海，大陆上就是东北与西北，首都在北平，适当边疆的要领。从外交上看，日、俄是主要的邻国，头脑摆在北平，耳目自然聪明些。党国之迁京，在这个理由上，真是极大的憾事。

闳识名论，慨乎言之。民国元年，章太炎（炳麟）论此，可与互相发明。共和初建，民党群主迁都金陵，章氏毅然抗争，力斥其非。与张謇书谓：

> 建置首都，鄙意宜在中原平陆，纵欲荡涤旧污，宛平不可，犹宜在邺洛之间，庶几控制北维不忧疏遬。明祖所以建宅金陵者，以其地不及朔漠也；今疆域之广，西自天山，东讫难水，已倍本部而有余，则中原辐凑之地，不在东南明矣。况自两宋以来，中原文化，日益凋残，忱赖建宅北平，民所趋向，得令万物昭苏耳。向无成祖，恐中原已为不毛。

致南京参议会书谓：

> 颇闻坚守金陵者，谓燕京……亡清污俗之余，徙处南方……亦以涤瑕荡垢，不悟政纪修明，则旧污自化……中国幅员既广，以本部计，燕京虽偏在北方，以全邦计，燕京则适居中点，东控辽沈，北制蒙回，其力足以相及。若徙处金陵，威力不能及长城以外……北方文化已衰，幸有首都为衣冠所辐凑，足令蒸民丕变，若徙处金陵，安于燠地，苦寒之域，必无南士足音，是将使北民化为蒙古。……金陵服偏倚之区……其可以为首善之居哉？谋国是者，当规度利病，顾瞻全势，慎以言之，而不可以意气争也。若曰南土为倡义根本，必不屈就北方，是乃鄙人倔强之谈，岂足数于大君子之前乎？

当时迁都之谋得寝，固缘袁世凯作梗，而章氏以远大之眼光，摅公忠之谠论，实足以明得失而靖浮议，所谓功在国家也。晚年卒目击变局，其隐痛为何如耶！章氏近病逝苏州，海内以失国学大师，同声嗟惜。其学问、文章、性行、鉴识，均卓然可传。当今日国难严重之际，身居旧京，尤觉其力争迁都之举，最可纪念，特表而出之，以谂读者。（以个性之强，其平生持论有时不免于偏执，而精粹者颇多，阐微发蒙，箴时砭俗，无愧先觉之士也。）

孙思昉君受业章门，亲炙有年，倾以章氏晚年言论等扣之，为书《谒余杭先生纪语》相示，录之如下：

*1785*

民国二十四年秋,谒余杭大师苏寓,纵谈殊畅,纪述如次:论某公好奇,曰:"学说之奇衺,至今日而极,坊表后进者,惟有视以正轨,岂容教猱升木,如涂涂附?今则以今文疑群经,以赝器校正史,以甲骨黜许书,以臆说诬诸子,甚至以大禹为非人类,以尧舜为无其人,怪诞如此,莫可究诘。彼固曰有左证在,要所谓以不征征其征也,不征者已绝学丧文,将使人忘其种姓,其祸烈于秦皇焚书矣。好奇之弊,可胜慨哉!"论秦桧,曰:"秦桧亦何可诟厉?桧尚先使岳鹏举为郾城之捷,然后矫诏班师,以与金讲,是和之权在宋,而不在金。不然者,不战不守,虽欲讲得乎?"答问章氏丛书续编未收文录之故,曰:"近所论列,往往以时忌不便布之。此《荆母夏太夫人墓志铭》所谓'縠下何为,陈骎卒以大谁,曰东藩摧,士女靡不悲,虽悲弗悲,是固知遗锥,又柰其口使人不敢违'者也。而近年多为碑版文字,又迹近谀墓,故未付刊。"

**又书轶事数则云:**

袁世凯禁之都门时,先生愤甚,于几案旁遍书"袁世凯"三字,日必击之数四。又尝书"死耳"二字为横帔赠人。民四年书"明年祖龙死",袁氏果以次年卒,始得释,可云巧合。初山东某氏,曾隶民党籍，自请监视先生，实阴相护持，事之颇谨，暇辄求为作字撰文，更以其先人传志请。先生曰："尔非袁世凯门下小走狗耶？"曰："唯。"曰："自知者明，甚善，当为尔翁作佳传以传之。"然先生后论及袁氏曰："袁世凯亦自可人，当余戟手痛骂时，乃熟视若无睹。近人闻有后言，辄恶之欲其死，孰敢面短之，况痛骂耶？"

孙岳初隶民党，后附曹锟，以事南下，因谒先生沪寓小楼。刺入，先生持杖迟之楼门。孙上，乃迎击之，曰："何物孙岳，亦北洋派鹰犬尔，何面目来此相见！"孙狼狈下；追击之，骂不止云。（孙后来竟倒曹。）先生严气正性，嫉恶尤甚，人有不善，辄面加诃斥。晚年于所不善则不见，或见亦不数语，不复谩骂。此盖涵养日深之征。而汤夫人从旁婉劝，亦与有力焉。

先生与人书有云："少年气盛，立说好异前人，由今观之，多穿凿失本意，大抵十可得五耳。假我数年，或可以无大过。"盖晚年趋重平实，与前稍异，庶几从心不逾者已。

曹亚伯尝以所作民国开创史就正，并求书联。先生曰："稍缓当好为撰句以应。"曹索甚亟，曰："无已，惟有以杜句移赠。"乃书"英雄割据虽已矣，文采风流今尚存"二语。见者叹其工切。其敏捷如此。

当其被袁世凯拘留，有上世凯一书，颇极笑骂之能事，文尤诙诡可喜，并及"考文苑"事，则其志也。兹附录之：

前上一书，未见答复。迩者宪兵虽解，据副司令陆建章言，公以人才缺乏，必欲强留，炳麟不能受此甘言也。若有他故，能议公者，岂惟一人？舆论纵不振于中土，若外人之烦言何！炳麟本以共和党独立来相辅助，亦傥至而相行耳，而大总统羁之不舍，既使赵秉钧以国史相饵，又欲别为置顿，炳麟以深山大泽之夫，天性不能为人门客，游于孙公者旧交也，游于公者初定也，既而食客千人，珠履相耀，炳麟之愚，宁能与鸡鸣狗盗从事耶！史馆之职，盖以直笔绳人，既为群伦所不便，方今上无奸雄，下无大佞，都邑之内，攘攘者穿窬摸金皆是也，纵作史官，亦倡优之数耳！窃闻史迁、陈寿之能谤议，而后嗣乐于览观者，以述汉魏二武之事也；不幸遇朱全忠、石敬瑭，虽以欧阳公之叹息，欲何观焉！今大总统圣神文武，咸五登三，簪笔而颂功德者，盖以千亿，亦安赖于一人乎？属有武汉人士，招往讲学，北方亦有一二人耸之，愚意北方文化已衰，朝气光融，当在江汉合流之地，不欲羁滞幽燕也。必欲蔑弃约法，制人迁居，知大总统恪共宪典，必不为也。饱食终日，无所用心，以与朋辈优游谑浪，炳麟亦不能为也。苟图其大，得屈此身以就晦冥之地，而私心所祈向者，独考文苑一事，经纬国常，著书传世，其职在民而不在官，犹古九两师儒之业。迩者方言国音、字典文例、文学史、哲学史等，皆未编成，而教育部群吏又盲瞽未有知识，国华日消，民不知本，实愿有以拯济之。同苑须四十人（仿法国成法），书籍碑版印刷之费，数复不少，非岁得二十四万元不就。若大总统不忘宗国，不欲国性与政治俱衰，炳麟虽狂简，敢不从命？若絷一人以为功，委弃文化以为武，凤翱翔于千仞，览德辉而下之，炳麟其何愧之有！设有不幸，投诸浊流，所甘心也！书此达意，请于三日内答覆。

1936年6月29日

(原第13卷第25期)

## 二七　曾国藩靖港之败

曾国藩咸丰四年四月靖港之败，几以身殉，而部曲将塔齐布等适有湘潭之捷，国藩虽获革职处分，塔齐布则超署提督，曾军威名日隆焉。王闿运《湘军志·曾军篇》所纪云：

三月，寇先由蒲圻犯岳州，……王珍（鑫）缒城走，……甲子寇陷湘潭。是日国藩下檄塔齐布改援湘潭。……四月己巳朔，……遂大破之，追至城乃还，立营。其日长沙惴惴居贼中，人自以为必败。国藩集谋攻守，皆曰："入城坐困，宜亲督战。"或议先靖港，夺寇屯；或曰："靖港败，还城下，死地矣。宜悉兵攻湘潭，不利，保衡州，即省城陷，可再振也。"水师十营官皆至，推彭玉麟决所乡（向），定乡（向）湘潭。五营先发，约明日国藩帅五营继之。夜半，长沙乡团来请师，曰："靖港寇屯中数百人，不虞我，可驱而走也。团丁特欲藉旗鼓以威贼，已作浮桥济师，机不可失。"闻者皆踊跃，国藩亦忧湘潭久踣，思牵之，改令攻靖港。庚午平旦至，水急风利，炮船径逼寇屯。寇炮发，船退不得上，缆而行，寇出小队斫缆者，水师遂大乱。陆军至者，合团丁攻寇，寇出，团遽反奔，官军亦退，争浮桥。桥以门扉床版，人多桥坏，死者百余人。国藩亲仗剑督退者，立令旗岸上，曰："过旗者斩！"士皆绕从旗旁过，遂大奔。国藩愤，自投水中，章寿麟负之还船。日午还至城下，而湘潭大捷报至。先所遣水师，距湘潭十里，闻陆军战胜，鸣角发炮直上。塔齐布军三日三胜。壬申寇散走，水师尽烧所掠船，寇大败，走靖港，遂俱走还岳州。湘潭既复，国藩以军不精练，悉汰所部，留五千余人，因留长沙造船，增调罗泽南、李孟群、陈辉龙将水陆军，图再举。上奏自劾，而骆秉章及提督鲍起豹自上其功。文宗诘责提督，即日夺官，诏塔齐布以副将署湖南提督。方事之急也，布政使徐有壬绕室走达旦，明日与按察使会详巡抚，请罢遣曾军，语倨妄甚。巡抚语有壬且待之。及克湘潭，国藩犹待罪，俄而得温诏，且超用塔齐布，文武官大惭沮，有壬诣国藩顿首谢。城中防兵，闻代大将，皆惊服，以为天子明见万里。……平寇功由此起。

又《湖南防守篇》云：

三月丁未，寇大上，围岳州。国藩军亦至，屯南津。戊申岳州军溃退，寇从而上，军还省城。寇踞靖港，再陷宁乡，败湘军三营。甲子陷湘潭。省城上下皆寇屯。巡抚、提督委战守于曾军。四月庚午，国藩自攻靖港寇不利，布政使徐有壬、按察使陶恩培会详巡抚，请奏劾侍郎曾国藩，且先罢遣其军。巡抚不可，城中亦不复设备。（按：郭嵩焘云："徐有壬、陶恩培会详上，骆文忠公言：'曾公已自请议处，何烦再劾？君等咎其败，不顾寇势之盛。非曾公一军，谁与任城守者？'是时城守事宜，一委之曾文正公，未宜以〈不〉'不复设备'为巡抚咎也。"见嵩焘侄孙振墉所辑《湘军志平议》。）辛未塔齐布大破寇于湘潭。丙子湘潭、靖港寇俱退走，踞岳州。巡抚、提督上功，而曾国藩请罪。有诏诘责提督鲍起豹，以专阃大员，不闻出战，惟会衔奏报，即日免官，以塔齐布署提督。塔齐布以都司署守备，仅二年超擢大帅。新从湘潭立功归，受印之日，文武民士聚观相叹诧，虽

*1791*

起豹僳从亦惊喜，以为皇上知人能任使，军气始振焉。……徐有壬等皆诣国藩贺，且谢罪。诏令国藩择司道大员随营〔主〕饷，有壬等惴惴恐在选中。国藩笑谢之，谓所亲曰："此辈怯愞，徒败吾事，虽请同行，吾固当止之，况不欲乎？"

叙次颇有致，可与当时奏报等参看。靖港之败，国藩危甚，使无湘潭之捷，纵不身殉，必获重咎而不能立足矣。（时虽革职，未解兵符，仍许单衔专折奏事。塔齐布已贵，而承指挥如故，故国藩自靖港败后，而其势反振。）

至章寿麟事，自是关系匪轻，闿运于此仅着"章寿麟负之还船"一语，略而不详。（王定安《湘军记·湖南防御篇》纪此，只云"左右负之出"，并寿麟之名未著。）其所撰《清故资政大夫江苏补用知府章君墓志铭》云：

> 君讳寿麟，字价人，长沙人也。……少孤贫，从舅氏彭嘉玉学。……彭舅奇壮其志，荐于侍郎曾公，俾从幕府。众论讶之，君恂恂而已。时长沙孤危，寇屯上下，曾军初集，自岳州败退，还城自保，巡抚骆公不听入城。曾公亦耻于依人，独率水军十营，散屯湘岸，与寇共水，皆半日可接。于是议率全军并力湘潭。彭君独议寇酋踞靖港，宜先攻坚。长沙乡人亦来请军，五营已上，其五营师留自将，定翌午亦发，即夜改计下攻。君知仓卒无陆军相辅，宾寮不从，未敢

沮师，则潜身从往。师船乘流直逼寇屯，寇指笑坐待。众不敢进，或从东岸浮桥济师，则瓮竿高低，桥坏版（板）浮，于是退舟逆风恃缆而上。寇从岸斫缆者，舟众溃奔。曾公立旗以收溃卒，众皆绕旗旁走，五营败绩。曾公愤投水，众无知者。君独从舟出，赴水负公登岸。公怒问："汝何为至？"徐曰："方从城外来报湘潭捷音耳！"乃收众还城南。其夜捷书至，遂不暇言死〔事〕。闻者以此推君功，曾太公尤念之，手书慰劳焉。君遂从军出征叙劳，累官至直隶州知州，留安徽补用知府。初试署江西新建令。安庆既复，曾公以江督开府镇焉，奏牧滁州。既克江宁，调绾营务。君起军中，娴于戎事，竭其髦髦，期有设施。会曾公卒，亦即引去。……以光绪丁亥八月己巳卒于泰州官署，年五十有五……是用勒石铭幽。……我（其）词曰：……莫府初开，终童典谒。蠢彼凶徒，敢涉重湖。巴陵左次，汨水尸舆。我为鱼肉，坐陷狼狙。在困思飞，询谋并协。岂曰必胜，要以无怯。十营减灶，中宵由（击）揖。知死非勇，胡再不谋？掀公出淖，义激如虢。诚同赴火，信过逾沟。昔鲍拯胡，功超五等。孰谓斯人，浮沉簿领！功不上闻，嘉斯雅静。……

亦有关史料，足供考镜也。

阎运诗集中有《铜官行寄章寿麟题感旧图》云：

桂平盗起东南卷，唯有长沙能累卵。
三年坐井仰恃天，城堞微风动矛矟。
凶徒无赖往复来，潘张迁去骆受灾。
闭门待死谥忠节，未死从容居宪台。
曾家岭枷偏在颈，三家村儒怒生瘿。
劝捐截饷百计生，欲倚江吴效驰骋。
庐黄军败如覆铠，盗舟一夜满洞庭。
抚标大将缒城走，徐公绕室趾不停。
省兵无人无守御，却付曾家一瓦注。
空船坐守木关防，直置当锋寻死处。
军谋兵机不暇讲，盗屯湘潭下靖港。
两头张手探釜鱼，十日淘河得枯蚌。
刘郭苍黄各顾家，左生狂笑骂猪耶。
彭陈李生岂愿死，四围密密张罗罝。
此时鲇筒求上计，陈谋李断相符契。
彭公建策攻下游，捣坚擒王在肯綮。
弱冠齐年我与君，君如李广默无言。
日中定计夜中变，我归君去难相闻。
平明丁叟蹋门入，报败方知一军泣。
督师只欲泛湘累，主簿匆匆救杜袭。
十营并发计全虚，从此舍舟山上居。
七门昼闭春欲尽，独教陈李删遗疏。
版桥漂破帅旗折，铜官渚畔烽明灭。
岂料湘潭大捷来，千里盗屯汤沃雪。

一胜申威百胜从，塔罗如虎彭杨龙。
时人攀附三十载，争道当年赞画功。
骆相成名徐陶死，曾弟重歌脊令起。
惟余湘岸柳千条，犹恨前时呜咽水。
信陵客散十年多，旧逻频迎节镇过。
时平始觉军功贱，官冗闲从资格磨。
冯君莫话艰难事，侥得侥失皆天意。
渔浦萧萧废垒秋，游人且觅从军记。

此诗见于《铜官感旧图题咏》者，字句颇有异同，并录于次：

桂平盗起东南卷，唯有长沙能累卵。
三年坐井仰恃天，仡仡孤城见矛鑚。
群凶无赖往复来，潘张迁去骆受灾。
闭门待死谥忠节，未死从容居宪台。
曾家岭枷偏在颈①，三家村儒怒生瘿。
劝捐截饷百计生，欲与吴江效驰骋②。
江湖军败如覆铛，盗舟一夜满洞庭。
抚标大将缒城走③，徐公绕室趾不停。
省城无兵无守御，却付曾家作孤注。
空船坐拥木关防，直犯头刀报知遇。
兵谋军势盗不讲，上屯湘潭下靖港。
两头探手擒釜鱼，十日淘河得枯蚌。

*1795*

刘郭苍黄各顾家,左生狂笑骂猪耶。
彭陈李生岂愿死,四围密密张罗罝。
此时觥筹求上计④,陈谋李断相符契。
彭兄建策攻下游,捣坚擒王在肯綮。
弱冠齐年君与余,我狂君谨偶同居。
日中定计夜中变,我方高枕城东庐。
平明丁叟蹋门入,报败遥闻一军泣。
督师只欲泛湘累,主簿匆匆救杜袭。
十营并发计全虚,从此舍舟山上居。
七门不启春欲尽,强教陈李删遗疏。
版桥漂破帅旗折,铜官渚畔烽明灭。
谁料湘潭大捷来,盗屯奔迸如崩雪。
一胜申威百胜从,陆军如虎舟如龙。
时人攀附三十载,争道当时赞画功。
骆相成名徐陶死,曾弟重歌脊令起。
只余湘岸柳千条,曾对当时呜咽水。
信陵客散十年多,旧逻频迎节镇过。
时平始觉军功贱,官冗闲从资格磨。
冯君莫话艰难事,侥得侥失皆天意。
何况当时幕府谋,至今枉屈何无忌⑤。

自注:① 曾涤公起义师,时论以为好事,且曰:"一
枷在岭,肩来在颈。"以嗤其不干己也。
② 文镕、忠源。
③ 王壮武。

④ 涤公设匦求谋策，或投纸书三十六"走"字。
⑤ 君舅彭笛翁犹以攻靖港为上策。

斯盖其原稿，集中所载则后经修改者耳。胡适《五十年来中国之文学》引闿运此诗，录自集中，谓："此诗无注，多不可通。"观此可知原稿注虽不多，却实有自注，入集时乃删去之（闻其《圆明园词》原亦有注，后始删却）。至诗中本事，多可由《湘军志》等印证。又，闿运《和易藩台感事诗因成长歌示谋国诸公》有句云："忧勤不救靖港败，唯向空滩摇帅旗。" (原第13卷第26期)

《铜官感旧图》，寿麟于国藩已卒追忆旧事所绘而征题者。殁后其家刊诸作为《铜官感旧图题咏》。其所撰《铜官感旧图自记》云：

> 湘乡曾文正公以乡兵平贼，抵触凶锋，危然后济，其所履大厄凡三，盖湖口也，祁门也，与初事之靖港也。而予于文正，惟靖港之役实从。……咸丰四年，贼由武昌上犯岳州，官军御之羊楼峒（洞）失利，遂乘胜进逼长沙。四月，贼踞靖港，而别贼陷宁乡、湘潭。湘潭荆南都会，军实所资，时公方被命治军于湘，乃命水陆诸将复湘潭，而自率留守军击靖港贼，战于铜官渚；师败，公投水。先是予与今方伯陈公、廉访李公策公败必死，因潜随公出，居公舟尾，而公不知。至是掖公登小舟，逸而免。公怒予曰："子何来？"予曰："师无然，湘潭

1797

捷矣，来所以报也！"已而湘潭果大捷，靖港贼亦遁去。公收余众，师复振。盖尝思之，兵者阴事，惟忍乃能济，非利所在，敌诇于前，民疑于后，勿动也。公既尽锐以剿湘潭，若需之以俟其捷，而会师击靖港之堕归，贼虽众可以立尽，惟不忍于靖港之逼，故知其不利而不能不出。又予辈三五书生，亦知其不利而出，而无术以止公，盖非公之疏于计画，实忍之心非久于军者不能，尤非仁义之徒之所素有也。犹忆败归时，公惟籍甲兵储待之属以遗湘抚，尚壹意以死谢国，及闻捷乃不死。然当即日不捷，公固可以死乎！公死是役，固不与丧师失地穷蹙而死者同，且足使丧师失地穷蹙而不死者恧焉而有以自励，然由今以观，其多寡得失之数为何如也！光绪丙子秋，予归长沙，道靖港，舟中望铜官山，山川无恙，而公已功成事赍，返马帝乡，惟时秋风乍鸣，水波林壑尚隐隐作战斗声，仿佛髦公之灵爽呼叱其际，因不禁俯仰畴昔，怆然动泰山梁木之感，故为兹图而记之，以见公非偶然而生，即不能忽然而死，且以见兵事之艰，即仁智义勇如公者，始事亦不能无挫，而挫而不挠，困焉而益励，垂翅奋翼，则固非公之定力不及此。至于大臣临敌，援桴忘身，其为临淮之铧刀，与蕲王之泗水，均各有其义之至当焉。并以谂复之君子。长沙章寿麟自记。

记述当时情事，并抒其感想，足资浏览。而李元度、左宗棠两序，于此役更各有叙纪论列，均为有关系之文，录俾参阅：

李序：

……咸丰四年，曾文正公治水陆军讨贼，余与今浙抚陈公士杰暨价人入其幕，时价人年甫冠也。二月，贼自鄂上犯，陷岳州、湘阴及宁乡。文正檄储君玫躬败贼于宁乡，贼遁。三月，水陆军抵岳州，会王壮武进剿羊楼峒（洞）失利，贼追蹑至岳州，围其城，文正所部陆军迎击亦失利，文正乃退守长沙。贼仍道湘阴、宁乡踞靖港，分党陷湘潭。时会城昼闭，饷道断，人情匈匈。文正檄忠武公塔齐布帅陆军千二百人攻湘潭，檄储公汝航、夏公銮、杨公岳斌、彭公玉麟帅水师夹击之，所向并获胜，而文正独以湘贼势盛，官军必不支，惧旦莫不得死所，盖久置死生于度外矣。靖港者，资水入湘之口，距会城六十里，为一都会，地有铜官山，六朝置铜官于此，因称铜官渚者也。时贼帆遍布，游弋逼会城。文正愤甚，亲帅留守之水陆营进剿。余亟止之曰："兵之精者已调剿湘潭，早晚捷音必至，此间但宜坚守，勿轻动。"文正不许。余与陈公及价人并请从行，亦不许。濒行，以遗疏稿暨遗嘱二千余言密授余曰："我死，子以遗疏上巡抚，乞代陈；遗嘱以授弟辈；营中军械辎重，船百余艘，子善护之。"四月朔，舟发，陈公固请从，峻拒之。余与陈公谋，令价人潜往匿后舱，备缓急，文正不知也。明日战，湘团勇先溃，营军随之，所结浮梁断，溺毙二百有奇。水师中贼伏亦溃，贼艘直犯帅舟，矢可及也。文正愤极投水，将没顶矣，材官傔仆力挽，文正大骂，须髯奋张，众不敢违，将释手矣，价人自后舱突出，力援以上。文正瞠视曰："尔胡在此！"价人曰："湘潭大捷，某来走告！"盖权辞以慰公也。乃挟登鱼艇。南风作，逆流不得上，赖刘君国斌力挽以免。明午抵长沙。文正衣湿衣，蓬首跣足，劝之食不食。乃移居城南妙高峰，再草遗嘱，处分后事，将以翼日自裁。迟明捷报至，官军拔湘潭，燔贼艅数千，殄灭无遗种。靖港贼亦遁。文正笑曰："死生盖有命哉！"乃重整水陆军，未十年卒蒇大勋，固系国家威福所致，然当是时文正生死在呼吸间，间不容发，脱竟从巫咸之遗，则天下事将谁属哉！江宁既拔，湘军自将领以至厮养卒，并置身通显，独价人浮沉牧令间垂二十年，傥所谓"不言禄，禄亦弗及"邪？抑曲突徙薪固不得为上客邪？先是曾太封翁曾书示文正曰："章某国士，宜善视之。"且令冯公卓怀传其语。戊午、己未间，余数从容言及价人。文正怃然曰："此吾患难友，岂忘之哉！"窃窥文正意，使遽显擢君，是深德君以援己，而死国之为伪也；然亦决不慭置以负君，盖将有待耳。光绪丙子，余客金陵，文正薨四年矣，晤价人，握手话旧。价人出《铜官感旧图》属题，余诺之而未及焉。越五年，价人宅忧归，乃得补书其简首。呜呼！援一人以援天下，功在大局不浅，价人虽不自以为功，天下后世必有知价人者，遇不遇乌

*1800*

足为价人加损哉！……光绪辛巳长至后三日，平江李元度撰。

## 左序：

……湘乡曾文正公时以礼部侍郎忧居在籍，诏起讨贼，集乡兵水陆东下。公在朝以清直闻，及率师讨贼，规画具有条理，辛克复江东枝郡，会师金陵，歼除巨憝。顾初起之军，水陆将才未集，阅历又少，往往为猾寇所乘，时形困踬。公不变平生所守，用能集厥大勋；中兴事功，彪炳世宙，天下之士皆能言之。推事功之所由成，必有立乎其先者，而后以志帅气，历艰危险阻之境而不渝。是故明夫生死之故者，祸福之说不足以动之。明夫祸福之理者，毁誉之见忘，吉凶荣辱举非所计，斯志壹动气，为其事必有其功矣。志士仁人成其仁，儒者正其谊，功且在天下万世，奚一时一事之足云乎！而即一时一事言之，则固有堪以共喻者。咸丰四年三月，金陵贼分党复犯长沙，先踞长沙城北七十里之靖港，凭水结寨，步贼循岸而南，潜袭上游湘潭县城。县城繁富，市廛鳞比，贾舶环集，贼速至据之。文正闻贼趋湘潭，令署长沙协副将忠武塔齐布公等率陆军，杨千总岳斌、彭令玉麟等率水军往援，侦贼悉锐攻湘潭，靖港守虚寨之贼非多，遂亲率存营水陆各营击之。战事失利，公麾从者他往，投湘自溺。随行标兵三人，公叱其去。章君瞰公在舟时书遗嘱寄其家，已知公决以身殉也，匿舟后，跃出援公起。公曾戒章君勿随行，至是诘其何自来，答以适闻湘潭大捷，故轻舸走报耳。公徐诘战状，章君权词以告。公意稍释，同舟南湖港。其夜得军报，水陆均大捷，歼悍贼甚多，毁余之败船断桨，蔽流而下。湘人始信贼不足畏而气一振。其晨，余缒城出，省公舟中，则气息仅属，所着单襦沾染泥沙，痕迹犹在，责公事尚可为，速死非义。公瞋目不语，但索纸书所存炮械火药丸弹军械之数，嘱余代为点检而已。时太公在家，寓书长沙饬公，有云："儿此出以杀贼报国，非直为桑梓也。兵事时有利钝，出湖南境而战死是皆死所；若死于湖南，吾不尔哭也！"闻者肃然起敬，而亦见公平素自处之诚。后此沿江而下，破贼所据坚城巨垒，克复金陵，大捷不喜，偶挫不忧，皆此志也。夫神明内也，形躯外也。公不死于铜官，幸也；即死于铜官，而谓荡平东南、诛巢馘让，遂无望于继起者乎，殆不然矣！事有成败，命有修短，气运所由废兴也，岂由人力哉！惟能尊神明而外形躯，则能一死生，而齐得丧，求夫理之至是，行其心之所安，如是焉已矣。且即事理言之，人无不以生为乐，死为哀者，然当夫百感交集，怫郁忧烦之余，亦有以生忧为苦而速死为乐者。观公于克复金陵后，每遇人事乖忤，郁抑无聊，不禁感慨系之，辄谓生不如死，闻者颇怪其不情。余比由陕甘、新疆移节两江，亦觉案牍之劳形，酬接之纷扰，人心之不同，时局之变易，辄有愿得一当以毕余生之说，匪惟喻诸同志，且预以白诸朝廷，盖凛乎晚节末路之难，谣诼之足损吾素节，实则神明重于形躯，诚不欲以外而移其内，理固如是也。而论者不察，辄以公于章君不录其功，疑公之矫，不知公之一生死齐得丧，盖有明乎其先者，而事功非所计也。论者乃以章君手援之功为最大，不言禄而禄弗及，亦奚当焉？余与公交有年，晚以议论时事，两不相合。及莅两江，距公之亡十有余年，于公所为多所更定，天下之相谅与否，非所敢知，而求夫理之是，即夫心之安，则可告之己，亦可告之公也。章君寿麟出此卷索题，识之如此。光绪九年癸未秋七月左宗棠书。时年七十有二。

李序写寿麟赴援暨国藩其时情态特详，就事论事，为寿麟鸣不平，而隐咎国藩之寡恩，盖兼寓自伤之意焉。左序则述往之外，更藉以发抒胸臆，意态轩昂，所谓高踞题颠也。[彭玉麟以湘潭之捷，始以附生奏保知县，杨岳斌（时名载福）则以千总保守备。率师赴援时，玉麟尚非"令"，左序中称"杨千总""彭令"，稍未谛。李序中称国藩之父曰"曾太封翁"，"太"字或"封"字可省。又谓湘潭之役，"燔贼艐数千"，按国藩奏报，此役所烧敌船，计千余只，无数千之多。]　　　　　　　　　　　（原第13卷第27期）

吴汝纶《铜官感旧图序》，作于章寿麟既没之后，所论别有见地。文云：

曾文正公靖港之败，发愤自投湘水。幕下士长沙章君，既出公于湘之渊，已而浮沉牧令间二十余年，乃追写靖港之事为图，名流争纪述之。或曰："章君一举手，功在天下，而身不食其报，兹所为不能嘿已于是图也。"或曰："不然，凡所云报功者，跻之通显而已。自军兴以来，起徒步，解草衣，从文正公取功名通显者，不可选纪也。其处功名之地，退然若无与于己者，一二人而已耳；人奈何不贵一二不可多得之人，而贵其不可选记者哉！"夫有功于人而望人报我，不得则郁郁焉，悄悄焉，寓于物以舒吾忧，非知道君子所宜出也。且章君固不自以为功也。夫见人之趋死地，岂预计其人之能成功名于天下而后救之哉？虽一恒人无不救矣。见人之趋死地而救之，岂必有赡智大勇而后能哉？虽一恒人能之矣。事机之适相值而不能自已焉云尔，夫何功之足云？闻有功而不求报者矣，未闻不自以为功而犹望人之报者也。然则是图何为而作也？曰：文正公之为人，非一世之人，千载不常遇之人也。吾生乎千载之后，而远望千载之前，有若人焉，吾不能与之周旋也，吾心戚焉。吾生乎百载数十载之后，而近在百载数十载之前，有若人焉，吾亦不能与之周旋也，犹之戚焉。并吾世而生，而有若人焉，而或限乎形势，或间阻乎千里百里之远，吾仍不能与之周旋也，吾心滋戚焉。若乃并吾世而生，无千载百载数十载之相望，而又不限于形势，不间阻乎千里百里之远，而获亲其人，朝夕其左右而与之周旋，则其为幸也至矣。

虽其平居燕闲游娱登览之迹，壶觞谈笑偶涉之乐，一与其间，而皆将邈然有千载之思也，而况相从于忧虞患难之场，而亲振之于阽危之地者乎？此章君所以作是图以示后之旨也。妄者至谓使文正公显擢章君，是深德君援己，而死国为伪，此则韩公所谓儿童之见者矣。章君既没，其孤同以汝纶与其先人皆文正公客也，走书属记是图，为发其意如此。图曰铜官感旧者，靖港故铜官渚也。光绪辛卯八月桐城吴汝沦拜序。

竭力推尊国藩，主旨在为之释不录寿麟功之疑。论自阔大，然亦稍近肤廓，未尽切于事情也。所斥"妄者"，即指李元度。(此文亦曰《铜官感旧图序》，从《铜官感旧图题咏》所载也。汝纶集中则称《铜官感旧图记》，并改定数字："且章君固不自以为功也"句作"且章君安得自以为功也"，末句作"光绪辛卯八月汝纶记"。)汝纶并有《答章观瀛书》论此，于左、李之序，均加评骘，其文云：

> 前接惠书，奖饰过当，而意思肫恳，使读者不知所以为报。某老荒寡学，辱命以文事见推，非所敢任也。至述及贤尊靖港之役，又有不可以不文辞谢者。承示左文襄公、李方伯元度二文，以二公皆亲见其事，所言必翔实，某读之，亦尚有未尽当者。文襄时时欲与文正争名；李方伯之于文正，盖不能无稍宿憾。文襄之言曰："靖港守虚寨之贼非多。"此妄也，意殆谓文正短于将兵

*1805*

耳。当是时，贼大举犯湖南，以靖港为巢穴，支党分窜湘乡、湘潭，谋夹攻长沙，使靖港为虚寨，无多人，则贼为无谋；主帅亲帅师出全力以争贼虚寨，则文正为无谋，此皆必不然之势也。且是役也，水军败于风，固不论贼众寡也。文襄又曰："公即死，谓荡平东南无望于继起乎？"是则然矣。凡功名之成否存乎时，规模之广狭存乎量，流风渐被之远近则存乎学。天祚盛清，贼虽剧必灭，遇当其会，功固必成，乃若兼包群才，遐迩慕赖，简拔贻饷，逮及后世，量足容之，学足师之，寥乎邈乎，微文正吾谁适归乎！此殆难概望之继起矣。凡此皆文襄之言之未当者也。

李方伯之言曰："文正既免，犹不食，移居妙高峰，再草遗令，将自裁，会湘潭告捷，乃笑曰：'生死盖有命哉！'"此决非事实。文正公生平趣舍，一不以利钝顺逆撄心，其治军一不以胜负为忧喜。靖港之役，至怂焉取决于一暝，固烈丈夫所为不欺其意者。业以遇救不死，又闻湘潭捷书，则固将审己度世，不欲为匹夫之小谅矣，然亦安有方决志自裁，骤闻一捷，遽粲然发笑，自庆更生者哉？吾决知是言妄也。文正草遗疏遗令，文襄谓是既败后在舟时事，李方伯则谓出师濒行以遗疏遗令相授，是未败时作，二公皆言一事而权枘不合如此，以理测之，似文襄是而方伯小失也。此皆于文正事未合者。其于尊公，则李方伯似为之发愤，亦传所谓浅之乎为丈夫矣。某之事文正也后，不及亲靖港之战，不能深知当时军中曲折。承命撰一文，题跋是图，且告之以不能久待，谨依尊旨草草报命，未识有当万一否，伏望财幸。

谓宗棠时时欲与国藩争名，良然，盖自负高出国藩一头，而世咸极推国藩，意不能平，故论及国藩，每有意著贬抑之语，以示纵无国藩，有己在，自可奏平乱之绩耳。谓元度之于国藩，不能无稍宿憾，亦颇在情理之中。元度早从国藩于患难，关系最深，自徽州之役，屡被国藩严劾，遂至乖离，后虽重归于好，为师弟如初，而终不免自伤蹭蹬，因之介介之怀，未能悉泯，其为寿麟鸣不平，固不无隐咎国藩寡恩之意焉。(元度《哭太傅曾文正师》诗有云："记入元戎幕，吴西又皖东。追随忧患日，生死笑谈中。末路时多故，前期我负公。雷霆与雨露，一例是春风。"又曾祠落成，作诗有云："嗟我昔从公，中蹶良自作。未逐鲲溟化，甘同鲋辙涸。何幸拜崇祠，屠门过而嚼。樗材愧参苓，怕说笼中药。"均自撼斯人憔悴之感。) 汝纶以为宗棠、元度叙遗疏遗令一事"权柄不合"，细按之，似两人所叙本非一事也。元度叙国藩闻捷音而笑谓死生有命，汝纶斥为"决非事实"，未免太执。国藩虽善镇定自持，然不能大远乎人情，湘潭大捷，关系特巨，喜极而笑，作快心语，或流露于不自觉，盖未宜遽断为必无。若必过执"文正公生平趣舍，一不以利钝顺逆撄心，其治军一不以胜负为忧喜"，则充类至尽，并其因靖港之败发愤投水，亦可云"决非事实"矣！忆尝阅施恩所撰笔记，述鲍超轶事，有云：当曾国藩困于祁门也，敌盛势孤，危甚，一时幕中僚佐、帐下健儿，咸惴惴不宁，而国藩不改常度，神色自若。会报至，大队敌军由某处来攻，将至此矣。众益惶骇万状，而顾视大帅，则神色仍自若，毫无惊戚之容。既而续据谍报，来者非敌军，乃鲍超统师来援也。超著威名，号虎将，为敌所惮，众狂喜相庆，欢声若雷，而国藩无喜色，依然常度。超自率前驱数十骑来大营谒帅，众迓之于营门，国藩亦从容而出。超下马，将行礼，国藩遽趋前抱持之，曰："不想仍能与老弟见面！"言已泪下，盖喜慰之极，不复能自持矣（原文不能尽忆，大致如是）。斯时国藩在军阅历较久，镇定自持之工夫益进，而人情所不能已者，固仍有流露于不觉之时也。汝纶对此"千载不常遇之人"，过向不同常人处求之，致失之迂执。

（原第13卷第28期）

《铜官感旧图题咏》印成后，续为诗文者尚不少（未知曾印续编否）。章士钊为寿麟族弟，民国十五年三月所撰《铜官感旧图记》，亦颇可观。文云：

> 吾宗曩有贤士，名寿麟，字价人，于愚为兄弟行，而年较愚父且长，又两人者相处甚得也。……愚年十六七，习为八股文于家，愚父喜夜谈，每津津为示价人君家事，尽漏不息，以此知君尝从曾文正出征。文正兵败靖港，愤投于江，君潜曳之起。文正殊自执，不肯归，君固多力，则强负之以奔于营，知者众，文正因无法自

轻其生矣。其后师出克捷，文正以一身系天下安危，人以此多君功，君绝无自伐意，文正亦弟畜君，意气逾笃，名位则别为一事，终文正之世，君沈浮牧令而已。可见老辈相与之际，别有真处，非世俗耰锄间报施之道所得妄度，两贤相忘无形，其神交尤不可及云云。铜官者，文正自沉地也，《感旧图》为君返乡重经时所造，冀留余迹以励方来。乡贤自左文襄以下，均有题记。……因索所题时文数十篇读之，反复尽卷；惟江西胡瘦唐所言，用思与愚父前训差合。文襄意直悻悻，颇若以当时救死为多事。呜乎！君一援手间，六十年兴亡大局，于是乎定，而其中文章隆替，思想通局，亦几于是图尽得验之，诚不禁蠢然心伤，而叹瘦唐所称妇姁箪豆之见，深植于人心，兴哀垂德，扶危救难，无所为而为之者。事例太少，不足以开发恒人之思理，一旦有之，因相与震其迹而全昧其义，号为大人，言亦尔尔，然则世德之不进，人道市道之不辨，宜哉！……

以悻悻斥宗棠，略同吴汝纶所讥欲与国藩争名。而于名位一层，持论处较汝纶为圆适。

汝纶为曾国藩门人，兼师事李鸿章，忠且谨，鸿章亦雅重之，而自以内阁中书经国藩奏改直隶州知州，需次直隶，鸿章继国藩督直，俾历知深、冀二州（其间曾一署天津知府），久于一牧，未得迁擢。其《郑筠似八十寿序》有云："畿辅自曾文正公，今相国合肥李公，相继为政，劝厉吏治，

1809

州县贤有名者，大抵简拔荐擢以去，有起而秉节开府，得重名于京朝者。……往余在官时，尝戏语人曰：事贵能持久，吾入官二十许年，不迁一阶，不加一秩，出视同列，如立衢街观行路，来者辄过，无肩随者，不可谓能久矣乎！"似不无牢骚之意，然对鸿章倾服推崇，始终无间，风义之笃，世所共知，殆亦如章记中所云"相与之际，别有真处"，"意气逾笃，名位别为一事"欤？（汝纶《祭李文忠公文》有云："不佞在门，或仕或止，迹疏意亲，谓公知己。"）

宗棠虽不免"悻悻""争名"，而所论亦有中肯处。如谓国藩初起之军，阅历少，往往为敌所乘，时形困踬，以国藩不变平生所守，用能成功，固道实也。后幅生死之论，感慨激楚，想见此老晚年孤愤之态。国藩晚境怫抑（办理天津教案，见摈清议，精神上所受苦痛最深），致损天年，衷怀盖实有不能喻诸人人者。若宗棠，似差胜矣，而既扬威万里以归朝，在军机为同列所挤，督两江亦不尽如志，对外侮则尤忿恚难忘。癸未二月（作序之前五月）初十日家书（与子孝宽等），述以江督赴沪视察海防情形，有云："值此时水师将领弁丁之气可用，悬以重赏，示以严罚，一其心志，齐其气力，我与彭宫保乘舢板，督阵誓死，正古所谓并力一向千里杀将之时也。……彭亦欢愜，并称：'如此布置，但虑外人不来耳！'诸将校亦云：'我辈忝居一二品武职，各有应尽之分。两老不临前敌，我辈亦可拼命报国！'答云：'此在各人自尽其心，义在则然，何分彼此！但能破彼船坚炮利诡谋，老命固无惜！或者四十余年之恶气，藉此一吐，自此凶威顿挫，不敢动辄挟制要求，乃所愿也！'宫保亦云：'如此断送老命，亦可值得。'"写其与彭玉麟敌忾之情，凛然可睹，序中"愿得一当以毕余生"，谓此也。未几以越南之役，宗棠督师福建，玉麟督师广东，迄中法和议之成，均未获躬临前敌。王闿运为玉麟撰墓志铭，所谓"晚遘海氛，起防南越，自谓得其死所，乃复动见扳缠"也。吴光耀（湖北人）《纪左恪靖侯轶事》云：

清泉左全孝言：左文襄晚年，法兰西入寇，诏督师闽海。出天津，与直隶总督李鸿章争协饷，弗谐，中道谓所亲曰："老矣，不能复如往年抬杠！到天津与李二抬杠不中用，到江南不得与曾九抬杠。"通俗称强梁争事曰抬杠。是时曾国荃总督两江，既见，执手欷歔，相顾须鬓，曰："老九认得我邪？我乃认不得老九！老九哥哥死矣，我便是老九哥哥！"曾喻意曰："此行闽海，协兵协饷是小弟事。"退而燕谈，问："老九一生得力何处？"曰："挥金如土，杀人如麻！"左大笑曰："我固谓老九才气胜乃兄！"到防，忧愤时事，有如心疾，日在营中呼："娃子们快造饭，料理裹脚草鞋，今日要打洋人！"谆谆不绝口。左右谋看戏，演忠义战事，如岳飞大胜金兀术等出，乃欣然不言。会元日，问是何日，曰过年。曰："娃子们都在福建省城过年邪？"曰然。曰："今日不准过年，要出队！洋人乘过年好打厦门，娃子们出队，我当前敌！"总督杨昌濬贺年，谓："洋人怕中

1811

堂，自然不来，中堂可不去。"左曰："此言那可靠？我以四品京堂打浙江长毛，非他们怕我！打陕甘回子，打新疆回子，都非他们怕我！还是要打，怕是打出来的！"杨沮之不已，左哭曰："杨石泉竟不是罗罗山门人！"将军穆图善亦贺年来。左右报将军来，曰："穆将军他来何事！他在陕甘害死我刘松山，我还有好多人与他害！"且詈且泪流沾襟。将军曰："中堂在此一军为元戎，宜坐镇；便去，当将军、总督去。"左曰："你两人已是大官矣！你两人去得，我去得，还是我去！"将军言："我们固大官，要不如中堂关系大局。"左无声，徐言："如此，便你两人亦不必去，令诸统领去；诸统领不得一人不去！"先是，洋人诇厦门距福建省城极西无重兵，乘元日以大队兵船扰厦门。未至厦门五十里，用远镜见厦门沿海诸山皆红旗恪靖军，知有备而遁，曰："中国左宗棠利害，不可犯也！"……和约定，左右不敢言和约。忽咄咄自语："今日大喜事，娃子们何不灯彩？"既灯彩，则又曰："何无人贺？"将军、总督以为真有喜事，相率入贺。问曰："今日贺中堂，中堂是何喜事？"曰："许大喜事都不知，未免时局太不在心！我昨日灭洋人，露布入告矣！许大喜事都不知，未免时局太不在心！"将军、总督退，使人出视和约，气急而战，不能成读，太息曰："阎中堂天下清议所归，奈何亦傅会和约！"然犹不时连声呼："诃诃，出队！我还要打！这个天下，他们久不要，我从南边打到北边。我要打，皇帝没奈何！"颠而呕血，遂至于薨。呜呼！如左文襄之办夷务，则信乎古之人所谓忠也。初奉命，从亲兵二十人出都，曾无告示，而各国商船不敢入海口。英人噪总理衙门除海禁，左置信箱中军帐侧，令总理衙门公私文书尽投其中，不得启锁。邵阳姚炳奎言：左初入关见李，言关外办事之艰苦，李曰："君在西方，尚得道好；我在畿辅，言官骂得不成人。"左曰："关外办事，同是不免言官掊击，此是朝廷纪纲要如此。"其意谓督抚当如胡文忠言，包揽把持，不得因人言避事，盖谚语"打拢说话"，思以用李，而不知其道不同也。

写得栩栩欲活。虽有过度之渲染，类小说家言，未可概据为典要，而宗棠烈士暮年"愿得一当以毕余生"之情绪，似亦颇能表见其略，故录供谈助。

若就一时名位论，宗棠自属甚为得意。长沙陈锐《裒碧斋杂记》有云："文襄治军二十年，自陕还朝，授军机大臣，出督两江，乞假一月回湘省墓。出将入相，衣锦荣归，观者塞途。一日，就婿家宴饮，婿为安化陶文毅公子，谓之曰：'两江名总督，湖南得三人，一为汝家文毅公，一为曾文正公，其一则我也；然渠二人皆不及我，文毅时未大拜，文正虽大拜而未尝生还。但我亦有一事不及二人，则无其长须耳。'合座鞭然。"良趣。盖在国固孤愤之难伸，在家亦昼锦之足夸耀乡间也。

(原第13卷第29期)

章士钊《铜官感旧图记》，于题图诗文数十篇中，独称"西江胡瘦唐所言"。胡思敬（字漱唐，清末名御史）之作，亦《铜官感旧图题咏》印本未及载入者。顷于其《退庐文集》检得所撰《铜官感旧图记》，移录如下：

资、湘交汇之区，有山曰铜官，故相湘乡曾文正驻师地也。靖港之败，章价人太守脱文正于厄。越十余年，文正薨，疆事大定，太守刺舟过此，追忆曩时患难，作为此图，遍征名流题咏。当时李次青、吴挚甫二先生皆未达其意，疑太守浮沉牧令间二十余年，戚戚不安于怀，聊假寓于物以写其蹉跎失意之悲。左文襄稍知言矣，又牵及老氏一死生齐得丧之旨，几中而复失之。予与太守子曼仙枢部交，获见此图，感念事物艰难之会，贤人君子崎岖补救之心，盖有不能已于言者。当发逆初起，楚南先被其患，众推文正练乡兵，保境杀贼，苟以自救，非有经营天下之志也。其后率师东下，困于彭蠡，厄于祁门，岌岌如落陷阱。即金陵合围之初，犹日夜忧惧，恐诸将幸进徼功，致蹈和、张故辙，亦非有奇谋胜算，自信必能挈东南数千里已失之地还之朝廷也。夫兵者阴事，不济则以死继之，君子所自尽者只此而已。同时与文正并起相颉颃者，无若胡文忠。夅山之衄，文忠索马欲赴敌死，围人救之，马反驰，临江遇鲍忠武，乃同归。其幸而不死，亦犹铜官山之志也。余尝私叹，军兴以来，陆建瀛畏死而江宁陷，何桂清畏死而苏、常又陷。文正、文忠欲死而不获死，奔走支柱其间，坚俟灭贼之机，未尝一日忘殉国之志。迨左文襄出，上游根本渐固，兵事稍稍顺矣。文襄谓文正即死，诛剿或缓，不患无继起之人，亦安知始事之艰，非积诚不能挽天下之极弊，虽才智无所措手乎？文正尝自言之矣：躬履诸艰而不责人以同患，浩然捐生，如远游之还乡，而无所顾悸。由是众人效其所为，亦皆以苟活为羞，以避事为耻。呜呼！湘军之所以兴，洪杨之所以灭，此数语尽之矣。浅见者不知，顾谓中兴人才，萃于湘楚，衡嶷镇峙之灵，郁数百年，闷极而一泄。此不特堕四方志士奋发有为之气，又使一二老成扶持世教之苦心，不见白于后世，何其言之诞也！发逆既平，湘中士习渐骄。文正再出剿捻，尝太息咨嗟，谓楚军暮气不可用。太守从文正久，习知兵间利害，观其自记之词，颇惜文正畏逼轻发，不能如异日之坚忍，聊追述仓卒遇难之状，以励乡人敢死赴敌之气，俾知士大夫出任军国大事，唯一死足恃，余皆付诸天命气数，而不敢自堕其修，此作图之本旨也。夫文正以道德郁为文章，播为功业，即不幸下从咸彭，其可诵可传者自在。大块劳我以生，逸我以死，文正骤获死所，方幸息肩以趋于逸，而太守必欲力任其劳。太守于天下信有功矣，论者并欲以此责报于文正，是妇姁笾豆之见，非太守所以自待，亦非文正相待以国士之意也。

文有内心，饶意致，宜为士钊引重也。所述胡林翼欲赴敌死

一节,为咸丰五年事。《湘军志·湖北篇》记此云:

> 咸丰五年三月乙丑,诏胡林翼署湖北巡抚。……林翼念相持无已时,八月壬辰自将四千人渡江,思合水师取汉阳,不能进,屯参山。戊戌寇至,林翼督军出,士卒要饷,出怨言,强之战,未交绥,噪而大奔。林翼愤甚,索马欲赴敌死。围人见巡抚意色恶,反旋马四五转向空野,乃鞭之。马驰不能止,临江乃遇鲍超船。诸营官闻巡抚在,集溃卒,调王国才,合屯大军山。辛丑荆州运饷银三万至,乃严汰疲羸,奏调罗泽南军,令更增二千人,还攻武汉。

取与曾国藩靖港之事并论,是绝好陪衬,似即本之王闿运。闿运为章寿麟撰墓志铭,有"昔鲍拯胡,功超五等"之句,以鲍超后来膺子爵之封也。超谥忠壮,思敬曰鲍忠武,误。(薛福成《书霆军铭军尹隆河之役》,称超曰鲍武襄公,亦误。)

郑孝胥有《题章价人太守铜官感旧图》,见《海藏楼诗》,为丙申(光绪二十二年)所作,诗云:

> 曾公靖港败,章侯救以免。
> 功名震一世,云泥隔岁晚。
> 归舟近长沙,父老话兵燹。
> 山邱易零落,铜官长在眼。
> 作图名感旧,自记极微婉。

> 文襄耄年序，奋笔亦殊健。
> 未知王翁歌①，放浪情无隐。
> 曾章今往矣，意气固同尽。
> 时髦论纷腾，何事挟余愠？
> 道高亦可卑，子贤身不泯。
> 报恩贱者事，岂以律贵显？
> 彼哉李子言②，徒示丈夫浅。

自注：① 壬秋。

② 李元度序，有"不言禄，禄亦弗及"之语。

推闿运之诗，而于国藩似亦有微词。

左宗棠序中，引国藩父麟书之语，甚壮迈。麟书以老诸生为封翁，当国藩督师时，自撰一联，命国藩书之，文云："有诗书，有田园，家风半读半耕，但以箕裘承祖泽；无官守，无言责，时事不闻不问，只将艰巨付儿曹。"（麟书应童试十七次，始于道光十二年以府考案首入湘乡县学，年四十三矣。国藩是年随父应试，获以佾生注册，年二十二，明年相继入学，又明年乡试中式，遂于道光十八年成进士，入词林，而麟书则入学之后，未克再进一步也。）

国藩《会奏湘潭靖港水陆胜负情形折》（咸丰四年四月十二日）叙靖港之败云：

> 臣曾国藩以潭城逆贼被官军水陆痛剿，专盼靖港之贼救援，亟应乘机攻剿，俾逆贼首尾不能相顾。明知水

师可恃者均已调赴湘潭，陆路各营，除塔齐布、周凤山两营正在潭城剿贼，升用同知林源恩一营驻防平江，此外岳州、宁乡两次失利，阵亡乡勇约七八百名，又淘汰遣散湘勇已千余名，现存营者仅及千名，难期得力，而事机所在，又不敢不急切图之。是日卯刻，亲率大小战船四十只，陆勇八百，驰赴靖港上二十里之白沙洲，相机进剿。午刻西南风陡发，水流迅急，战船顺风驶至靖港，不能停留，更番迭击，逆贼在炮台开炮，适中哨船头桅，各水勇急落帆收泊靖港对岸之铜官渚。贼众用小划船二百余只，顺西风驶逼水营，水勇开炮轰击，炮高船低，不能命中，战船被焚十余只，随风漂散。各水勇见势不支，纷纷弃船上岸，或自将战船焚毁，恐以资贼，或竟被逆贼掠取。臣曾国藩在白沙洲闻倍（信），急饬陆勇分三路连扑靖港贼营，冀分贼势。陆勇见水路失利，心怀疑怯，虽小有斩获，旋即却退。臣曾国藩见水陆气馁，万难得手，传令撤队回营。此又初二日靖港剿贼失利之实在情形也。

又《靖港败溃自请治罪折》（同日），自陈调度乖方之失谬，继谓：

> 臣整军东下，本思疾趋出境，乃该逆大举南犯，臣师屡挫。鄂省危急不能速援，江面贼氛不能迅扫，大负圣主盼望殷切之意。清夜以思，负罪甚大。愧愤之余，

但思以一死塞责，然使臣效匹夫之小谅，置大局于不顾，又恐此军立归乌有，我皇上所倚以为肃清江面之具者，一旦绝望，则臣虽死，臣罪更大。是以忍耻偷生，一面俯首待罪，一面急图补救。……一两月间，水师尚有起色。但微臣自憾虚有讨贼之志，毫无用兵之才，孤愤有余，智略不足，仰累圣主知人之明，请旨将臣交部从重治罪，以示大公，并吁恳皇上天恩，特派大臣总统此军。臣非敢因时事万难，遂推诿而不复自任，未经赴部之先，仍当竭尽血诚，一力经理。如船只已修，水勇可恃，臣亦必迅速驰赴下游，不敢株守片刻。

前折为与湘抚骆秉章会衔所上，后折为单衔所上，摘录用资并览。　　　　　　　　　　（原第13卷第30期）

## 二八　名家论八股文

拙稿前谈八股文（见本报第十一卷第四十五期）引黎劭西（锦熙）《中国三千年大众语文学小史》涉及八股者一节，其论颇精。文中举焦循《易余籥论》之说，亦有致。兹更将《易余籥录》卷十五之一则暨卷十七之二则，录其文如次：

> 商之诗仅存颂，周则备风、雅、颂，载诸三百篇者尚矣，而楚骚之体，则三百篇所无也。此屈宋为周末大家，共韦元成父子以后之四言，则三百篇之余气游魂也。

汉之赋为周秦所无，故司马相如、扬雄、班固、张衡为四百年作者，而东方朔、刘向、王逸之骚，仍未脱周楚之科臼矣。其魏晋以后之赋，则汉赋之余气游魂也。楚骚发源于三百篇，汉赋发源于周末，五言诗发源于汉之十九首及苏李，而建安而后，历晋、宋、齐、梁、周、隋，于此为盛，一变于晋之潘、陆，宋之颜、谢，易朴为雕，化奇作偶，然晋、宋以前未知有声韵也。沈约卓然创始，指出四声，自时厥后，变蹈厉为和柔，宣城水部，冠冕齐梁，又开潘、陆、颜、谢所未有矣。齐、梁者，枢纽于古律之间者也。至唐遂专以律传。杜甫、刘长卿、孟浩然、王维、李白、崔颢、白居易、李商隐等之五律七律，六朝以前所未有也。若陈子昂、张九龄、韦应物之五言古诗，不出汉魏人之所范围，故论唐人诗以七律五律为先，七古七绝次之。诗之境至是尽矣。晚唐渐有词，兴于五代，而盛于宋，为唐以前所无，故论宋宜取其词，前则秦、柳、苏、晁，后则周、吴、姜、蒋，足与魏之曹、刘，唐之李、杜相辉映焉。其诗人之有西昆、西江诸派，不过唐人之绪余，不足评其乖合矣。词之体尽于南宋，而金元乃变为曲，关汉卿、乔梦符、马东篱、张小山等为一代巨手，乃谈者不取其曲，仍论其诗，失之矣。有明二百七十年，镂心刻骨于八股，如胡思泉、归熙文、金正希、章大力数十家，洵可继楚骚、汉赋、唐诗、宋词、元曲，以立一门户，而李、何、王、李之流，乃沾沾于诗，自命复古，殊可不必者矣。夫一代有一代之所胜，舍其所胜以就其所不胜，皆寄人篱下者耳。余尝欲自楚骚以下至明八股，撰为一集，汉则专取其赋，魏晋六朝至隋则专录其五言诗，唐则专录其律诗，宋专录其词，元专录其曲，明专录其八股，一代还其一代之所胜，然而未暇也。偶与人论诗而记于此。

《云麓漫抄》云："唐之举人，先借当世显人以姓名达之主司，然后以所业投献，逾数日又投，谓之温卷，如《幽怪录》《传奇》等皆是也。盖此等文备众体，可以见史才、诗笔、议论。至进士，则多以诗为贽，今有唐诗数百种行于世者是也。"按此，则唐人传奇小说，乃用以为科举之媒，此金元曲剧之滥觞也。诗既变为词曲，遂以传奇小说谱而演之，是为乐府杂剧，又一变而为八股，舍小说而用经书，屏幽怪而谈理道，变曲牌而为排比，此文亦可备众体，史才，诗笔，议论。其破题开讲，即引子也；提比、中比、后比，即曲之套数也；夹入、领题、出题段落，即宾白也。习之既久，忘其由来，莫不自诩为圣贤立言，不知敷衍描摹，亦仍优孟之衣冠。至摹写阳货王驩太宰司败之口吻，叙述庾斯抽矢，东郭乞余，曾何异传奇之局段邪？而庄老释氏之旨，文人藻缋之习，无不可入之，第借圣贤之口以出之耳。八股出于金元之曲剧，曲剧本于唐人之小说传奇，而唐人之小说传奇为士人求科第之温卷，缘迹而求，可知其本。

元人曲止正旦、正末唱，余不唱，其为正旦、正末者，必取义夫、贞妇、忠臣、孝子、厚德有道之人，他宵小、市井不得而干之。余谓八股入口气，代其人论说，实原本于曲剧，而如阳货臧仓等口气之题，宜断作，不宜代其口气。吾见工八股者作此种题文，竟不啻身为孤装邦老，甚至助为讪谤口角，以逼肖为能，是当以元曲之格为法。

溯其演变，辨其体类，诚研究八股文之佳资料也。

前稿并引钱基博《现代中国文学史》论及八股文者，近复阅其《明代文学》。自序有云："至八股文，则利禄之途，俗称时文者也。然唐顺之、归有光纵横轶荡，则以古文为时文，力求返虚入浑，积健为雄：虽与诗古文体气不同，而反本修古一也。"书分四章，第一章文，第二章诗（附词）。第三章曲，第四章八股文。第四章第一节总论，谓：

> 八股文，亦名四书文。四书文者，以命题言之也。八股文者，以体制言之也。或称帖括，即唐帖经。亦名经义，即唐墨义。顾唐人帖经，犹今默写经书，无文词之发，非八股文比。而明之八股文，排比声调，裁对整齐，即唐人所试之律诗律赋，貌虽殊而其体则一也。亦称时文，则对古文而言。……自科举废而八股成绝响，然亦文章得失之林也！明贤扶发理奥，洞明世故，往往以古文为时文，借题发挥，三百年之人文系焉！吾友吴瞿安先生尝言："明代文章，止有八比之时文，与四十出之传奇，为别创之格。"（语见《顾曲麈谈》）吾友既

备论曲学矣，独八股文阙焉放废，遂为明其流变，著其名家，以俟成学治国闻者有考焉！

盖均有见地，固非漫扬已死之灰耳。循钱氏之例，论述清代文学，八股文亦应特加之意。又徐树铮《致柯凤孙王晋卿马通伯书》有云："诸子诸史骚赋诗歌填词南北八比文，皆中国文学粹腋，不可不各有最辑，拟定为目录，广求名宿耆贤，审慎抉择后，刊布于世，俾劝读之士，有所依归。"厕八股文于"文学粹腋"之列，拟最辑刊布，所见亦略同于焦、钱。

(原第13卷第31期)

王闿运《论文》（光绪三十四年应其子代功之请，作以示湖北存古学堂诸生者，代功时为斯校教习）云：

诗有家数，有时代；文无家数，有时代：此论自余发之。袁枚言唐如周八百年则无唐宋，此谬说也。周八百年，文体三变，而无阑入秦汉者。秦二世，隋亦二世，无阑入汉唐者。故尝譬之，文分代，犹语分乡，钱塘话不似富阳，湘潭话必非善化，相去半里，土俗殊音，但成朝代，即有风尚，九州随之转移，亿兆同于格律，岂以年数而同异乎？诗为心声，故一人一声，然其随朝代为转移，究不能大异。唐宋悬绝，不以年也。明人复古，徒矜夸耳，其实剽唐人之皮毛，律绝略似之，五七言则不能似。至于文，更无一语似古者，故明代无文，以其风尚在制艺，相去辽绝也。茅鹿门始以时文为古文，因取唐宋文之似时文者为八家，方苞等从而张之，于是有古文之说。古文、制艺混而为一，乃与昔文大异，然其为八股腔一也。八股可辨时代，古文则八家茅方颇难区别，此犹学京腔者有时甚似。由退之起八代之衰，而创八股之腔；退之不似唐人，故宋明清人得似退之。论文唯古文有家数可摹仿，而诗则不能也。明何、李律诗，钱、王绝句，亦间可混入唐人，以短篇易学耳。作五言，开口便现本相矣。余与诸同志倡学晋宋诗，颇比七子多说几句，即骎骎入古矣。至于文，力追班、马，极其工力，仅得似明史，心甚耻之。及作《湘军志》，乃脱离时代矣。以数十年苦心孤诣，仅仅得免为明文，若学八家，数日可似，学话易，自运难，故不甚劝人学文，恐误人抛心力也。不如学诗，离去时代，专讲家数，成家即上跻其代矣。

所论有甚警颖处。其言明代风尚在制艺云云，与焦循之论（见第三十一期所引）颇相符合。至以时文为古文之说，亦言之有物，可资研索。

所谓以时文为古文，其要端盖为以密巧易疏拙，文格较卑，而亦有未可厚非者，故古文名家，不讳言之。如吴汝纶《答范肯堂》（当在光绪十七年），谓："大作濂亭寿文，实为奇作。所请陪客，与主人全不相涉，有如时文家所谓无情搭者，文乃错综变化，变成妙谛，诡谲多端。此由才气纵横，体格雄富，用能因方为珪，遇圆成璧，令我俯首至地，纵欲以文寿濂，读此不得不焚弃笔砚，佩服，佩服！承下问恳至，谨贡鄙见，以为合肥、瑞安等字，即所居县为称，似非古法，大率起于明代。古人就所官之地为称则有之，似未尝以籍贯为号。然此固小节，不足为文字轻重也。拙作不能成体，大类时文，来示所批文尾，乃谬加饰誉。……"自谦其文曰"大类时文"，而对范当世寿张裕钊文，除于合肥、瑞安等称以非古法为疑外，推服甚至处，乃亦在如时文所谓无情搭者，曰错综变化，曰妙谛，曰诡谲，曰纵横，极尽赞叹，古文、时文息息相通，尤足征已。明清以古文名者，类为八股高手，以古文为时文，即兼以时文为古文也。兹录当世《武昌张先生七十寿言》如左（文中"合肥"字样仅一见，未以"瑞安"称黄体芳，盖从汝纶之说改正），俾与汝纶所云相印证：

当世比以病体稍差而来为合肥相国教其子，盖不与吾师通问者既二年有余。相国闻其去江汉书院而还武昌，又或传其在襄阳。八月，弟锺书来，乃得所以居鹿门之状，且曰："先生今年七十矣，久不见兄文；兄病已者，则趣为一文以为寿，其可乎？"同时朱曼君自旅顺来书，则言："通政黄先生寿登六十，子不可无言。"吾亦以锺语告之。而曼君曰："相国七十在明年正月，是亦必有吾子文者，三者孰先作矣？"夫为寿于知我爱我教诲我之人，则常辞举无所用，而独宜深道其所愿乐者，时乎其豫一晌以为欢。吾观功业福泽如相国，乃犹不免顾恤莫齿，私忧独叹，时时若为当世通其所拂郁，即又不能举其辞然者,然则穷老羁旅如吾师所为,其愈有何乐之足道?而通政之在京邸也,不得已而去其官,或传其典质为食,而归无一椽之依,此亦不为可愿。且以当世之一身,乃至不能稍自强力,与诸生角艺,求一第以为荣,而退又不能殚精竭思,日月著述,独纷然腾驾其虚美之说,一旦而求亲媚者三人焉,此何为者哉?天地之道,老者退而壮者代,吾年非不壮也,吾所代者何与?人各以所愿为者期我,而不知我乃神销气馁,至欲一世不关于人事,而独与所知己者长言,以谓一关于人事则无日而不忧,而人情一不相知,则同官共学而邈不相收,此亦天下之至惨也。以余所识天下之长者,乃独有相国、通政及先生三人,而相国与通政之为人,斯邈不相知矣。往时通政建言,乃拳拳焉惟相国之务去,此岂能知相国者?六七年以来,朝廷所易置封疆大吏不为不多,求多一相国而不可得,则吾不知其忧悲叹愤又当何如。相国不以人论之为嫌,顾若通政之愚不可及,则亦未必尽知之,惟以今天下言路之塞,惜此诸公,而叹滔滔者之靡届而已。夫不可奈何而义不能去,此其所处又难于通政。由是言之,去就之间,哀乐之情,以吾私独校此三人者,其为先生不犹愈乎?何者?彼其所求者易给,而其所为乃为天下之所贱简,独可偷为一身之娱,而无所庸其得失者也。当世之为弟子,百不逮其师,独于此乎斤斤,斯亦可谓不肖。要其言于今之献寿为宜,且以视曼君与吾弟,毋戚戚于先生之遭也。

汝纶谓如时文家所谓无情搭，按之信不诬，而所谓古文有类乎是者，岂甚少也哉？八股截搭题"推挽钓渡"之狡狯伎俩，成谓古文之妙谛，八股之能事，良亦足豪已。

明人之论八股者，如袁宏道《与友人论时文》书，以为虽功令之文，而自有长处，不宜摈斥。其文云：

> 当代以文取士，谓之举业，士虽借以取世资，弗贵也，厌其时也。走独谬谓不然。夫以后视今，今犹古也；以文取士，文犹诗也。后千百年，安之不瞿唐而卢骆之，顾奚必古文词而后不朽哉？且公所谓古文者，至今日而敝极矣。何也？优于汉，谓之文，不文矣；奴于唐，谓之诗，不诗矣；取宋元诸家之余沫而润色之，谓之词曲诸家，而不词曲诸家矣。大约愈古愈近，愈似愈赝，天地间真文澌灭始尽，独博士家言，犹有可取。其体无沿袭，其词必极才之所至，其调年变而月不同，手眼各出，机轴亦异。二百年来，上之所以取士，与士子之伸其独往者，仅有此文；而卑今之士，反以为文不类古，至摈斥之，不见齿于词林。嗟夫，彼不知有时也，安知有文！夫沈之画，祝之字，今也，然有伪为吴兴之笔、永和之书者，不敢与之论高下矣。宣之陶，方之金，今也，然有伪为古钟鼎及哥柴等窑者，不得与之论轻重矣。何则？贵其真也。今之所谓可传者，大抵皆假骨董赝法帖类也。彼圣人贤者，理虽近腐，而意则常新，词虽近卑，而调则无前，以彼较此，孰传而孰不可传也哉？

*1827*

为八股张目，亦可与焦循、钱基博等所云（见第三十一期）参阅。（又李贽《童心说》有云："夫童心者，真心也。……苟童心常存，则道理不行，闻见不立，无时不文，无人不文，无一样创制体格文字而非文者。诗何必古选？文何必先秦？降而为六朝，变而为近体，又亦而为传奇，变而为院本，为杂剧，为西厢曲，为《水浒传》，为今之举子业，大贤言圣人之道，皆古今至文，不可得而时势先后论也。"）

（原第13卷第33期）

周作人《论八股文》，亦言之有物，为研究八股文之体性者所宜一读，其说云：

> 我查考中国许多大学的国文系的课程，看出一个同样的极大的缺陷，便是没有正式的八股文的讲义。……我的第二个提议即是应该大讲其八股，因为八股是中国文学史上承先启后的一个大关键，假如想要研究或了解本国文学而不先明白八股文这东西，结果将一无所得，既不能通旧传统之极致，亦遂不能知新的反动之起源。……这在我是十二分诚实的提议，但是，呜呼哀哉，朋友们似乎也以为我是以讽刺为业，都认作一种玩笑的话，没有一个肯接受这个条陈。……
>
> 八股文……永久是中国文学！不，简直可以大胆一点说中国文化的结晶，无论现在有没有人承认这个事实，这总是不可遮掩的明白的事实。八股算是已经死了，不

过,它正如童话里的妖怪,被英雄剁做几块,它老人家整个是不活了,那一块一块的却都活着,从那妖形妖势上面看来,可以证明老妖的不死。……自韩退之文起八代之衰,化骈为散之后,骈文似乎已交末运,然而不然;八股文生于宋,至明而少长,至清而大成,实行散文的骈文化,结果造成一种比六朝的骈文还要圆熟的散文诗,真令人有观止之叹。而且破题的作法差不多就是灯谜,至于有些"无情搭"显然须应用诗钟的手法才能奏效,所以八股不但是集合古今骈散的菁华,凡是从汉字的特别性质演出的一切微妙的游艺也都包括在内,所以我们说它是中国文学的结晶,实在是没有一丝一毫的虚价。……

……中国国民酷好音乐,八股文里含有重量的音乐分子,……再从反面说来,做八股文的方法也纯粹是音乐的。它的第一步自然是认题,用做灯谜诗钟以及喜庆对联等法,检点应用的材料,随后是选谱,即选定合宜的套数,按谱填词,这是极重要的一点。……做文的秘诀是熟记些名家旧谱,临时照填,且填且歌,跟了上句的气势,下句的调子自然出来,把适宜的平仄字填上去,便可成为上好时文了。中国人无论写什么都要一面吟哦着,也是这个缘故,虽然所做不是八股。……

……我们不能轻易地笑前清的老腐败的文物制度,它的精神在科举废止后在不曾见过八股的人们的心里还是活着。吴稚晖公说过,中国有土八股,有洋八股,有党八股，我们在这里觉得未可以人废言。在这些八股做着的时候，大家还只是旧日的士大夫，虽然身上穿着洋服，嘴里咬着雪茄。要想打破一点这样的空气，反省是最有用的方法，赶紧去查考祖先的窗稿，拿来与自己的大作比较一下，看看土八股究竟死绝了没有，是不是死了之后还是夺舍投胎地复活在我们自己的心里。……

总之我是想来提倡八股文之研究，纲领只此一句，其余的说明可以算是多余的废话，其次，我的提议也并不完全是反话或讽刺，虽然说得那么地不规矩相。

其所讲《中国新文学的源流》第三讲《清代文学的反动（上）——八股文》，于此更有剖析及发挥处，可并参阅。（以上接第三十一期。）

## 二九　补记于敏中与张廷玉轶事

前述于敏中暨张廷玉事（见第二十二及第二十三期），昨承许霁英君由沪书告，知关于廷玉配享太庙一节，所引谕旨未备，特为补述，并谢许君雅意。高宗于乾隆十四年十二月降谕严责廷玉，而对配享一节，仍谓："恭奉皇考遗诏，朕不忍罢斥。"翌年（十五年）三月复谕："……张廷玉纶阁旧臣，宣力年久，今日陛辞之际，顾其衰耄，朕心尚为悯恻，所谓善善欲长，恶恶欲短，兹仍特加异数，以宠其行，赐给御制诗篇手书二卷并御用冠服、数珠、如意诸物，起程之日，仍令散秩大臣领侍卫十员往送，用示朕优老眷旧至意。"霁威念旧，不独配享可保，且有恩礼之加。会有皇长子永璜之丧，廷玉甫过初祭，即奏请南还，致触高宗之怒，又起轩然大波，四月借端降谕云：

今日侍郎管太常寺〔事〕伍龄安因额驸起勇亲王策凌配享太庙位次，开单条列具奏，朕已另降谕旨办理。因详阅配享诸臣名单，其中如费英东、额亦都诸臣，皆佐命元勋，汗马百战，功在旂常，是以侑享大烝，俎豆勿替，即大学士鄂尔泰，已觉过优，于此益见张廷玉之不当配享，而其配享实为逾分。在鄂尔泰尚有开辟苗疆、平定乌蒙及经略边陲诸劳绩；若张廷玉，在皇考时仅以缮写谕旨为职，此娴于文墨者所优为。自朕御极十五年来，伊则不过旅进旅退，毫无建白，毫无赞襄。朕之姑容，不过因其历任有年，如鼎彝古器陈设座右而已。夫在升平日久，固无栉风沐雨、躬冒矢石之事，可以自见，然亦必德业猷为，有功社稷，方足当之无愧，张廷玉曾有是乎？上年朕许伊休致回籍，伊即请面见，奏称恐身后不获配享之典，要朕一言为券。朕以皇考遗诏已定，伊又无大过，何忍反汗，故从其请，并赐诗为券。夫其所以汲汲如此者，直由于信朕不及，即此居心，已不可以对天地鬼神，尚可冒膺侑食之大典乎？及其谢恩不至，经廷臣议处，朕仍复加恩宽留原职，并仍准其配享，是在伊又当何等感愧？乃仍腼然以老臣自居，并不知感，

*1831*

且于陛辞之日，赐赉优渥，并令于起身时仍派大臣侍卫往送，伊遂心满意足，急思旋里。适皇长子定安亲王之丧，甫过初祭，即奏请南还。试思伊曾侍朕讲读，又曾为定安亲王师傅，……不独任以股肱，亦且寄以心膂，尤非诸臣可比。……前于养心殿召对，奏称："太庙配享一节，臣即赴汤蹈火，亦所甘心。"夫以一己之事，则甘于赴蹈，而君父之深恩厚谊，则一切置之不顾，有是情理乎？使皇考仍在御，见张廷玉今日之行为，亦将收回成命，则朕今日不得不明颁谕旨，以励臣节。张廷玉非但得罪于朕，抑且得罪于皇考在天之灵矣。……配享一节，天下自有公论，张廷玉亦当有自知之明。……着将此旨并配享诸臣名单，令其阅看，自加忖量，能否与本朝配享诸臣比肩并列，应配享不应配享，自行具折回奏。……

顿然又反面无情，决罢其配享矣。廷玉以"蒙皇上训示，如梦方觉，既无开疆汗马之功，复无经国赞襄之益，年衰识瞀，衍咎日滋，伏乞罢臣配享，并治臣罪"等语覆奏。此固势所当然也。大学士、九卿奉旨议奏，请罢其配享，仍革去大学士职衔，以为大臣负恩者戒。此亦照例文章也。得旨："……张廷玉居心行事若此，若仍令滥膺侑食，诚不足以服公论，不足为天下后世臣工之劝，即朕亦何以仰对皇考在天之灵？着照大学士九卿所议，罢其配享。至朕于张廷玉已格外加恩，所议革去大学士职衔之处，仍着宽免。……"是配享之荣，已被斥罢。迨乾隆二十年，廷玉卒，乃复以"皇考之命，朕何忍违"为词，仍遵世宗遗诏，准其配享。高宗之对此事，其经过如是。《春冰室野乘》于此节虽未道其委曲，而"撤其配享"及"下诏还之"，自不为误。至谓："英主之驾驭臣工，真有非常情所能测度者矣。"似未免将高宗看得太高，此事适见其性行褊躁，加膝坠渊之率意而已。（各谕全文，比而观之，矛盾违理之语不乏，盖愈辩愈彰也。）

《春冰室野乘》以于敏中未死而邀陀罗经被之赏，为授意自杀之证，经以其后阿桂亦未死而赏经被，论此证之未可凭。兹更见乾隆二十年正月一谕云："皇十四叔恂郡王，自复封王爵以来，甚属恭谨，竭诚供职。昨闻患病，适御斋宫，是以先遣阿哥等往视，赏给经被。今闻薨逝，深为恻然，着派三阿哥前往穿孝，赏银一万两，料理丧务。俟逾祭祀之期，朕当往奠。"则又未死赏被，前乎敏中之例也。益征数见不鲜，无足深诧耳。

（原第 13 卷第 34 期）

## 三〇　李鸿章与洪钧书

李鸿章以首相督畿辅，兼北洋大臣，于外交暨所谓洋务，恒参持其事，故与出使大臣时有书札往来。洪钧之为出使俄、德、和、奥四国大臣（光绪十三年任，十七年回国），与鸿章常通函牍，鸿章致书，每加称许，盖钧自官翰苑，即以淹雅闻；比膺使任，究心外情，在当时使臣中，言论丰采，亦颇为鸿章所嘉器也。鸿章书有云："若论欧洲现在情形，似不能十年无事，俄背宋盟，法怀越耻，惟英与德，颇守盈满，而其君并已暮年，德君尤在旦暮，其嗣孙诚如尊论，则是吴之夫差。若兵端一开，岂易遽弭？俄谋南牧不得逞，将思另辟海口于东方，辽韩之间，岌岌可虑。但使欧西兵结不解，边患或可少纾。中国正宜趁此时保境息民，力图富强，岂尚复有返河湟收燕云之议？东悉毕尔总督所云，无乃未测深浅欤。元人得宋檄称蒙古当出某路，笑曰：'我初无此意。'今日亦真可谓无此意者矣。"此五十年前中国当局论世谋国之言，今日覆按，亦足增喟。其言不敢作收复失地之想，岂料后来失地之更层出弗已，今益不堪乎？当时所最虑者为俄，若日本，则犹未甚注意及之也。欧洲之必有大战，时已料及，惟酝酿期久，爆发未若所料之速耳。欧战诚中国力图富强之良机，而事实竟何如耶！英、德君谓维多利亚与威廉第一。威廉第二尚在储位，鸿章即据钧论而以吴王夫差拟之，并虑兵端之难弭，盖威廉第二时已为属目，鸿章与钧亦良有远见也。(夫差以黩武争霸而败，威廉第二亦然，固可相提并论。又："毕相竟已告退，事与心违始乞身，殆非得已。执事亟称其缄镝之密，实由于柄用之专；若中国之政，则正王昱首所谓一时宰相顿有数人，何由慎密？""毕相退位情事，屡见各国报章。长君方将以威福自专，犹欲视为冲主，此在西国亦不可行。闻其子亦令闲居，竟若待霍禹桓元故事；然论者谓毕相当国之日，本有传政其子之心，诚不免会之太岳之私，则疑谤或由自召。至于部院大臣并以去留为请，亦足见根柢之槃深矣。尊论欧西和局恐自此有变，然观德主手谕，义使谒词，并以力守成规不改旧约为说，人心如此，似尚不遽至决裂。德新相喀泼里斐，闻其人尚好，当能顾全大局也。"则均威廉第二即位，毕斯马克罢政后，鸿章与钧书中所言也。)

鸿章于与钧诸书中，论及张之洞，有云：

> 香帅移鄂，自为铁路。黄通政不借洋债之议行，更无急切筹款之法。香帅主意，括以四语，曰：储铁宜急，勘路宜缓，开工宜迟，竣工宜速。曰迟曰缓，盖亦知难。执事称原疏虑周论正而意巧，可谓知言。煌煌大文，作子虚一赋观可耳。

> 利国监铁，自昔艳称。香帅于海署疏驳晋铁之后，辄罗列粤、闽、黔、楚、陕五铁以应，远及八表，而近遗一徐，可谓失之目睫，而粤人言固不产铁也。都中毁香帅者，亦粤士为多；然在任时久不习其政教，不至去粤后矣。

> 香帅志大才疏，得失不相掩，尊论曲尽，可云妙肖。英厂所订炼铁织布机器移鄂之故，粤人佥谓不出铁亦不产棉，若用执事勘验乃购之言，何至多此曲折？至台炮闻代欲速者，盖于去粤之时，将以积年志业所在，一见于章奏，铺张门面，故必求速到，以实其言。观叠催芝田订雇所谓五学洋师，固以任内出奏为说，则情见乎词矣。今览其奏牍，规画有若已成，按图而索，则皆无有。

盖鸿章之轻之洞久矣，钧亦颇有同感焉。十年之后，庚子鸿章在京议约，十一月十四日与庆王奕劻会衔致西安行在军机处请代奏之电，驳之洞意见，有"谬论偏见"之语，并谓："不料张督在外多年，稍有阅历，仍是二十年前在京书生之习，盖局外论事易也。"之洞闻之，深恨其"书生"云云之讥。

钧以学者出使，奉职之余，不废著述，其订注《元史》，尤致力最精，成绩斐然。鸿章与书有云："近闻博征西事，以注《元史》。元太祖用兵西域，最为奇伟，开国既无方略可征，明初史臣，识限方隅，又不能详具本末，遂令后之读史者，如堕云雾，如谈鬼神。近代龚、魏诸贤，奋然有志于考索，而未能广致域外之书。前数年有黄楙材者，著《西徼纪闻》，亦颇能言当时兵事大略，惜足迹仅至印度而止，且亦出于潜行窥测，正有类于前人所论张骞、常惠情形，自难详审。今执事以轺轩大使，征海国异书，遂使六百年阙略茫昧之遗编，粲然可睹，且因此上溯汉唐旧史，亦各按籍可稽，若使前贤有知，当复如何惊羡！此非绝代通博之才，而值今日开通之会，是岂易言？执事成此盛业，何止突过晓征，卑视仲约而已？"甚致赞誉。又有云："执事拟就西国大政，照中国六曹分门，荟萃成书，此真有用巨编，不朽盛业。近述日本政治者，如黄遵宪、顾厚焜等，各有成书，然蕞尔之国，网罗易详，且系同文，则抄集尚多原本。若欧西大邦，取材浩博，又无一处不借资翻译，固非通晓今古而又有大力者不能也。""近闻槃敦余闲，殚精著述。曩者采风之使，每多排日之编，然皆叙次行程，略同游记，未有网罗大政，汇集成书，如尊著所拟义例之宏大者。蔚宗六夷之精思，端明海外之奇作，摩挲老眼，以待异书，犹能效王胜之遍读一过也。"此盖钧撰而未成之书。

顾肇熙为钧所撰墓志铭，前既收入《随笔》（见本报第十二卷第三十八期）；兹更录改葬时墓志铭（其乡后辈费念兹撰）如左，可合看：

>兵部左侍郎洪公既葬西津桥之逾月，公子洛以毁卒。其后二年，孙杲始克改卜于大滚山之麓，奉公之柩而迁焉。先期谒念慈为铭，书之石。念慈闻诸班孟坚之言曰：形法者，大举九州地域，以立城郭宫室，审其吉凶，譬律有短长而征其声，非有鬼神，其数然也。其在诗曰：相其阴阳，观其流泉，为后世言形法之祖。夫葬者藏也，藏也者，安亲之体魄也。安与否不可知，以祸福为之征。故《孝经》曰："卜其宅兆而安厝之。"而《周礼·春官》至设为墓大夫之职，掌其禁令而为之图。盖相墓之法，由来远矣。仁人孝子之用心，不可诬也。公讳钧，字陶士，号文卿。先世自歙迁吴，遂为吴县人，曾祖士澍，祖启立，父坦，并以公贵，赠如其官。幼颖异，家贫，令习贾，涕泣请读书。年十八，补县学生。同治三年举人。七年廷对第一，成进士。视学湖北。与修毅庙《实录》，赐花翔（翎）四品衔。自修撰八迁内阁学士，中间一为顺天乡试同考官，出典陕西、山东乡

试，甄拔多知名士，而山东得人尤盛。光绪九年，侍郎游百川，衔命驰视决河，请开马颊、徒骇泄水势。公疏言故道不可复，必疏二渠，且北趋为畿辅患。按察使潘骏文善治河，新获谴，无敢言者，荐起之。旋督江西学。十一年，以母病乞终养。服除，充出使俄、德、奥、和四国大臣，迁兵部侍郎。受代归，兼总理各国事务衙门大臣。十九年八月二十三日以疾卒于位，年五十有五。公之奉使也，中外交涉繁要，多用四码电，公创干支代字法为三码，所省巨万。教案起，西人获谤书，词连道员周汉，将置之法，独公以为伤国体，持不可，卒获全。俄罗斯为国，古乌孙地也，公求得古元时旧史所载记，皆畏吾文，译归以校史，多所勘正，成《元史译文证补》若干卷。既殁，陆祭酒师为校写付梓。公之始葬也，顾君肇熙为文志其墓，书家世及所历官甚详，今不复缕述。配何夫人，善承公志，斥家财为义庄，规画井井，盖古所谓女有士行者。子洛，县学生，以荫考授通判，改工部郎中，不胜丧而卒。妇陆，事祖姑疾，夜起积寒痹，闻公凶问，惊哭遽绝。今并祔于公墓。洛无子，何夫人命以公从子涛之子杲为之后。念慈与涛同举于乡，又以词馆后进谒公京邸，尝从容为言海国形势之异宜，与其所以强弱之故，俯仰太息而不能已。殁未一年，其言皆验，于是叹公忧思之深。天实夺之，谓之何哉！铭曰：

气来形止埶不竭，晓峰蜿蜒湖水碧。神游十州惊八极，归休于斯永安宅。子孙其逢福曼硕。

(原第13卷第35期)

## 三一　两江总督刘坤一

刘坤一久督两江，坐镇雅俗，不动声色，于庶政若无过人处，而临机应变，众论交推，尤以謇谔有大臣之节，为孝钦所敬惮。饰终之典甚优，世颇谓宜也。曩见陈三立为撰神道碑，不愧名笔。顷又见章钰代陆润庠所撰，为坤一神道碑之又一稿，文足称题，亦甚可观，兹录如次。高德馨跋暨章氏附记，并移录之：

> 圣清中兴，以楚材宣力为最多，其勋伐尤盛者，胡文忠、曾文正、左文襄之外，实维新宁刘公。公于诸公最为老寿，故十数年来，万难措置之国事，悉集于公之一身。同时封疆大臣，亦或各有建树，而始终一节，无丝毫遗议，则惟公一人。校德论功，与有宋韩、范为近。古之社稷臣，旷世不一见，公独允蹈之而无愧者也。公以诸生从事军旅，于咸丰年间转战湖南、湖北、江西各省，军锋所指，拔名城、歼巨憝无算，尤以破石达开悍队、平黄鼎凤老巢为奇绩。积功授广西按察使，同治五年擢抚江西，嗣督两广，光绪朝四督两江，历时最久，所至以吏治为先务，勤明廉正，以躬率之，民被其泽，讴叹至今。凡公治军保民之大，载在国史及时贤传记为

已详，独其事关宗社大计及系天下安危之举，苦心硕画，世蔑有闻，宜述之一二，以昭来者。我德宗景皇帝入承大统以来，孝事孝钦显皇后，为天下所其闻。外患日棘，德宗锐意变法，日不暇给，群宵遂借以生心。戊戌八月以后，圣躬既时有不豫，逾年复有立大阿哥之命。其时国基震动，中外汹汹，卒之母子一心之语，屡见于懿旨，大阿哥亦旋立旋废，知者谓由公入觐独对，挽回无形，及与亲臣荣禄力争以为不可之故。非常之举，公固不言，证以公敬念圣躬一疏，朱笔批答，亲密如家人，有非他勋旧所敢望者，则知回护两宫，功在国本，诚可格天，理固然也。当公入觐之初，拳匪已萌蘖于畿甸，公面告直督裕禄究治，不省；抵京复请明降谕旨禁止。枢臣刚毅阳奉上意，阴实纵之。陛辞之日，孝钦显皇后谕曰："刘某行矣，东南半壁尽以付汝矣。"回任未久，即奉各督抚一体召募义和团之谕。时李秉衡以巡阅长江水师驻江阴，迎合朝旨，公与之明定职守，并严饬炮台兵轮无得开衅，复拨给饷械，速秉衡北上。秉衡既去江南，公乃与长江上下游诸帅，定保护东南之策。公当时电奏，有"从古无以邪教立国者，信用此辈，必肇大祸，各国军队攻入都城，有非臣下所忍言者"。措词痛切，与中旨大相抵触。幕僚属稿既竟，谓："此奏朝廷之安危，公之祸福系之，应发与否，事须慎重。"公思索少顷，以手加颈曰："好头颅准备赴菜市口耳！"即命译发。时李文忠奉命自粤抵沪，拳焰方张，大臣被祸者接踵，事机莫测，未遽北行。公谓大局败坏，将来与各国构和，非傅相莫属。适奉电致英、美、日本三国请代排解之国书，遂奏请授李全权，先与上海各总领事相机协议，得旨允行。文忠之得以不蹈危机，卒成款议者，其始则公为之也。各项洋债，以海关充抵，时枢府以业与各国开战，电饬停付。公以吴淞海面兵舰络绎，此议若行，势将据关收税，分扰沿海各省，则保护之局破矣，乃抗疏力争，照约付还，他省解不及期者，并罚款代任之。大信既昭，事益得济。其时经画应付之事，千头万绪，而荦荦大者则如此。保护之局既定，东南晏然，各国无所借口，主和平者乃得相机行事，有斡旋之余地。河山再造，微公策殆无幸也。公荷封疆重寄数十年，平时不以贤智先人，一当艰屯盘错之会，则言人所不敢言，为人所不敢为，成败利钝非所计，而惟知尊主庇民，自完其以身许国之素愿。薨逝之日，九重震悼，不由据请，特谥忠诚，信乎德动天鉴，敻出于一时功名之流矣。公起家儒素，所至风消壁立，峻却馈遗，督粤时曾领海关事，羡余二十余万，洗手归公。部议移奖子弟，辞而不受。好读司马温公《通鉴》，通宾判牍之外，辄手一卷。自撰章奏书札，则仿陆宣公《翰苑集》体，旨达而词雅。长身玉立，目光如电，白须清朗，手掌如朱砂。接人则和蔼之中时露刚正之气。平时衣履朴素，有类冬烘，及朝会大典，整肃威容，则休扬山立，俨若神人。相传为某寺高行僧再世，弥留吟诗如有所会，所谓生有自来者

*1841*

与。公讳坤一，字岘庄，新宁人。曾祖武敏，祖芨。父孔濬，字云樵，识江忠烈于未遇时，曾文正有《刘孝子诗》寿之。曾祖妣氏邓，祖妣氏陈，妣氏傅，氏蒋。三世皆封赠如公阶。公娶雷氏，赠一品夫人，继妾曾氏，封一品夫人。无子，以弟培一子能纪嗣。孙七，曾孙二。所著有奏议公牍若干卷，《补过斋文集》一卷，杂著一卷。生道光十年某月日，光绪二十八年某月日薨于位，年七十有三，追赠太傅，兼一等男。以二十九年二月二十九日葬县新寨村斗笠冲新山之原。公子能纪，宿卫京师，来修世讲之谊，谓余久官禁近，粗习国闻，奏公行状，乞铭神道之碑。时距两宫宾天，尚在密迩期内。圣慈圣孝，既光昭于万世，追怀往事，益叹公所处为至难。冲人嗣服，典学方新，时变未可知，则有待肩国家大任者，举皆事公之事，心公之心，庶几仁贤迭代，用以弼丕基而寝群谋，抑亦公报国未竟之志，不能不责望于后贤者也。诠次罢然有怀，铭曰：

人臣事君惟一心，一心所在天日临。气数可同虞渊沉，安有古昔安有今？翚翚刘公起百战，儒效独为楚贤殿。内而官府外邦甸，拼掷一身塞百变。山颓木坏有讴思，日光玉洁无瑕疵。惟忠惟诚天所知，易名特典畴同之？神州前路莽无极，欲尽臣道公可则。我撮其大列幽刻，百世圣人俟不惑。

此茗理代吾乡陆文端所撰刘忠诚碑文也。忠诚薨后，公子能纪奉状乞文端铭公墓道，文端属茗理。逾年文端甍。茗理此文实成于丙辰之岁。篇中所纪忠诚战功治绩，皆举其荦荦大者，而调护两宫，及维持东南二大事，尤为世所不及知，即文端知之，而生平谨慎温树，亦未必能言，微茗理此文，荩臣谋国之苦衷，殆无由见。天若鉴公之诚赤，殁后乃使茗理操笔为之，俾传公者有所依据。此事关系至巨，非寻常铭墓之文也。茗理所以知公轶事綦详者，盖尽得之王君绍廷。王君名夒，江苏道员，久为忠诚幕客，庚子文电奏牍悉出其手。茗理与王君至戚，故能确知当日情事，然则王君亦有功于史乘矣。庚子之变，全国震惊，忠诚保障东南，卒能搘拄危局。使后之肩疆寄者，尽如忠诚，何至土崩瓦解。则知乔木世家，国之所重。人之云亡，邦国殄瘁，古之作诗者殆有隐痛乎。茗理此文，作于国变之后，追维往事，备深感慨。脱稿后谬承商榷，因手一通，并志数语。丙辰九月转（鱮）溪退士跋，时同客天津。

转（鱮）溪居士，为钰光绪七年同补博士弟子员友吴县高君远香，讳德馨，同为先师童子久方伯识拔，肄业学古堂有年，尝以试用知县分发浙江，一投部牒，即弃去，累充省垣高中各学校历史地舆教习，以课士有方，传旨嘉奖。辛亥国变，宗旨不同，谢世伏居，借饮酒种花自遣。时钰辟地津门，知其不能自给，为作曹邱生于诸家塾，强之北来，讲授经史，寓津逾十年，为布置席砚，时来栖上极穷鱼呴沫寒鸟求声之乐。辛未三月老病归里，甲戌秋殁，年政七十。所著诗词及经小学丛稿均未刊。君之为人，外和内介，无一言一动之或苟。生际玄黄，更以一秀才不降不辱，此真称不负"读书人"三字者。兰薰雪白，庶几有之。此稿其手录焉。附记生平大概以代传志。乙亥十二月初十日长洲章钰记，时年七十一岁。

章氏此文，盖作于民国五年，不独在清亡之后，且在润厈已卒之后，文中"冲人嗣服，典学方新，时变未可知，则有待肩国家大任者，举皆事公之事，心公之心，庶几仁贤迭代，用以弼丕基而寝群谋，抑亦公报国未竟之志，不能不责望于后贤者也"等语，则处清亡数年之时，而托为尚未鼎革之际，作预防后患之想，所谓"时变""群谋"，皆隐约其词也。若不读转（鱮）溪退士（高德馨）之跋，当误以为真清末文字矣。　　　　　　　（原第13卷第37期）

陈氏之文，作于庚申（民国九年），后章文四载，兹并录志于左，用资互览：

光绪二十八年九月五日，两江总督南洋大臣新宁刘公薨于位，两宫震悼，赠太傅，追封一等男，予谥忠诚，宣付国史馆立传，赐祭葬，入祀贤良祠，并京师他立功行省建专祠，进子孙官秩各有差。饰终之典，迈绝等伦，天下以为宜，盖功在江南，斡旋大计，与国为体，功泽所被，有不能忘。往者畿辅乱民既发难，皇太后胁二三亲贵，骤与八海国构衅，因诏各行省悉备战，势岌岌，

*1844*

公忧境土糜烂国遂覆，乃定东南互保之策，守盟约如故，江海晏然。德宗景帝之初变法也，大忤皇太后，图废立，已阴有代之者，中外噤不敢出声。公独传电匡不可，得稍稍顾忌。明岁入对，益反复讽谏，语绝痛，终以公耆德重臣可信，寝不行。呜呼！二者即有其一焉，动系安危存亡重且巨，微公几不可收拾，以是海内外想望丰采，推其孤忠大节，而叹为无愧古之社稷臣者也。公讳坤一，字岘庄，起诸生，提乡兵从刘武慎公转战湖南、江西、广西，设谋奋武，克城破敌，居然跻名将，累功至广西按察使，擢广东布政使，仍留治军浔州，未几命继沈文肃公为江西巡抚。江西久被兵，一切废罢，文肃治尚综核，纲纪粗立。公至，一御以宽大，独惩贪墨不少贷。久之，煦濡休养，元气益复，吏民便安之，讴思至今。同治十三年，调署两江总督。光绪初元，改授两广，施治如江西，而稍厉威严，立劾文武吏七十余人，戒禁赌盗亦有效，兼粤海关监督数月，所余银二十万两有奇，悉输公家，毫发无所私。五年，移督两江。其秋，日本并琉球，廷议三道出师援之。公疏陈利害，谓不宜轻举，报可。明年用言官掎摭罢归。偃仰林泉，倏然自逸，尝笑谓今幸与为秀才时同，但恨失岷樵，不及复授徒其家耳，公盖江忠烈之宾友也。后曾忠襄公薨于江南，难代者，朝野皆延颈属公，于是果诏起公于家，海内相庆。当此时，外侮内患，今昔颇异势，而江南屯防率湘军旧部，公首重兵事，参西法训练，筑吴淞、江阴、江宁诸炮垒，于制造局增设炼钢厂，易其械器旧式之不合者。中东之役兴，我师屡北，及授公钦差大臣，出驻山海关，督师会战。和议成，不许固辞，命还任。国势愈弱，祸衅愈歧出。公以垂老控其间，屡平土寇，复历戊戌、庚子之变，处危疑，拄艰巨，密图长算，奋斗癙寐，精力由是寖衰耗，往往积忧劳卧疾，然华夷卒倚以为重。公性孝友，幼侍大父疾，辄自掐其肤，冀以移痛苦；接昆弟家人，恩谊周浃；持躬俭素比寒儒。久领封圻，凡抚江西十年，督两广五年，督两江则前后十有六年，故江南人士，虽并前总督沈、左、二曾歌颂弗衰，尤若引公为己私。为治根廉静，豁达持大体，外和易而中坚定，所负荷万撼莫能夺。朝廷大政，每倚谘决。海酋至者，仰若天人。耻表襮，不务赫赫之名，而通识老谋，涵纳万类，平其器竞，弭患于无形，策功于久远。自公薨，其乡列中兴勋旧名臣智深勇沉忠笃朴勤之风少替矣。人亡国疢，岂不信哉！曾祖讳武敏，祖讳荄，父讳孔濬，皆诸生，皆赠光禄大夫。曾祖妣氏邓，祖妣氏陈，妣氏傅，氏蒋，皆赠一品夫人。配雷夫人，当公援江西，讹传殁于阵，自刭以殉，公终其身最哀之，得如旌例。继配曾夫人。无子，以弟培一之子嗣，曰能纪，四品京堂，委散秩大臣，兼袭一等男。孙七人，曾孙二人。公享年七十有三，光绪二十九年二月葬县之南新寨村斗笠冲新山之界。后十余岁，庚申某月，公子能纪督文刊碑，凡战绩治行暨历阶序荷宠锡，为国史志状所已具，颇不著，著其荦荦数大事，俾百世之下，诵述殊烈，有余慕焉。其辞曰：

里挺二杰，忠烈武慎。公踵与俾，风猷弥振。始挈一旅，邻疆摧刃。功拥驱除，英威霆震。手定赣墟，节麾来镇。茸其破残，重睦婣亲。义正仁育，讴归道胜。徙治岭海，文武弛张。洁佩明条，奸贪败藏。迤逦江南，建牙四至。埶壮巨防，拊我憔悴。祸挑瀛岛，公则障之。衅迫宫闱，公则弭之。耿耿荩画，提殉孤危。卒所宏济，遗万世规。事去运移，公瞑已久。国立天地，允系黄耇。旧烈显诗，光接维斗。

文中"德宗景皇帝之初变法也，大忤皇太后，图废立"等语，包孕无限情事，笔致肃括。章文于此，体润庠之口气，着重在"母子一心"，"圣慈圣孝"，因须为孝钦回护，遂有"群宵借以生心"云云矣。孝钦废立之谋中寝，得力于坤一之侃侃以诤，而荣禄帝眷最隆，动于坤一"君臣之义已定，中外之口难防"之忠告，与有从中竭力谏止之劳。其情形，王小航纪之颇详（见本报第八卷第二十四期拙稿所引）。他如胡思敬《国闻备乘》等亦颇言之，事当不虚。章文谓坤一"与亲臣荣禄力争以为不可"，亦兼及荣禄焉。

近阅陈夔龙《梦蕉亭杂记》卷一有云：

《传》曰：一人定国。此言岂不谅哉！当戊戌政变后，宫闱之内，母子之间，盖有难言之隐矣，而一班薰心富贵之徒，致有非常举动之议。东朝惑之，嘱荣文忠从速办理。此己亥冬间事也。公谏阻无效，忧惧成疾。适合肥李文忠外任粤督，行有日矣，来辞公，见公容貌清癯，曰："何忧之深也？"公谓文忠曰："南海虽边远，实一大都会，得君往，朝廷无南顾之忧，君行将高举远引，跳出是非圈外，福诚无量；而我受恩至渥，责备亦最严，近数日来，求生不能，求死不得，将何以教我？"因密语非常之变恐在目前。文忠听未终，即大声起曰："此何等事，讵可行之今日！试问君有几许头颅，敢于尝试！此事若果举行，危险万状。各国驻京使臣首先抗议，各省疆臣更有仗义声讨者，无端动天下之兵，为害曷可胜言！东朝圣明，更事最久，母子天性，岂无转圜之望？是在君造膝之际，委曲密陈。成败利钝，言尽于此。"公闻之悚然若失，翼日以文忠之语密奏，幸回天聪。闻某相国、某上公颇拟藉端建不世之勋，某上公并手拟一稿，开编公然有废立字样，公急诃止之。上公意颇怏怏，是诚不知是何肺肠已。余事后亲闻之公者，爰书于简端。

是荣禄之谏止其事，更仗李鸿章之危词以促其成也。（某相国指徐桐，某上公指崇绮。）　　（原第13卷第38期）

## 三二　张之洞与大阿哥之废立

大阿哥溥儁之废，张之洞与有力焉。据刘焜笔录《庚子西狩丛谈》吴永自述，事缘永受之洞属在西安行在向孝钦面奏；又据王小航《方家园杂咏纪事》，谓由于梁鼎芬以之洞荐举应召至西安奏对时进言；而据之洞自撰（托名弟子）之《抱冰堂弟子记》，则之洞径密电枢廷，劝其面奏，趁两宫未到京之先发表，此议乃定（时两宫在汴）。前稿述溥儁事，均曾移录（见本报第八卷第二十三期）。兹更考其事。《西巡大事记》（王彦威辑，其子亮编）卷十一载光绪二十七年（辛丑）十月驻跸开封之际，军机大臣鹿传霖（之洞姊夫）接之洞电云：

> 九月内德穆使自京来鄂晤谈，择密室屏人密语，问曰："大阿哥之本生父端王，经各国加以重罪，不知大阿哥将来究竟如何？"言语甚多，大率深不悦而已。此事甚难对，当即答曰："此大事，臣下不敢知，但闻皇太后近来因大阿哥不好学，深不喜大阿哥而已。"本拟即行密陈，因近日道路传闻，朝廷于此事将有举动，则为外臣者，于此等事自不宜妄言，且上意已定，更不必再言；但恐朝廷或询问枢廷诸公，疆臣中有所闻否，若不将德穆使此语奉达，朝廷万一责疆臣以有闻不告，则更不能当此咎，故谨以密陈。如朝廷问及，则以此语转

奏；如不问，则不必矣。敢请密告荣相，恳其妥酌，至祷。洞盐。

不数日，"溥儁着撤去大阿哥名号"之懿旨下。之洞此电，盖有促成之力，惟其欲前又却之态，亦深可见。"如不问，则不必矣"云云，固与《抱冰堂弟子记》所谓"密电枢廷，劝其面奏"，辞气有间也。

## 三三　李鸿章与李瀚章

李鸿章挽曾国藩联云："师事近三十年，薪尽火传，筑室忝为门生长；威名震九万里，内安外攘，旷代难逢天下才。"口气极其阔大，甚为一时传诵，惟下联之"外攘"，国藩得无欿然乎？上联毅然以"门生长"自居，盖以名位与国藩相亚，曾门弟子，无与比伦，故居之不疑，然亦稍嫌托大弗让。他人姑不论，其兄瀚章同为曾门弟子，何亦欲长之耶？《汪穰卿（康年）笔记》卷三《杂记》云："乙未，李文忠奉命至日本之马关议和，过上海，官场例设燕。时文忠兄筱荃制军亦在上海，势不得不请；顾有难者，坐席次序，本应先兄后弟，然文忠气概，似无屈居第二之势。诸人相商，甚难其事；乃拟姑勿先定，俟临时再设法。届时则文忠自据首座，曰：'今日诸君特为我盛设，不敢不坐此。'视筱荃制军，已逡巡坐次席矣。如所云，是鸿章更有当筵不让于兄之事。惟考之当时情事，鸿章乙未二月十八日由津乘轮出发，二十三日到马关,并未过上海勾留,而瀚章时犹官两广总督,亦未闻有离任在沪之说(至三月始奉旨开缺),则康年所云,固与事实不符也。〔鸿章三月二十四日由日归国,亦未至上海。翌年丙申鸿章赴俄贺加冕,过沪作十余〔日〕之勾留,自二月初一日登岸,迄十五日放洋,其间迭赴宴会,《李傅相历聘欧美记》(美国林乐知汇译,上海蔡尔康纂辑)卷上历述之,于美总领事之宴,特书云:"初十之夕,美总领事佑尼干君宴之于礼查客馆,兼请金昆前两广总督李筱荃制府(瀚章)、伯行、仲彭两公子暨各随员;美国水师提督,同在座中,亦上客也;而中西各官暨西国命妇、闺秀、商人等,追陪篷座,尤为一时之盛会。"所述较详,林乐知为美国人故也。此次大宴会中,瀚章、鸿章盖同莅焉。至中国官场宴会,是否二李亦尝同席,未之及。〕又李伯元(宝嘉)《南亭笔记》卷十纪李瀚章事有云:"与其弟鸿章,同在曾文正幕。其弟偶然出外,文正有折稿,拟诘晨拜发,觅之不得,乃嘱李为之。弟返,见房门已启,而李方伏案而书。弟阅之,大笑曰:'你也会弄这个吗!'挥之使出,就坐吮毫伸纸,顷刻而成。李惟愕视。李在文正幕,终日一无所事,人称吃饭师爷。"此项话柄,盖不满于瀚章者,有意结撰,以致其调侃,《南亭笔记》收入,未加别择耳。瀚章在下僚时,即以才为曾、胡所器,每与鸿章以二李并称,为曾营主饷,有能名,迭膺荐拔,洊陟开府(其官督抚仅稍后于鸿章),岂如《南亭笔记》所云乎?(至晚岁督两广时之政绩如何,为另一问题。)

薛福成在国藩两江督幕，国藩卒，为襄理丧事，选录挽联之"周密无疵，为当时所推诵者"，载于《庸盦笔记》卷三《轶闻》，为一时最注目之鸿章此联，竟未与焉，或亦以其未为"周密无疵"欤？

醒醉生（闻即汪康年）《庄谐选录》卷四云："李申夫方伯随文正最久。文正在祁门，兵事方急，惟李相随不去。文正薨，李挽之曰：'极赞亦何辞，文为正学，武告成功，百世旂常，更无史笔纷纭日；茹悲还自慰，前佐东征，后随北伐，八年戎幕，犹及师门患难时。'某相见之，颇恨其言（以俟录）。"此联《曾文正公荣哀录》及《庸盦笔记》均未载。所谓某相，指鸿章也。国藩困于祁门时，鸿章引去，欧阳兆熊谓国藩曾有"此君叹与共患难耳"之叹（见本报第七卷第三十八期拙稿所引兆熊笔记）。李榕此联之末句，自非鸿章所乐闻。国藩拟荐苏抚时，闻初颇属意榕，鸿章遽挺身自任，国藩壮之，遂倚以平吴（亦可参看本报七卷三十八期拙稿）。国藩之卒，榕先已由湘藩罢官，失志侘傺，故挽联不无牢骚之意。（榕在湖南布政使任，缘事被劾，鸿章时为湖广总督，奉旨按其事，为之辨雪，而微言其失，榕落职，此同治八年事也。国藩与书有云："市虎成于三人，知已无可挽救矣。宦途升沉得失之故，皆冥冥中别有主持，古来贤者，不得自由。阁下胸怀洒落，饱闻运气口袋之说，想能泰然自适，不复以一时之毁誉撄其伟抱。惟径情直行，不恤人言，虽贤者独立不惧之高致，而古人亦往往以此取败。阁下还山以后，恐岫云仍当复出，尚祈采乡校之舆评，借人言以自惕，以独立者蕴诸中，而以委蛇者形诸外，于立身涉世之道，更为完密。"慰藉其罢官，而以内方外圆之义劝诫之，词婉而意亲，榕故国藩门人之夙相厚者也。其后榕未获再起，与鸿章本曾幕旧侣，宦途之升沉异矣。） （原第13卷第39期）

## 三四　日使林权助救张荫桓

本报本卷第二十九期载王古鲁《林权助与中国》，介绍前驻华日使林权助自传《谈谈吾的七十年》所述有关中国之史实，读之甚感兴味。其救梁启超及张荫桓，当时情形，言之历历，亦戊戌政变中之珍闻也。（时林权助以日使馆首席书记官任代理公使。）关于救荫桓一节云：

> 在援救梁氏之先，业已传闻张荫桓氏亦被逮捕。及至伊藤公朝见皇帝之时，张氏又随侍在侧。庆亲王欢宴伊藤公席间，张氏又在座。但林等一回使馆，张氏被捕消息又至，颇觉诧异。庆亲王欢宴翌日，伊藤公在使馆中设席答礼。所招者都系中国大臣，外人只有英人赫德一人。座席未久，英国公使忽令其书记官持函求见林氏。乃出阅其函云："仆虽知今晚贵处举行宴会，但以事关重大，故令书记官持函求见。务乞稍抽片刻之暇，而复书记官。据确实消息，张氏明日将处死刑。伊藤公现居贵处，如能假其智慧，筹一援救方法，幸甚。敬乞尽力。"当晚李鸿章亦在座，林氏以席间谈及此事，不甚

妥善，所以决定散席后赴李邸面谈。当即以此意复英使馆书记官，入席后，绝未稍露声色。客散后，乃以此事告伊藤公，并云与李氏谈话时，如遇必要，拟利用伊藤公名义。伊藤公报可。林氏即乘马车赴李邸。李氏以林氏午夜（大约在十一二时左右）来访，出询何事。林氏告以来意，并谓此系英公使饬人通知，所以特来面询有无援救方法。李氏首述张氏受彼提拔的经过，并云张氏最近对彼反抱敌意，表示不愿援手。林氏即恐吓李氏云，如杀张氏，必引起大祸。李追问所指，则云列国将出面干涉，伊藤公极为中国担忧。李氏色动，沈吟云，时间甚促，将如之何？林氏云，军机大臣荣禄氏每晨四五时入宫，公可函知荣氏，使彼在日出之前，将此种消息传入太后耳中。李氏允即照办，而张氏此役果得免于死了。

荫桓几死于戊戌政变，赖外力得保首领，其情形盖大致如是。庚子，孝钦当倚畀义和拳"扶清灭洋"之际，杀荫桓于新疆，其故亦即以此也。翌年，李鸿章以议和全权大臣为荫桓奏请开复，则因英、美二使之照会。原奏称："英、美两国使臣照会，以已革侍郎张荫桓，于去年七月间惨罹正法，该侍郎从前出使两国，和平办事，敝邦人皆道其贤，伏乞代请圣恩，追念前劳，准予开复等语。查张荫桓当日原案，尚非必不可宥之罪，既据该使臣等呈请，可否准与开复以笃邦交之处，伏乞圣裁。"奉谕照准，其事仍缘外力。（上谕中明言外使所请，且有"以昭睦谊"字样，国体不遑顾矣。当戊戌荫桓遣发新疆，安徽学政徐致祥奏言："其平日于外洋各国，多结私交，往还最密，将来必耸动洋人，代为请释起用，后患尤不可言。应请密降谕旨，饬令新疆巡抚，俟其到戍时，即时就地正法，以申国典而快人心。"孝钦当时虽未允行，至庚子卒如其言，而辛丑之降谕开复，则果又如致祥所谓洋人代请也。）至鸿章与荫桓之相失，其事亦可征。陈夔龙《梦蕉亭杂记》卷一云：

> ……总署大臣张侍郎荫桓，由佐杂起家，向在山东，为丁文诚公所卵翼，后附北洋李文忠公，洊升今职。侍郎颇自负才望，……会英公使函请会晤，余随文忠接见，并录记两方问答。文忠年纪高，不耐久坐，而英使又哓哓不已，日将夕始辞去。未去一钟以前，侍郎亦入坐。文忠送英使返，即索观问答簿，余即呈上，约二千余字，叙要案甚多。文忠笑曰："何其速也！然稍迟，我亦不能候矣。"略看一过，书"阅定"二字，交供事缮正，赶于夜半交进内章京呈请邸枢各堂阅看，以免隔阂。文忠去后，余亦疲惫，匆匆下班，偶忘于问答簿内添注"某钟某刻张侍郎续入坐"字样，本一时之疏忽，未始不可谅也。讵侍郎调簿重阅，见无声叙入坐字样，登时怫然，谓此等问答，连我衔名已忘，其余英使所说之事，更不可靠，甚谓文忠年老，所答之话，我亦不放心等语，恣睢情概，旁人亦觉过当。实则原叙问答，均系根据条约驳复，一字亦不能改也。……方侍郎之获谴

也,时在戊戌八月十五日,由刑部解赴兵部,遣戍新疆。刑部司员押解侍郎者,为其同乡区君。此君夙与侍郎不相能,匿怨已久,特在部求派押解差使。计由提牢而司而堂,经历五六处,区君均坐堂点解,不肯稍留面子,侍郎亦无如之何。当解到兵部时,余适在职方司。此案应由武库司办理。因系秋节,司中阒无一人,余急往库司,与区君周旋。区君守取回文,悻悻而去。怨毒之于人甚矣,可不惧哉!余送区君出,即往司堂东偏屋内,慰问侍郎。侍郎满面流泪,并云:"我非康梁一党,不知何以得此重谴!"余惟以"圣恩宽大,早晚必可赐环"安慰之。侍郎谓日已过午,腹中饥甚。讵是日秋节,饭庄未经开市,仅买得月饼少许,为侍郎充饥。侍郎甘之如饴,谓一饭之谊,将来必报。余送侍郎署外,看其上车,饬五营承解弁兵沿途小心伺候,不准稍有大意。后谒李文忠公。公曰:"不料张樵野(侍郎号)也有今日!我月前出总署,几遭不测,闻系彼从中作祟。此人若不遭严谴,是无天理!"相与嗟叹者久之。

所叙张、李间情事,可与鸿章语林权助者参阅。夔龙时以兵部司员(职方司总办)充总理各国事务衙门章京,在兵部并于荫桓之发遣,躬与其事。所叙荫桓当时狼狈之状,亦可与本报第十一卷第五期拙稿所引高照煦《闲谈随笔》言其过陕时仍是侍郎势焰,州县照钦差接迎云云合看,盖发遣时与沿途之形态有异也。(在总署之盛气凌人,亦可与本报十一卷二十六期拙稿所记其在户部事合看。)

## 三五　记李端棻遣戍

前稿引《闲谈随笔》，并及李端棻过陕西情状，又引汤用彬《新谈往》所纪两人过甘肃时事。《梦蕉亭杂记》卷一亦并叙端棻之发遣。据云，端棻由仓场侍郎擢任礼部尚书，纳夔龙及贻穀之劝，于赴部履新，至土地祠行礼时，故为失足不起，佯病请假二十日，预为避祸之计：

> 迨十五日张侍郎荫桓奉旨遣戍，南城外士大夫群相议论，全集矢于公，公不得已，具折自行检举。奈是日适有内监他案发生，东朝震怒，阅公奏疏，谓为有心取巧，仍从重论，发往新疆效力赎罪。余以公咎虽应得，而情有可原，从前原系托病，经旬日之激刺震撼，公真病矣，而发遣不能缓期，窃不自揣，欲急友生之难。翼日独诣军机处，面谒刚相，述尚书患病实情，求代展期起解。刚相意不谓然。余复谓尚书原请病假，在未获罪之先，并非获罪后方始请假，希图逗留。刚相谓："此系旨意，我不能代请旨。"声色微厉。余亦忘却此乃密勿重地，小臣不能在此任意喋喋，几成僵局。幸荣文忠公出而言曰："君等所谈何事，何尚未解决也？"刚相色稍霁，谓文忠曰："君瞧筱石为人太好，现为同乡李苾园遣戍事，求我展假。此何等事，你我何能擅便！"文

忠略一沉思，笑谓余曰："发遣系奉严谕即日启行，岂能展缓，刚相之言甚是。惟有一通融之法：尔速到部，传谕即日起解。官员遣戍，首站多宿天宁寺，已算遵旨出京；如实病，再具呈城厢司坊官吏，请假一二日，未尝不可。公义私情，岂不面面俱到？"语未竟，刚相拍手赞成曰："此计甚好，尔即照此办去。"余到部不移时，尚书已到，敬候发遣。余送尚书至天宁寺，情话一夕，又为通融请假二日，部署行装。自惭京员清苦，无力厚赆。越日车声辚辚，尚书竟赋西征。此戊戌八月事也。迨庚子七月，某邸参中外大员情通外洋十五人，余竟附骥尾。折虽阁下，上忽询及余。刚相先言曰："陈某曾在臣部当差，人极正派，且有血性，能办事。"天颜亦为之霁。文忠出语余曰："此数日内，我与庆邸亦犯嫌疑，说话不灵。刚相说你好，尤足以动天听。"后知刚相谓余有血性，盖指当日尚书遣戍，余与彼在军机处门外争持之事云。

录资汇览。某邸谓端王载漪。至所谓"上"及"天颜""天听"，自均指孝钦而言，非名义上"皇上""天子"之德宗也。　　　　（原第13卷第40期）

## 三六　张荫桓获咎内情

吴永尝以直隶试用知县随张荫桓出使。事竣，荫桓保举人才，以"堪膺方面"论荐，特旨以知县仍留原省补用，遂补怀来县，有知遇之感。其论荫桓获咎情事（见刘焜《庚子西狩丛谈》卷一）云：

> 张公得罪之由，曾亲为予言之，谓实受李莲英所中伤。其自英使回国时，曾选购宝石两枚，预备进奉两宫，一为红披霞，一为祖母绿，足充帽准之用。归国后，乃以红宝石进之德宗，祖母绿进之太后。论其价格，绿固远胜于红也。但通例，京外大员进奉，必经李手，即贡呈皇上物品，亦须先由李呈明太后过目，方始进御，因此率备一分，为李经进之代价，大抵稍逊于贡品，而相去亦不能过远。彼时侍郎眷遇方隆，平日高才傲气，于李殊不甚注意，本已不免介介，此次又一无馈赠，若有意为破成例者，故衔怨至深，而侍郎固未之知也。进呈时，太后方拈视玩弄，意颇欢悦，李特从旁冷语曰："难为他如此分别得明白，难道咱们这边就不配用红的么！"盖通俗嫡庶衣饰，以红绿为区别，正室可被红裙，而妾媵只能用绿，太后以出身西宫，视此事极为耿耿，一言刺激，适中所忌，不觉老羞成怒，遂赫然变色，立命将两份

贡物一律发还。此消息既已传播，当然必有投井下石之人，未几即以借款事被参。太后阅奏，立遣缇骑传问。侍郎方在家居，忽有番校四人，飞骑登门，口称奉旨传赴内廷问话，当即敦促起身。及匆匆冠服上车，两人骑马前后，余两人露刃跨辕外，一如行刑刽子手，即将押赴市曹者。侍郎谓此时实已魂魄飞失，究竟不知前抵何处，乃番校沿路指示，竟一径趋向禁城，直至东华门下，始知尚有一度讯问，当不至立赴刑场，然心中忐忑，转以益甚。下车后仍由审校押导入内。至宫门外，已有两内监守待，番校前与致词，一如交割罪犯者，当在阶下立候。未几，传呼入见，太后盛气以待，词色俱厉，至不敢尽情剖白，只有碰头认罪，自陈奉职无状，仰恳皇太后、皇上从重治罪，仍摘要勉剖一二语。幸刚中堂在旁乘间指引开脱，曰："这也无须深辩，现奉皇太后、皇上恩典，你只须有则改之，无则加勉。下去。"予见太后无语，始碰头逡巡退出。至宫门外，已不见有人监视，遂步行出东华门，觅原车还寓。途中神志恍惚，乃如噩梦惊回，天地改色。一天雷雨，幸而无事，居然重见妻孥，此诚意料所不及者；然寸心固怦怦然，针毡芒刺，不知何时可释也。

侍郎作此语时，固疑朝廷必尚有处分，至少亦当革职，然竟无后命，只得如常入署供职。当时颇有劝之引退者。侍郎曰："此当然之事，安俟更计？且吾心已碎，即在职亦何能更有所报称。但现在尚是待罪之身，万不敢遽行陈乞，只有徐之时日，或者霆怒稍霁，再当设法缓图。求进固难，求退亦岂易事耶？"

如是数日，尚无动静，以为可以渐次消解。乃一日忽下严旨，户部侍郎张荫桓着发往新疆效力赎罪。照例大员得罪发遣，即日须出投城外夕照庵，再候兵部派员押解，向之请数日期限，摒挡行李。侍郎虽扬历中外，而挥霍亦巨，故殊无甚积蓄，治装颇拮据。予时已奉补怀来缺，尚未到任，百计张罗，勉集五百金，赶至天津途次，为之赆别，相见惨恻，谓："君此时亦正须用钱，安有余力，乃尚顾念及我！"语咽已不复成声。予欲勉出一言以相慰藉而不可得，惟有相对垂泪而已。此情此景，犹在目中。方意侍郎年力未衰，必有赐环之望，乃以拳匪作恶，无端殃及万里外，命耶数耶，诚不得而知之矣！

最可异者，侍郎虽身受重戮，而始终未尝革职，故临刑时犹被二品官服。闻廷旨到后，相知中致意家属，有劝其自尽者。侍郎慨然曰："既奉有明旨，即自尽以后，照章仍须执行斩决，与其二死，孰与一死？大臣为国受法，宁复有所逃避？安心顺受，亦正命之一道也。"于此足见其胸襟磊落，临难守正，不图苟免，真不愧大臣骨梗。……

辛丑十一月，回銮途中，降谕将荫桓开复原官。《庚

*1861*

子西狞丛谈》卷四下云：

……谕："奕劻等奏美国使臣请将张荫桓开复等语，已故户部左侍郎张荫桓着加恩开复原官，以昭睦谊。"……按：张荫桓并未革职，"开复"二字实无根据；但此犹不过前此上谕中文字之疏漏。中国之官，何以由美使奏请？即徇美使之请，上谕中亦何必叙明？结尾"以敦睦谊"四字，尤为多赘。开复本国处分人员，于睦谊上有何关系耶？……

渔川（按：吴永字也）述公遗事，尚有一事未及，谓：公在戍所时，忽于门前构造一亭，以此处地势稍高，足资登览。亭成请名，一时思索不得，因适在墙角，遂以角亭名之。后来即于此亭行刑。说者谓角字为刀下用，谶兆无端适合。据此言之，则吉生凶死，某时某地，早有前定，冤在凤业，亦无事为公抱屈也。

渔川又言：公临刑之前数时，已自知之，忽告其从子，谓："尔常索我作画，终以他冗不果，今日当了此夙愿。"即出扇面二页画之，从容染翰，模山范水，异常缜密，盎然有静穆之气。画毕就刑，即此便为绝笔。此真可谓镇定，盖公之得于道者深矣。

详言其获罪遣戍及就刑戍所等事，足资浏览，故移录之。荫桓之遣戍，按其情，断无不予革职之理，且其时已以吴树梅补其户部左侍郎缺,亦见职已被褫,(《清史稿》荫桓传,亦言"褫荫桓职,谪戍新疆"。至其言"拳乱作,用事者矫诏僇异己,荫桓论斩戍所",乃徇为孝钦粉饰者之词,非实录也。)惟革职一层,其时或漏却明文,如刘氏所谓"上谕中文字之疏漏"者,亦未可知,容再考。观李鸿章(盖与奕劻会衔)转达外旨为荫桓请开复之原奏,称"已革"云云,而开复之谕,只用"已故"字样,固颇觉可疑耳。(《庚子西狩丛谈》所录此谕"美国使臣"四字,王彦威《西巡大事记》卷十一所录,作"英美二国使臣",似以《大事记》为是。)荫桓临刑时如着在官时章服,应为一品,非二品,以曾加尚书衔也。至以角名亭,若魏延之梦,偶然巧合,使荫桓而善终者,则无人更作"刀下用"之推究,而为谶兆与前定之论矣。

荫桓以借款事被参而几获重谴,为戊戌五月事;其于政变遣戍,则八月事。吴永所谈,似将两事混合,颇欠分晓。翁同龢是年四月二十七日罢官,五月十三日出京,其四月初十《日记》云:"王鹏运封奏,大臣误国。见起,三刻,语多,王劾余与张荫桓朋谋纳贿也。薰莸同器,泾渭杂流,元规污人,能无嗟诧。"二十四日云:"是日见起,上……以张荫桓被劾,疑臣与彼有隙,欲臣推重力保之。臣据理力陈,不敢阿附也。语特长,不悉记。"五月初八日云:"樵野来告,初六日与军机同见,上以胡孚宸参折示之。折仍斥得贿二百六十万,与余平分。蒙温谕竭力当差。又云,是日军机见东朝起,极严责,以为当办,廖公力求始罢。又云，先传英年将张某围拿，既而无事；皆初六日事也。余漫听漫应之而已。"可印证也。又录李岳瑞《春冰室野乘》所记一则如下，亦可参阅：

> 南海张樵野侍郎荫桓，起家簿尉，粗识字，中岁始力学，四十后即后出持使节，入赞总署，而骈散文诗，皆能卓然成家，余力作画，亦超逸绝尘，真奇材也。生平作事，不拘绳尺，且以流外官致身卿贰，辇下诸贵人尤疾之，以故毁多于誉，然干局实远出诸公上。戊戌五月常熟去国时，侍郎亦被人参奏。闻东朝已有旨饬步军统领即日前往抄籍矣，以荣禄力谏而止。实则荣禄别有用心，非为侍郎乞恩也。尝见其为人所画便面，湿云瀚郁，作欲雨状，云气中露纸鸢一角，一童子牵其线，立危石上，自题诗其上曰："天边任尔风云变，握定丝纶总不惊。"盖即此数日中所作也。

(原第13卷第41期)

## 三七　张之洞购赝鼎

名人嗜古器物者，每传有受欺之笑柄。如毕沅、阮元、潘祖荫、翁同龢等，均有此类传说，见于诸家记载。张之洞亦有之。易宗夔所辑《新世说》卷七《假谲门》云：

张香涛于光绪中以鄂督入觐,偶游海王村,瞥见一古董店,装潢雅致,驻足流览。庭陈一巨瓮,为陶制者,形既奇诡,色亦斑斓,映以大镜屏,光怪陆离,绚烂夺目。谛视之,四周皆篆籀文如蝌蚪,不可猝辨,爱玩不忍释。询其价,则谓为某巨宦故物,特借以陈设,非卖品也,怅怅归。逾数日,张偕幕僚之嗜古者往观之,亦决为古代物,必欲得之,令肆主往商。未几,偕某巨室管事至,索值三千金。张难之,询其家世,不以告,往返数四,始以二千金获之。舁回,命工拓印数百张,分赠僚友,置之庭,注水满中,蓄金鱼数尾。一夕,大雷雨,旦起视之,则篆籀文斑驳痕,化为乌有矣。盖向之苍然而古者,纸也;黝然而泽者,蜡也;古董鬼伪饰以欺人者也。

此项话柄,亦足发噱,惟事之信否,未可遽必。近阅卓从乾《杏轩偶录》,多言晚清鄂省事(卓氏为湖北安陆县人),于此事所记尤详。据云:

清慈禧后晚年,张文襄公督鄂,奉诏陛见。清故事:凡疆臣展觐后,未奉回任之命,不敢出都。时鄂抚端午桥兼署督篆,阴贿后左右,沮文襄返鄂。后左右复向公索巨资,公无以应,由是留滞辇下者几一年。每日无事,携一仆游琉璃厂,自东口至西口,凡古董肆必入焉,厂中人莫不识公者。一日,至某肆,见宅内亚字朱栏中置一缸，形甚古，作八方式，各方皆有字，籀篆隶草，各体俱备，似陆续题跋者，而碧苔紫藓，斑驳陆离，字迹模糊，读不成句。缸口缘边微有缺损处，露极细赤丝，洵为巨石凿成者。缸内注水，夏不涸，冬不冻，蓄五色金鱼数头，游泳于萍藻之际，甚自得也。公爱之，问于肆主曰："此缸系何代所制？"肆主曰："余儿时闻先祖与某贝子博，贝子负万金，以此缸作抵押，先祖得之甚喜。相传为明宫禁中物，闯王入宫，但捆载金银珠宝而去，此缸欹于阶下，弃不顾，由是流落人间。至于制造何代何人，实无可考。"公问售价若干，肆主曰："先祖遗言，凡宗室懿亲八旗阔老来购者，必须万金以外，若遇清廉士大夫而又好古者，价可略减。今观老先生囊橐萧然，岂能复购此物耶？"公笑而去。反寓后，问各老友挪借五千金，明日持交肆主，肆主固不受。公曰："此缸幸遇吾人能识之，故以重价；若京中之拥巨资者，未必肯一顾也。"肆主曰："凡物诎于不知己而伸于知己，今既遇公，岂可贬价以求售乎？"公笑曰："此金可暂收，后当补给也。"越日而公回任之命下，遂以厚毡包裹石缸周身，雇八人异置专车之上，同载抵鄂，即陈于后庭书室之外，仍以朱栏护之。立招鄂中官吏之博雅者来相参考，若梁臬司星海、黄学使绍基（按：当作"箕"）、纪山长香葱、杨广文惺吾诸先生，皆莫知此缸之朝代，惟同声赞叹为莫名之实物而已。某夜，公方被酒卧，忽大雷雨，暴风挟冰块如万箭齐发，直射书室，玻璃俱碎，彻夜檐溜如悬瀑布，有倾河倒海之势，公拥被不觉也。晨起，至庭前，见八方式之古缸，悉委地为泥涂，金鱼三四头，皆拨刺沟渠中，困顿欲死，公懊恼者久之。忽传梁臬司至，公衣冠出见。梁问曰："昨夜古缸无恙乎？"公曰："已物化矣。"梁方代为惋惜，公掀髯大笑曰："五千金何足惜！使当日肆主定索万金，吾亦必与之矣。今而知貌为高古者诚不足与真金石并寿也。"时余方肄业两湖，有同学某君尝以文襄之好古而受人欺作为笑柄，余曰："惟真好古者乃能受人欺，若徒博好古之名，而实爱钱如性命者，岂能受此欺乎？"某君闻之有愧色，盖某君尝以博雅自诩，而又出纳最吝者。

与见于《新世说》者略有异同，而言之较繁，虽间有不了了处，语气则甚津津焉。此或事属有因，不尽虚诬耶。

## 三八　张之洞优容熊汝梅

叶昌炽为甘肃学政时，《日记》中兴"始知州县有褫革生员之权，学政则不能办一人"之叹，盖学政虽尊，究属客位之故耳（详见本报第十一卷第十三期所载《随笔》）。又尝闻林贻书（开謩，尝为河南学政）言，学政按临，不可无故开罪州县官，必俟其出结，始可放心，亦阅历之谈。李岳瑞《春冰室野乘》书熊知事（县）（见《国风报》第二年第七期。坊间之《春冰室野乘》单行本止于第一年）云：

昔在都下，闻蜀中友人为道强项令熊明府汝梅事，谓足继何易于。熊为鄂之黄安人，以庶吉士出宰四川，初任奉节，继调梁山，奉节为夔州首邑。梁山亦剧县，其宰奉节也。张文襄方督蜀学，按试夔。故事，学政所临，一切皆首县供应。会穆宗上宾，哀诏至蜀，地方官遵例哭临。是日诸官齐集，文襄领班，立阶上，将跪，视地上砖，无拜褥，令从者以毡至。左右传呼首县索取，熊正色曰："此何时也，安所得毡！"令以草荐至。文襄不得已，竟藉草，固心衔之。时公馆所用帷帐茵褥隐囊之属，皆红紫绸缎，例应以布素易之，文襄仆私取旧所供者，不以归县；熊索之急，则殴其从人，且詈及熊。熊大愤，召县役四十人率以往学政署，戒之曰："吾命汝捕即捕，命汝杖即杖，即学政见罪者，吾自当之。"至则植立龙门外，令诸役皆詈，且索物，如有出者，即反走。果四人出门叱问，甫逾阈，熊亟呼曰："捉！"四十人蜂拥上，执四人，缚以缰，即龙门外褫衣杖之。四人者，悉美锦狐裘，衣带纠结，猝不解，则以刃断之。杖甫施，知府已使人来召。熊语之曰："吾公事毕即来耳。"知府不得已，亲来，谓四人曰："孰令若横至此！吾固言熊老爷不可犯，今何如者！"俄而文襄遣人来，言前犯事者已逐出，此四人者非也。熊谬曰："乃非学政仆耶？若是，愈不可逭！"命尽系之狱。文襄竟无如何。功令，学政按试竣，地方官必具结，声明并无需索，详大府，咨部，学政乃得行，结不出，学政不得去。文襄试既毕，索结，熊难之，曰："吾自分与学政同落职耳！"布政使某公以手书解之，乃出结，释四人于狱，语之曰："归语汝主，无与县令构怨！县令罢，捐万金可复职；编修罢，非钱所能买也！"顾文襄亦优容之，尝语人曰："熊令固好官，惜太客气耳。"熊闻之笑曰："不客气，那敢尔！"

学政为知县所苦，事实上固有可能也。其后二十余年，尹铭绶以编修为山东学政，按试泰安时，与知县毛澂相迕，其事闻有与之相类处，澂亦以不出结难之，知府竭力调停，始勉强出结云。铭绶光绪甲午翰林，澂则庚辰翰林，以庶常散馆为知县者，故早六科之老前辈也。闻澂对铭绶，有"卑职狗运不通"之忿詈语。（熊汝梅同治戊辰翰林，为张之洞癸亥翰林后辈。）

（原第13卷第42期）

## 三九　李鸿章卑视洋人

李鸿章历办外交，曾大蒙清议之纠责，媚外之诮，众口一词，甚至拟以秦桧，斥以私通外国，烧城铄金，莫能自解。迨庚子之役受大创，鸿章议和尽瘁而死，物论始回焉。鸿章外交政策与手段，固有可议，要非有心媚外，且对外人词色之矜傲，尤其态度所特具。甲午之役，伍廷芳以议和随员赴日，日首相伊藤博文，为述十年前奉使至天津订约时鸿章态度之尊严，有追忆令人心悸之语（见王耀煜《中日战辑》卷四）。梁启超《李鸿章》第十二章，述其轶事有云："李鸿章接人常带傲慢轻侮之色……与外人交涉，尤轻侮之，其意殆视之如一市侩，谓彼辈皆以利来，我亦持筹握算，惟利是视耳。崇拜西人之劣根性，鸿章所无也。"李岳瑞《春冰室野乘》云：

> ……文忠卑视外人之思想，始终未尝少变，甲午以后，且益厉焉。其对外人，终不以文明国人待之。此老倔强之风力，今安得复睹此人哉？其使俄也，道出日本，当易海舶，日人已于岸上为供张行馆，以上宾之礼待之。文忠衔马关议约之恨，誓终身不复履日地。从人敦劝万端，终不许，竟宿舟中。新船至，当乘小舟以登，询知为日本舟，遂不肯行。船主无如何，为于两舟间架飞梁，始履之以至彼船。其晚年直

总署也,总署故事,凡外国使至,必以酒果款之,虽一日数至,而酒果仍如初,即此项已岁糜数千金。公至署,诸使来谒,署中依例以酒果进。公直挥而去之,曰:"照例,外宾始至,乃款以酒果,再至则无之也。"诸使皆色变,然竟不能争。法使施阿兰狡甚,虽恭忠亲王亦苦之。公与相见,方谈公事,骤然询曰:"尔今年年几何矣?"外人最恶人询问年龄,然慑于公威望,不能不答。公掀髯笑曰:"然则是与吾第几孙同年耳。吾上年路出巴黎,曾与尔祖剧谈数日,尔知之乎?"施竟踧踖而去,自是气焰少杀矣。丁酉岁暮,俄使忽以书来求见,公即援笔批牍尾曰:"准于明日候晤。"时南海张樵野侍郎在座,视之愕然曰:"明日岁除矣,师尚有暇晷会晤外人乎?俄使亦无大事,不过搅局耳,不如谢却之。"公慨然曰:"君辈眷属皆在此,儿女姬妾,团乐情话,守岁迎新,惟老夫萧然一身,枯坐无俚,不如招三数洋人,与之嬉笑怒骂,此亦消遣之一法耳。明日君辈可无庸来署,老夫一人当之可矣。"其侘傺如此。

斯皆其对外态度见于记载,可供参考者。(鸿章使俄,由上海乘法国邮船前往,并无过日本换船事,或事在由美洲回国途中欤?又,"法使……慑于公威望",不无语病。)又甓园居士(刘焜)《庚子西狩丛谈》卷四下述鸿章在总理各国事务衙门事云:

*1871*

予生平未见文忠,然无意中却有一面,至今印像犹在脑际。前清同文馆即设在总署,予一日偶从馆中偕两教习同过总署访友,经一客厅后廊,闻人声嚣嚣。从窗际窥之,见座中有三洋人,华官六七辈,尚有司官翻译,皆翎顶辉煌,气象肃穆,正议一重大交涉。首坐一洋人,方滔滔汩汩,大放厥词,似向我方诘难者,忽起忽坐,矫首顿足,余两人更轩眉努目以助其势,态度极为凌厉。说毕,由翻译传述。华官危坐祗听,面面相觑;支吾许久,始由首座者答一语,声细如蝇,殆不可闻。翻译未毕,末座洋人复蹶然起立,词语稍简,而神气尤悍戾,频频以手攫拿,如欲推翻几案者。迨翻译述过,华官又彼此睨顾多时,才发一言,首座者即截断指驳,其势益汹汹,首末两座,更端往复,似不容华官有置喙余地,惟中坐一洋人,意态稍为沉静,然偶发一言,则上下座皆注目凝视,若具有发纵能力,而华官之覆答,始终乃只有一二语,面颡颜汗,局促殆不可为地。

予当日见此情状,血管几欲沸裂。此时忽闻传呼声,俄一人至厅事门外,报王爷到;旋闻足音杂沓,王爷服团龙褂,随从官弁十数,皆行装冠带,一拥而入,气势殊烜赫。予念此公一来,当可稍张吾军。既至廊下,则从者悉分列两旁,昂然而入,华官皆肃立致敬,顾三洋人竟视若无睹,虽勉强起立,意殊不相属,口中仍念念有词。王爷先趋至三客座前,一一握手,俯首几至膝上,而洋人傲岸如故。王爷尚未就座,即已厉色向之噪聒;王爷含笑以听,意态殊极恭顺。

予至此已不能复耐,即扯二人共去,觅所识友人,告以所见。吾友曰:"中堂在座否?"予曰:"吾不识谁为中堂?"曰:"李中堂也。中堂在此,当不至是。"予乃约其同至故处。友逐一指认,告姓名,曰:"中堂尚未至也,然今日必来,盍再觇之?"予亟盼中堂到。俄顷复闻呼报,予以为中堂至矣,乃另为一人。仍趋与洋人敬谨握手,即逡巡就坐。予乃大失望。

正于此际,续闻呼报,一从者挟衣包,先垒息趋入,置于门外旁几。吾友曰:"此必中堂。"既而中堂果入门,左右从者只二人,才入厅数步,即止不前。此时三洋人之态度,不知何故,立时收敛,一一趋就身畔,鞠躬握手,甚谨饬。中堂若为不经意者,举手一挥,似请其还坐,随即放言高论,口讲指画。两从人为其卸珠松扣,逐件解脱,似从里面换一夷衣,又从容逐件穿上。公一面更衣,一面数说,时复以手作势,若为比喻状,从人引袖良久,公犹不即伸臂,神态殊严重,而三洋人仰面注视,如聆训示,竟尔不赞一词,喧主夺宾,顿时两方声势为之一变,公又长身玉立,宛然成鹤立鸡群之象。再观列坐诸公,则皆开颜憙笑,重负都释。予亦不觉为之大快,如酷暑内

*1873*

热，突投一服清凉散，胸间郁火立刻消除。旋以促饭引去。始终不知所议何事，所言何词；但念外交界中必须有如此资望，方称得起"折冲"二字。自公以外，衮衮群贤，止可谓之仗马而已。

吾友因为言："中堂一到即更衣，我已见过两次，或者是外交一种作用，亦未可知。"同人皆大笑之，谓如此则公真吃饭穿衣，浑身皆经济矣。语虽近谑，而推想亦不无理致。汉高踞洗而见郦生，亦先有以慑其气也。庚子难作时，予闻公被召入都，即向人庆慰，谓决有斡旋之望，当举此事为证，果如所料。予于文忠，亦庶几可谓之窥见一斑者矣。

写得甚为绚烂，容有渲染太过之处，要亦可资参阅。（王爷盖指庆王奕劻。引汉高事，嫌比拟失伦。）吴汝纶《李文忠公神道碑》有云："其交远人，谈笑谩骂，阴阳阖开，接见风采，知为盖代英伟人也。"旨与刘氏所写略同。

（原第13卷第43期）

## 四〇　以服饰状貌威慑外人

上期拙稿所引《庚子西狩丛谈》述人言李鸿章之更衣，或是外交一种作用，颇奇。更奇者，则有谓清代中国官之章服能使外人畏惧。汉滨读易者（辜汤生）《张文襄幕府纪闻》卷下云：

1874

近有英人名濮兰德者，曾充上海工部局书记官，后至北京为银公司代表，著一书曰《江湖浪游》，所载皆琐屑，专用讥词以揶揄我华人。内有一则曰"黼黻为厉"，大致谓："五十年来，我西洋各国，因与中国通商，耗费许多兵饷，损失无数将士，每战辄胜，及战胜以后，一与交涉，无不一败涂地，是岂中国官员之才智胜我欧人耶？抑其品行胜我欧人耶？是又不然。若论其才智大概，即使为我欧人看门家丁，恐亦不能胜任；论其品行，亦大半穿窬之不如。如此等无才无品之人物，何我欧罗巴之钦使领事，遇之便觳觫畏惧，若不能自主，步步退让，莫之奈何，其故安在？余于此事，每以为怪，研究多年，始得其中奥妙，盖中国官之能使我西人一见而觳觫恐惧者，无他谬巧，乃其所服之黼黻为之厉也。鄙人之意，以为今日我西洋各国，欲图救交涉之失败，亟宜与中国商订新约，以后凡外务部及各省与我交涉之大小官员，不准挂朝球，穿黼黻，逼令改用窄袖短衣耸领高帽，如我欧制；如此，黼黻即不能为厉于我，则我西人之交涉，庶不致于失败矣。中国果能遵此新约，我西人即将庚子赔款全数退还中国，犹觉尚操胜算也！"云云。按如濮兰德以上所言，其藐视我中国已极，然君子不以人废言。其言我中国黼黻衣冠能使西人畏惧，虽系戏言，然亦未尝无至理寓乎其中。孔子不云乎：君子正其衣冠，尊其瞻视，俨然人望而畏之。且尝揆之人情，凡遇人之异于己者，我不能窥其深浅，则有所猜忌，故敬心生焉；遇人之同于己者，我一望而悉其底蕴，则无所顾畏，故狎心生焉。今人有以除辫变服为当今救国急务者，余谓中国之存亡，在德不在辫，辫之除与不除，原无大出入焉；独是将来外务部衮衮诸公及外省交涉使，除辫后窄袖短衣，耸领高帽，其步履瞻视，不知能使外人生畏敬心乎？抑生狎侮心乎？

其论奇而趣。辜氏就外人藐我之言中，看出一番道理，合于其主张中国文化胜于外人及尊崇有清之宗旨。此篇标题即曰《在德不在辫》，辜氏当清亡之后，至死不去辫！盖亦本于此种理论耳。前乎此，复有言以状貌慑服外人，以解决困难交涉者。袁枚《记富察中丞四事》，表彰托庸（满洲富察氏），第一事云：

> 东粤近海南诸夷，中国两戒之守，以广州虎门为限。乾隆八年，红毛国伐吕宋胜之，俘五百人，其众顺帆泊虎门，粤东大骇。总督策楞召布政使托公曰："外夷交攻，扬兵我境，剿之乎？听之乎？于国体奚宜？"公曰："当使进表称贡，献所俘五百人，请公处分。"策笑，有愠色，唶曰："君直戏耳！红毛虽夷，非痴人，其肯以万里全胜之师受驱使耶？君言之，君能之乎？"公曰："不能固不敢言。"策愈愠曰："君果能，恣君所请。"公笑曰："无多请也。请饬印知

县、杨参将听指挥，六日内复命。"印令者，才而敏；杨参将者，修干伟髯有将貌者也。策许之。公出，召印令曰："我欲使汝教红毛国进表称贡，献所俘五百人，请制府处分。"印令惊，如策所云。公曰："汝直未思耳。红毛伐吕宋，涉大海数千里，粮能足乎？船漂浪击风必损坏，不于此修篷舰，其能归乎？此如婴儿寄食于人，小加裁禁，立可饿杀，何说之不能从？制军易吾言，不问，吾故未以此意晓之。"印令大喜，奋曰："如公言，足以办矣。"与参将杨领五（此字下疑脱一字，当再就他本校之）人，短后衣，持弹，据狮子洋而营焉。密令米商闭户遏粜。红毛人来探，告之曰："中国无他意，虑奸民欺汝外夷，以行滥物诱汝钱，故来相护耳。"红毛人不解意去，然望其炊烟渐缕缕希矣。居无何，红毛总兵求见。坐定未言，印令呵之曰："中国凤以虎门为限，条禁森严，汝两国交哄，不偃旗疾过，扬兵于此，大悖。我制府性暴，好用兵，我等未敢遽白。所以守此者，欲断汝粮，饿死汝，然后白制军。"红毛总兵意大沮，目参将。参将禁声，须髯怒张，叱嗟而已。总兵愈恐，伏地请曰："诚然粮尽，然终非有心犯天朝也。公幸赦之，且教之。"令微露其意。红毛人泣曰："若然，诚天幸也。请代申此言。"令曰："不可。吾为汝告方伯大人，方伯大人为汝告制军，阶级尚多，通过尚难，汝一旦失信，则我等先为汝带罪，故不敢也。"曰：

*1877*

"红毛自具牒申请如何?"令为不得已而强应曰:"可。"红毛人把弩负籣,手加额,匍伏进表,贡所俘五百人,乞制府处分。策公大悦,竟以五百人仍还吕宋,而赏赐红毛,听其还国。……

如所云,托庸请印令、杨将于总督,任折冲,印令干员,杨将则惟仗"修干伟髯"之"将貌",以"须髯怒张"怖外人,用使帖伏就范,状貌之关系外交,洵大矣哉!亦趣谈也。(袁氏纪事之文,易涉轻率浮夸,此节情事,可信之程度如何,尚是问题。《记富察中丞四则》,见《小仓山房文集》卷八;其卷三十四有《庆远府知府印公传》,为后此之作,即此印令也。传中"嗼夷与吕宋仇杀"云云一节,亦叙此事,而颇有异同,可参看,则只言印光任之能,不复道及此"修干伟髯""须髯怒张"之杨参将矣。彭绍升《与袁子才先辈论〈小仓山房文集〉书》有云:"大集叙事文,腹笥既富,摹绘极工,其独到处,惊风雨,泣鬼神,不足喻也;顾其间传闻互异,多有淆讹,……惟望悉心考核,随手更定,俾毫发无所憾,而后即安,庶可为传世行远之计,不然,与为失实,毋宁阙疑,此即私心所深祷者也。")

## 四一　周孝怀挽刘幼樵

天津刘幼樵（嘉琛）近卒于里，诸暨周孝怀（善培）挽以联云："共危舟，值大波，权活草间，零落已无几老；舍此都，适乐国，知从烟外，欷歔时数九州。"气遒情挚。二人清末同官四川相得，为患难之交。（周官劝业道、提法使，刘官提学使）。　　　　（原第13卷第44期）

## 四二　段祺瑞之才德

段祺瑞于月之二日卒于上海，以系三造共和之民国元老，闻者多致嗟悼焉。段氏早有知兵之名，佐袁世凯治军北洋，共王士珍、冯国璋称北洋三杰。其后当时势之推移，崭然有以自见，遂陟高位，执国柄，举措设施，动关大局，蔚为民国史上有声有色之人物。天津《大公报》三日短评《吊段芝泉先生》有云："段先生对于中华民国的关系之大，为孙中山先生及袁项城以外之第一人。"盖的论也。文学非所擅长，然颇留心翰墨，所作亦有别饶意致者。如民国十五年在临时执政任时所撰《因雪记》云：

> 丙寅正月五日卯正，披短衣，着下裳，净面漱口后，念净口真言，披长衣，念净衣真言，整冠，取念珠，放下蒲团，跏趺西向坐，瞑目宁神，虔诵佛号，

*1879*

廿转数珠，合掌读愿文，顶礼已，启目，垂手，收念珠入袋中，起身，去蒲团：五年余如一日也。持烟及盒，排闼穿房，入外客厅，刘玉堂、周尧阶、汪云峰拥坐弈案，俱起逆余；云峰让一坐。尧阶久不弈，欲先试之，让三子，两局俱北；云峰继之，所负之数与尧阶两枰等。适点心至，馒首两碟，食其一，又尽麦粥两盂。刘谓雪似嫌小，举目视之，屋垣皆白。遂出念珠，默诵而行。出后门，过上房，赴后园，沿荷池，循引路，褰衣登山。安仁亭近在右侧，但不能穷千里之目，转而左向，更上，至正道亭。旋视远迩，一白无边，苍松翠柏，点缀摇曳，清气袭人，爽朗过望。因思励（厉）气久钟，不雨雪已数月，既雪矣，乖戾之意大杀，人民灾劫或可豁除。然环顾豫、鄂、鲁、直、临榆、张北，阴云惨淡，兵气沉霾，自顾职之所在，不免忧从中来，纲纪荡然已久，太阿倒持有年，人事计穷，欲速不达，心力交瘁，徒劳无补。惟有曲致虔诚，默祷上苍，由无量之慈悲，启一线之生机已耳。越涵慧亭，俯首降阶，遵曲径，穿小桥，傍石洞，绕山阳，过宅神祠，归坐内客厅。如意轮王咒百十一遍，往生咒倍之，大明王真言、往生真言等，接续诵毕，完一日之课程。遂援笔志之，以启发儿曹之文思。

一篇短文，有叙事，有写景，有感慨，有议论，以文家境诣言，虽似尚欠功候，而无冗语，无华饰，真率而具朴拙之趣。本非文人，不必以文人之文绳之也。

时当大局风云日亟，政府地位，危疑震撼，若不可终日，段氏身为执政，忧念中犹有悠闲之态，盖果于用人，己惟主其大纲，不必躬亲诸务，亦其素习然也。惟责任则自负，政治上无论成败，从不诿过于下耳。（临时执政制度，本不设国务总理，后为应付环境，始增置之，若代负责任者，不过权宜之计，非段氏真不肯负责也。）又尝闻人谈其任边防督办时轶事。欧战既停，段由参战督办改称边防督办，其机关则由督办参战处改称督办边防处（所统参战军亦改称边防军），处中事务，向委僚属处理，惟大事至府学胡同私邸启白而已（时吉兆胡同巨宅尚未建成）。一日雪后，偶至街头散步，顾谓随行之小僮曰："边防处距此远否？"对以不远。曰："可导我往彼一视。"比至，欲入，卫士见此叟步行而来，衣冠朴旧，因厉声呵止。僮斥之曰："此督办也，汝等何敢尔！"卫士愕然请罪，阍者亟报处中重要职员，恭迎入督办室。众以今日督办忽莅，不知有何大事，肃侍敬候训示。段微笑曰："街头步雪，乘兴闲游至此，诸君不必在此招待，可即各治其事。"众乃爽然而退。段在督办室小憩，旋就处中巡览一过，仍由小僮侍送，缓步而归。其暇逸之度，尤可概见。

李鸿章为段之乡前辈，以声望之隆，当晚清同、光、宣之际，一言"合肥"，皆知所指为李氏也。自入民国，段氏乃继之而起，专"合肥"之称，后先若相辉映。段有

《先贤咏》云：

昆仑三干（千）脉，吾皖居其中。
江淮夹肥水，层峦起重重。
英贤应运起，蔚然闲气钟。
肃毅天人姿，器识尤恢宏。
勋望诚灿烂，宏如万丈虹。
盛年入曾幕，文正极推崇。
发逆据白下，十三秋复冬。
分疆且不可，遣军犹北攻。
开科已取士，坛坫以争雄。
公奋投笔起，淮将征匆匆。
移师当沪渎，神速建奇功。
一战克大敌，中外咸靖恭。
全苏勘定后，抚篆摄旌庸。
助攻金陵复，鸟兽散群凶。
还师定中原，捻匪无遗纵（踪）。
分军靖秦陇，归来戍辽东。
卅载镇北洋，国际庆交融。
甲午败于日，失不尽在公。
寅僚不相能，未除芥蒂胸。
力言战不可，枢府不相容。
已筹三千万，意在添艨艟。
不图柄政者，偏作林园供。

海军突相遇，交绥首大同。
损伤相伯仲，几难判拙工。
策画设尽用，我力已倍充。
胜负究谁属，准情自明通。
及至论成败，集矢于厥躬。
继起督两粤，远谪示恩隆。
庚子拳乱作，权贵靡从风。
德使竟遇害，八国兴兵戎。
转战迫畿辅，无以挫其锋。
銮舆俱西幸，都城为之空。
联军客为主，洞穿乾清宫。
责难津津道，要胁更无穷。
仰面朝霄汉，气焰陵华崧。
环顾海内士，樽俎谁折冲。
五州所信仰，惟有李文忠。
国危而复安，深赖一老翁。

雅有劲气，亦未可以诗人之诗绳之，（诗中叙李事，间有未尽谛处，无关宏旨。）要见其对乡先贤钦慕之意耳。段在职时之肯负责任，盖有李氏之风。

鸿章子经方与段稔交，观其与客弈，有诗云：

俨同运甓惜光阴，镇日敲棋玉漏沉。
代谢几人称国手，后先一著见天心。

> 漫争黑白分疆界，转瞬兴亡即古今。
> 局罢请君观局外，纵横南北气萧森。

段和韵云：

> 孜孜闻道惜分阴，国势飘摇虑陆沉。
> 颠倒是非偏鼓舌，踌躇枢府费机心。
> 纲维一破那如昔，虞诈纷争直到今。
> 恶贯满盈终有报，难欺造物见严森。

又有一首云：

> 披裘玩雪不知寒，庭角初春赏牡丹。
> 放眼天空观自在，关心国势敢辞难？
> 众生且愿同登岸，沧海何忧既倒澜？
> 砭痛契深瘳厥疾，回环三复竟忘餐。

题为《伯行枉诗，且有颂不忘规之语，次韵奉答》，原唱未详。

段之《策国篇》，为十年以自抒经国抱负之作，亦可觇其志也。诗云：

> 乡镇聚为邑，联邑以成国。
> 国家幅员广，画省为区域。
> 民与国一体，忍令自残贼？
> 利害关国家，胡可安缄默？

果具真知见，兴邦言难得。
民智苦不齐，胸襟寡翰墨。
发言徒盈庭，转致生惶惑。
政府省长设，各国垂典则。
邑宰如家督，权限赖修饬。
统治成一贯，筹策纡奇特。
政不在多言，天健无休息。
晚近纲纪隳，高位金人弋。
武夫竞干政，举国受掊克。
扰攘无宁土，自反多愧色。
往事不堪言，扫除勿粉饰。
日新循序进，廉耻继道德。
农时失已久，饥寒兼忧逼。
民瘼先所急，务令足衣食。
靖共期力行，百司各循职。
良善勤讲诱，去莠惩奸慝。
言出法必随，不容有窥测。
土沃人烟稀，无过于朔北。
旷土五分二，博种资地力。
兵民移实边，十省两千亿。
内地生计裕，边疆更繁殖。
道路广修筑，交通无闭塞。
集我国人资，银行大组织。
独立官府外，经理总黜陟。

发达新事业，随时相辅翊。
输入减漏卮，制造精品式。
肥料酌土宜，灌溉通沟洫。
比户余粟布，孝弟申宜亟。
既富而后教，登峰务造极。
国际蒸蒸上，谁复我挫折？

关怀国事之忱，溢于言表。今读报载《正道老人遗嘱》，痛心于"蹙国万里，民穷财尽"，殷望于"自力更生""转弱为强"，尤足示此老精神所寄已。

（原第 13 卷第 45 期）

## 四三　袁世凯张朝玮办马金叙案

光绪二十五年，袁世凯抚山东，禁义和拳，当所部武卫右军尚未开拔到鲁，责成各巡防营就巡防地弹压，不准民间设坛习拳。马金叙时以记名总兵统领左路巡防营，驻茌平，东昌府十属为其防地。伊时茌平为南北通衢，地多流娼。防营习气，纪律欠佳，往往在外滋事。一日在娼家殴人致死，为御史王会英弹劾，廷寄交世凯查办，世凯委东昌府知府洪用舟督同茌平县知县豫咸按其事。用舟等不欲开罪金叙，为之洗刷净尽，世凯据以入奏。言官之气不平，搜罗他款，再行奏参，措词较前益加严厉，朝命世凯更行切实查明具奏。世凯乃改委济东泰武临道吉灿升督同聊城县知县确查禀覆，以聊城为东昌府首县，且距茌平不远也。时渑池张朝玮宰聊城，有能名，奉到公牍后，即进言于世凯暨灿升曰："此次须有以平言官之气，不然恐成僵局矣。"世凯等曰："君系老吏，斟酌为之可也。"洎禀覆，于所参情节较重者洗刷之，而亦不过于回护。禀之末段，大意谓："该总兵久历戎行，朴诚耐劳，此次因驭下宽纵，以致屡被弹劾，实属咎无可辞。惟方今将才难得，合无奏恳天恩，将该总兵革职留营效力，以观后效。"云云。世凯如禀奏覆。奉朱批："马金叙着即行革职，交袁世凯酌量差委；所请留营之处，着不准行。"缘留营即可仍带原队，犹实缺官之革职留任耳。盖其时政府于此犹执法颇严也。朝玮之办理此案，官场称之。（当时山东巡防营共二十四营，分左右前后四路，一路之统领，约当近制之混成旅旅长云。闻金叙即辛亥革命首任江西都督马毓宝之父。）

## 四四　误递万寿贺折获咎

光绪四年贵州按察使递万寿贺折，误将恭祝慈安皇太后万寿折呈递，交部议处，其事忆拙稿二三年前曾略述之。近阅陈夔龙《梦蕉亭杂记》，卷二有云：

> 余外任时，每月应奏折件交文案缮写后，必逐一检阅无讹，方始封发。至题本，则由幕中拟稿阅定

后，恭书"题"字，即由承办书吏翻清缮汉，即日拜发，不必再行检视。豫抚任内，恭值乙巳年十月慈禧万寿，先期例进贺本。钱谷友人某君以稿呈画，当以循例文字，匆匆一阅，即行书"题"，第贺本中有恭值七旬万寿字样，心窃疑之，以为本年系慈圣七十一岁寿辰，何以叙为七十，减去一岁？询之某君，谓历次贺本，均系照上届题本抄录。当检七十万寿贺本阅视，与此稿同，而疑终不释。复检六十九年万寿贺本阅视，则与七十悬殊。更检五十年、六十年万寿贺本，与各前一年贺本比对，亦复不同。计五十年、六十年贺本标明五十、六十字样，与七十年贺本标明七十字样同；其各前一年贺本文字从同，并不言年数，系属通同颂语。复检阅五十、六十万寿后一年之贺本，文字均与五十、六十万寿前一年同。反复研究，恍然大悟。缘寻常万寿庆典，礼部拟就普通贺表一通，先期颁行各省，临时缮写具题，以昭画一，独至整庆之年，部中另拟特别表文，标明五十、六十、七十字，仍先期颁行各省，照式缮题，以昭郑重。准是以推，本年七十晋一，仍应遵用普通贺表，毫无疑义。当将原稿涂销，仍烦某君另照普通贺表缮稿呈画讫。此事若于初画题稿时，稍不审慎，贸然发缮，直待各省表章一齐到京，经内阁看出，发回另缮，已赶不及；疏忽咎小，贻误咎大，即科以大不敬，亦复何说之辞？犹幸登时看出，从速改正，获免愆尤。始知凡百执事，不得掉以轻心，此特一端耳。某君经此周折，卒不安馆席而去；虽欲留之，亦无从已。

亦几以贺寿获咎焉。所纪可作万寿贺表掌故观。

有为谈俞廉三轶事者。据云廉三以末秩累擢而至封疆，对于公牍奏议，缮清后必核对甚详，盖素性谨慎也。阅牍亦甚精察，属员有具文请领养廉银者，中有"养廉三百两"字样，"廉三"二字，适犯宪讳，大不怿，加以申饬。而在湖南巡抚任内，奏报起解京饷折，跪衔为缮折者漏书，竟未察觉，遂奉旨申饬，交部议处，殆所谓懵懂一时耶？

## 四五　陈孚恩之贤

陈孚恩历官有声，在署山东巡抚任内，曾奉宣宗赏给御书"清正良臣"匾额，后以吏部尚书坐肃党遣戍，于是论者多诋之，然肃顺谋逆之案，固冤狱也。称孚恩之贤者，亦自有之，如郭嵩焘《玉池老人自叙》云：

> 建昌陈子鹤尚书，有权贵之名，而其留心时局，甄拔人才，实远出诸贤之上。嵩焘之援江西，尚书方忧居，奉命办理团防，同居围城两月有余，相待至为优渥。又五年，至京师，常共往来。一日诣尚书，适有客数人在坐，谈洋务，一意主战。嵩焘笑曰："洋

务一办便了；必与言战，终无了期。"闻者默然。顷之客散，尚书引予就僻处告曰："适言洋务不战易了，一战便不能了，其言至有理，我能会其意，然不可公言之，以招人指摘。"予不能用其言，而心感之。嗣见冯鲁川，言在刑部多年，专意办案，不屑回堂，堂官讫无知者。陈公任刑部，有疑案特召询之，加倚任焉，自觉精神为之一振。及权兵部，李眉生在部，亦加异视。相与诵言其贤。乃悟流俗悠悠之议论，专持一见，不足据也。予自京师乞病归，尚书方验漕天津，闻而大戚，屡书属少留，候回京一见，予不敢从也。甫行两月，而有天津之变，车驾巡幸热河，尚书被诏扈行。逾年大丧，郑王、怡王皆赐自尽，尚书亦遭戕。盖其时郑王、怡王、肃相执朝权，汉员被诏仅尚书一人，言路据以为党，论劾及之。嵩焘南归稍缓一两月，天津兵溃，嵩焘前言皆验，尚书必邀致之，使并入党祸。尚书机警，能测洋务之必有变，而不能测及圣躬。白香山诗云："祸福茫茫未可期，大都早退似先知。"嵩焘之不与党祸，早退之力也。既以自慰，亦重为尚书悲也。

虽未敢显翻肃顺之案，而以不能早退免祸致其悲慨，其意固大可见矣。咸丰间，嵩焘不主对外开战，引孚恩为同调，就当时局势言之也。"车驾巡幸热河，被诏扈行。……汉员被诏，仅尚书一人。"此嵩焘晚年记忆偶误。孚恩非被诏扈行，特大丧时，令其先赴行在耳。（加罪孚恩之谕，有"大行皇帝龙驭上宾，满汉大臣中，惟令陈孚恩一人先赴行在，是该尚书为载垣等之心腹，即此可见"等语。）若扈从行在者，匡源、杜翰、焦祐瀛以军机大臣受顾命，赞襄政务，皆汉员也。孚恩江西新城县（今黎川县）人，曰建昌者，殆因同时全国之新城名者有数县，故所隶之府耳。又胡思敬《国闻备乘》卷一有云：

> 庚申之役，文宗北狩，已得疾，中外惶悚。英人欲拥立恭亲王奕䜣，如契丹待石晋故事，恐廷臣异议，未敢轻发。和约成，大宴夷酋于礼部，英法皆以兵往，议尊恭王绝席，令王公以下皆跪迎，以觇人情向背。大学士周祖培股栗不能言。孚恩拂衣起曰："王大臣事同一体，今日玉帛之会，观礼近万人，先朝典制具在，不可紊也。"夷酋知众论不予，遂戢邪谋。是役微孚恩特（持）正，祸几不测。世以其阿附肃逆，咸加丑诋，并其大节而亦没之，殊可痛惜。

亦颇足广异闻，惟英人谋拥立奕䜣之说，未敢遽以为信也。 　　　　　　　（原第13卷第46期）

## 四六　道光间江浙军事

湘潭黎吉云，道咸间名御史也。近读其手写《日记》，道光二十三年癸卯正月二十四日云：

> 在家饭后至财盛馆，长星垣请也。席间晤……四川人倪府东名应垣，乙未顺天举人，容仪颇伟。散后至（曾）涤笙处谈，吴竹如在坐，始知府东其素相好者，从浙江军营回来者也。拟于次日访之。"

二十五日云：

> 至川南馆，晤倪府东谈。府东言：道光二十一年九月，扬威将军奕经，参战文蔚启行，至十月十五日抵苏州（此时苏抚梁章钜），应垣后至，暂随将军住苏州，调兵，制器械，恐遽至浙，则办理一切，易漏消息故也。苏州地方官，惮供应，恨不速之行，未免有此疆彼界之心，所需物料多掣肘。年内将军遣随员至浙省探虚实，审进退，而浙抚刘韵珂，意欲自掩其失地之咎，屡以大言相吓唬，在外间打听，亦悉如抚军声口，以故随员归述其言，将军胆气已慑，然将军固一意主战者也。幕中臧牧庵（名纡青，宿迁人），有谋略，布置甚周密，定于二十二年正月三路进兵。

正月二十九日：

收复宁波、镇海，奈汉奸走漏消息，唤夷得准备，不能克，宁波城中伤官兵亦仅百余人。镇海则河南守备刘天保，带兵勇数百名，三入其城，杀毙鬼子数百人。先约朱贵带队于寅刻到镇海接应，至午刻未到，天保始退。行十余里，遇朱贵兵，责其爽约，而容熙为之解劝。容熙且言可不必去，以至不能收复镇海。二月初四，参赞文蔚驻慈溪。鬼子带二千人（奏万余人）来，围住朱贵营。刘天保所带乡勇，挟其不应援镇海之仇，亦不肯往救，以故朱贵死围中。我兵突围出，亦杀有鬼子数百名。此后将军回杭城，参赞驻绍兴，渐有欲议和之意矣。推原其故，皆系浙抚不欲将军成功，与容熙结为兄弟，将军一举一动，容熙无不密示抚军，而抚军又结将军随员阿彦达，彦达亦为抚军所用，将军有谋，必先商之彦达，彦达辄阻挠。

参赞住绍兴，阴结死士入宁波城杀鬼子，亦斩首数百十级。又使人潜往英夷火药局旁，通地道以焚之，未果。时浙抚刘闻之，又函禀将军，谓不必如此举动。又阴耸彦达属将军致参赞书以止之，末注抚军亦以为然。又写一告示，交参赞贴宁波城，禁止私刺鬼子者。参赞接书大怒，请将军奏参，而己亦欲奏参刘抚。将军于是邀参赞至杭城中，令抚军与之讲和。

英夷自此不欲往宁波城，而往定海矣。

乍浦之失也，由两处乡勇，一起千余，一起七百余，众寡不敌，彼此挟仇，然皆为英夷所畏，（上年英夷至乍浦，岸上乡勇举手招之使来，英夷不敢前而退。）有一起私通英夷，告之先揭满营。两起乡勇皆恶满营兵者，不之救。此次满兵伤者最为多。

是时总兵尤渤，带兵一千名，守松江府城外，离海口十里。英夷三日内三至，尤总兵令兵不动。英夷施放大炮，约至八里外便无力，不能伤人。英夷见此处兵有固守之心，遂不欲入。至苏州所属之泖湖，离苏州八十里，水浅不能入，因由狼山而窥镇江。至镇江，如入无人之境。尔时英夷无意入镇城，意欲直入大江，而镇江副都统海龄，日杀无辜，民不聊生，往夷船请之入城。维时青州兵守西门，英夷至，不能入，受伤死者数百人。该民遂领英夷由十三门入，镇城以亡。（此数语系闻之洪云洲者，非府东言也。）

时府东又设计，谓逆夷已入圌山关。此能入而不能出之境也，若用破坏粮艘千只，中载土石，压沉圌山关外，又招买柴草船数百只，泊各港内，从上流焚之，可以令其片帆不返。（盖夷船起椗，必两时方能行。）白将军，将军欣然允之，行文苏抚（程矞采）要粮艘。回文并无余剩粮艘，遂寝不行。是时抚议将成矣。

英夷既往镇江，前宁波省城所招集汉奸，未尝带之往，口粮亦自是不给，汉奸遂叛英夷。府东设计谕汉奸为我用。浙洋中有绿行岛，海岛之最大者也，中藏万余人，要乘三次潮始能入口。其人善泅而多力，兵器非外间所有，并有药桶伏路旁，遇之者毙。其头目叫做石天泰，天泰之侄叫做石宁夏。汉奸中有素与之往来者，因往与勾结，许以官职重赏。天泰已允，约以不烦我一兵，不需我一钱，先将定海收复，次收镇海，夷船之在镇江者，闻捣其巢穴，必退回救之，总令他不留一人。俟灭尽夷船，始请赏。谋既定，白将军，将军意甚喜。既而闻和议已成，又不果。遂发功牌及翎顶等往谢，而天泰以不得成功恨死。今惟其侄领其党，有善用之者，尚可招之出也。

又言：英夷最大头目曰老胡狲，其面目似猴子，约六十余人，喜淫而多财。前林少穆先生所烧烟土，半系此人的，故此人挟恨，情愿出帑请英国主与我为难。老胡狲所坐船只，最为长大，往往居中调遣。其与我战之兵船，多系雇来者，被我兵杀伤一名，则由老胡狲出钱若干赔之，故我所杀伤之鬼子，彼必带其首级往胡处验明照赔。府东谓若能刺死老胡狲，则卜鼎喳、郭士唎、马□□诸皆解体也，因遣人分路打听老胡〔狲〕下落。良久，查得老胡狲常住定海东山一小村中。村有杨姓者，二女为老胡狲所掳，不数日辄来住宿。于是有慈溪北山民愿往擒之，或活捉，或割取首级，惟命。谋既定，白之将军，将军亦以抚议既定不敢从中起衅而止。

府东之言如此。节节失却机宜，良可悼叹，而浙抚刘玉坡系人人道好者，而府东之言，虽比之秦桧无以异，未知然否。据言尤渤、刘天保皆能用兵，有进无退，以此见尚有可用之将也。据称浙江各乡勇并所招山东、福建各乡勇，青州兵，皆可用，以此见尚有可用之兵勇也。姑书所言于此，以为后图。

此关于道光间所谓鸦片战争之史料也。道光二十一年辛丑，浙江定海、镇海、宁波等处失守，协办大学士吏部尚书奕经受命以扬威将军赴浙办理军务，户部左侍郎文蔚亦以参赞大臣赴浙协剿。迨翌年七月中英订立城下之盟之《南京条约》，战事告终，奕经、文蔚旋即以"老师縻饷，坐失机宜"均革职定斩监候之罪。黎民记述倪应垣所谈其间浙江军务种种，为身与其事者之言。所谈兼及苏境，浙、苏比邻，且本属一事也。轶事异闻，足资考镜。黎氏于论及浙抚刘韵珂处，并加眉批云："此君所言浙抚多方掣肘之处，殊难凭信。将军大权在手，浙抚既掣肘，何难奏参？况刘玉坡事事为民，岂肯有意阻挠？现在浙营回来者，人人皆说坏抚军，果何故耶？存参。"关于英人入镇江一节，注明有闻之洪云洲者。《日记》二十三日有"在唐秋涛处公请洪云洲太守（同年）……"之语，盖即是日所闻。

(原第 13 卷第 47 期)

## 四七　记镇江失守

前录湘谭黎氏手写《日记》中记述倪应垣等所谈道光间鸦片战争之浙苏军事（见第四十七期）。关于镇江之失守，谓："尔时英夷无意入镇城，意欲直入大江，而镇江副都统海龄，日杀无辜，民不聊生，往夷船请之入城。"如所云，亦奇耻也。按：海龄死于此役，道光二十二年六月上谕云：

> 耆英奏：查明镇江城陷时，京口副都统海龄并其妻及次孙同时殉节。该副统为国捐躯，忠义可嘉，着加恩照都统例赐恤，并着耆英派委员寻觅该副都统及伊妻、伊孙尸身，妥为盛殓，并查其见存子女，一同护送回旗。该副都统有子几人，着俟百日孝满后，由该旗查明一并带领引见，候朕施恩。俟军务完竣，着该地方官建立专祠，以表忠荩。伊妻及伊次孙均着附祀。

节（饰）终之典隆焉（寻予谥昭节）。七月又谕云：

> 前因镇江失守，副都统海龄自缢殉难，念其为国捐躯，特加优恤。兹有人奏"海龄查拿汉奸，误杀良民不计其数，以致人心不服，将该副都统围住，海龄因纵兵开炮轰击，夷闻内变，乘势直入府城，海龄之

死，闻系被民戕害"等语。查拿汉奸，本系守城要务，若因此多杀无辜，激成内变，则其死殊不足惜；惟奸民乘乱泄忿，戕官纵贼，实属罪大恶极，纵不能悉数诛夷，必应将为首数人，立伸国法。着将原折钞给程矞采阅看。毕竟镇江如何失守，海龄是否被戕，确切查明，据实具奏，不得因海龄已死，代为弥缝，亦不可因乱民较多，意图消弥。

**又九月谕云：**

前据耆英等奏海龄殉难属实，有旨仍照都统例赐恤，并将附祀恤典照议办理。本日复据耆英等奏寻获海龄及伊妻、伊孙尸骸并京口副都统印信，又查明道员禀揭各款并京口打仗阵亡受伤官兵，各一折。原任京口副都统海龄于镇江城陷时自缢殉难，前据耆英等询取旗员确供，并阖营押结，复据该城绅士等众口一词，其为临难捐躯，已无疑义（议）。兹复寻获尸骸，眼同伊子宜琛泰检明认领，并获海龄原着葛纱袍襟及伊妻所带玉环，确凿有据，且搜获汉奸，亦止处斩十三人，其余讯系平民，均经释放，是周顼原禀各款系属得自传闻，而海龄见危授命，大节无亏，允宜特为宣布，以息浮言。前有旨准其照部议入祀京师昭忠祠，并于该地方建立专祠，所有随同殉难之伊妻、伊孙，均着附祀专祠。海龄灵柩，着耆英等派员护送回旗。……常镇道周顼所禀失实,着与该处城陷后未经殉难之文武各员一并查明,再行严参。……

观此三谕,海龄虽终获优恤祠祀,而中经京曹之奏劾,同官之禀讦,其一时物议亦可见已。

倪氏所云:"参赞住绍兴,阴结死士入宁波城杀鬼子,亦斩数百十级。……英夷自此不欲住宁波城,而住定海矣。"按:鄞(宁波府治)陈康祺《郎潜纪闻三笔》卷三有云:

> 西人之陷吾明州,为道光二十一年八月庚戌。其明年三月乙亥始弃郡城,越二日,并弃镇海。时将军奕经、参赞文蔚辈,张皇战功,以收复告,诏第诸将劳绩,升赏有差。其实宁波之复,偷儿徐保、张小火及其党六十人力也。吾师徐先生《时栋集》中有《偷头记》一篇,甚详且确,删节录存,非欲翘将军、参赞之过也。记云:"西夷英吉利据宁波府,我师袭攻之,不克。时大将屯绍兴,而前鄞令舒君在军中。一日缚间谍至,将斩之,舒君视其人,则府之善为偷者也,意哀之,曰:'若为偷而死,盍为偷而生?若能窃鬼头来,吾且白将军赏赉汝。'偷诺而去。华人谓夷鬼子,而别其色,谓其国人白鬼,其收刺他部落以为奴为兵者为黑鬼。既而偷果以夷头献,舒君介之见将军,将军大喜,厚赉之。又既而献头者纷若,乃

与群偷计其直，黑鬼一头钱若干，白鬼倍之，生获又数倍之。自是逾城洞穴，日昏暮遍府中无非偷者。夷据城，夜必巡街巷，两夷先后行，方格磔笑语（磔格语笑），后者或（忽）无声，回视之，已失头而仆。前者大骇僵立，旋又失其头。或着夷衣冠，持竹杖，橐橐然曳乌皮屐以来，夷人近与语，遽刺杀之。其生致之也，则以布自后扣其颈，使不得鸣，而绞布两端，负而趋至幽僻，箝口置诸橐，绁以出城。或为夷所见，追之，则别一偷自曲巷出，并偷追者头。夷巡城上，亦往来通夕，群偷各以长藤为环，暗默候城外，闻巡者过，为怪声惊之。夷倚堞俯视，遽以藤环钩其头而坠，塞其口而反缚之，候如初。城上夷谓坠者误失足，皆伸头下视，思援之，又尽为偷所钩致；乃哗然拥所获以去，疾如风。凡城内外以窃鬼头至者，党日众，计日巧，所获日多，其奇策秘术，莫得而详也。一日，将军复下令，得群夷百不如得酋一，能生致之，赏万金，官三品，不者取其首可也。久之反命，酋不可得，盖酋不夜出，其所居邃室，环以夷兵，又一夕屡易其寝所，得酋一不如得群夷百之速而易也。顾酋虽防护甚谨，而心常惕惕，每日夕即觳觫自惊扰。旦夕以失首报者，恒数十或至百余。由是大惧，盖率其属，登舟他去，而将军以克复府城入告矣。"康祺按，先生所述，吾乡人皆能言之……

可相印证。颁赏与下令者,盖即参赞文蔚耳。徐氏所述,容有传说过甚之处,英人殆不至若是之愚笨,而使偷儿之技屡售不已也。将军大员,无术制敌,而乞灵于此种狡猾伎俩,纵偶效,亦无关全局之胜负。浙抚刘韵珂沮之,固未可厚非。[韵珂,山东汶上人。闻张二陵君言,其曾祖石渠先生(文林)宰汶上时,韵珂已由闽浙总督解职归,因相稔,其致先生书札,偶及旧事,谓:"譬之家长,对于子弟之吃零嘴,买玩物,只能约束子弟,不能毁人之糖挑、物摊。"言外之意,殆不以林则徐之烧毁鸦片为然,持责备贤者之态度,颇异公论。]倪氏言奕经、文蔚抵苏州,"苏州地方官惮供应,恨不速之行,未免有此疆彼界之心,所需物料多掣肘"。黄钧宰《金壶浪墨》卷二有云:"夷务告警,上命宗室奕山公为靖逆将军,讨粤东之贼,奕经公为扬威将军,剿贼于江浙,参赞以下皆行,禁旅随之,士饱马腾,桓桓南下,先后入淮境,水陆并进,旌旗飞扬。沿途司供亿者动遭鞭挞。某邑侯亲诣馆驿求见星使,军〔士〕揶揄唾詈,或张弩举槊向之。邑侯曰:'欲杀,杀我,官贫民瘠,供给无可增也!'左右曰:'是强项令!'麾之去,竟免诛求。"盖钦差方面,不满于地方官之惮供应而掣肘;地方官方面,则以滥索供给诛求无厌为苦也。又《金壶浪墨》卷三有云:"将军驻节苏州,往来于杭、绍之间,营帐中器皿珍羞,穷极瑰异。又幕客知州鄂君者,滥支军饷,费用无度,以博将军欢。会天寒风雪,帘幙壁衣之属,皆以貂狐洋鼠为之,围炉拥

*1901*

酒，侑以管弦，论者谓有缓带轻裘雅歌投壶之意。时夷人要求不已，参佐或请进兵。将军酒半，启帷探望，曰：'寒哉气也！'"词涉调侃，亦可参阅。

(原第13卷第49期)

## 四八　左宗棠等述洪杨军事

洪、杨之军起事后，咸丰三年攻长沙不克，十月趋岳州，陷之。旋于十一月十二日相继陷汉阳、武昌（湖北巡抚常大淳等死之）。翌年正月，九江、安庆均不守（安徽巡抚蒋文庆等死之），二月遂陷南京［两江总督陆建瀛（先以战败革职）等死之］，建太平天国首都于此。（提督向荣以钦差大臣督师踵至，扼诸国门。）盖方兴之势，所过如摧枯拉朽也。湘潭黎吉云手写《日记》，卷后附有摘录左宗棠等三书，均他处所未见，述当时情事颇悉，可供研考咸丰初年军事者之参稽，特一并移录于次：

邓弥之世八兄有友人与之书言：

咸丰二年，博勤恭武守岳州，贼来先遁入武昌，其所带兵即在城外抢夺，声言贼即至，因而常抚仓猝将九门坚闭，烧城外民房，周围数十里，四昼夜光烛天，民不及避，自尽自溺及焚死者约万余人，文报遂绝，薪米遂无从采买。常抚又将京口一带戍兵全撤守城，故贼水陆并进，无人侦探。常抚又屡促焚汉口镇、汉阳城外数十里民房，十一月十二日辰刻纵火。汉口张司马夜逃，义勇四千遂大肆劫掠。汉阳守兵三千，缒城奔溃，多溺死者，亦存空城。贼只数十人，梯而入，皆以陆路来者。武昌城头自初九开炮，十二日止，见船即打碎，凡三百余艘，皆良民难民。向提军在武昌城外与贼接仗小胜，贼近濠溃窜，川兵欲出击，双□（按：此字不可辨。是时双福以江南提督入城助防，与常大淳同殉难，此或是"福"字，惟字形颇不类。）常抚禁止之，兵皆解体。十二月初四日黎明，贼十余人梯上保安门，守兵六百名一齐缒城逃散，未开一枪，而城已陷。是日戕官五百余人，烧常抚尸，戮民积尸高与城齐。城外发冢。已而胁从之贼十余万，分水陆弃武昌而下。自十一月至除夕，文报探报皆不得确，人心大乱。

江西去年八月，民已纷纷移徙，赖当途厉禁，半月始定。自汉阳失守，难民泊九江者数千艘，城郊一夕数惊。先是，官兵守官牌峡，又有铁炮横江，绅民出丁夜巡，颇为安堵。署道有移关入城之议，众始惧。及撤戍移炮，民益惧。福建音镇带两卒强入城，宿土地祠。大员无肯驻城外者，官眷纷纷下船。署道又不肯稍轻其税，致船只蔽江面，日夕相惊，民皆胆落，遂于十一月二十日至二十五日城郊一空。

正月初四，制台使水师下巢湖扼贼，自领于初六日出城。水师遇贼，只开一炮，见贼众而援兵尚杳，各船溃散，袁都司自沉于江。恩（长？）镇退还，见援兵只三百人，亦沉于江。制台令此三百人在姑塘听调，为贼轰散。

初八日江西抚张遁往瑞昌，九江金城官皆遁。十一日贼数十人入城，城无一人，惟将火药器械及粮台钱米取去，扬帆东下。张抚在瑞昌，又退至德安，十七日退回省城，从者亦寥寥无几。

## 又厚甫与其子书：

恽臬司于十一月中旬驰赴浔郡，张抚于十二月初四日启节前往，统带兵勇合计六千八百有奇。陆制军于新正初三日率师抵浔，统水军两营兵三千名，勇二千名。张抚初八日披（拔）营由陆路至瑞昌县。刚到县城，而向军门已轻骑前来，始知贼兵已过道士袱矣。维时浔郡存城兵不满千。制府进师，始过下巢湖，未至武穴镇，即值船千余蔽贼而下，以木牌冲锋，继以空船燃火，我兵枪炮齐施。迨炮已放尽，人力已竭，而贼兵始至，中其奸计，前锋恩镇落水死。制府当即回舟，至九江，星夜放下彭泽，犹欲等待向军门一晤，乃贼之前队亦已驶至，放火箭焚其坐船，因另坐小江船回保金陵。张抚所带兵勇，不战而溃，旋即退守德安。正月十一日午陷九江城。廉访、观察督钱粮台，于初九日避往姑塘。当贼船初入瑞境也，向帅率疲卒二千，由间道驰至马头，见我兵恇怯，亦为束手。嗣见后队只千余人，在下巢湖岸边游奕，向军门即亲率兵数百，思一击以少挫其锋，讵知甫杀贼百余，而大队抄围，中其诱兵之计，阵亡都守四员。向军门跨马渡江，水已没腹，几不可保。贼船泊小池及下游十八套一带。中丞于十六日返省。（按：此书有眉注云："方其泊于小池口等处之时，若有数百敢死之兵，涉险宵济。乘风纵火，贼船虽众，不为灰烬，亦遭覆没。惜乎兵已早溃，失此一大机会也。"未知是否亦录自原书，抑黎氏所加按语也。）

二月十八日接左季高信云：

武汉两城，遗胔骈积，尸横遍野，武昌滋生局收埋至一万有余，以五堂合计，当不下七八万，而贼所屠戮旋经焚毁者，不知凡几，丁男少女被掳上船之际悲愤自沉者，又不下万余人。汉阳一城，半遭虐焰，计亦不下数万人。惨哉！武昌土人云：贼未来之先，官计算丁口，共七十余万人，今其存者不过十有余万，又皆老弱尪羸，气息仅属之人。湖北兵饷堤工每岁约需八十余万，自二年十一月以后，至今应领之款二十余万，迄无以应。

贼于正月十一过九江，守兵尽溃，文武先逃。贼入城不一日旋即挂帆东下。十七日未刻抵安庆，戌刻城陷。文武先营城外，贼至不知所之。贼以空城无所得，举火延烧衙署房屋，火至七日未熄。贼于十八日登舟，驶金陵。

二十八日围金陵，二月十一日失守。向荣十二日始至六合，而琦善、陈金绶尚无信，若向提军由池州、太平一带陆路取道高淳，亦可速赴金陵。

又云：

真长发贼不过二千有奇，余惟衡、永、郴、桂新附之兵，颇能战。萧朝溃（贵）、韦正（昌辉）实伏冥诛。洪秀全不知实有其人否，即使有之，亦碌碌无能为，惟杨秀清苍滑异常，贼中一切皆其主持。现在诸贼饱掠思归，即老贼亦多怀异志，只缘蓄发已长，出则为官军所杀，是以不敢轻离其党。若官军能得一大胜仗，出示招降，毋论长发短发，投诚概予免杀，示以大信，事犹可为。贼志子女玉帛，不过盗贼之雄。杨秀清之所以能用众者，只在一严字。我自军兴以来，糜烂数千里，用款至二千万，未尝戮一逃将，斩一溃兵，事安得不败？余长清弃道州不守，贼遂围长沙；福兴不肯结营龙回潭，贼遂由长沙窜去；博勒恭武弃岳州不守，贼遂围湖北。此三提督不即在军前正法，何以作士气而振军威？诸将如瞿腾龙、朱占鳌、郑魁士、戴文兰、全玉贵、邓绍良，皆可当一面。

盖均咸丰三年春间之书。时黎氏已罢御史之职，就养其子福畴直隶藁城县署。萧朝贵（清军方面每于"朝""贵"二字加水旁）为洪、杨方面之西王。咸丰三年正月上谕，谓："张亮基奏，查明逆匪萧潮溃（朝贵）业已轰毙等语。萧潮溃（朝贵）一犯，系贼中著名凶悍首逆，伪号西王，经生擒逆匪罗五等供称，该逆前在长沙城外被炮轰毙，尸埋老龙潭地方，现已起获尸身，验明枭挫，……"是当日固以被炮轰毙入告，他记载亦大率云然，左书乃以"冥诛"为言，以善终矣，殆传闻未谛耳。（宗棠在亮基幕，而此书所言乃与奏报异。）韦正即北王韦昌辉，系被杀于咸丰六年南京之内讧，此时亦谓"伏冥诛"，自属传讹。至"洪秀全不知实有〔其〕人否"，颇奇，然不足深怪，盖杨氏握大权，清人方面，对敌军内部，消息隔膜，不免致疑于洪氏之无，当时固异说纷纭也。

（原第13卷第50期）

# 第九卷（原第十四卷）

## 1937年（民国26年）

## 一 六十年之回顾——丁丑谈往

### （一）清议不满洋务派

国人今日群知西洋近代文化之足重视与宜取法，甚且有倡所谓"全盘西化"之极端论者；而回溯六十年前，出使英国大臣郭嵩焘（中国首任驻外公使）所著《使西纪程》，称道西洋之善，以诏国人之瞢于外情者，俾为借镜之资，总理衙门刊行之，清议大哗，讲官编修何金寿抗疏论劾，奉旨毁其版。此光绪三年丁丑（公元一八七七年）事也。李慈铭是年六月十八日《日记》云：

> 阅郭嵩焘侍郎《使西纪程》，自丙子十月十七日于上海拜疏出洋，至十二月八日抵英吉利伦敦止。伦敦者，英夷都城也。记道里所见，极意夸饰，大率谓其法度严明，仁义兼至，富强未艾，寰海归心。其尤悖者，一云："以夷狄为大忌，以和为大辱，实自南

宋始。西洋立国二千年，政教修明，具有本末，与辽金崛起一时，倏盛倏衰，情形绝异。其至中国，惟务通商而已，而窟穴已深，逼处凭陵，智力兼胜，所以应付之力，并不得以和论；无故悬一和字，以为劫持朝廷之资，哆口张目，以自快其议论，至有谓宁可覆国亡家不可言和者，京师已屡闻此言，诚不意宋明诸儒议论流传为害之烈一至于斯也。"一云："西洋以智力相胜，垂二千年，麦西（即摩西）、罗马、麦加迭为盛衰，而建国如故。近年英、法、俄、美、德诸大国，角立称雄，创为万国公法，以信义相先，尤重邦交之谊，致情尽礼，质有其文，视春秋列国，殆远胜之。而俄罗斯尽北漠之地，由兴安岭出黑龙江，悉括其东北地，以达松花江，与日本相接；英吉利起极西，通地中海以收印度诸部，尽有南洋之利，而建藩部香港，设重兵驻之。比德度力，足称二霸，而环中国逼处以相窥伺，高掌远蹠，鹰扬虎视，以日廓其富强之基，而绝不一逞兵纵暴以掠夺为心，其构兵中国，犹展转据理争辩，持重而后发，此岂中国高谈阔论虚骄以自张大时哉？轻重缓急，无足深论，而西洋立国自有本末，诚得其道，则相辅以致富强，由此而保千年可也；不得其道，其祸亦反是。"云云。嵩焘自前年在福建被召时，即上疏痛劾滇抚岑毓英，以此大为清议所贱。入都以后，众诟益丛，下流所归，几不忍闻。去年夷人至长沙，将建天主堂，其乡人以嵩焘主之也，群欲焚其家，值湖南乡试，几至罢考。迨此书出而通商衙门为之刊行，凡有血气者，无不切齿。于是湖北人何金寿以编修为日讲官，出疏严劾之，有诏毁板，而流布已广矣。嵩焘之为此言，诚不知是何肺肝；而为之刻者，又何心也。嵩焘力诋议论虚骄之害，然士夫之肯为此议论者有几人哉，呜呼！余特录存其言，所以深箸其罪，而时势之岌岌，亦可因之以见，其尚缓步低声，背公营私，以冀苟安于旦夕也，哀哉！

又王闿运是年《日记》有云：

三月七日：过力臣谈，云筠仙有书还。未知见英主与否。力臣云：昨得其书，洋洋千余言，不可示人也。然亦不知其所布置。

八日：登楼，作书寄筠仙，并诗一章，大意言宜化夷为夏。诗未成。樾岑来，因要之上楼以示之。

四月廿八日：松生送筠仙日记至，殆已中洋毒，无可采者。

六月十二日：越岑来言：何金寿本名何铸，昨疏劾郭筠仙有二心于英国，欲中国臣事之，有诏饬郭嵩焘毁其《使西记》版。铸本桧党，而不附和议，甚可怪也。

王、李均当时文士之负盛名者，李官京曹，加以热骂，王处乡里，加以冷嘲，盖足代表朝野多数士大夫之意见。(阎运寄嵩焘书，见《湘绮楼笺启》，有"开其蔽误，告以圣道"；"奉使称职，一时之利；因而传教，万世之福"等语。)嵩焘在同时辈流中，具通识远见，其《使西纪程》所言，旨在揭举西洋优点，以愧励国人，而诫其勿更漫以岛夷犷族目之。俾袪虚骄之习，不吝取则，且外交之道不可不讲，以杜患而图强也。在今日观之，固已平常，当时则嵩焘之孤怀已。一般高谈阔论而对外情绝不求知者，闻所未闻，诧为媚外，因群起抨击，甚至疑蓄异志，视为汉奸焉。此嵩焘所以引为憾事，愤慨之意，时流露于文字间也。李鸿章为大臣中最推重嵩焘者，是年三月二十六日与书有云：

> 阅新闻纸，知已顺抵伦敦，觐见英主。总署钞寄行海日记一本，循览再四，议论事实，多未经人道者，如置身红海欧洲间，一拓眼界也。……胡筱泉为余杭命案夺职，执事坐补少司马，差强人意；数万里苦役，担当国是，仅以此酬庸，犹未慊也。

鸿章亦以讲"洋务"为清议所甚不满者。(余杭命案，即震动一时之葛毕氏案，经刑部平反，是年议结，浙江学政胡瑞澜以曾派覆审革职，嵩焘以候补侍郎补其兵部左侍郎缺。)

嵩焘是年有致鸿章一长函，中有云：

自隋唐之世，与西洋通商，已历千数百年，因鸦片烟之禁而构难，以次增加各海口，内达长江，其势日偪，其患日深，宜究明其本末，条具其所以致富强之实，而发明其用心，而后中国所以自处，与其所以处人者，皆可以知其节要。谋勒为一书，上之总署，颁行天下学校，以解士大夫之惑。朝廷所以周旋远人之心，固自有其远者大者，当使臣民喻知之。以为此义明，即国家亿世之长基可操券而定也。道天津，亦尝为中堂陈之。及至京师，折于喧嚣之议论，嗫不得发。窃谓中国人心，有万不可解者。西洋为害之烈，莫甚鸦片烟。英国士绅，亦自耻其以害人者为构衅中国之具也，力谋所以禁绝之；中国士大夫甘心陷溺，恬不为悔。数十年国家之耻，耗竭财力，毒害生民，无一人引为疚心。钟表玩具，家皆有之；呢绒洋布之属，遍及穷荒僻壤。江浙风俗，至于舍国家钱币而专行使洋钱，且昂其价，漠然无知其非者。一闻修造铁路、电报，痛心疾首，群起阻难，至有以见洋人机器为公愤者。曾劼刚以家讳乘坐南京小轮船至长沙，官绅起而大哗，数年不息。是甘心承人之害，以使朘吾之脂膏，而挟全力自塞其利源，蒙不知其何心也。办理洋务三十年，疆吏全无知晓，而以挟持朝廷曰公论，朝廷亦因而奖饰之曰公论。呜呼！天下之民气，郁塞壅遏无能上达久矣，而用其鸱张无识之气，鼓动游民，以求一逞，官吏又从而导引之；宋之弱，明之亡，皆此嚣张无识者为之也。嵩焘楚人也，生长愚顽之乡，又未一习商贾，与洋人相近，盖尝读书观理，历考古今事变，而得之于举世哗笑之中，求所以保邦制国之经，以自立于不敝，沛然言之，略无顾忌，而始终一不相谅；窜身七万里之外，未及两月，一参再参，亦遂幡然自悔其初心，不复有所陈论，而见闻所及，有必应陈之中堂者。……

**又致沈宝（葆）桢书有云：**

……至于嵩焘之遭诟谤，尤以两湖为甚，惟其所见愈狭而所持之论乃愈坚。……道之不明，而意气之激，以不得其平，则亦何词不可逞，何罪不可诬哉？如曾文正公功德在天下，立行卓卓如见，而犹为议论所集，于嵩焘何有？虽然，文正公为天下了事，声名之美恶，不当复顾；嵩焘并无了事之权，徒欲发明其义，为天下任谤，以使在事者有所藉手以行其意，而终以不相谅，悠悠终古，谁与明之？文正公处于不能退之势，则以进为义；嵩焘处于不能进之势，则以退为义，各行其心之所安而已。病体益衰，精力短乏，尤不堪事任。外度之世，内度之身，自计已审，若徒以人言而已，生世不过百年，百年以后，此身与言者之口俱尽，功名无显于时，道德无闻于身，谁复能举其名姓者？区区一时之毁誉，其犹飘风，须臾变灭，良亦无足计耳。

闳通之论，孤愤之怀，其时良难喻之人人也。嵩焘自引病归，即不再出，卒于辛卯（光绪十七年）六月，其《玉池老人自叙》是年最后所记有云："吾在伦敦所见东西两洋交涉利害情形，辄先事言之，以为关系国体，行之又至简易，不惮越职言之，而一不见纳。距今十余年，使命重叠，西洋情事，士大夫亦稍能谙知，不似从前之全无知晓，而已失之机会不可复追，未来之事变且将日伏日积，而不知所穷竟。鄙人之引为疚心者多矣。……三月二十日嵩焘病中记。"李鸿章奏陈嵩焘事迹请宣付史馆折有云："生平于洋务最为究心，所论利害，皆洞入精微，事后无不征验。前后条列各件，外廷多不尽知。病归后，每与臣书，言及中外交涉各端，反复周详，深虑长言，若忧在己。迄今展阅，敬其忠爱之诚，老而弥笃，且深叹不竟其用为可惜也。"

## （二）丁丑会试纪事

丁丑会试，大学士宝鋆为正考官，吏部尚书毛昶熙、刑部右侍郎钱宝廉、内阁学士崑冈副之。

殿试，状元为闽县王仁堪，榜眼为孝感余联沅，探花为华亭朱赓飏，均本京官也（王、余皆内阁中书，余兼军机章京，朱吏部七品小京官）。此次殿试时，秩序颇紊乱，事后经言路指摘，五月十一日上谕云："给事中郭从矩奏请饬整顿士习一折，殿廷考试，宜如何谨守礼法，乃本年殿试，竟有贡士争取题纸，任意喧哗，实属不成事体。嗣后着礼部先期晓谕，毋许再蹈故习。如有不守规矩者，即着指名严行参办。"盖既往不咎也。李慈铭是日《日记》，录谕加注云：

> 故事，殿试题纸下时，士子先行三跪九叩首，礼毕皆跪，大臣监之，司官以次授题讫，始皆起。今年题纸甫到，人争攫取，多裂去首二道，碎纸狼藉遍地。有不得题者百十人，复争持主者索再给。主者不得已，乃别以一纸榜帖殿柱，使观之。桓东子弟悉以曳白登科，于是策试于廷者十九亡赖矣。拟题皆历科陈言，字字可宿构，而状元王仁堪尚持笔不能下。措辞里鄙，无不可笑。有常熟人管高福者，以"肾肠"字单抬，我皇上"我"字双抬，亦得居三甲。朝考日，试畏天之威于时保之论，雪白荼蘼红宝相八韵诗。有福建人谢章铤揣摩论题之意，执政以媚夷人也，遂援引汉唐，力申以小事大之义。沈吴江素主夷人，得之大喜，欲置高等；有力争之者，始退三等。直隶人王凤藻，诗文皆他人为之，而书不能成字，诗之首句看罢荼蘼了，书作看黑（罢），亦仅置三等。其不能成文者数十人，皆知识为之代作，公然挟书执笔，东西传递，监试王大臣临视嬉笑，恬不为怪。盖法纪荡然，廉耻丧尽，时事可知，不须识者矣。

1915

慈铭是年会试又报罢，正满腹牢骚，所言殆不免过甚其辞处。盛昱二甲第十。据奭良《伯羲先生传》，谓殿试第一，越日检出误字，置二甲。如所云，盛昱几为有清一代惟一之宗室状元矣。二甲第一孙宗锡、第二孙宗毂，善化人，兄弟同入翰林，道光乙巳翰林孙鼎臣之子也。谈者谓自同治戊辰迄光绪丁丑，五科状元之名，适符五行，可称佳话。

陈康祺《郎潜纪闻初笔》卷一云：

> 军兴以来，被兵诸省，停举乡试，自甲子、乙丑后始渐次补行。或曰，上元启运，文明大开，故自戊辰至丁丑，五科状元，其名适与五行巧合：戊辰第一人洪钧名在金字部，辛未梁燿枢在木字部，甲戌陆润庠在水字部，丙子曹鸿勋在火字部，丁丑王仁堪在土字部，珠联璧合，名应文昌，非偶然也。余谓姓名相同甚多，科目得人始重。古来帝王姓氏，上应图谶，如汉号卯金，晋称典午，以及刘秀、李渊之先兆，大抵皆事后附会之说，况区区三百人中冠冕乎？相业如王文正，忠节如文信国，状元亦自足贵；彼秦桧、留梦炎，适足为巍科上第之玷。愿洪、梁诸君，勉自树立，俾他日留此一段佳话耳。

钧官至侍郎，颇以使才见称；燿枢官至少詹事，未与要政，无所见长；润庠和谨，官最尊，为有清状元宰相之殿，卒于鼎革之后，闻因袁世凯营帝制愤死，世颇哀之；鸿勋官至巡抚，无盛誉，亦无恶名；仁堪仅至知府，官较卑而历任镇江、苏州，有贤声，称循吏焉。

(原第14卷第1期)

## 二　李慈铭久困科场

李慈铭以美才负文誉，而久困场屋，同治庚午始捷乡试，会试又屡踬。光绪丁丑，年四十九矣，正月元日《日记》有云："同仲彝、梅卿贺年，书元辰吉语。下午坐听事南荣负日，偕两君掷采筹十五周，采选格三周，余采筹七得状元，采选两得探花。此亦古人试年庚之意也（见放翁诗注），夜以朱笔点金蕊中《礼笺》九叶、王凤喈《尚书后案》三叶、王曼卿《经义述闻》三叶，皆取宋人三魁之义。以经学大师而为科名利市，足为吉祥佳话。"初二日云："紫泉来。禔盦来。复偕两君掷采选格二十周，余十一得状元。"科名心热，可见一斑。初十云："比日稍和，春气渐动，遂觉疲茶，时欲就床偃卧，病体日深，老景日益。龙锺至此，尚复逐黄面小儿，提篮踏闱，争冬烘之一决耶？今年誓不应试，并拟闭关谢绝计偕之客。念明日是先母生日，因赋一诗，以当誓墓之文：《先母生日前一夕，大风，独坐京邸泣赋是篇》：'五十孤儿泣断蓬，亡灵惭对影堂中。岂真白发充朝隐，虚负黄泉昢祭丰。（先母临殁时，语慈铭曰："汝贫甚，药物不必复求，他日富贵，祭我稍丰可也。"每思此语，肝肠欲裂。）徙宅分无酬教育，首丘何日得来同？犹迟地下莱衣戏，一盏残灯独敢风．'"牢骚哀怨，而不再应试之志，若甚决绝矣。然竟未能自坚，未几仍与"计偕"之客往还。二月二十四日《日记》有"进退维谷"之语，届期依然入闱应试焉。兹摘录其《日记》中关于此次会试者如左：

三月初六日：邸钞：命大学士宝鋆（镶白，戊戌）为丁丑科会试正考官，吏部尚书毛昶熙（武陟，乙巳）、刑部右侍郎钱宝廉（嘉善，庚戌）、内阁学士（宗室）昆冈（正蓝，壬戌）为副考官，编修陈理太（按：慈铭以避家讳改书"泰"为"太"）、张端卿等，给事中夏献馨等，吏部郎〔中〕沈源深、礼部员外郎光熙十八人为同考官。

初七日：下午入城，寓东砖门外崇骁骑家。付赁寓银四两七钱五分。

初八日：早起，入闱，坐文字舍。酉刻早卧。

初九日：丑刻题纸到，辰刻起视。首题"修己以安百姓〈修己以安百姓〉"，次题"言而世为天下则"，三题"见贤焉然后用之"，诗题"露苗烟蕊满山春，得'烟'字"。戌刻诗文悉成。亥刻卧。

初十日：晨起誊真，午交卷（赏号军钱四千），冒大雨出闱。云门至寓午饭。

十一日：早起入闱，坐暑字舍。

十二日：子刻题纸到，巳刻起，作文，不起草。至夜初更（赏号军钱三千）五艺皆完，即卧。

十三日：早起补草，辰刻交卷，巳刻冒雨出闱。残夫代负篮装，可感也。

十四日：巳刻入闱，坐藏字舍。夜月殊佳。早睡。

十五日：晨起，作五策，不起草。至夜初更，正草皆完。是日不快，竟日不食，夜卧不能寝。五更疾动（赏号军钱三千）。

十六日：黎明交卷，偕同舍湖州同年王者香（兰）出闱，即坐车出城还寓。

二十日：闻昨日宗室（二名）榜发，盛伯希中式。

二十六日：邸钞：诏定是科会试中额三百二十三名，浙江得二十五名。

四月初六日：写殿卷一开。……是日闱中进呈前十名试卷，闻第一直隶人，文皆恶劣不堪。

初九日：神祠签诗，始于五代，灵验之事，多载稗官。京师正阳门右关帝祠签，自明以来，历著奇验，而陶然亭文昌神签，近世亦有灵应。余己未、庚申尝两祷关庙，所言亦征。今老矣，日暮途远，应试之事，自此遂绝，昨洗沐，素食一日，今晨盥漱毕，即驱车至前门祷关帝庙及观音堂，还至陶然亭祷文昌阁。关庙签诗云："一般行货好招邀，积少成多自富

1919

饶。常把他人比自己，管须日后胜今朝。"文昌签云："爱君兄弟有声华，桃李虽春未有花。遥约和风新草木，定知仙骨变黄芽。"皆不知何祥也。（文昌签诗，道光初江宁周臬使开麒尝占得之。周为癸未探花，次句应之。）午前归。

十一日：是日报红录，云门、紫泉皆中，绍府共中五人，山阴得三人：程仪洛、潘通、俞麟振。庚午同榜仅中一杭人蒋某，则吾不忍目之矣。国家取士，至于如此，使我犹与此曹角逐，尚得谓之靦然人面哉？

十三日：晴后取闱卷，为第五房编修臧济臣所点抹，鼠辈何足责哉？

文士之为举业者，望中之心甚切，而以久困场屋，牢骚而生作辍之念，卒仍逐队入场，不中则再发牢骚，骂考官，看来颇觉可笑，然科举时代，类是者不乏，弗足怪也。出榜之前，谓"应试之事，自此遂绝"，出榜后又言不再"与此曹角逐"，而至下科（庚辰），慈铭复应试，遂得中式，成进士，偿其所愿，年已五十二矣。（张謇甲午成进士，掇大魁，其《文录外编自序》谓："……顾试礼部又四摈，年四十矣，私以为试于有司供其喜怒而寒燠之者，已二十有六年，可已矣。又二年甲午，父健在，命更北行为最终之试。……"使甲午仍不中，或亦未必不再试也。）

## 三　樊增祥与李慈铭交谊

樊增祥为慈铭门人,丁丑成进士,改翰林院庶吉士。(其捷乡、会试均早于慈铭一科。)时与慈铭形迹甚亲,感情最厚,对之慰藉备至。慈铭是年《日记》有云:

七月初七日:云门馈银八两,此必不敢受者也。

十二日:前日云门馈助祭银两,作书辞还,云门复书,言甚挚笃,是〔深知我贫也。今日赋诗为谢,并缀小启,录之于此。文本可不存,以志良友〕之贶耳。

　　谢樊云门庶常惠先君子生日祭银启
　　大火流西,清风戒节。后尝祭之六日,直先人之诞辰。岁在强梧,算盈七秩。莱衣换葛,久绝称觞之期;礼堂授经,已迷凿楹之处。治鱼菽以充荐,藐音容其莫追。难援税服之文,虚设事存之礼。周礼犹醵,非所语于朋施;馈食将宾,讵反资其家具。吾弟孝能锡类,廉欲润人,猥分陔兰之餐,来左楚茨之祭。晏婴逼俭,得丰弋卵之筵;顾欢永怀,免废蓼莪之什。深铭寒露,载戢高风。

八月初六日:赠云门尊人鉴庭总戎(燮)楹联云:"弢钤嗣功,踵绩于阁;礼乐教子,遂名其家。"

(总戎为宁远大将军,谥勇毅,图形紫光阁弼公先生廷之元孙,韶州总兵尚彬先生经文之曾孙,咸丰中以永州镇总兵署湖南提督,忤左相国,为湖广总督官公劾罢。)

二十日:为云门书折扇,并制长歌,写一团扇赠之。

送樊云门庶常乞假还夷陵省亲
君家勋阀高三川,勇毅百战天山边。
韶州雄杰世辛赵,至今画像留凌烟①。
阿翁桓桓擅文武,丁国中衰奋虤虎。
陷阵常占军锋先,召对颇闻至尊许。
三湘专制罴(罴)当关,一言忤要对簿还。
手把六经授双骥,时亦射猎城南山。
君是僧弥更秀出,弱冠声名盖七泽。
负米常轻千里行,佣书能课一朝毕。
胸吞云梦八九强,意气辟易驱群羊。
兴酣落纸出词赋,跨蹑两宋追三唐。
世上小儿逞轻薄,兔园一跃踞台阁。
顶门衣钵驱乌文,经义纷纶抵弹雀。
余也卧病长安中,蓬蒿塞户无人通。
君独嗜痂百倾倒,翻屈绿耳师跛邛。
自古师生论资格,执贽狺狺较阶级。
此事自足风(平)千秋,只愧涓埃乏相及。

黄金榜上春风开，簪花直上凌云台。
家声亦藉玉堂重，国事正急连城才。
桂花如雨落山驿，锦袍归觐好行色。
盛年报答君亲长，岂为科名诩乡国。
一尊相饯城西隅，病中执手重踟蹰。
楚江双鲤时来上，并约陶敦报老夫②。

自注：① 君先世居四川三台，魏默深《圣武记》称勇毅公及根石总戎为国朝父子名将，勇毅绘像紫光。

② 谓仲彝。

九月二十四日：子谊复来走别，余送之出门，子宜潸然泪下。近日仲彝、云门、梅卿之别，皆有此况，盖深知余老病，又年来益穷，都中无人能相容也。日前云门寄子宜、豰夫书，力劝二君暂留京邸，谓："君辈若行，从此师门遂无一人在左右，可胜叹怅！"呜呼！此言它人尚不可闻，况仆耶？

此盖慈铭对增祥极爱重之时。其后以甚恶张之洞，而增祥亲附之，颇示不满。慈铭《日记》，最后八册，为增祥持去，遂不获与世相见，或谓增祥以中有对己诋斥之语，已于生前毁之矣，可慨也！

徐宗亮《归庐谈往录》卷一云："左文襄公初以举人居骆文忠公幕府，事无大小，专决不顾。……一日樊提督诣文忠，延文襄出共谈，意大龃龉，遽起批樊颊，大诟，樊不能堪，致有互揭查办之举。文襄回籍，樊亦奉旨罢任。樊归，谓子增祥曰：'一举人如此，武官尚可为哉？若不得科第，非吾子也！'增祥卒入翰林，甚有才名。"增祥以将家子掇巍科，盖有赖于左宗棠一激之力。（增祥父燮被骆秉章参劾革职，始禀讦宗棠于官文，宗棠因之出湖南抚幕，且几罹不测。宗亮所叙，稍有未谛。至慈铭谓为官文劾罢，当是秉章会官文衔奏劾耳。）

（原第14卷第2期）

## 四　孙思昉论其师章太炎

姜亮夫君（寅清）近由巴黎来书，已录为《章太炎弟子论述师说（二）》，见本报第十三卷第四十八期。（编者按：现收入《民国笔记小说粹编》之《一士类稿·一士剩稿》中。）旋更接孙思昉君（至诚）由天津来两书，有所讨论，并录于次，俾参阅焉：

书一：

承视姜君书，弟之所知已尽前楮，惟愿言之怀，犹有绪余，足以渎听者。昔韩昌黎有言：孔子之道大而能博，门弟子不能遍观而尽识也，故学焉而皆得其性之所近，其后离散分处诸侯之国，又各以其所能授弟子，原远而末益分。盖人人之思维，离主观几无客观,故见仁见智,未易强同。姜君固兼宗井研廖氏、海宁王氏之学者也。余杭先生之说适与两氏相反,姜君立言自不能无所依违。佗(他)不具论,至谓近世治学之歆向在于求真,先生治学之歆向在于求用,异乎吾所闻矣。先生与王鹤鸣书(见《文录》二)曰:"足下云:儒术在致用,故古文不如今文,朱、陆不如颜、李。仆以九流著于周、秦,凡为学者,非独八儒而已。经师授受,又与儒家异术。商瞿、高行、铎椒之流,尝事王侯,名不确确显著如孟、荀、鲁连也。春秋断狱,禹贡治河,三百五篇,当谏书,无过以典训缘饰,不即曲学干禄者为之。汉之循吏,吴公、张释之、朱邑、黄霸,少骛如韩延寿,皆以刀笔长民,百姓戴德。仲舒乃为张汤增益苛碎,尝仕江都,民无能称,侔于千驷。此则经术致用,不如法吏明矣。周官九两,曰儒以道得民。郑君曰儒诸侯保氏,有六艺以教民者。今颜、李所治六艺云何?射御犹昔,礼乐即已疏陋,其言书数,非六书九章也,点画乘除以为尽矣。贩夫贩妇以是钩校计簿,何艺之可说。仆谓学者将以求是有用与否固不暇计,求六艺者究其一端,足以尽形寿,兼则倍是,泛博以为用。此谓九能之士,不可言学。近世翁同龢、潘祖荫之徒,学不覃思,徒揣摭《公羊》以为奇,觓金石刻画,厚自光宠,然尚不足言致用。康有为善傅会,媚以拨乱之说。又外窃颜、李为名高,海内始彬彬向风,其实自欺。诚欲致用，不如掾史识形名者多矣。学者在辨名实，知情伪，虽致用不〔足〕尚，虽无用不足卑。古之学者，学为君也；今之学者，学为匠也。为君者，南面之术，观世文质而已；为匠者，必有规矩绳墨，模形惟肖。审谛如帝，用弥天地，而不求是则绝之。韩非说炳烛尚贤，治则治矣，非其书意。仆谓学者宜以自省。

是先生之学固以求是自揭矣，未闻先生晚年定论有违前说也。

书二：

鄙作《余杭先生伤词》有"勤求经训，务期有用"之语，与先生自述学贵求是不贵致用之说若有殊，其中尚待释疑，盖夫子自道之言与因材施教之说异。学以求是为第一义谛，而致用已落第二义谛矣。《伤词》追述遗训，与其复弟函中语相类。其言曰："若言精求经训。非自《说文》《尔雅》入手不可。足下疲于吏事，恐不能专意为此。但明练经文，略记注义亦自有用。"足见学人之治学与俗吏之向学迥不可同日语。然求是与致用云者，特各有所重轻而已。实则言其异，则所谓一致而百虑；言其词，又所谓殊途而同归者矣。先生之言学，侧重求是，而亦不废致用。

综观先生致王鹤鸣及至诚书，其意之重轻所在，读者可自得之也。

## 五　孙思昉所作王棽林碑传

禹县王槐三（棽林），为豫中绩学潜修之士，亦思昉所师事者，近卒于里，思昉为作碑传，足章（彰）其人，因录志之：

### 王先生传

王先生讳棽林，字槐三，河南禹县人。以所居角山，自号角山老农。甫冠，才气芬发。年二十二，以府试第一，入州学。长沙曹公广权知禹州。课士，得先生，奇其才，尝仿汪中故事，以超超等宠异之。中清光绪壬寅举人。性好学，不屑谐俗。遂绝意仕进。生平于名利泊如也。识尤卓，庚子拳匪起，蚤见败征，赋诗见意。时尚制艺，即攻策论，及试策论。又研科学，后重科学，反治国故。尝为乡里辟学校，教农桑，创矿业，练团防，可谓知时务已。其为学无所不窥，要归之修己自得。以为并世攘敚执要，成为祸乱。故录民史，以明民贵，然非奖进民权之谓，乃崇论天爵，薄仕宦为不足羡尔。清世小学家言务博奥，不可猝明，虑非保氏所职，故甄小学，期宜舆人，用其术，音义可望而知。古以教国子者，至是始复其旧。尤邃于音，谓凡民唇颊，皆可参验，其数一二三四是也。数千年绝学，欻自先生发之。然不轻著书，乃笔《训诂丛话》《简易识字法》，发其凡。后依高邮王氏律令。作《读书随录》，最贤卓宁极。凡内不自信，外不足信世者，虽竘善则绝之。古人有成说，即有新义，无能远过者，则绝之。有所弹正，不能与世共决其误者，则绝之。前人所已明，与雷同者则绝之，其精采如此。晚年尤好诗，以兴观群怨为旨。谓入之深者，乃能缮性情以就至行。故时托意歌咏，亦间与诸子弟倡报（和），世以比叶天寥云。民国初，项城袁公延之掌记室，不就。后陕西督军刘公镇华，慕其名，欲召入幕。或为之劝驾者，谢曰愿爱人以德，卒莫能致也。乃与同县陈先生嘉桓、田先生春同修《禹县志》，成数十卷。内行修洁，性静穆，无妄语，或竟日眙视不言。然一遇知解，每纵谭衔昼夜不倦。解友之厄，辄斥资无吝色。及曹公之丧，乃昌议迎葬禹西，起冢立祠，以拟朱邑桐乡。其好义皆此类也。诗文皆雅和，自言文不如诗。其诗能有唐宋，能自成家，而清丽千眠，大抵近越缦。著有《民史传》《读书随录》《孟子学案》《庄子钩玄》《训诂丛话》《简易识字法》《畏秋楼诗稿》《角山文集别集》《书牍》《遣日录》凡如（若）干卷行世。所评选诗文甚众，藏之家。年六十有七，民国二十五年十一月卒。赞曰：闻诸余杭章先生有言：汉儒虽博稽名物，〔犹〕

重风节。清世为汉学者说经日以精博，躬行则衰，而晚近士习益侉张。若先生者，不独抱此绝学，更有其姱节，志抗浮云，枯槁不舍，视古所谓人师经师者无愧色矣。

## 角山先生碑

角山先生讳棽林，字槐三，禹县王氏。淑质贞纯，瑰才卓荦，幼膺奇表，群号圣童。强识拟于仲宣，构思疾于少孺。爰以第一人入州学，于时博涉群书，洞达时务，抒俶傥之画策，眇众虑以立论。越岁壬寅举孝廉，籍甚当时。然杨云守其清静，诸葛安于淡泊，乃能土石王侯，浮云富贵，虽征辟交至，卒不降身，耻已处而复出，若有初而无终，可谓明洁鲜于白珪，贞操厉乎寒松已。自是肆志山林，覃精图史，骋其轶材，蔚成茂绩。凡夫六艺之典，百家之编，罔不剖散纷疑，刊摘沉秘。而形寿所至，小学尤精。盖清儒所理，失保氏之真，索隐探赜，存易求难，此其蔽也。独先生妙达神旨，冥契古人，望形识意，依类知音，此则先喆所希论，后学所未窥者矣。若夫从容啸咏，出入雅风，诗以穷工，文不加点，犹余事也。所著有《民史传》《读书随录》《孟子学案》《庄子钩玄》《训诂丛话》《简易识字法》《畏秋楼诗稿》《角山文集》《别集》《书牍》《遣日录》凡如干卷。呜呼，可以传矣。先生性能合道，思若通神，清识难尚，至德可师，末学后生，赖以文其材素者，不可殚纪。年六十有七，民国二十五年十一月卒。门人某等永怀德音，靡所置念，乃勒玄石，用表灵区。铭曰：

觥觥夫子，旷代之英。眈于玄览，淡于世荣。曾师庄子，物论自齐。解其天弢，和以天倪。繄彼小学，莫殚莫究。久郁而发，保氏之旧。孟言民贵，始明天爵。史以张之，亦述亦作。先生之学，切理厌心。先生之语，乃玉乃金。先生之诗，可以入神。先生之笔，可以写真。哲人其萎，斯文将丧。缅维微言，如何可忘。吾思夫子，慈母婴儿。吾将安仰，吾将安依。

（原第14卷第3期）

## 六　光绪初太监掘得藏银案

光绪四年戊寅，有告退太监苏德掘得藏银一案，经言路奏陈，派步军统领、顺天府尹查覆。近于吴县彭君心如处，得观其曾祖芍亭先生（祖贤，官至湖北巡抚）手写《日记》。是年四月纪偕步军统领荣禄遵查此案情形颇详，时官顺天府尹也。兹移录如下：

初五日：荣大金吾召见后，交到军机处交片，内开："本月初五日军机大臣口传面奉谕旨：着派荣、彭刻即前往查看，钦此。"又交片："有人片奏：风闻京北上地村居住内监苏德，置有拆房基一所，在沙河镇街中。去岁十月营兵因刨挖碎砖，挖出银一缸，约有一万数千两，官员觊觎，将兵丁法取刑求。苏姓以人情势力，将银归己。今岁二月苏姓又挖出银七缸、金一铜箱，金系条，银系宝，每宝百两，系前明成化光化字样，约在十数万两，续又挖出银一窖，长九尺，深五尺，宽二尺，每日夜间装车载运，尚在刨挖。询问工人，据云苏姓已奏明皇太后赏给"等语。遵旨即刻驰赴沙河镇，时已酉刻，会同荣大金吾，各带司员，前往查看，并命苏德指引，据称如有以多报少，情甘认罪。查毕取供，并取北路同知把总禀供，又派员赴上地村点查窖银秤见斤两确数。亥刻，金吾登舆回城（定例，提督司九门禁钥，不得在城外住宿），予宿于店。霸昌道续燕甫（昌）来见。

初六日：卯刻，燕甫邀至苏姓地，开更楼门，登楼覆视。回店，昌平州吴履福来见。予回城，午刻到署。陈令（嵋）带苏文兴呈验样银，开呈秤银清单。计开：

第一袋碎银九十五斤，

二袋小元宝一百二十七斤，

三袋小元宝一百四十七斤，

四袋方锭八十九斤，

五袋小圆锭七十七斤，

六袋小圆锭九十二斤，

七袋小圆锭七十五斤，

八袋小圆锭一百斤,

九袋大元宝七十四锭,重二百四十二斤,有乾隆年号。

共一千零三十七斤,计一万六千五百九十二两。

外有呈样大元宝一锭,方圆小锭五个,不在前数之内。申刻酌定奏稿,与荣金吾删改,即缮稿缮折。

初七日:寅刻入朝,卯刻奏事处传:折留中。……恭录四月初七日奉上谕:"前据御史英俊奏,闻告退太监苏姓在沙河镇置有房基一处。上年营兵在该处刨出银一万数千两,官员觊觎,将兵丁等刑求,几致酿成重案。本年又刨出金银,约银十数万两,续挖出银一窖,询系该太监奏明皇太后赏给等语,当派荣禄、彭祖贤前往查看。兹据奏称:查明太监苏德在沙河置买铺房及空院一处,共刨出银一万六千六百余两,并无十数万两之多。据苏德供称,此项银两未敢擅动,曾经奏明,奉皇太后懿旨赏给,并无刨出银窖金条情事,实系情愿报效。上年营弁王振声暨该太监遣抱苏文兴,均赴北路厅同知衙门呈报,兵丁张邦振等挖出银两,私自藏匿,经该同知讯断,给还地主领回,将张邦振责惩,各等情。太监苏德在伊房地刨出银两,曾据奏明,惟未声明银两确数,当奉皇太后懿旨赏给。现据荣禄等查明具奏,奉懿旨:着将此项银一万四千两交顺天府,以为资遣灾民之需,余银二千六百余两,着赏给苏德。钦此。"

附录奏稿如左："奏为遵旨会同查勘沙河镇刨出埋藏银两情形，恭折覆奏，仰祈圣鉴事：窃照本年四月初五日准军机大臣口传面奉谕旨：着派荣、彭刻即前往查看，钦此。钦遵。并准将附片原奏交阅前来，臣等公同阅看。查原奏内称：'风闻京北上地村居住内监苏姓置有拆房基一所，在沙河镇街中，去岁十月间营兵因刨挖碎砖，挖出银一缸，约有一万数千两。官员觊觎，将兵丁法取刑求，苏姓以人情势力，将银归己。今岁二月苏姓又挖出金一铜箱，银七缸，金系条，银系宝，每宝百两，系前明成化光化字样，约在十数万两，续又挖出银一窖，长五尺，深五尺，宽二尺，每日夜间装车载运，尚在刨挖。询问工人，据云苏姓已奏明皇太后赏给'等语。臣荣随带员外郎倭什鉴额、铎洛仑，中军副将赵清、参将王山宽；臣彭随带治中萧履中、候补知县陈嵋，会同前往。是日申刻各抵昌平州属之沙河镇地方，传到内监苏德。先勘得沙河镇街路西有铺面数间，进内有大空院一所，询是关闭当铺房屋拆卸地基，四围有院墙。查看房基地身多有刨挖痕迹，地面高下不等。据苏德指验炕箱一处，称系在内陆续刨出小缸一口，瓦坛五个，当时铁镐磕碎一坛，尚有正坛四个，约计银万余两。臣等周历勘视后，回至公所，即据呈验缸坛。并询据苏德供称，系直隶景州人，在昌平州属上地村寄居，先前充当乾清门总管太监，同治十年一月因病乞休，是年置买沙河镇街西关闭当铺空院一块，临街瓦房六间，租与谷姓开设烧饼铺生理。上年十月间捕盗营兵丁由空院内挖出银两，经捕盗营把总王振声禀明北路厅，太监亦遣义子苏文兴呈报厅官，传到张姓等，追出银一千余两，当十钱五百吊，交苏文兴领回。本年三月十九日因盖房使用砖块，刨出小坛一个，内装银两。由是日至二十五日三次，连前共刨出银五坛一小缸，约有万余两，分为三次用轿车四辆拉运到家。太监世受国恩，得此异财，未敢丝毫擅动，情愿报效，出于至诚，是月二十八日进内口奏，面奉皇太后懿旨，将此项银赏给太监，钦此。委无铜箱、银窖、金条情事，如虚，情甘认罪。并据跪称，实系情愿报效，恳求转奏赏收各等语。质之该太监义子苏文兴，供俱相符。臣等饬派司员倭什鉴额等亲赴该太监寓所点视，大元宝七十五锭，余俱小宝，共方锭、碎锭共计一万六千六百余两，宝上有乾隆年号者。臣等复加查核，仅止一万余两，并无十数万之多，且验视大元宝，每个重五十两有奇，并非百两，亦无前明成化光化字样。此臣等现在查看讯明之实在情形也。至原奏所称去岁十月营兵刨挖银一缸，官员法取刑求，苏姓以人情势力将银归己一节，臣等饬据北路厅同知郑沂禀称：上年十月二十日捕盗营把总王振声报，该弁亲戚苏文兴在沙河镇街置有房铺空基一所，嘱为照管。九月间派令雇工鲁楞、兵丁张邦振赴院内挖砖使用，闻有挖出银两私自藏匿情事。又据苏文兴报同前由。该同知传到张邦振、鲁楞查讯，初犹狡供不承，迨经掌责押追，始据吐实，陆续追出银一千三百五十八两，又以银易当十京钱五百吊。该同知以定律所载，官私地内掘得埋藏无主之物，方准收用。今张邦振刨出银两，系在有主地中，理应给主，当传苏文兴将银钱一并具领；张邦振隐匿不报，责惩保释在案。此上年十月捕盗营兵丁掘得银两该厅讯断给还地主领回之实在情形也。所有臣等遵旨前往沙河会同查看讯明各缘由，谨合词恭折覆奏，伏乞皇太后皇上圣鉴。谨奏。请旨。"

初八日：恭录初七日谕旨，录原奏，札饬霸昌道北路厅，传知苏德，饬令遵旨将所得埋藏银一万四千两交送本府兑收，以为资遣之需。

十二日：苏德从沙河镇送到所掘藏银一万六千六百余两，予命经历在二堂弹兑库平一万四千两归库存储，以备资遣之用，余银二千六百余两交苏德领回，赏给金花红袖。

上谕中谓苏德刨出银两曾据奏明，惟未声明银两确数，当奉皇太后懿旨赏给云云，似有回护；苏德之亟以情愿报效为言，或亦宫中授意也。时以久旱，灾民麇集，顺天府正办赈务，兼谋资遣，故即以此款拨给充用。

（原第 14 卷第 4 期）

## 七　清光绪丁未政潮之重要史料
## ——袁世凯致端方之亲笔秘札

光绪三十三年丁未政潮，亦清季一大事也。庆亲王奕劻自继荣禄而为军机领袖，直隶总督袁世凯深与结纳，为其谋主，于是北洋遥制朝政，其权力之伟，更远过于李鸿章时。瞿鸿禨以才敏受知，且有清望，帝眷亦隆，与奕劻同直枢垣，遇事每有争持，对北洋则时主裁抑，由是奕劻与之积不相能，世凯尤憾之，而清议以奕劻贪庸，世凯跋扈，多右鸿禨。此为丁未政潮之张本。

三十二年丙午，议改官制，世凯奉命参与，欲乘机行责任内阁制，俾奕劻以总理大臣握行政全权，鸿禨知其意，隐沮之，言路亦陈其不便。孝钦采鸿禨之议，仍用军机处制，惟令军机大臣不兼部务。吏部尚书鹿传霖、学部尚书荣庆、陆军部尚书铁良、民政部尚书徐世昌均奉旨专管部务罢直，而命世续（大学士）、林绍年（开缺广西巡抚，候补侍郎）入军机。旧枢臣留者，惟奕劻、鸿禨二人。鸿禨时官外务部尚书（协揆），以对外关系，得仍以部臣兼枢臣。世凯大失望，益衔鸿禨。

翌年丁未三月，东三省设督抚，以徐世昌为东三省总督，并授为钦差大臣，兼管三省将军事务，班居各督之首。奉、吉、黑三巡抚，则唐绍仪、朱家宝、段芝贵也。四人之膺简，庆、袁之力。北洋势力愈伸张，而芝贵以直隶候补道，骤署黑龙江巡抚，速化尤可惊，舆论为之大哗。初，奕劻子贝子衔镇国将军载振，以按事东三省过天津，芝贵购歌妓杨翠喜以献，至是其事哄传焉。新授四川总督岑春煊入觐，道出汉口，突于是时入觐。孝钦念西行护驾之功，温慰备至，留京补邮传部尚书，未到任即面参邮传部左侍郎朱宝奎革职，党于庆、袁者也，并屡为孝钦痛言奕劻贪黩误国，请予罢黜。庆、袁已大震，而御史赵启霖复抗章严劾段芝贵献妓载振，并十万金贿奕劻诸状。命罢芝贵署抚，派醇亲王载沣、大学士孙家鼐按其事，以世凯等巧为弥缝，载沣等亦惧开罪奕劻等，未肯深究。四月，以所参不实入告，奉谕革启霖职。（当尚未覆奏，御史江春霖亦上章论列。案结后，又劾王大臣查案疑窦颇多。都御史陆宝忠、御史赵炳麟均论救启霖。）载振不自安，乞罢，遂准其开去御前大臣、领侍卫内大臣、农工商部尚书等缺及一切差使，孝钦盖亦不能无疑于奕劻父子也。

庆、袁以瞿、岑相合，林绍年助之，均为清议所归，非去之不能自全，力谋排去之道，乃由奕劻以独对施其技。是月，春煊首外简两广总督（广西人例不补授两广总督，春煊前曾署理，今乃补授此缺，非故事也），摈出国门，绍年继奉补授度支部右侍郎之命，俾罢枢直。（绍年曾署邮传部尚书，系临时性质，此次补授度支侍郎，当解机务，故即奏请开去军机要差。）鸿禨于孝钦前力请留绍年于军机，以资赞襄。孝钦可之，降谕无庸到度支部任，仍直枢垣。而春煊以粤督之简，大出意外，引疾恳辞，奉谕:"岑春煊病尚未痊,朝廷亦甚廑念,惟广东地方紧要,……非得威望素著情形熟悉之人不足以资镇慑。该督向来办事认真,不辞劳怨,前在该省,筹防一切,深合机宜,是以特加简畀,务当迅速赴任,通筹布置,安良除暴,消患未萌。该督世受国恩,当兹时事艰难,自应力图报称,勉副朝廷惓怀南服绥靖岩疆之意,毋得再行固辞。"云云,始怏怏出京,陛辞时犹以朝政为言,孝钦意亦尚惓惓云。

五月,鸿禨突以翰林院侍读学士恽毓鼎奏劾罢斥。上谕云:"恽毓鼎奏参瞿鸿禨暗通报馆、授意言官各节,着交孙家鼐、铁良秉公查明,据〔实〕覆奏。钦此。"同日朱谕云:"恽毓鼎奏参枢臣怀私挟诈请予罢斥一折,据称协办大学士、外务部尚书、军机大臣瞿鸿禨,暗通报馆,授意言官,阴结外援,分布党羽,余肇康于刑律素未娴习,因案降调未久,与该大臣儿女亲家,托法部保授丞参等语。瞿鸿禨久任枢垣,应如何竭报忠忱,频年屡被参劾,朝廷曲予宽容,犹复不知戒慎。所称窃权结党保守禄位各节,姑免深究。余肇康前在江西按察使任内因案获咎,为时未久,虽经法部补授丞参,该大臣身任枢臣,并未据实奏陈,显系有心回护,实属徇私溺职。法部左参议余肇康着即行革职;瞿鸿禨着开缺回籍,以示薄惩。钦此。"语意殊牵强支离,盖不过藉毓鼎一参而行其处分耳(孙家鼐等旋奏遵查各节,请毋庸置议,报闻)。奕劻之所以施其媒孽者,据闻乃以戊戌旧案动孝钦也。至七月,罢春煊两广总督，同日出绍年为河南巡抚，政潮乃告一结束矣。枢垣人物，则鹿传霖（解部务）、戴沣于五月，张之洞（大学士）、袁世凯（外务部尚书）于七月，奉命入直。（八月命之洞兼管学部事务，盖管部又与尚、侍待遇不同也。）

丁未政潮之经过，大致如上述。近发见世凯是年四月致两江总督端方亲笔秘札一通，为关于此次政潮极可珍之史料。其文云：

> 午桥四弟大人阁下：上、中两旬间奉读三月二十五日、四月初八日（并抄件）两次。惠函，拜聆种切。大谋此来，有某枢暗许引进，预为布置台谏。大谋发端，群伏响应，大老被困，情形甚险。幸大老平时厚道，颇得多助，得出此内外夹攻之厄。伯轩、菊人甚出力，上怒乃解，而联合防堵，果泉亦有力焉。十六日大老独对，始定议遣出。上先拟遣，次日即发表。
>
> 公举苏盦本意，大老亦在上前说明，颇以为然，但大谋既去，位置苏公，必将又松一步。为苏计，大可趁此北来，在部浮沉数月，明此心迹，为将来大用地步。大谋不肯去，十六日亦曾议及，当有对待之术继之。伊眷渐轻，势大衰，无能为矣，不如不来为愈也。举武进、郑、张，上均不以为然，人得藉口谓其推翻大老，排斥北洋，为归政计，因而大中伤。武进

供给，亦有人言及，恐从此黄鹤一去矣。兄久有去志，甚愿大谋或武进来代，但大局攸关，受国厚恩，何敢任其败坏也？育公始颇受疑，此次全开差缺，由于某枢耍弄，现已释然。默揣情形，大老决不能动，同班中或不甚稳耳。人心太险，真可怕也！大老心地厚道，事理明白，阅历深久，声望远著，如推翻之，何人替代，当今实无第二，两宫圣明，必可鉴及；若辈何不自量耶。匆匆此复，敬请台安。祈即付丙。如小兄名心顿首。四月十九日。

孙道建林，已晤谈，极干练，甚佩甚佩。

此札由端方家流出，现藏章行严君（士钊）所。观此，奕劻以危词耸听，即谓瞿、岑辈谋重翻戊戌旧案，请太后归政，颇显然矣。"人得藉口"云云，盖不啻自道耳，此最为孝钦所惊心动魄者。瞿、岑眷隆，动摇匪易，以归政为说，实排挤之妙诀也。瞿、岑戊戌前皆尝与康有为、梁启超款曲，鸿禨于辛丑间犹力举康、梁，并请解党禁，孝钦虽不怿，而未疑有他，不之罪也。及是，京沪及海外报纸斥奕劻者，与言官所论，若出一口，奕劻辈遂持以耸动孝钦，大抵以瞿、岑外结党人报馆主谋在归政为词，浸润既行，乃借题以发之矣。〔康有为庚申（民国九年）《敬题瞿文慎公像》诗有云："十年黄阁事艰关，去佞之难过拔山。若使劾袁功得就，岂看龙劫血斑斑？三犯龙鳞敢举仇，爱才爱国有深忧。频陪绿野须眉古，遗像清高憾未酬。"自跋谓："西狩间，公三举鄙人，后怒举其仇，几不测。愧无以报，题像潸然。"云云。当政潮后，曾广钧有《游仙诗》四首，初托名王闿运，后乃入集。第一首隐指鸿禨。其词云："楚国佳人号绛绡，芙蓉新殿斗纤腰。不教茅许同仙籍，偏有裴樊渡石桥。芝馆乌龙擎绣榻，桃源仙犬吠云翘。青童昨夜朝阿母，一夕微霜蕙叶凋。"]札中所云某枢，指鸿禨；大谋谓春煊，大老谓奕劻，则隐语也。伯轩为世续，菊人为徐世昌，果泉为诚勋，苏龛为郑孝胥，张盖张謇，育公谓载振（字育周），武进谓盛宣怀。

春煊四月十七日授两广总督，与札中所叙十六日奕劻独对事，正吻相合。（绍年十八日授度支部右侍郎，十九日命毋庸到任，仍直枢垣。）至云"同班中或不甚稳"，盖微示鸿禨将去矣。（世传孝钦曾于鸿禨独对时甚露不满奕劻之意，鸿禨因请解其机务，俾保晚节，孝钦颔之。鸿禨门人汪康年闻其事，旋外报载奕劻即将罢直消息，孝钦怒鸿禨泄漏，奕劻词知，于是鸿禨被参罢斥矣。此说颇盛传也。奕劻于鸿禨罢后，即自请罢直，盖试探之意。虽懿旨慰留，而命载沣入军机，以分其势。载沣分较亲，惟庸懦不能与抗衡耳。）　　　　（原第14卷第5卷）

方段芝贵暨奕劻父子之被弹也，道路沸然，多谓奕劻宜出军机，春煊宜代世凯督畿辅。世凯所谓"兄久有去志，甚愿大谋或武进来代"云云，盖得意语，亦痛定思痛之语耳。盛宣怀与世凯交恶，世凯对之，亦甚有虞心也。

*1941*

至谓"大老心地厚道，事理明白，声望远著""当今实无第二"云云，则庆、袁交谊深固，奕劻甘为傀儡，世凯利用之，其作此言，自无足怪。赵启霖辈直为声震一时，而谓"预为布置""群伏响应"云云，亦见政敌口吻。

春煊入觐时，面恳开四川总督之缺，并微示愿留京之意。孝钦即曰："你的事总好办。"又指德宗而语春煊曰："我常和皇上说，当年若无岑春煊，我母子安有今日！"遂授邮传部尚书，其承眷如是。迨动于奕劻之危词，屏而远之，而犹有念旧之意。春煊行至上海，闻鸿机出政府，意颇迟回，因称疾不遽赴镇。其后决仍莅粤矣，而开缺之谕骤下，盖又被中伤也。庆、袁以春煊虽"眷渐轻，势大衰"，而身膺兼圻重任，岩疆开府，势犹足虑，且东朝对之并未决绝，宜更为斩草除根之计。据闻系遣其党伪为梁启超（一说康有为）与之同在上海时报馆摄影（或谓即端方承旨所为，一说蔡乃煌），由奕劻呈诸孝钦，以为佐验。孝钦果大恚，遂罢春煊，且谓彼负我、我不负彼也。上谕云："岑春煊前因患病着请开缺，迭经赏假，现假期已满，尚未奏报起程，自系该督病尚未痊。两广地方紧要，员缺未便久悬，岑春煊着开缺安心调理，以示体恤。钦此。"翌年世凯开缺之谕，以足疾为言，亦曰"以示体恤"，颇相映成趣。（戊戌翁同龢以军机大臣、协办大学士、尚书罢归，丁未瞿鸿禨又以军机大臣、协办大学士、尚书罢归，相距九年，亦遥遥相对。鸿禨，同龢门人也。）

郑孝胥时见目为岑党，而端方荐之。观此札所云，当属别有用意。惟世凯谓位置必将又松一步，而四月二十二日即简授安徽按察使，二十七日又调广东按察使（均未到任），似更有原因也。

林步随君跋此札，可资参印，兹移录于次：

> 光绪壬寅以后，两宫岁常以春夏园居。三十三年丁未，西林入都，授邮传部尚书，余时方以词曹兼部属。一日西林幕客同里高君啸桐走告曰："闻昨日召见军机之后，庆王单起，此何事也？故事，枢廷独对，必有非常处分，君常在瞿相邸中，宁有所闻邪？"余愕然无以对。高君谓："此事关系至巨，宜急往淀园面叩其详。"余诺之。次晨驰往，文慎方退食，余如高言以叩。文慎喟然曰："为赘帅耳。"盖林文直在枢廷，以方鲠取厌同列非一日，上意亦不悦。庆王独对，即为承旨摈文直出军机也。旨下，授文直度支部右侍郎。故事，军机大臣本秩已跻二品，出授卿贰，显为左降，大骇观听。文直以边省巡抚，骤入政地，实文慎左右之。及是，文慎为之力请，乃收回退出军机之命，更降旨令不必到部。不知者以为文直危而获安，为文慎得君未替之证，而不知非也。西林之入都也，面劾庆王贪黩，词甚激切，台官江春霖、赵启霖又先后抗章弹其父子，而汪舍人康年主《京报》，讥诋尤力，士论哗然和之，上亦颇为之动。一日庆王以疾乞假，文慎承旨，太后慨然谓："奕劻年老，设遂

不起，尔试思谁可继其任者?"文慎请依故事用近支宗亲，因举醇王，太后领焉。此事为庆王及袁督所闻。袁、庆素相结，朝士趋炎以图自贵者，京津之间，交午无虚日，闻之大恐。西林掌邮部，未履任，即劾罢侍郎朱某。到部以后，又严汰冗滥旗员。赵侍御弹贝子载振，虽获罪，而载振卒不敢恋栈。初，北洋候补道段芝贵进女伶杨翠喜于载振，秽德彰闻，袁实阴主之，遂得骤简黑龙江巡抚。文慎、文直皆侃侃以为不可，而庆王已纳其赇，悍然不顾也。诋意卒为台垣所论劾而罢。若辈既自危，追求其故，以西林素为文慎所厚，汉大臣中两公皆得太后旨，非两公联翩去位，若辈不能安枕；又以江侍御、汪舍人为文慎门人，赵侍御为邑子，疑弹章必文慎授意，于是密为倾陷之谋，以事报复。首以文慎与西林意在复翻戊戌前案，排去北洋谋归政为词，其词危耸，且依约附会，颇有迹象，最足中太后之忌。文慎尝自恃得君，密请赦还康、梁，至于再三，积前后事，遂颇有疏疑之意矣。是日庆王之独对，盖即密陈此说，先去西林，使复督粤，假罢林文直事为掩同列耳目计耳。文慎忠而忘危，竟未之觉也。事后朝士始知之。今观袁与端手札中，果有大老独对遣出西林，及某枢不稳之言，并所进排斥北洋谋归政之说亦具在焉，不啻俯首自承。此事本出密谋，外间虽能揣知其情，初无佐验，及见此函，和盘托出，遂成千古信谳矣。项城此举，玩弄亲贵，仇视士大夫，固不出其持禄养交之惯技，而立意追寻戊戌余隙，不惜恶直丑正以败坏天下事，则阮、马之为祸于宏光，易世而后，思之犹有余愤。此事关系大局，为近数十年史事一大关键。余既见闻真确，不可以无纪。说者多云汪舍人泄漏文慎奏对之语以致祸，其实当丁未春夏之交，庆王眷已稍衰，观西林之留京，载振之开缺，朝士已微知之，无待于泄漏。此盖若辈中伤之计已售，特假某词臣一疏，撼暗通报馆一事，以为发难之端耳。文慎忠谨素著，得君最专，岂有倚信七年之久，忽因漏一言而获罪？况文慎之与庆王不协（谐），上意亦非不知之耶？某词臣此疏，出侍郎杨某手笔，先欲贿台臣上之，皆惮清议无应者，继重赂某，始得上焉。其事宣传辇毂，士庶无不知者。文慎罢相，出都之日，由部备专车，朝士赴车站送行者甚众，而杨某亦与焉，趋跄之际，忽悚然却行数武，见者愕然称异云。又杨翠喜之案，交醇王及孙寿州相国查办。寿州主稿覆奏，极力为庆王父子洗刷，大为士论所不与。高啸桐尤愤切，讥之曰："寿州今为夭州矣！"此皆当时逸话，牵连记之。

袁督初求媚于文慎，无所不至。尝自言当修门生之敬，文慎拒之；继又请为昆弟交，亦不纳。是时京师权贵家有婚丧，辄由北洋公所委员供应帐饮之费，已成事例。乙巳文慎为次子授室，援例以请，复进贺仪八百金，皆谢却之。袁既绝意于结纳，不得不谋排挤矣。

丙午议改官制，袁入京主张最多，全案几皆其一手起草。文慎与司核定，隐操可否之权，袁亦知之，曾密请先示意旨，文慎阳为推让，袁不疑也。及奏上，竟用文慎言，不用内阁总理制，而令军机大臣不兼部务。于是鹿传霖、荣庆、铁良、徐世昌一日并罢，文慎与庆王独留。袁大惊愕，失所望，而朝列亦自此多侧目，不及一年，遂不克安其位矣。文慎与袁龃龉，一在北洋创办印花税，一在北洋新兵归陆军部直辖，而官制亦其一，皆意在削袁之权也。七年之中，虽未尝大行其志，而献替实多。《清史稿》本传云："持躬清刻，以儒臣骤登政地，锐于任事。"颇得其实也。

文慎与张文达同里同榜至交，文达管学务，实秉文慎意旨，而文达与袁颇昵，结儿女亲，文慎不谓然。两家宾客，传言过甚，不无微隙。及文达绾邮部，卒不堪袁党某侍郎之揶揄，以致饮恨而没，始悔不用文慎言也。

又，故宫档案中有丁未四月二十一日致端方电稿一件（现存大高殿）。文云："南京陶。西林假满即出京，无他意，亦不容其旁觊。赞补度支，坚请解机务。闻今日邸有单起，恐政府尚有更动消息。外间谣言，有杨五之说。述，箇。"发电者之"述"，未知何人，待考。此电内容，亦可与袁札合看。至谓谣传杨士琦入军机，当时此说颇盛传也。胡思敬《国闻备乘》卷三纪孙家鼐事有云："奕劻既倾去瞿鸿禨，请以杨士琦代，孝钦欲用家鼐。及家鼐入见，叩头力辞，言老病不胜重任。孝钦曰：'然则杨士琦何如？'家鼐力言：'士琦小有才，性实巧诈，与臣同乡，臣知最稔，古所谓饥则依人饱则远扬者也。'孝钦额之，遂不用士琦，仍召鹿传霖入直。奕劻由是气沮。"如所云，士琦之不获枢直，由家鼐厄之。

《国闻备乘》卷二有云："丁未六月，安徽巡警会办徐锡麟炸死巡抚恩铭，率党劫军械局以叛。布政使冯煦电奏至，举朝大骇。奕劻欲因是挤去绍年，请出之以代恩铭。世续曰：'皖省事简，今乱首已获，遽出枢臣为巡抚，恐南人震惊，新党互相猜疑，激成大变。冯煦办贼尚好，以节钺授之，必无事。'太后大悟，即升煦为安徽巡抚。"《陈衍年谱》卷五（其子声暨编）是年有云："是岁五月皖抚恩铭被刺，庆郡王奕劻长枢廷，请即以赞丈抚皖。后曰：'皖藩冯煦办善后甚妥，即以冯某补授，林某再候他缺。'军机大臣例约五六人，旁行斜上，跪帝、后榻前，帝、后语，前一二人得闻之。赞丈班居最后，后与庆邸语，全未知之也。既而遂命抚汴。"均言林绍年外授豫抚之前，奕劻已先欲出为皖抚，盖鸿禨既去，绍年益不能安于枢垣矣。（安徽巡警学堂会办徐锡麟枪击巡抚恩铭致死，为五月二十六日事。奕劻光绪二十年甲午即晋亲王，早非郡王矣。）

林君跋语中，涉及高凤岐。凤岐曾为春煊幕僚，相善。此次政潮之后，以侍郎于式枚荐，应御史之试，延试第一，弗予记名，传为异事，亦庆、袁沮之也。

(原第14卷第6期)

## 八　鉴园主人林希祖

开封旧有鉴园，著闻于时，今废矣。溯其盛衰，一小沧桑也。鉴园主人为吴县林希祖，字至山，奋起孤寒，究心河务，历佐东河大府，以名幕称，其人亦可传。傅钟沅《林先生家传》云：

> 至山林先生，讳希祖，石痴其自号也。先世籍福建莆田，徙居粤东，再迁江苏吴县。曾祖良铨，雍正初就征贤良方正，官云南楚雄知府，有政声。祖洪，浙江乌镇同知。父遇春，需次县佐，以能诗名畿辅间。先生生八岁而孤，侨寓保阳，家无余资，赖母王太孺人食贫教养，迄于成立。自太孺人殁后，始游学四方。初至黔阳，将举高材生而中辍；复涉洞庭，浮汉江，入皖公山；最后至京师。所至考其风土形势，究极民间利病，交游多一时豪俊，学识遂日益进。久之，困无所遇，始南走汴，依其戚王青园中河官廨。先生少博览群籍，于河防水利诸书，尤有夙悟。时值祥工、牟工大役屡兴，益与讲习修防，凡有指授，洞

中机宜，声誉日起，自是为东河上客者垂三十年。所主如郑筱山、张子青两尚书，乔鹤侪、曾沅圃两宫保，苏赓堂河帅，贾运生、钱调甫、德晓峰三中丞，德樾亭廉访，周春门、陶松君两观察，均以文章勋绩著闻，极宾主之盛。遇有笺奏，多出先生手，婉曲详尽，动邀俞旨。自咸丰五年河决铜瓦厢，漕运废阻，时以军兴旁午，未遑议治。逮岁戊辰，发、捻次第就平，而河复决荥泽，惟先生赞襄堵筑，费省而成功亦速。当轴者鉴其劳，将为先生奏请奖叙；坚辞却之。先生尝谓束黄蓄清为目下要着，拟自铜瓦厢下抵利津海口，一律筑堤，方为万全；又谓北路水无来源，导卫济运，亦一时权宜之策，惟治运必先治黄，治黄非设官防守与不治同。乔、曾两公先后采其议入奏，计臣均以费艰而止。迄今河溢山东无宁岁，海运道梗，始仓猝筹议河运，然后服先生之老谋远识也。性慷慨好施，中年馆俸所入较丰，率以周恤急难，内外戚党及寒畯之士，赖以举火者尝数十家，或岁时无所归，则归先生，是以列屋宾客恒满。念家世吴门，擅山水之胜，欲归未得，乃买宅城东，就宅旁辟鉴园，叠石穿池，杂莳花木，环以亭榭，幽深靓丽，公余辄集名流，品茶读书，啸咏其中。素善饮，一举十觞，每至更残烛炧，座客或逡巡避席，先生益豪纵淋漓，高诵韩昌黎文、杜少陵诗，声震林宇，栖禽簌簌惊起。是时四方冠盖过夷门者，必造鉴园，先生亦乐与酬酢，敦槃之会称极盛焉。以光绪丙子十一月感寒疾遽卒，年六十五。次年窆于东南乡百塔庄之原，士友会葬者车数百辆，倾动城邑，至有身襤缕手纸钱泣拜而去者，知先生之德泽入人深矣。先生至性特异，自伤早孤，父母均不获为一日之养，念辄流涕。与弟小泉友爱甚，为授室。既而小泉久无子，先生始娶孙孺人，时年三十九矣。连举丈夫子四：履坤，彭年，履坦，履庄，女子子二。小泉殁，以彭年为之后。居恒训履坤等以兄弟相敬爱为本，疾革时犹谆谆再四。至今履坤等内外雍睦，欣愉无间言，世称有家法云。生平所著诗文多散佚无存，惟为诸河帅代拟奏疏十余卷藏于家。

论曰：先生内行甚修，尤尚气节，泥涂轩冕，翛然出尘。其重然诺，好施予，盖出天性。遇义举，一日散千金立尽。余曩客先生家，亲见之。有劝为子孙计者，先生笑吟"生存华屋处，零落归山丘"句相答，其豪爽旷达如此。呜呼！自先生殁而义侠之风无闻久矣。

其身世及性行，盖大致具是。曾国荃督东河时，礼重之，宾主投分颇深，后在两江总督任，序其季子履庄所编《年谱》云：

余尝慕陶贞白、靖节两先生之为人，以其不必尽谢世网而遗荣利，自具翛然物外之概，性既定而天独全，此其所以难能而可贵耳。然皆生值世局扰攘之时，宜其无动于中。若夫幸际隆平，性定而天全，为尤难也。光绪元年，余待罪河东，礼罗至山先生于幕中。先生久客汴梁，历任河帅相需如左右手，河防利病，先生了若指掌，论事决策，如烛照数计而无不合，如数家珍而无不知，数族典而悉不忘。余既深器其才，徐而审其为人，是笃行君子也，益心敬之。二年冬，余奉命调抚山右。晋、豫饥馑洊臻，赤地千里，官民交困，先生蠹然伤之。不数月，先生遂归道山，遥望大梁，於邑不能自已。其哲嗣将刊先生之遗书，先叙《年谱》一册，邮寄金陵，属以数言缀其简末。余受而读之。先生少孤，奉母劬学，岐嶷能自立。先为其弟营室家毕，继以年逾壮始娶而有后。每岁馆谷所赢，则以刊先集、营宗祠为急务，又尽出其余资，佽助戚党之贫乏者，豫中士林，咸谓有东汉义烈之风，是岂足为先生异哉？世固未有厚于其亲而不推其仁爱以及于人者也，亦未有薄于其亲而能厚于他人者也。先生之用心如此，犹其余事，非笃行君子，修业进德，又安能肫挚至此极耶？先生在汴尝营鉴园一区，亭台缭曲，花竹葱郁，性喜佳客，访夷门之胜者咸于是投辖，先生辄以盘飧兼味款之，与之高吟朗咏，尽欢而散。今观篇中所载题咏诸作，是皆有得于中而无凭藉于外者，庶几贞白、靖节之为人欤。捐馆

1951

之日，吊车幅辏，如悼其私。昔郄嘉宾之殁，当时名流为诔者至四十余人，史氏以为美谈。先生方之，殆无愧色。夫其所得于人之爱慕者如此，则其自尽于己之克贞夫一者可想见已。先生有子四，曰履坤、彭年、履坦、履庄，咸能砥砺名节，以世其业。善必有后，其信然欤。他日方兴未艾，操券可知。余扬先生之清芬，是篇特其嚆引也已。光绪十三年丁亥仲夏，湘乡曾国荃拜序于两江节署。

推许甚至。于鉴园，亦特书其事焉。（在汴临别时，国荃书联以赠曰："天爵在身，无官自贵；异书满室，其富莫京。"）园建于同治八年己巳，初名且园。《年谱》是年所叙云：

> 是年三月，买宅双龙巷，移居之。……是年营造花园成，名曰且园。就园东叠石成山，倩许竹人、王筱川两君经营之。傍山结祠堂三楹，以祀先世。山之前凿池，池侧结屋三楹，曰听莺馆；直馆之北结屋五楹，曰春系舫；面山结屋为挹岚轩；山之南结亭，名曰秋曙；于亭侧制铁器如珍珠泉，于假山制竹器，引檐溜为瀑布。

此为园之始建。同治十二年癸酉云：

> 园东北续营屋三楹，迁先世神主于其中，名曰诵

芬堂。旧祠堂改为拥翠山房。复添盖有余闲室，诗寝，憩云阁，荣荆书屋，自制楹联悬之。附录楹联："翼燕懔贻谋，杜库曹仓，篇简搜来皆手泽；椎牛贞世守，秋尝春禴，几筵设处恻心神。"（诵芬堂）"微雨新晴，协风应律；贞筠抽箭，秋兰被崖。"（祠堂檐柱）"曲榭好风来，喜入耳书声，写心琴语；小楼新月上，看烟笼塔院，碧映亭台。"（荣荆书屋）"机象外融，升高有属；恬澹自适，养物作春。"（朗榭东壁）"四壁梅花孤塔影，半城晴雪万家烟。"（朗榭南壁）"何处笛声催月上，有时云影送诗来。"（朗榭西窗）"雕梁虹拖，云甍鸟跂；鸾觞酌礼，神鼎烹鱼。"（憩云阁）"常爱溪山对无事，不难风月集嘉宾。"（憩云阁窗外）"暮齿卧游谊，阶（偕）旧雨徜徉，宛成市隐；当暇日陈踪重话，尚难忘帝京城阙，黔国河山，皖岭云岚，楚江灯火。故乡归梦杳，向彝门卜筑，权作岩栖；论生平长物无多，只赢得几卷图书，一庭花鸟，半窗风月，三径烟霞。"（拥翠山房）"艮岳渺难寻，试看池畔数峰，如展米家新画稿；狮林常寄想，携到江南片石，恍瞻吴郡好湖山。"（拥翠山房回廊）"壁绕藤苗，窗含竹影；凤依桐树，鹤听琴声。"（春系舫）"眼底云烟皆是幻，胸中丘壑竟何奇？"（春系舫南窗）"柳阴筛槛绿，花影络阶红。"（把岚轩）"且谈风月，聊寄壶觞。"（把岚轩南窗外）"致石成山，蓄溪得水；安门对月，就阁临风。"（秋

曙亭)"别开幽径,小有洞天。"(园门)

则又加经营矣。观所撰各联,想见乐趣豪情。

(原第 14 卷第 7 期)

至光绪二年丙子,园已大成,定名曰鉴园,有《鉴园记》之作。《年谱》是年云:

> 五月作《鉴园记》,倩周再山明府思濂书,黄坦原别驾履中为刊石。附录《鉴园记》:"北宋名园多在洛下,汴州虽为帝京,而园亭之胜无闻焉,盖都会浩攘之地,饶于阛阓鼎钟,绌于林泉邱壑,理固然也。自屡经河患,土益瘠,花木益鲜,士大夫税驾是邦,皆憾其无游观之美,登眺之乐,惟余一吹台,卓立郊野,临以望远,但增怀古之感,不足以遣兴而怡情,欲求如梓泽兰亭者,邈不可得。余先世家岭南,至曾大父太守公侨寓吴门,始占籍姑苏,然少则随先君子羁宦畿辅间,长而游学京师,又以饥驱一至贵阳,年三十始来客汴州,垂今已三纪矣。中间访荆高之市,登黔灵之山,沿汉溯江,东至舒桐,独未折柳金阊,探梅瘐(庾)岭,每遇故乡人述山水风日之胜,辄怡然神往,恨未能携笠屐游赏其间。凡人之情,久劳则思逸,如王右军去官以后,与东土人士营弋钓之娱;宗少文结宇衡山,自谓老疾将至,当澄怀观道,卧以游之,此皆袪期旷远,抚怀迟暮,翛然思

所以致其休息者也。余夙无济胜具，今既景迫桑榆，欲归未得，则虽以他乡垗埆之区，亦将有终焉之志，爰买宅夷门，小营菟裘，辟宅后隙地为之园。无远山爽气可挹，则就园东叠石以象之，层峦耸翠，曲磴萦青，昔故人王丹麓、刘汉台两画史所经营也。凿池山下，无源则易竭，复穿井以灌之，施略彴于其上，月明风细，可以藉草而钓也。面山之屋曰挹岚轩，傍山而结者曰拥翠山房，皆宜为烟云所萦带，因致其挂笏之思也。有亭翼然，临于山之南者，曰秋曙，谓风景萧朗，一如月之曙气之秋也。桥边垂柳一株，种之不二年，长条跅地，已旖旎可人，其侧有馆曰听莺者，所谓'听莺多上柳边桥'是也。直馆之北，为屋五楹，旁临清潭，中庋米家书画，则春系舫也。园北隅地较洼下，就其势穿之，置舍焉，以结境幽邃，与上古陶穴之风相近，故名之曰诗寠也。其西容膝之屋十间，曲折缭引，宜弹琴，宜围棋，宜焚香坐咏，宜书宜画，皆闲者所有事，因名之曰有余闲室也。室之前有屋北向，曰荣荆书屋，地僻而气旷，令儿辈读书其间，冀可得吟风弄月之趣也。介乎园之中，为憩云阁，以据一园之要径，游倦而思憩，可于是乎跂足而徜徉也。又有屋峨然在东北，以祀先世者，曰诵芬堂，念余小子课儿弄孙，逍遥暮齿，赖食旧德之有自，将春秋致其诚感也。中为周廊十余间，廊之上皆为台，凭栏而望，则铁塔行云，隋堤柳色，夕阳城郭，烟火万家，毕赴眼底，故西北峙以小阁，名之曰朗榭，谓至此顿朗人心目也。园之广不过十亩，其所叠石不必太湖灵璧，而亦多磊落之致；其所植不必奇花异木，而尚饶繁缛之观。试当夫茶烟欲歇，花雨初晴，俯仰徘徊，亦足以发遥情而遣世虑。既落成，名之曰鉴园。此小园耳，讵有越州鉴湖人在镜中之胜？抑闻诸庄子曰，鉴明则尘垢不止，止则不明也，久与贤人处，则无过。余少长尘埃中，幸不为名公巨卿所弃，得与之凭临而游处，益将镜视〈视〉太清，磨莹晚节，夷犹酣嬉，以无愧天地万物之鉴焉矣。丙子仲夏至山老人记。"

胜概尤可见。鉴园主人是冬即卒，盖享有是园凡七八年。后嗣多不得志，家渐贫。入民国后，是园驯至废而他属，闻者每兴盛衰之感焉。汉军张曼石（景延）为鉴园主人女婿，躬阅是园沧桑，撰有《悲鉴园曲（九折）》以抒所感。近于无锡安君筠庄（鉴园主人之外曾孙）处见之，因移录于左：

【北新水令】乱鸦啼树送残阳，恁萧条鉴园门巷。荒苔偎古井，败叶满回廊。触目凄凉，全不似旧时样。

【驻马听】想当日呵，第宅高张。幕府声名传里党。园林新创，亭台花月冠金梁，华筵排日召冠裳。

名流下笔题楹榜。真欢畅，清歌妙舞樽前赏。

【沉醉东风】到于今迷离惝恍，似经过几度沧桑。拆平了秋曙亭，改换了春系舫，空闲了拥翠山房。话到当年景牧堂，怎教人不低回惆怅。

【前腔】则见那诵芬堂肖然在望，越添人无限恓惶。冷清清锁重门，静悄悄没声响。原为着春禴秋尝，倒作了避债高台竟日藏。还仰赖祖庭保障。

【前腔】那西北一带呵，虽则是屋无闲旷。可奈他院宇全荒。住些个寻常百姓家，恰便似破碎山河状。再休提鸟语花香，镇日呶呶诟谇场。添几辈村童扰攘。

【折桂令】记得那假山紧靠东墙。堆砌玲珑，气势飞扬。郁郁苍苍。一株一片，辇自他方。小的似东坡雪浪，大的如南国奇疆。选购呵精良，罄出呵仓皇。只者（这）般小小兴衰，也难禁老泪千行。

【沽美酒】俺也曾宴平台，夜未央，偕伴侣，恣翱翔。朗榭西边秋月朗。看碧沉沉的夜色，和烟树共苍茫。

【太平令】俺也曾效淳于，作客齐邦。读书处满架缥缃，更携同结发糟糠，久居在需云供养。羡伊家时方盛昌，肃肃的雁行，好似那荆树田家真庆广。

【离亭宴带歇拍煞】只道他云礽继起蒸蒸上，田园世守长无恙，谁知是一梦黄粱。年老的早盖棺，年少的已半百，年幼的才成长。剩青裙白发人，付困苦

*1957*

儿孙养。愿先亡者在天灵爽，使弟兄们各自强，筑里们相和睦，子侄们知忍让。良时难再来，故旧多凋丧。问五十年欢娱悲怆，到而今还有谁记这本陈年账。

感旧伤怀，长歌当哭，甚恻楚动人，与《鉴园记》并读，诚觉不堪回首也。　　　　　　　　（原第14卷第8期）

## 九　谈梅钟澍

宁乡梅钟澍，嘉庆二十三年戊寅举人，会试十一次，始于道光十八年戊戌成进士，入翰林，庚子散馆，以主事分礼部，翌年卒，嘉道老辈中以绩学高行见重当时胜流者也。其事迹，王闿运所为《梅礼部家传》，叙述颇悉，文云：

> 钟澍字霖生，青云君之三子也。幼颖悟端谨，生有至性，成童入学，弱冠乡举。时嘉庆季年，科举积重，非进士无所成名，而举人亦各自矜重，敦品励学。君十上公车，前后交何文安父子、胡文忠父子、罗文僖、劳文毅、贺耦耕兄弟、汤海秋，并一时名人，而邓湘皋又为其县学官，相得甚欢，以此京朝乡里诸闻人，无不敬礼梅霖生。而君布衣食贫，坚苦卓绝，不以文自矜，唯以廉隅自砥，羁旅厄穷，忍人之

1958

所难堪。道光中考取国子监学正，既补官，成进士，选庶吉士，入翰林，与曾文正同馆。文正新进，方从倭文端、唐确慎讲正学，砭俗宦，以君早有廉正名，尤相敬待。君本与胡文忠父同举，文忠师事之，及入翰林，乃在文忠后，散馆改礼部主事，众嗟惜焉。君与书邓湘皋，深以官闲得专意撰述为幸。君之取学正也，补官例得外吏，则自奋厉，将为陆清献、于清端之续，及改部曹，又欲以文学自见，而要期于捐介绝俗，孤洁自喜，盖其素所期许，而人亦共信之者也。孝弟谨信，则其天性。兄丧未闻赴，归见几筵，抱栗主审视，一恸陨绝，至今乡人传道之。笃于师友，不妄然诺。道光二十一年五月二十五日卒于京师，年四十有三。一时知好，腾书相告，无不伤痛，若丧其亲戚也。搜其遗稿，得文、诗各一卷及其家书，并传于家。邓湘皋又附其诗于《耆旧集》。未十年而东南兵起，曾、胡均以治军贵显，湘州人士，一技能皆有以自见，然儒业大绌，文亦靡矣。后之言经学词章者，不复能勤笃谨守，袭先辈风，而科第愈盛愈不贵，每闻君遗言，辄洒然自失焉。曾、胡皆求君子至军中，或荐至四品官。今其子孙在县自有名字，为清门。方君卒之前夕，友人梦其来别，云当与云阁同归斗极宫，云阁即文忠父字也，期日侦之，俱卒，竟不知其何祥云。

　　王闿运曰：贺蔗农视学湖北，妙选宾从，以梅孝廉为首，唱酬甚欢。余读其歌诗及家书，辄心异之。及上公车，湘士二百余人，曾文正独属余问讯梅生，则君之子也。相去不十年，不得一见。郭筠仙广求声气，亦竟未见梅礼部，君之介节固然，亦其艰苦奔走，不得家食，诚贞苦之士与。湘中自军兴而有标榜之风，前辈朴拙，或以为陋，故论者推君为先正，有祀乡贤之请。君之意诚不在一祀以为名，而今之请祀者果能效君品节以自励乎？抑徒徇名而聊以应故事也？君卒将六十年，传志已具，采其遗意为家传，以附于君子之林焉。

闿运此文，通行之八卷本《湘绮楼文集》未载，以编集过早，晚年之作未收入也。（闿运之子代功所编《湘绮府君年谱》，谓有《湘绮楼文集》二十六卷，又《外集》二卷。此二十八卷本，当属全稿，然未见刊行。）今据《梅氏遗书》所载录之。欲更知其详，则当阅钟澍孙英杰所编《礼部君年谱》（亦见《梅氏遗书》）。关于请祀乡贤事，详英杰《企鹤山房文集》卷一《礼部君请祀乡贤全案跋尾》一文。

钟澍所著《藓花崖馆诗集》《文略》《家书》，合编为《梅氏遗书》，附录师友诗文、书牍暨哀感录（唁书、墓志铭、哀辞、祭文、挽诗、挽联等）。其诗文所存不多，均见清才卓诣；家书娓娓而道，尤极可观。如与兄弟书（道光丁亥）云：

……安化为汉梅锅故里，故记称梅山。其县志所载乡贤即梅锅，名宦则章惇也。县无城，四面皆山。县署前有小溪，四时无水，遇大雨或有之。居民约百户，大半歇家。市中无瓦器，无酒，有水酒，一二十枚钱可得一大壶，饮之则腹胀。茶叶必三四月四乡挑入城，才有购处；平时虽有，无佳者。豆腐亦贵。无鱼虾鳖鳝，无菱角、莲藕、黑豆、红枣之属。其余应用之物，大约皆无，而海味及绸绫，又无论矣。如此荒凉绝无佳境，只好静坐读书耳。

为一则不经意之小品文字，有疏宕之致。其时湖南之安化，于此可略睹矣。是年钟澍以举人馆安化县署也。章惇入《宋史·奸臣传》，而安化县志褒为名宦，亦是非之公之不可泯者。安化之置县，始于有宋。时神宗为君，王安石为相，惇于熙丰五年受命察访荆湖北路，经制蛮事，功业甚伟，清议方嫉安石，于此役亦致讥诋，实朋党之见。王夫之《宋论》谓："澧沅辰靖之间，蛮不内扰，而安化、静州等州县，迄今为文治之邑，与湖湘诸郡县齿，则其功其可没乎？"良允。（惇招降梅山峒蛮苏氏，籍其民万四千八百余户，田二十六万四百余亩，均定其税，使岁一输，筑武阳、开峡二城，置安化县。）溯惇生平，列诸奸臣，亦甚冤也。又书（庚寅）云：

署中阅卷五人，湖南四，关西一。阅卷共一室，室中置文几五，坐榻五，脚榻五，卷箱五。先令人研墨半杯，以絮实其中。置砚一，笔二，一尖颖，一将秃毫，以尖者批，以秃者圈点。卷到，五人就五位，各濡笔点窜。少顷，有笑者，有骂者，有以鼻息叹者，有掷笔免冠，去瑗璲，扶烟具，伸腰离座，往来室间者。不得佳卷，比自己作不出好文时光景更烦恼；其或得之，则开眉点首，拍膝摇足，持示他座共赏之。即或他座不暇顾，亦自喜自语自诵，虽聒他人耳，亦不暇顾。此时光景，又比自己作出好文时更爽快。看老生文，有极忙时，忙则自卯至酉，皆低头凝睇，忘阴晴，忘旦暮，忘饭羹味；所极不忘者烟，而亦不得烟味。黄昏时略一闭目定神。少焉，列双炬其前，象两目也，又复阅。阅到倦极时，头晕眼花，腰酸腿木，偶一昂首，见苍墨气弥满室中，蜡烟乎，香篆乎，文光乎，八百孤寒怨气乎，不可得而辨。嘻，惫矣！将三鼓，乃置酒，或就席饮，或以一杯就一卷饮，饮皆不敢多，亦不能多。饮后或仍阅，或即睡，故有三鼓睡，四鼓睡，五鼓犹未睡，即睡而未成睡者。人生心血有几许，那禁得如此耗散？幸阅童生卷，用心不如是苦耳，然有难焉者。阅卷以一人提总，四人荐卷，所荐太滥则去取难，即所荐不滥，而或卷已符额，额外尚余数卷，或数十卷，其文不必不如额内之卷，则去取亦难，宜逐一比较：前艺不相下，较之后艺；后艺不相下，较之诗；数者均不相下,较之字,如此才能断定,故提总甚难。一棚考毕,先生可以休矣,然而不然;批点月课文,磨勘一等文,删削待刻诗古文,而最无味者莫如改贡卷。贡卷之来,有欠通,有略通,有前艺通而经艺未见通,有前艺不甚通而经艺过于通,有前后艺亦通而八韵诗平仄欠通者;改复令誊,誊后乃批,乃解部,如是则谓之贡。贡乎,胡太不怜我乎!贡事毕,月课卷来矣。襄阳节幕。

写阅卷情状,可谓委曲详尽,笔致隽爽而风趣盎然,耐人寻味。时在湖北学政贺熙龄幕府,王闿运所谓"贺蔗农视学湖北,妙选宾从,以梅孝廉为首"也。宜宾陈代卿,同光间官山东州县,曾充乡试同考官,其《秋闱纪事》有云:"回忆分校时,目不暇瞬,手不停披,夜漏三四下,烛影摇红,荧荧然与朱书相眩。倦极就枕,小眠复兴,几不知饮食甘旨。得佳卷,辄击节高吟,与同志共赏,以为必售技,喜极呈荐;又复过计深虑,或被经文五策疵累,至三场皆完璧,而后大喜过望;复恐主司取舍,好恶不同,心摇摇如悬旌,殆过于秀才应举时数倍。"虽有乡试、学政试之异,而所记阅卷状态,亦可同览。

(原第14卷第9期)

## 一〇　柏台清要漫谈

进士以入翰林为荣，而庶常复以留馆授职是尚，散馆之试，其重要关键也。俞樾《春在堂随笔》卷一有云：

> 余壬子散馆后，未引见，戏书一诗黏斋壁云："天风吹我下蓬瀛，敢与群仙证旧盟？好向玉堂称过客，重烦丹笔注微名。升沉有数人难挽，造化无心事总平。却笑随园老居士，落花诗句太关情。"跋其后云："散馆改官，口占一律。"同年慎延青、毓林见之而笑。及引见后，蒙恩授编修，延青过余斋，喟然长叹。余问何叹，延青曰："吾叹此一首好诗，将来编集时竟无从安顿也。"相与大笑。……

深惧改官，而预作强为排遣之词，益见得失萦心，而留馆授职恒为庶常之所重视，斯亦颇足暴其情绪焉。袁枚乾隆壬戌散馆改官，作《落花》诗，有"从古倾城好颜色，几枝零落在天涯"；"莫讶旁人怜玉骨，此身原在最高枝"；"佳人已换三生骨，拾得花钿更黯然"等句，自况其遇，故樾诗及之。自来以是致慨升沉者，盖比比矣。梅钟澍（其事迹见第九期）道光庚子应散馆试后，以主事签分礼部仪制司，识者均以不获留馆，为之惋惜。马维藩者，梅氏少尝受业其门，师生之谊甚笃，与书致慰藉勖励之意，谓：

> 早岁知桐城有姚姬传先生，不获见其著作。去年舍甥黎菊生来自粤西，行箧携有《惜抱轩诗文》，取而读之，诚国朝有数著述手。考其官阶，即固以翰林改官部曹者也。以先生名重海内，稍从事古学者无不知有先生，词馆之去留，果足为其轻重哉？吾弟生平读书为文，卓有树立胜人之处。前接劭青书，称吾弟改官之日，若郁郁然罔所适从也者。嘻！翰林诚可贵，然如天下文章尽在乎是之说，乃颍滨苏氏以之称翰林欧阳公，非泛泛称翰林公也。儒生远大之业，趁吾弟之性情学力造之，远之学庐陵翰林可也，不翰林亦可也，近之学桐城，部曹可也，即并如桐城之性甘恬退，归以著述自任亦可也。虽然，弟家贫而亲又笃老，菽水之供，正不能不需此升斗，且门庭内之延颈举首望者又不一而足也，其能欲归即归也哉？……

此书为是年十二月所寄。（劭青为李隆萼字，梅氏之友，同为维藩门人。）翌年辛丑梅氏复书云：

> 二月县人来，接读手谕，惶悚莫名，然不能不辨。钟澍庸懦无德，而天似有意位置之，每惧无以堪此，而又窃幸可自适其适也。钟澍年甫四十，精力早衰，假使博检讨头衔，势须终日作楷字，苦我手眼矣；清俸数十金以外，何以自存活，势须终岁教书，

苦我心血矣。教书纵能自给，何以养南方待哺之家，势须每月借贷，每年借贷，幸而一得差囊，犹可稍稍补苴，不幸而一不得，又不幸而又不得，则坐困矣。即令偶有所得，而以积年之逋负，取偿于三岁之差囊，以一救万，其何能济，故有差竣甫返之日，即借贷过年之时，不及十年，而债台累万级者比比也。如是则终身困，而况蓬莱瀛海，年来亦有波涛（伊于胡底）；大考煌煌，堕落即成泥滓（其犹龙乎）。其败裂又不可以坐困言耶。而钟澍胥无虑是，是则钟澍之厚幸也。虽然，兵刑钱谷之烦，又岂庸懦书生与夫精力早衰者所能胜任哉？而钟澍又无虑是，以此谓苍苍者之位置不为无意也。夫苍苍者亦岂真管着天壤间所谓钟澍其人，特钟澍自适其适，自幸而自慰，觉以彼易此而有所不愿也。而谓改官之日郁郁罔所适从，则诬钟澍矣，然而无怪其诬也。夫所谓适其适者，亦钟澍处之则适耳。钟澍携一子，役两仆，僦古寺数楹居之，出则乘敝车，亦或舍车。冠服既旧，不惜尘涴，无意求新，斋厨荒寂，可与阇黎共饭，曲意撙节，斟酌应酬，遁于僻陋，习于孤冷，故终岁所入，足敷旅费，并能寄养家口，若稍稍放松则不足，若眷属入京则不足。钟澍见为适，人或以为苦也，而钟澍亦有所苦。年来敝体大异畴昔，病肺亦即病肠，平日所惊惧厌恶之病，无端得之。半年以来，侵寻辗转，似宜于静坐，而不爱读书。噫，使半生以后长如此，则真苦矣！钟澍自念本少宦情，又不谙吏治，既隐在朝市，宜尚友古人，容台闲暇，天与岁月，苟思树立，岂甘虚掷，而有所患苦，觉日就颓废也？夫古人之能成一家言，及近今海内之以著作显者，类皆生有异禀，而又毕生精力赴之。多病则生道心，老病宜于著述，病亦不为患，患在因病而颓废，因颓废而病益积，物有由腐，枢能不蠹，钟澍惴惴焉惧天之有意位置之而无以堪此也。敬陈本志，兼述近状，惟吾师鉴之。

语甚款恳，盖翰林虽地望清华，世所艳羡，非部曹所及，而穷翰林之苦，亦正可畏也。梅氏强支病躯，不甘颓废，而遽于是年五月卒于所居圆通观矣。维藩挽联云："长愧十年，别逾五年，数千里接京邸一纸书，盼望正无穷，乌可令此人死！纪群世谊，管鲍交谊，卅余载与君家好兄弟，悲喜罔不共，何者能须臾忘！"黎吉云、曾国藩、陈源兖、郑敦谨时与钟澍同官京朝，交谊甚厚。吉云挽联云："并世有斯人，生来雅量清襟，立脚肯随流俗转？论交逾十载，从此花晨月夕，赏心空与古欢期。"国藩联云："万缘今已矣，新诗数卷，浊酒一壶，畴昔绝妙景光，只赢得青枫落月；孤愤竟何如，盛业千秋，诒谋百世，平生未了心事，都付与流水东风。"源兖联云："尊酒细论文，忆囊时百遍相过，痛饮狂歌空度日；千秋同洒泪，纵此后斯人不见，风流儒雅亦吾师。"敦谨联云："著作古人难，方期椽笔千秋，不朽名山传盛业；知交同调少，岂意牙琴一曲，无边大海溯遗音！"又李隆荨联云："造物忌才华，历廿载名场辛苦，才息奔波，何堪此去匆匆，夙抱未酬君且死；交亲同骨肉，忆昨岁京邸缠绵，竟成永诀，回念平生事事，痛心惟有我偏多。"师友之言如此。

梅氏庚子散馆改部属后，即有家书（与子），深示知足，毫无愠意，尤足征翌年复其师所云，实非饰词也。书云：

> 四月十七日散馆，二十二日引见，以部属用我，此天所以爱我也。我此时手眼难于作楷，此时心血难于教书。做了部官，便免此厄，每岁出息，除俸银六十两俸米六十斛之外，可分印结银，少则四百金，多则六百金，将家眷接来在京共住，或可以不欠帐。我年过四十，不要天天作楷，不要天天教书，并不要天天愁钱，便是乐境。若以封典论，则六部主事系六品，明年覃恩，京官可以加级请封，便是五品冠服，未为不荣也。至于讲究补缺，讲究外放府道，则须迟之十年或十数年。我宦情本淡，绝不作此等打算，不过大隐在朝市，或到十年后将头衔一转到御史衙门，便拟还山，主讲湘阴仰高书院或常德朗江书院，我之志愿，如是而已。尔等年少，宜有大志，勉自为之，莫学老夫也。家眷是总要进京的，但看尔秋闱何如。尔若今年得中，便可奉尔母携尔眷属及七儿眷属来京，否则尔须在南边下场，如何便进京来？若尔夫妇

不来，而尔母独来，必彼此牵挂，甚不妥也。只好迟二三年再说。且家眷一来，用度繁杂，一年出息，能够敷衍一年，便是万幸，断不能再有存积；若家眷未来，则我节省用去，一年或积百金，或积二百金，亦未可定。俟稍有存积，然后将家眷接来，胆子便大些，所以家眷总是迟来的好，然望尔今年秋闱得中，我便于九十月间打算接家眷也。可将此意告尔母知之。四月二十五日。

翰林若不常放差，则穷翰林之收入固不如穷部曹，以部曹有印结银可分，差足恃为养命之源，而翰林无之也。梅氏既出翰林，屈为部曹，所冀将来得膺御史头衔，以柏台清要之班，亦可为读书人吐气耳。至关于料量家事者，京官景况，于此亦见一斑。　　（原第14卷第10期）

## 一一　试事清谈

### （一）萧培元命题泄愤

清同治二年壬戌，萧培元由赞善简放山东济南遗缺府，即补授济南，在任六年，未得迁擢。会府试，乃于命题寓意。济南府属合试，凡十六州县，加德州卫为十七属，其试题如下：

一以贯之　历城

任重而道远　章邱

济漯而注诸海　邹平

南人有言曰　淄川

府闵子骞曰　长山

三思而后行　新城（今改为桓台）

试剑　齐河

文武之道　齐东

童子将命　济阳

生物不测　德州（今德县）

再斯可矣　德州卫（今并入德县）

临之以庄　德平

科而后进　禹城

岁寒　临邑

让以德之　平原

他日归则有馈　陵县

人而无恒　长清

各题之首字，顺读之，为"一任济南府，三试文童生，再临科岁让他人"也。（六年应科岁四试，曰三试者，以值军事停科之故。）盖寓淹滞之感，兼含慰藉之意，有不惜割裂书句以成之者焉。（培元官至济东泰武临道，署按察使。）

## （二）黄体芳试题寓褒贬

光绪初年，黄体芳在山东学政任内，尝于按临莱州府时，出题寓褒贬当时大臣之意。掖县首题为"顾左"，次题为"是社稷之臣也"。昌邑首题为"老彭"，次题为"非吾所能及也"。平度首题为"有李"，次题为"国人皆曰可杀"。借试题以称颂左宗棠、彭玉麟而痛诋李鸿章，亦割裂书句以为之，激烈处尤见意气之盛。体芳官翰林，侃侃言事，为当时直臣之一，与同侪健者有"翰林四谏"之目，所谓清流也。宗棠、玉麟对外均主强硬，喜言战，鸿章则主和平，不惜委曲求全，清议以屈辱为耻，多深讥之，体芳此种态度，颇足代表一时清议。光绪十一年乙酉，体芳以参劾鸿章由兵部左侍郎左迁通政使；十七年辛卯乞休。时张裕钊门人范当世馆鸿章所，撰《武昌张先生七十寿言》有云："以余所识天下之长者，乃独有相国、通政及先生三人，而相国与通政之为人斯邈不相知矣。往时通政建言，乃拳拳焉惟相国之务去，此岂能知相国者？六七年以来，朝廷所易置封疆大吏不为不多，求多一相国而不可得，则吾不知其忧叹悲愤又当何如？相国不以人论之为嫌，顾若通政之愚不可及，则亦未必尽知之。惟以今天下言路之塞，惜此诸公，而叹滔滔者之靡届而已。夫不可奈何而义不能去，此其所处又难于通政。由是言之，去就之间，哀乐之情，以吾私独校此三人者，其为先生不犹愈乎？何者，彼其所求者易给，而其所为乃为天下之所贱

*1971*

简，独可偷为一身之娱而无所庸其得失者也。"作裕钊寿文，牵合鸿章及体芳以为敷佐，（其友吴汝纶甚誉此篇，称为奇作，而谓有如时文家所谓无情搭者。）所论亦可与体芳骂李之试题合看。

同治九年庚午两江总督马新贻被张文祥刺杀一案，梁溪坐观老人（张祖翼）《清代野记》卷下记其事，有云："其年为同治九年庚午乡试之年，马死之日在七月下旬，正上下江学使者录遗极忙时也。次日上江学使殷兆镛考贡监场，题为'若刺褐夫'。诸生哗然，相率请示如何领题，殷沉吟曰：'不用领题，不用领题。'又次日补考，题为'伤人乎'。盖皆谑而虐矣。"对新贻施以恶谑，与体芳对鸿章之痛诋虽有间，要皆示不慊之意耳。

（三）排比命题寓巧思

锡缜《退复轩随笔》卷二云："考试生童，往往按属县多寡，排比命题，辄寓巧思。赵粹甫同年佑宸视学山东，集诗云：'君子笃于亲，家之本在身。仁民而爱物，修己以安人。子服尧之服，君仁莫不仁。得其心有道，膏泽下于民。君不行仁政，当如后患何？因民之所利，为力不同科。居简而行简，执柯以伐柯。取于民有制，一撮土之多。君子求诸己，修身以俟之。厄穷而不悯，贫贱不能移。死矣盆成括，异哉子叔疑。学而优则仕，有美玉于斯。人之生也直，易地则皆然。苟正其身矣，求仁莫近焉。质胜文则野，人病舍其田。以德行仁者，颜渊闵子骞。'滨州杨牧济诗云：'德行颜渊闵子骞，侍于君子有三愆。先王之道斯为美，非曰能之愿学焉。'"虽近游戏，颇见巧思。

（四）彭元瑞命题工对

彭元瑞最以出题之巧见称，如梁绍壬《两般秋雨盦随笔》卷二云：

> 文勤督学浙江，所命试题，如王二麻子，斩绞徒流杖类，俱极巧妙。一日至敷文书院课士，山长以有事出院，因出四题，肄业生云"至于岐下"，请考生云"放于琅琊"；肄业童云"馆于上官"，请考童云"处于平陆"。公谓诸生曰："汝等知今日出题之意否？"对曰："不知。"公曰："横看去。"乃"至放馆处"四字也。又试金华，九学同场，将出题，教职中偶禀他事，语杂"仲四先生"。公问仲何人？曰武义岁贡，设帐郡斋者。遂连书九题："武王是也""义然后取""岁不我与""进不隐贤""士志于道""仲尼之徒""四时行焉""先行其言""生之者众"合"武义岁进士仲四先生"九字。童生初场，题分四仲："管仲""虞仲""微仲""牧仲"。次场，教职中耳语云："今日恐不能再切仲四先生矣"。公即书四题："大王""尊贤""西子""席也"，补足"设帐郡斋"之语。（按：四题首字顺读，为"太尊西席"。）覆试

1973

总题:"仲壬四年。"仲闻之,谓太守曰:"宗师前后试题,胜于为我作传矣。"又试处州,初场府尊不到,委同知点名,次场来谒,公曰:"太尊今日才来?"对曰:"方从省下来,不获已,故命同知来。"公曰:"来与不来,听太尊自便。尚有童生正场,太尊来,益昭慎重。"对曰:"敢不如命?"是日七学出题,自一字至七字止:"来""医来""远者来""送往迎来""厚往而薄来""不远千里而来""而未尝有显者来"。经题:"七日来复""凤凰来仪""贻我来牟""郯子来朝""礼闻来学"。以问答中多"来"字故也。及试童生次场,府尊奉委上省,仍委同知点名。公笑谓教职曰:"太尊今日真不获已也。"题出"又其次也""委而去之""同其好恶""知其所止""来者不拒"。(按:五题首字顺读,为"又委同知来"。)其敏慧类如此。又闻某方伯试士命题云:"伯牛有疾""子路请祷""充虞路问""康子馈药""瞽瞍杀人""右师往吊""门人治任"。盖其时督学新亡,方伯摄行试事故也。

### (五) 彭文勤出题之巧

又梁章钜《制义丛话》卷二十二云:

缪莲仙曰:"彭文勤公视学浙省时,试题多触景生情，机趣横溢。乾隆戊戌冬，案临处州，……及试童生，闻郡中适有重案，遂以五刑命题，一为"以杖"，二为"其徒"，三为"若流"，四为"则绞"，五为"而斩"。……及次年科试其地，点名毕，所留监场教职，有二人禀："今日某乡宦治丧，卑职与有旧，不能不结。"公笑而许之。俄顷出题，一为"伯牛有疾"，二为"康子馈药"，三为"子路请祷"，四为"充虞路问"，五为"右师往吊"。覆试日，有一文生二武生补考，文题"且一人之身"，武题"夫二子之勇"。……

学使者出题之巧，莫过于彭文勤公。在江南时，科试七属，题为"岁辛丑二月再来"，每属一字，盖年月恰值，副此巧思，一时传为佳话。又考某属，亲书三个"洋洋乎"，付监场教官传云：一系"鬼神之为德"章，一系"大哉圣人之道"章，一系"关雎之乱"章。教官禀称："今日试四属，尚少一题。"公笑曰："少则洋洋焉。"因补书之。其敏给如此。又相传公在浙江时，岁试金华四属老生，府学题为"今有受人之牛羊而为之牧之者"，金华题为"今有同室之人斗者"，兰溪题为"今有人日攘其邻之鸡者"，东阳题为"今有御人于国门之外者"。值此四学诸生不驯，公于考之次日罚令向文庙拔除宿草，诸生作诗，揭于通衢云："府学牧牛羊，金华闹一场。兰溪犹小窃，大盗起东阳。"公闻，急释之。

又钱泳《履园丛话》卷二十一云：

> 南昌相国彭文勤公，……督学江苏时，岁科院试，出题俱有巧思，如考两学则出"率西水浒""逾东家墙"，"有众逐虎""其父攘羊"之类，考三学则出"王之不王""朝将视朝""行尧之行"之类，不可枚举。其时适值万寿，考八学，则出"臣彭恭祝天子万年"，嵌在八题之第一字，如"臣事君以忠""彭更问曰""恭则不侮""祝鲍治宗庙""天子一位""子服尧之服""万乘之国""年已七十矣"之类。有提调官王姓，雅号王二麻子；适考四学，遂出"王二麻子"四题："王何必曰利""二吾犹不足""麻缕丝絮""子男同一位"。考六学，则出"李陵答苏武书"，嵌在六题之末一字，如"井上有李""必因丘陵""夫子不答""后来其苏""又尽善也谓武""子所雅言诗书"之类。……

可以参阅。（其互见者不重录；惟"伯牛有疾"等题一节，二梁所述有异同，盖一事而传说相歧者。）

(原第 14 卷第 11 期)

## （六）割裂试题

以出题割裂而被讥嘲者，鲍桂星之事为最著，由士子所为嘲诗而传也。《两般秋雨盦随笔》卷三云：

鲍觉生先生（桂星）督学河南，出题每多割裂，士子逐题作诗嘲之云："礼贤全不在胸中，扭转头来只看鸿。一目如何能四顾，本来孟子说难通。（顾鸿。）世间何物最为凶，每一伤人是大虫。能使当先驱得去，其余慢慢设牢笼。（驱虎。）广大何容一物胶，满场文字乱蓬茅。生童拍手呵呵笑，渠是鱼包变草包。（及其广大草。）屠刀放下可齐休，只是当年但见牛。莫谓庞然成大物，看他觳觫觉生愁。（见牛。）礼云再说亦徒然，实在须将实物先。匹帛有无何足道，算来不值几文钱。（礼云玉。）古来惨刻算殷商，炮烙非刑事可伤。不见周文身一丈，也教落去试油汤。（十尺汤。）没头没脚信难题，七十提封一望迷。阿伯不知何处去，剩将一子独孤恓。（七十里子。）秋成到处谷盈堆，又见渔人撒网回。不是池中无别物，恐防现出本身来。（谷与鱼。）纸上筌蹄亦可求，葩经专纪草春秋。一生最怪莺求友，伐木都教影不留。（兽草。）真成一片白茫茫，无土水于何处藏？欺侮圣人何道理，要他跌落海中央。（下袭水。）拣取明珠玉任沉，依然一半是贪心。旁人不晓题何处，多向红楼梦里寻。（宝珠。）但凭本量自推摩，果是真刚肯怕磨。任你费将牛力气，姑来一试待如何？（坚乎磨。）

可谓极调侃之能事，亦其自取之耳。河南督学之后乎鲍氏者，俞樾于咸丰间以出题割裂被劾夺官，世言其题有"王速出令反""君夫人阳货欲"等,盖传者过甚其词,俞氏似不至出此类怪诞之题也。同治间山东学政于建章尝以"龟蛟龙""鳖生焉"命题。陈恒庆《归里清谈》云:

> 戊辰冬,于学使建章,吾师也,按试莱府,试潍县、即墨之日,题为"龟蛟龙",合场士子窘甚。予在堂号,草草完卷,日尚未西。将交卷,后有牵予者,回顾之,其人以卷面示予,乃卫案首江姓,低声曰:"次篇诗皆有,惟首篇一字难著,若被黜,有死而已;君盍救我!"予恻然,乃急为作三百字一篇,亦不佳。予与江皆入泮。岁丁巳,两人皆年届古稀,彼此相见,各道阔别;江之亲我,如我老妻,可笑也。戏占一绝云:"前生总是订因缘,锁院相逢笑辗然。倩我捉刀三百字,为君延算七旬年。"此次曹殿撰以县案首入泮,彼此相戏曰:"同案后得科第者,为蛟龙;不然,则鼍矣!"予幸不为鼍。此外刘伯舆,刘兰陔,登贤书,予尝呼为蛟。及试胶、高诸县,题为"鳖生焉"。潍新生相庆曰:"幸而免!"予曰:"幸而免,原有此谚。王姓行七者,曰几几乎;王姓行九者,曰幸而免。恭喜诸君,皆为王老七、王老九矣!"

亦关于割裂题之谈柄。曹殿撰谓光绪丙子状元曹鸿勋,与恒庆均潍县人。恒庆于丙戌成进士,迟于鸿勋十年,榜下主事。

《制义丛话》卷二十二云："乾隆三年议准：考试命题，固取发明义理，而亦以展才思，遇有人文最盛之区，若命题专取冠冕，士子蹈常袭故，或无从浚发巧思，间出截搭题，则旁见侧出，亦足觇文心之变化，第必须意义联属，血脉贯通。若上下绝不相蒙，恣意穿凿，割裂语气，殊属伤雅。嗣后学政出题，宜以明白正大为主，即间出长搭题，亦必求文义关通，毋蹈割裂之陋习，则既不诡于义理，而亦不闷其性灵，庶文章之能事曲尽，而课士之法亦周详矣。又，乾隆四十年议准：程景伊奏称，覆勘各省试卷，见试题渐趋佻巧割裂，其最甚者，如四川头场试题'又日新康诰曰'六字，连上牵下，全无义理，既不足以见学问书卷，而稍知机法者便可侥幸获售，请饬部禁止。从之。……敬维训谕周至，功令严明，乃掌文衡者流，仍不免有偭规错矩之事，抑独可欤？"并引邱濬《大学衍义补》中所讥"经书题往往深求隐僻，强截句读，破碎经文，于所不当连而连，不当断而断"云云，以证明代已有出题割裂书句之弊，盖此风旧矣。

### （七）出题错误

出题错误，其事亦间有之，见于记载。若乾隆五十八年癸丑新进士朝考论题误"稽古"为"积古"，且为皇帝之笔误。高宗于朝考后御制《笔误识过文》云：

昨朝考题，三月即拟定，手书封识，交监试官，以试诸士，可谓谨密之极矣。乃今日阅卷诸臣，定等呈览，视之则"积古"也，不见于经文，乃憬然悟曰：本拟"稽古"，而予笔误"稽"为"积"，监试诸臣，见不及此，而未请旨，是诸士子之误，皆予一人之误也。夫试题一字之误，亦何关紧要，然使政之是非，人之生死，亦如此误书可乎？且予误而无人敢言，则诸事丛脞，其弊将不可胜言矣。书此用戒后此朱笔之慎也。予更思之：稽古固出于典谟，但稽者考也，稽在人而古自古，犹有彼此之分焉；至积则聚也，积而聚古于心，施于言行，播为政治，而非徒资博雅之为，不亦宜乎？诸士子并未言及此，是以申而论之。然总类饰非文过之辞，益重吾过而已耳。

**由军机大臣遵旨恭录，示新进士。新进士潘世恩（状元）等奏称：**

我皇上熙绩厘工，惠畴亮采，合洪纤而无间，实中外所共闻。凡系乎民生，关乎政治，岂有毫发未致其精详者？乃协中既审于万岁，识过并严于一字。盖慎之又慎，弥昭翼翼之小心，虽微乎甚微，亦寓煌煌之大诫。况稽于古训，何如积于厥躬？阐义入神，竭臣等愚蒙而莫能索解；因文见道，经圣人指示而顿觉贯通。臣等雒诵回环，曷胜钦服惭悚之至。

斯皆见于潘世恩《自订年谱》。阮元《积古斋记》云：

> 元督学山左时，高宗纯皇帝赐御笔《笔误识过文》一卷。此文纪笔误试题"稽古论"为"积古论"引过一事。元奏折谢恩，奉批答云："文佳，非徒颂即规。"臣愚岂能于圣德规颂万一。而"积古"一言，反有深惬私衷者，因名山左金石之斋曰"积古斋"，所以记恩述事也。（按：所作《山左学署八咏》，咏积古斋云："吉金与乐石，齐鲁甲天下。积之一室中，证释手亲写。"

又《小沧浪笔谈》有云：

> 余有《山左学署八咏》，属同年王椒畦（学浩）图之，……八曰"积古斋"，即"小石帆"之后轩。余聚山左金石数千本，校正于此。适御赐御笔《笔误识过》墨刻卷子，论"积古""稽古"之义，纪恩述事，名此斋也。

此桩公案，当日盖因错误而反若嘉话，可觇君臣之际焉。 （原第14卷第12期）

## 一二　孙士达与天津教案

阅《孙竹堂观察书牍辑要》：竹堂名士达，会稽人，同光间以道员办理交涉等事，敏干勤锐，见重当途，亦一时能员也。（光绪元年四月交卸署理天津海关篆务后，隐居常熟以终。）其孙祖同辑印其手书函稿，起同治九年七月，讫光绪元年五月，凡六十一通，为一卷，有关时政外交，史料所系，可资研索。同治九年庚午天津教案，孙氏以江苏候补道赴津，随江苏巡抚丁日昌襄办，躬与其役，兹摘录其是年《致董酝卿大农》《致王补帆中丞》书如左：

七月十八日致董：

……嗣闻津民有滋事之信，遥想荩筹硕画，大费周章。……月之初浣，雨翁奉命赴津办理洋务，原约抵津后邀士达襄助。士达谂知雨翁匆匆起程，未曾调员随带，参谋需人，士达现届禫服，义不敢畏难苟安，拟于二十外航海北上，一以酬雨翁之知遇，一以晋谒，展数年之思慕。

八月初六日致董：

士达于前月二十四日自上海搭坐轮船，于三十日抵津，即在雨翁行辕襄助。……细核民教全案，日久不为获犯，无怪彼族躁急，要求不已。日昨与素识之领事、洋商，细加访询，其于府县一节，晓以情理，疑团颇解，所愤愤者陈国瑞耳。士达复令其交出证据，必为查办，断不护惜，以失和好，意亦稍沮。近日获犯有七十余名，认凶者十余名，刻尚昼夜审讯。士达曾在上海，托素好之洋商，访查外洋成案，类如民教相哄杀毙领事之事，共有两起，不过缉凶议赔了事，不致构起兵端，然皆克日办竣，却无如此案之拖延。若使雨翁早到一月，此案可少枝节，惜〔曾〕侯相因病迁延，而在事人员亦鲜谙洋务者，漫无主张，以致上烦宵旰忧劳，为可惜耳。

## 二十九日致董：

教案自丁中丞抵津后方严拿凶犯，讵知曾侯相存心仁恕，延至十八日，丁中丞号令有所不行，盖由此严彼宽，地方文武渐生玩泄。丁中丞焦急万状，谆嘱士达设法补救。士达初因丁中丞严督文武缉凶，正是提纲挈领之举，故未多参末议，而津郡绅士，叠经曾侯相延邀，到者寥寥，及询以缉凶之事，皆顾身家之累，绝无一人应命，即毛大司空在此亦然。士达无法可施，犹忆与辛绣圃、黑雨帆旧日共办厘金，曾订兰谱，又与冯小泉亦有世谊，为大局计，连日奔驰拜恳，晓以大义，该绅等始觉感动，密开凶犯名单，深得其力，即丁中丞欲俟案结将义忿之犯属筹款抚恤一节，亦属该绅等示意，于是上下情通，津民共知官长之苦心矣。……李节相以丁中丞既欲南旋，必留士达为其替身，否则断不能允。殊不知士达家有病人，大小儿年止九龄，不能管事，又乏戚属照应，本难远出，因感丁中丞知遇，奋身航海来津，志在公私两尽，而李节相素非同志，士达在苏候补八载，遇有棘手之事，则令士达奔走，而上海道三次开缺，以候补道府及候补直隶州补授。士达向办洋务之员，故意沮抑，使补署皆成虚望，受屈已久，决意不就，……今乃与不同志者共办一事，恐与公事无益，辞之甚力。乃李节相再三强留，不容脱身，丁中丞亦慰劝甚切，只得暂且留止；自知才弱事难，未能立效耳。自二十三日第一批出奏之后，地方文武，视为了事，又复恬嬉如故。曾侯相虽有九月二十日之限，而不破除情面，力加催办，恐亦徒成具文。李节相口气，惧招物议，怕做恶人，不知将来作何了结。士达虽于曾侯相、李节相前力陈案宜究实，犯须缉拿，不可含糊松劲，免致藉口，而众人以为获犯匪易，不可究出姓名，以免日后之累，专图敷衍了事，不知洋酋消息最灵，断难欺隐，口众我寡，多与争执，必以为士达帮助洋人缉凶，徒害华民性命矣。言之可为一叹。想执事统筹全局，自有维持之方，无烦士达琐渎也。事关大局，言无忌讳，伏乞原恕。

## 九月初三日致董：

士达与少白素不浃洽，前次强留，因士达不允，并欲将雨翁一并留津，士达睹雨翁为难，勉强允诺，言明不要薪水，不讨保举，报效至洋案完结而止。今日延见，又将督署稿案见委，并云俟得缺之后，放回江苏，词气甚决，其假意优容，亦极备至。士达时运不佳，复蹈火坎，为之奈何！……少白在保定时，附奏"雨翁抵津之后，穷搜极捕，非株连无辜，即激变良民"等语，雨翁甚为气愤，故雨翁恭报起程折内，亦有"少白到后，拿获正凶张国顺等数名，大致已有眉目之语"抵之。其实正凶张国顺系黑雨帆密为举首雨翁饬拿就获之犯也。此间审、缉二事皆不吃劲，洋案何日得了，殊为忧念。伏望执事频加催促，以期速结，实大局之幸也。

## 十六日致董：

士达为少白所留，综核刑钱军务，事繁才绌，终日劳劳。本拟教案完结，即遄程南下，岂知少白优待异常，士达不得不捐弃前忿，勉留襄助。约俟十月初十以前，将积案扫清，告归起复。少白又婉留再四，坚订至明春分手，且为函致浙抚，请咨起复。曾侯相在津，士达间参幕府末议，颇加青目，顿释前嫌，此皆雨翁调停之意，感激何如！少白又云，与曾侯相言

1985

明，将来江苏关道缺出，必为士达位置；且谓吃□多年，殆由谗忌所沮，殊非出于本怀。虽有推心置腹之谈，不知异日言行相符否。士达此刻无可如何，但当我尽我心，宁人负我我不负人而已。

十月二十六日致董：

士达此次入幕，本非始愿所及，迨勉强从事，自惭学业久荒，深为凛惕，讵知臭屁文章，竟为糊眼主司所鉴赏，推心置腹，剖析夙嫌，更出意计之外，且欲代为汲引，此系饵我之术，欲我久在此间办事。士达本无妄念，不为所动。旋接家书，知内子有病，急欲南归，初以荐贤自代，略有允意，后请办竣存积奏稿，竟觉更久。及近日兼办通商，则又欲强留。士达坚执前议，毅然请辞。……昨日送来川资三百金，士达亦坚辞不受；士各有志，不欲为财利所摇动耳。

十二月二十日致王：

士达于七月间随丁中丞赴津查办教案，其时津民焚杀法领事一员，法翻译二员，法国男女十二名，比国二名，义国一名，英国一名，俄国三名，共二十一(二)名，焚烧法国天主堂、仁慈堂二处，又英美讲书堂四处，曾侯相误信崇官保之言，既恐彼国动兵，又虑津民激变，而教（按：此字疑为"都"字之误）

中众口藉藉，函牍纷纷，动称清议，曾侯相病未痊愈，精神恍惚。时将两月，未曾获犯，各国公使赴总理衙门滋闹，几至不可收拾。幸丁中丞到津，雷厉风行，督拿案犯，各酋始行帖服。士达兼参曾侯相幕府，共定斩犯二十名，军流徒罪三十六名，抚恤法、英、比、义四国男女银二十五万，俄国三万，赔修教堂等费银十三万。所幸津民焚杀之信，到在法国与布国（普鲁士）交兵七日之后，故法王复信，但令妥办完事，如有不妥，再行听信，绝无加兵之意，非甘心输服，不遑顾也。此实朝廷洪福，殊非意想所及。丁中丞于教案大致甫竣，即闻太夫人抱病，奏请回苏。李伯相莅津，力留士达为丁中丞替身，力辞再四，李伯相款留甚殷，士达不得已，襄办积牍。李伯相推心置腹，极为契洽，实赖盛德之先容，委非梦想所敢期。士达既得参赞于曾侯相、李伯相之前，遂力陈此次焚杀洋人各犯，必须据实办理，因防日后反复，且欲藉此以废其教；即或未能照行，亦当酌定章程，以示限制，因知行教为法国独崇，而通商为各国所共，英酋威妥玛有行教害及通商之语，本非各国所愿，可惜谬论未能得行。

此案之结，孙氏赞画之力盖不少。所录致董恂各书，均在津所发，致王凯泰书，则离津南旋所发也。时恂以户部尚书兼充总理各国事务衙门大臣，其自订《还读我书室老人年谱》是年十月有云:"夏间以天津民教滋衅,法国领事官丰大业等被戕,纷哓不已,无分昼夜,奔走各馆,至是大定。"为在中央致力此案者。凯泰时官福建巡抚。孙氏各书,于此案办理之经过,甚可供研讨之资料。曾国藩以此案负残民媚外之重谤,一时声望大减,而实尝以"存心仁恕"见病,斯亦足征处境之苦。郭嵩焘为以此案办法为然者,与沈葆桢书有云:"曾文正在天津,诚有过者,乃在不明立科条,分别从教者之良莠,以使百姓与教民两无猜嫌;至其办理教案,则亦天理人情之至矣。"孙氏所云"藉此以废其教",固事实上所难办到,而"酌定章程,以示限制",盖犹嵩焘"明立科条"云云之意也。孙氏不慊于李鸿章,每流露于字里行间,鸿章倚办诸事,后遂委署津海关道,而其间终若未尽释然云。(孙权关篆十月,即翩然引去,于所获盈余捐助海防经费二万金,辞不邀奖。) （原第14卷第13期）

## 一三　孙士达折服柳原

同治十年,日本遣使伊达宗城及柳原前光来华,商订条约,清廷命直督李鸿章为全权大臣,办理日本通商事务,而以江苏按察使应宝时、直隶津海关道陈钦(字子敬)随同帮办,在津开议。约成后,伊达等回国复命,日政府于翌年遣柳原再行来华,交涉改约,鸿章不许,由孙士达(参看上期)偕陈钦与柳原辩论,并周旋其间,柳原卒废然而去。关于此事，孙氏致董恂、日昌各书，在史料上颇有价值，兹摘录之：

十年四月初三日致董：

> 日本议约一事，昨得子敬回信，此事仅派一正一副，不能位置。应宝时本一谄媚圆熟之流，素鲜才识，李伯相既器重其人，派充正使，张子青再三保其洋务出色，可谓瓦釜雷鸣。士达不得与议约之役，一旦充使，直如暗中摸索，深恐公私两误，殊为惆怅。

二十七日致丁：

> 士达于二月初浣接子敬复函，以芜械未到前三日，伯相已将议约一事奏派应敏斋会办。伯相又谕子敬："此事关系重大，未经议约之先，言者动献拒绝之计，将来办理必多棘手，故特攀引湘相，以为分谤地步，先派敏斋为正使，俟日本使臣到津，再派子敬为副使，欲以南北两洋共办其事；又以常驻日本之使，非士达莫称其职等因。如此，议约之事，士达可以弗预。而出使一节，何独谬爱菲材？"……续接舍亲胡令裕燕来信，伯相又与侯相函商，欲保士达出使日本，不知侯相如何答复。……近闻日本议约使臣于本月二十外可抵津门，敏斋于十八日由苏起程，谒见侯相后，即搭轮船赴津。将来议论如何，再当禀陈。

**七月初四日致董：**

士达因李少翁批令北上，即于六月二十四日抵津，见面两次，谓士达堂上既无老亲，出使外洋，义不容辞。又令查勘城工，士达均皆力辞。……其日本和约，尚无成议。前英国修约时，北洋委员不及南洋；今应宝时一筹莫展，丑态毕露，南洋委员转不及北洋。谄媚圆熟之辈，虽为上司所喜，实不足以当大事。雨翁少君有事，宝时便装耳聋；及马毂山被刺，亦以耳聋请假。苏省两次重案，宝时身任臬司，一味取巧规避，毫不沾染。刻下日本议约，极欲含糊了事，既不如愿，故智复萌，又以耳聋请假矣。此人本以州同到苏，松郡光复之役，私报首先登城，幸得优奖；及少翁莅苏，乃借三分债酬应，竟得超补上海道，钱神可谓有灵。

**中元节致董：**

日本约已议定，应宝时耳聋亦愈。昨闻日本使臣进京之行，总署函令宝时伴送，乃宝时志切南旋，坚辞不允。伯相面谕士达勉当此差，士达本有进京之役，故即允诺，大约月杪方能登程也。

**十八日致董：**

顷伯相面谕，日本约已议定，有二十五日画押之信。惟闻画押后即欲赴京，委令士达伴送，因该使初至中国，且赍有贡品，系为通好而来，与别国驻京使臣不同，自应相机照料，不妨略破小费，既免沿途滋事，又使东使感我之情，免听别国诱惑，以杜饶舌等因。士达与子敬细加筹商，在天津起程时，为其代雇船只，船价或代付，或自付，临时酌量而行，抵通后车价无几，彼此情况稍亲，或酌量代给，惟抵京后须为其代觅住处，务使与各国公使馆相远，使其往来不便。士达与之同寓，名为照料，暗寓稽查。凡一切使费，不算公项，以防日后藉为成例，统由士达仰体朝廷柔远、伯相厚待之意，斟情代给，不失驾驭之体，亦可联络交情，以觉（冀）一举两得。今日见过东使，言及同行照料，甚为感荷。兹由子敬特派差弁穆文斌家人俞贵进都，租觅宽大房屋，须与总署相近，计莫如贤良寺，不知该寺有无空屋，刻下东使上下人等约有三十名，穆弁等人地生疏，仰祈饬纪指引。此事伯相知之，亦甚欣感，租定后不过扫除洁净，修整厨灶，使其方便而已。

**十一年四月十八日复董：**

日本副使柳原前光，自充四等钦差大臣，于本月初二日照会伯相，订期请见。伯相恶其妄自尊大，将照会发交子敬收存，亦不接见。柳原又拜晤士达与子敬,初次会面,略叙寒温,未便遽还照会。士达于三日答拜柳原,嘱其将照会撤回,另文照会关道,可以议事,柳原坚执不允,士达痛加驳斥,于是柳原将行馆所贴钦差大臣门封撤销,另换少办务使衔条,杜门不出多日。初九日求见伯相,面呈外务卿照会,伯相责其无信,大加呵谴。又因日本外务卿照会内有请改条款之事,亦即掷还不收。柳原复会士达与子敬,彼此反复辩驳,不遗余力。柳原自知理屈,屡诎于辞,约于十一日再会。届期来见,柳原垂头丧气,自言诸事遵教,不复以钦差自居。士达与子敬遂将伯相发下照会交还,令其另备公文照会关道,再转请伯相核示。柳原应允,并云上年立约回国,浮言孔多,伊达因此罢休,伊等带罪出使,情非得已,务恳善为成全。士达等以现请声明三条,皆可商酌,但须换约以后再办,而原约断不能动。如果彼此和好,设有为难之事,随时可以商办;若以西约为比,则我断不照允。十六日柳原来见士达,据云"前日诸承指示,自当遵办,拟将照会草稿,先期送来阅看,以请教正"等语。由此观之,业已理屈辞穷,似不致另生枝节。……此次柳原职位较卑,不以使臣相待,事涉勉强,幸其所议者乃改约之事,彼既所谓无信,故我得行其志。若士达他日出使,伯相云:"自侯相谢世后,孤掌难鸣,不敢独创议论。如换约之后,派使出洋,须总督微露其意,我必力保,以了此愿。"敢祈留意裁成，是所至祷。

**五月十一日致董：**

柳原于九日来见，谈及公事。渠意请给该国外务卿回文，以便返国。士达诘以前经照会李中堂公文，曾由士达与子敬当面退还，嘱其另备文牍照会关道，转请李中堂示遵，何以忽出此言。据称此事有须面言，非笔墨所能尽述者。士达复加驳诘，据云伊国与中国立约，西洋人极为妒忌，意谓非彼居间引进，中国未必照准，而该国人心不一，有读中国书者，以中国系同文之邦，仅隔一海，应敦友谊，必不我拒；亦有读西国书者，谓中国人与西国人通商有素，浼其先容，可以率由旧章，成之必易，而伊达不以为然，创议不用西人，自来修好立约，此初议之原委也。及伊达立约回国，读西洋书者阅看条约，谓与西约不同，大为诧异，群议纷起，伊达因此罢官。责成柳原与郑永宁来华修改。渠等明知事不合理，无可措词，推却再三，坚不允许，实系不得已而来，此彼逼复来之原委也。士达以柳原等既有如此苦衷，我当代为排解。柳原等感激异常，遂将该国请改五条，逐一详说。如第一条，"两国通商事宜，该国换西约之后，恐有参差，预为声明，请归一律"等语，士达以立约之后，尚未换约，便要修改，岂不背约；况贵国与西约尚未

*1993*

换妥，遽欲废中国之约，太觉冒昧。今以友谊而论，两国通商章程，本照本国成章，将来贵国通商口岸如有增减，税项若有经损益，我国自不肯强人所难，可以随时商办，须俟换约以后再议，不能改动原约，亦不得以西约为比。柳原云，原约不可动一节，伊已心领神会，不复萌此妄念。又如第二条，"两国彼此相助"一节，据称"既经修好，自尽友谊，此条请删除"等语，士达以甫经定约，便欲删除，是废约也，彼此邻近，本与西国不同，立约相助，正尽友谊，况西洋各国，或彼此保护，或互相友助，有立明约者，有立密约者，坚如金石，今奈何甫经立约，便议废之，岂不为西人讥笑耶？且立约时业已言明美国原有此约，非属创始，又闻贵国与美国约内亦有此条，何故不以为然，即此一端，知非诚心修好之明证。柳原云，美国与中国该国原有此约，但美国自愿相助而言。今现约系指两国彼此相助，事有不同，该国现与美国换约，亦拟删除此条，兹惟转达来意耳。两国立约，既言相助，何能单指一面，固属狡辞。现该国与美国修约，尚未竣事，何必遽请删除，即换约以后，如议此条，应俟十年修改之时再商。刻下以此为言，非特违约，亦且薄交。又如第三条，"禁带刀械"一节，据称"带刀系该国礼制，不便公禁，责成理事官，使我无犯可也。该国与西国均无此条，而中国独禁之，似属难行"等语，士达查约内本有"两国政事禁令各有异同，彼此不得干预强请开办"一条，原系为中国吸烟习教者不准彼国查禁而设，闻该国佩带双刀单刀，有关体制，亦未便强之使禁，故嘱其换约以后商办。又如第四条，"两国税则如有仅载进口税则未载出口税则者，遇有出口皆照进口税则纳税"一节，据称"该国不然，按价抽税，照值百抽五之例"等语，士达以为细故何必预行声明，俟换约后再商非迟。又如第五条，"两国商民设理事官者，经理事官审办；未设理事官者归地方官约束"两节，据称"中国人现在日本贸易者少，佣趁者多，内有闽广人，劫掠攘夺，无所不为，日本人代管年久，时觉棘手。前闻李中堂云，中国拟派理事官一员，赴彼治理。该国口岸既多，华人在彼颇夥，断难周到。即或多派一二员，亦属人地生疏，何从下手，似须会同办理"等语，士达以中国人归中国官办理，此至当不易之道理。中国理事官初到口岸，情形未熟，华人旧案，又由贵国地方官执掌。即无此议，亦必抄录案卷，诸望指教。但鄙意我国如果派员，当先照会贵国，烦地方官相助数月，然后照约各办各事，非比贵国领事馆，诸事创办，较易料理也。然此系我国应办之事，乃承预筹及之，亦觉难解。柳原等不觉大笑。据称："以上各件，曾在本国力言不必派员，随时可以商办，乃自去岁九月回国后，至本年二月起程，有不晓事之徒，无日不以口舌相诘难，竟有'带罪图功'之语，

1995

明知其不可为，故使我等为之，务求转恳李中堂格外原恕，迟一二日便将原稿送来请改"等语。十一日柳原将草稿送来，士达查看，语句平顺，亦不自称本大臣。当即转商子敬，并呈伯相看过，不加笔削，令其缮文照会关道。柳原云，接到照覆之后，伊即起程回国，无论本国如何刁难，亦抵死不来矣。士达自照会送到，酌拟一稿，由子敬核定，会衔具详，以了此案。

盖孙氏于同治十年虽未参与条约谈判，而曾奉命伴送日使入京，至翌年交涉，则躬任折冲，所叙种种情事，与王芸生《六十年来中国与日本》第一辑所载相印证，可资研讨也。（其谓日使赍有"贡品"，为旧日用语，所谓天朝口气耳。） （原第14卷第14期）

## 一四　应宝时任监司之优劣

应宝时在当时监司中，颇有声誉，而孙氏独深诋其庸猥，品评盖有异乎恒常。徐宗亮《归庐谭往录》（成于光绪十二年）卷二关于宝时之纪载云：

> 上海龙门学院，创自应廉访宝时，地在城西幽处，陂塘芦苇，颇似村居，讲堂学舍，环以曲水，规制亦甚严肃。学徒以二十人为度，课程以躬行为主。

万清轩、刘融斋两先生,先后主讲,甚负时望。每午师生会堂上,请益考课,寒暑无间;诵读之外,终日不闻人声。有私事乞假,必限以时,莫敢逾期不归。刘先生主讲最久,士论尤协。途遇学徒,望而知为院中人也。刘没后,一显宦告休寓此,大府荐主是院。学徒执贽以请,则告以"生辈高材,何烦日课?"乞假以出,则告以"生辈植品,何烦定假?"积日既久,院中出入无禁,日夕在外者有之。课试一事,等诸寻常校艺,昔之良法美意,荡然尽矣。廉访初意,欲驾学海堂而上,专讲躬行,而辅以文术。然学海堂定制,用意极精,以广东物力之富,道光全盛之时,而公费岁入不过五百金,仅可自给;但立学长,不立山长,学长若缺,即由学徒推补。文达阮公,当时创建,其俭如此,上以杜贵要挟荐,下以杜游闲请托,而专为真读书之士谋一下帷地也。龙门大旨与学海相类,而主讲束脩优厚,予人以觊觎之端,未及二十年,时移而事迁矣。

应廉访练习政事,第赋性明察,为之上下者不甚易易。其在苏藩任时,饬各州县储常平仓谷,以备凶荒,合计百余万石,交卸时专案结报,不能蒙混丝毫,至今著为令焉。高刺史心夔,需次落拓。廉访知其才,拔署吴县两次,甚著名迹。常熟、吴江两邑,漕事号难治,选干吏往,曲为扶持之,事遂立办。一时监司中,莫有其比。其心迹事功,与严中丞树森相类。中丞初任州县，颇苍滑，自受胡文忠公知遇，力争上流，号为廉明。廉访则受曾文正公及合肥相国知遇，历上海道晋至两司，亦皆卓卓可称。吴江沈相国桂芬，雅不善焉。当鄂藩出缺，政府议代，恭邸遽言资格才望应臬司自当首指，相国起应曰："应臬司外正中邪，害吴人不足，又令之害楚人乎！"次日有来京候简之旨，廉访遂告养归。廉访夙工结纳，吴中士绅多相契好，未知吴江相国以何事龃龉也。

言宝时之善，而亦不无微辞焉。

## 一五　丁日昌与刺马案

孙氏谓："雨翁少君有事，宝时便装耳聋；及马榖山被刺，亦以耳聋请假。苏省两次重案，宝时身任臬司，一味取巧规避，毫不沾染。"盖以事关本省督抚，巡抚丁日昌之子涉及命案，总督马新贻被刺而死，宝时感于案情之棘手而有意规避也。此两案巨细有间，各为一事，而当时有传为日昌对新贻报复之说者。《归庐谭往录》卷二云：

马端愍新贻之被刺也，郑尚书敦谨、张漕督之万先后遵旨查办，均以刺者张文详为洋盗复仇，定律凌迟结案。而中外议论颇多异同，其谓事涉暧昧者，固不足辨，究考其实，复仇一说，亦在疑似之间。时王少常家璧督学陕西，奏称丁中丞日昌主使，以报私恨，袁侍郎保恒适办西征粮台，亦主其说，请饬使臣切实根究。廷寄将原折抄给阅看，中有"既有此说，亦不可不使郑敦谨等知之"之谕。先是，丁中丞之子，以狎妓斗殴，致酿人命。中丞请旨，交端愍查办，坐凶人抵罪，亦未及丁，实两无所嫌也。主使之说，不知何来。大抵中丞于属吏颇近操切，衔恨者多，世传百韵诗，至污辱不忍卒读，传授增加，何所不至？王、袁两公，素重端愍，悼此惨祸，仓卒据以入告，初不察其虚实重情有关国是。幸赖朝廷宽大，不欲兴起大狱，卒就使臣议结，王、袁之奏，亦等诸台谏风闻耳。端愍在江南，恪守曾文正遗规，俭以维俗，勤以励治，亦称其职，而舆情则不甚惬焉。

新贻遇刺，事极兀突，奏请严究主使者，尚有给事中刘秉厚等。至日昌之子一案，系日昌自行举发，先谓其无服族人都司丁炳等滋事，续奏有其侄监生丁继祖在场，并风闻其子分发补用知府丁惠衡与焉。经署臬司杜文澜督审，案内人犯均称惠衡并不在场。继又奏称："臣访闻有臣子跟丁范贵在内，疑伊亦在场，当时忿怒，欲以家法处死，丁惠衡畏死潜逃。"云云。奉谕革惠衡职。此案甫经新贻审结，而新贻遽遇刺而卒。（新贻请将日昌交部议处，日昌复自请严加议处，谕加恩宽免。）

## 一六　李慈铭述马新贻

新贻被刺之案，谳定而疑窦长留，且身后不免谤议，特称其治绩者亦不乏，拙稿前曾略述之。徐氏所叙，亦许其称职［新贻谥端敏，菲（非）端愍］。李慈铭于新贻怀知己之感，深致嗟悼。新贻系于同治九年七月二十六日遇刺，翌日卒。慈铭八月初五日（时在杭州）《日记》云：

> 数日前闻两江制府马公出城谒客，方下舆，有衣仆隶衣者跪道左。马公问故，其人忽出匕首刺马公，中腹下，剚入者四寸。材官道从者以百数，皆瞠眙不知所为，而其人已逸去。马公舆而归，血逆注不能言。阖城鼎沸。旋闻公即于次日日加未卒。予深惊骇，且疑其未真。今日知抚署有急报至，事已确，且已擒盗，供称姓名张正荣，河南光州人，究所繇及主使，皆不答。吁，可异哉！马公历官以谨慎称，待士大夫颇有恩，与之交者未尝见其疾言遽色，忽遭此变，深为未喻。且以一县令，不二十年，致位督部，虽身与军事，无汗马之劳，徒以荐牍屡膺，随材平进，甫晋皖藩，旋擢浙抚，命督闽浙，即移两江，眷渥任隆，几无伦比。而亨衢方展，异变忽臻，年甫五十，尚未有子，岂祸福之相倚，抑高明之难居欤？其隶浙四载，虽无赫赫名，而拮据绥集，以俭率下，调

停悍将，与民休息，故去后颇令人思。予辱与相知，备承推挹，虽居穷忍饿，未曾仰赖豪（毫）发，而虚襟略分，有逾故交。自移建业，予性素懒，未通一书，而公每见浙中人士，未尝不殷殷致问。近日子虞公庪自秣陵归，犹传公深以仆病为念。知己之感，生何能忘！今秋得办北上之资，当迂道绝江，具斗酒只鸡，哭公雨花台上耳。乙丑冬，乡人罗、章之与予为难也，时二凶挟蒋布政势甚横，公虽不能直，而甚愤之，尝公言之越人曰："罗某都中所为之衣冠不齿，若章某鼠伏乡里中可耳，今皆痛诋李君，则李君为人，益可信矣。"及次年春，公来越，晤予于舟中，深以前事愧。予再三致谢，且曰："君子小人，不辨自明，君何屑与彼二人辩哉？"时高君次封为越守，尝出公先后手书眎予，其倾折于予，有非辞所能尽者。丁卯之春，予来杭见公，公犹喟然及前事，曰："今贤士大夫犹多为君不平，而君未尝稍见辞色，此君之所以过人远也。"呜呼，即此一事观之，公得不为知己哉！

低回悼叹，情见乎词。至关于遇刺情形，当时得之传闻者如是也。八月二十九日，录初四日赐恤之谕，注云：

> 毓桢为马公从兄弟子，新自山东来，尚未定为嗣而变起。公之被刺也，方由箭道步入署东侧门，有疏

戚某自其乡来，遮道乞贷，公止而问之。盗忽自旁出，刺公倒地。吏急闭城门捕盗，人情汹汹。布政使梅君出示谕民，言总督有家难，无预外人事；而安徽学政殷阁学，次日验录遗生，出题曰"若刺褐夫"，士论大哗。此辈不特全无人心，其文理不通，亦已甚矣。设有以此登白简者，纵朝廷宽而不问，恐亦无地自容也。

安徽学政殷兆镛出题事，可参阅第十一期拙稿所述。赐恤谕有"伊子马毓桢加恩赏给主事，分部行走"之语，盖遇变后始定为嗣者。　　　　　　（原第14卷第15期）

## 一七　瞿鸿禨张百熙交谊深厚

瞿鸿禨、张百熙，生同里闬，订交最早，同治九年庚午同领乡荐，相继成进士，入词林（瞿辛未，张甲戌），其后同官尚书，瞿且直枢廷，晋揆席，均以名臣见称。近获见其往来手札，特移录数通，以飨读者。

己亥（光绪二十五年）张致瞿书云：

子玖老前辈同年大人节下：别三稔矣，积想成痗，如何可言！百熙不肖，以暗于知人，几获大戾，为师友辱，然区区愚忱，迫于救时，切于报国，至不顾利害而汲汲为之，其不颠覆以至今日者，盖亦天幸而已。方咨送某某时，尝声明酌中采取等语，（意谓考试之事，究属以言取人，且时务一途，本宜节取。）虽亦觉其危言谠论，不无偏激，而通晓时事，似有过人之才。不谓包藏祸心，陷于悖逆，至于如是，是则愚蒙无识所未及深察隐微者矣。往者论列时流，将以某名并举，经我老前辈指示，乃遂去之，以近于不孝而黜之于剡章，岂有觉其不忠而反登诸荐牍？平居读史，尝窃议胡文定理学大儒，何以轻信人言，谬举秦桧（殆亦迫于救时之过耳），乃自蹈其失，而可加甚焉。从此不敢轻议古人，妄评当代。鄙意于某某初非有党同之见，特以自信太过，其弊一至于此，此则非惟寡识，亦坐不学之过矣。仰荷东朝天覆之恩，不从吏议，且未久即蒙开复，不知何以为报。每一念及，辄汗涔涔下。老前辈夙加伟视，而百熙乃躬冒不韪若此，其何以对知己，但有引咎自责而已。屡欲函讯起居，匆匆未果，即乘轺之喜，卿贰之荣，亦阙然未有以贺也。非无典签，但可以酬恒泛，如公笃谊，反致阔疏。去秋已来，则以获咎抱惭，临池辄辍，恃老前辈有以谅之耳。时局日益阽危，德人之于胶州，俄人之于旅大，英人之于九龙，法人之于广湾，瓜华之见端，（仲华相国曾以此面奏东朝，故敢及此。）西人所谓势力圈也。势力之圈所在，他国不得沮害。（按："圈"原笔误为"权"。）如英人公向译署言，长江一带，不得割与他国，盖认为其权力之所到也。切肤之

2003

痛至此，或犹以为不过割我海疆边境而已，岂非梦梦哉？《诗》曰："我生不辰，逢天僤怒。"又曰："载胥及溺，其何能淑？"两宫忧劳宵旰，为人臣者顾莫展一筹，诗人可作，应亦不料世难之至于斯极也。吕氏曰："燕雀争善处于一室之下，子母相哺，自以为安矣，至于突决火焚，颜色不变，乃不知祸之将及己也。"又曰："万人操弓共射一招，招无不中；万物章章以害一生，生无不伤。"今外夷之祸之烈，岂惟一招一生而已，而犹以为祸不及己，自同燕雀，岂不痛哉！一人一身之出处，一家一室之福祸，殆不足言，特为老前辈放言世变如此，知必为之同声一叹也。此间试事极难措手。次远前辈语熙曰："三年辛苦，竟无补益。"初以为其言之谦也，今乃知其信然，且不惟无补而已，至声名性命功名皆可不保，甚矣其难也！顷试惠州，舟次书此，以达奉拳。敬叩春祺。年晚张百熙顿首。己亥除夕前二日。

**附诗暨跋云：**

要使天骄识凤麟（东坡送子由使契丹诗句），读公诗句气无伦。岂期变法纷朝政，差免书名到党人。修怨古闻章相国，推恩今见宋宣仁。（百熙以主事康有为讲求时务，所识通雅之士多称道其才者，因以其名咨送特科，当声明蠲除忌讳，酌中采取等语。既念与主事素不相识，其心术纯正与否不可知，复据实陈明，并将该员业蒙钦派差使，可否免其考试，请旨办理。又片陈，中国自强，在政不在教；在讲求政事之实际，不在比附教派之主名。请明降谕旨，严禁用孔子纪元及七日休沐等名目，以维持名教而免为从西之导等语。均仰邀留览。及康难作，而被罪者众，百熙独叨特恩镌职留任，以视东坡之遭遇宣仁，有过之无不及也。）过书举烛明何在，削牍真惭旧侍臣。

《题东坡居士居儋录》诗三首之一，录奉教削，小注皆事实，藉以明使才之误。荣相语鹿滋轩前辈，谓某枢府误记。（谓系仲老，必不然也。）刚相谓："不有片陈之件亦如张香涛不理会矣。"（面语熙者）熙谓："咨送与奏保，同一谬妄，处分实属应得。"刚云："东朝初颇生气，谓张某里边人，何亦如此！"枢庭当奏："张某此片，不是保他，因曾咨送考试，恐其心术不可靠，故尔声明如此。"东朝意亦释然，此所以不久即开复也。"附片明言咨送考试，何以言保送保才？此折系八月初十日到京，何以延至二十五日始行交议？公记会东樵之折否？可以悟矣。然东朝天覆之恩，闻者无不感激，况身受者乎？惟有愧汗而已！百熙附识。

戊戌政变，张以曾荐康有为获咎，观此，可知世传以使才论荐之为误会，即荐应经济特科之试，亦咨送而非奏保也。张氏幸免严谴，犹有余怖，故以"包藏祸心，陷于悖逆"谓康，而以未觉其不忠误登荐牍自谓，且别引一以近于不孝既知遂不论荐之人，与康对举，明非有心，其时情态如此，盖处境使然耳。书之后幅，畅论时局阽危之状，忧国之怀若揭，玩其词意，固仍以德宗之变法图强为是也。时张以内阁学士督学广东，瞿以礼部侍郎督学江苏。次远为恽彦彬（辛未传胪）字，为张广东学政之前任。仲老谓廖寿恒（字仲山）。张之洞曾赞行新政，政变并未追究，故刚毅以为言。己亥刚毅奉命往广东筹饷，与张相晤而面语之。

又庚子致瞿书云：

子玖老前辈同年大人节下：前奉手教，备纫爱注，冗于尘俗，裁答稽迟，歉甚歉甚。比得电传，恭悉宠命钦承；梁（荣）除都宪，抒素怀于启沃，用宏济乎艰难，隆栋之膺，计在指顾，不惟同曹称庆，抑湘中人士所引领以祝之者也。百熙承乏岭南，惭无报称，渥荷圣慈，忝晋容台，高厚难酬，益滋悚惧。先是因暌离桑梓，多历年所，拟此次报满时，乞假一月，归省先茔。自联兵北犯，来（乘）舆西狩，天下多故，大局阽危，暂假一节，未便陈请。现在试事告毕，考优亦已举办，俟新任抵粤，即行交卸，驰赴行都。尊处离西安较近，受代必当较早，天寒岁暮，迢递关河，驿程辛瘁，不堪预计，但冀大局速定，长途无梗，斯为大幸耳。肃复，恭叩大喜，敬请台安。年晚生张百熙顿首。九月二十一日。

此书由广州发，十月初四日到江阴学署。陈夔龙《梦蕉亭杂记》卷二，谓张、瞿相约交卸后会于汉口，联辔入秦，瞿氏爽约先抵西安，云云。前经根据事实，辨其非确（见本报第十二卷第三十三期）。今复见此书，亦足旁证相约同赴西安之说之难信，盖此书到时，瞿正准备交卸启程，书中惟言"尊处离西安较近，受代必当较早"云云，毫无相约"联辔入秦"之语气也。

又辛丑瞿致张书：

> 潜斋长兄同年大人阁下：别后不胜怀想，定复同之。冬卿大喜，为之庆抃。然外部一席，实宜让于稷契，不才两次荐公自代，卒未如愿，实亦弟之不幸也。举劾大疏，声震天下。慈圣谓："如此认真，甚属难得。"深为褒许。修工办法，极为核实，积弊自可一清。诸事都顺手否？两得来电，使节一件，略相不以为然，或即从缓。此间一切照常，筹款则尚无端倪，何以为计？俄得消息如何，便中示及是荷。手布，敬请台安，并贺除喜，不一一。弟止盦顿首。七月尽。

瞿由礼部侍郎递升左都御史、工部尚书，复转外务部尚书，所遗之缺，历由张氏递补。外务部为新设之部，班在旧有各部之上，责任较重，瞿膺斯命，荐张自代而未获允。所谓"举劾大疏"，指张任总宪举劾言官而言。所谓"修工"，指承修跸路工程而言，张以此差先由行在入都，共事者为陈夔龙等。陈氏于《梦蕉亭杂记》卷二自叙承修此项工程经过云：

……适奉旨定期十月还宫。维时京城残破不堪，急需修理，全权大臣先期电奏，请派大员承修跸路工程。行在枢府拟定长沙张尚书百熙、长白桂侍郎春，奏请派充。慈圣笑谓："此次工程，须由在京大员中拣派，情形熟悉，较为得力。我意中已有两人，一兵部侍郎景沣，一顺天府尹陈夔龙，不如一并派充，四人合办。"枢臣承旨后，即刻电京遵照。桂侍郎前在庄王府任差，有庇拳嫌疑，不果前来；张尚书一时不能赶到，先由余与景侍郎召匠选料，赶速开工。初次入东华门，蓬蒿满地，弥望无际，午门、天安门、太庙、社稷坛等处，为炮弹伤毁，中炮处所，密如蜂窠，想见上年攻取之烈，不寒而栗，拔荆斩棘，煞费经营。此外如天坛、先农坛、地坛、日月坛暨乘舆回时经过庙宇，大半均被焚毁，急须修理，工程浩大，估计实需工款约百万两，而堂子全部择地移建，与正阳门城楼之巨工，尚不在内。景侍郎狃于从前习惯，凡工程估定价目后，堂司各员例取二成节省经费，拟照前例，借工帑余润以偿拳乱损失。余不以为然，谓："此次拳祸之烈，为二百年所未有，九庙震动，民力艰难，此项工程不得以常例论，应核实一律到工，即所派员司，一律自备夫马，洁身任事，将来大工告竣，准给优保，以酬其劳。"侍郎意不怿，谓余有意与彼作梗。适张尚书到京，颇以余所论为是。侍郎无如何，始允会同入奏立案。余等分期率同员司，督理工作，历经三月，工程大致完竣，当即电知行在。……赴漕督任。逾年壬寅，接张尚书等函，知堂子业已兴建讫。余复于漕督任内捐廉一万两，倡修正阳门城楼，各省均提公款助修，计一年余始行工竣。承修跸路工程之案，乃告一结束。特备书以谂来者。

所述情事，可备考，因缀录之。（原第14卷第16期）

## 一八　张百熙办教育

张氏一生宦历，以充管学大臣时最为有声有色，为中国教育史上有名人物，其时赖瞿氏在枢廷左右之，俾得发舒。而事属经始，颇感困难，有疑谤交乘之势。兹更摘录其致瞿书关于办学者如左：

所难者，则学堂也。（从前京师议论，皆以学堂为无父无君之地，今犹是见解，犹是议论也。昨与燮臣相国言及，同为太息久之。）容诣略相及公处详言之。

昨日法使馆一晤，未克絮谈。前函言学堂为难一节，拟不向略公道及。若因其难而不为，既无以对朝廷，亦无以对我公与略相也。勉竭小才，至开办后再行陈说，彼时必望公体谅此心耳。现在吴总教及荣提调勋（略公至亲，极好，极明达）、绍提调英已于初三日前赴日本考察学务，译书、编图两局亦已开办。潜手定编书大纲，一曰定宗旨。宗旨者，群矢之的也，人人向此的而致力焉，虽不中不远矣。宗旨乌乎定？必择其可以正人心、端趋向，绝无流弊者，建一名号以为标识，则莫如爱国。国家教忠孝，励廉节，无非欲养成此爱国之民，使人人各全其忠孝廉节之美德也。此次编书，当先揭明此义。二曰芟烦碎。略言：既定此爱国之宗旨，则凡关涉政治，于国家有利无害者，精为甄综，一切烦碎之笺疏，支离之诞说，概从删薙，则成书精而讽诵易，必不使学者疲日力于无用也。三曰通古今。略言：今日之所急，当以究心教养之原与夫通考历朝礼乐兵刑之制能见诸施行者为要务，若第博考其异同沿革之迹，仍不能谓之有用也，故必以知今为主，而证以既往之陈迹，以定其损益，使人人读书时之精神皆贯注于政治之中。四曰求贯通。略谓：今所编纂诸书，非一人可办，总期于经史诸子中可以变通互证者特加之意，则学者诵习时可收贯通之效等语。未知公谓然否？载籍极博，浩如烟海，非有一定之宗旨，主一之精神，以范围之，贯注之，随意抉择，即成巨帙，何所裨补于时事耶？知公亦必以为然也。改建学堂一层，刻已于瓦厂地方，择定一区，月内可以署券。将来即请将从前大学堂（已残破不堪，由大学拨款修理）改作宗室八旗中学堂，而大学堂之速成科即借中学堂地先行开办。俟明年城外大学堂有成，再行挪移。日内已将宗室觉罗各学校接收。左右两翼学尚有学舍，觉罗学则久已荒芜矣。中学堂大概情形，月内或可具奏，惟经费一项，除常年左右翼及八旗应领户部款项五万二千金外，尚不敷银五六万两。大学堂常年经费，已自拮据，万不能兼顾中学堂（必令兼顾中学堂经费，则并大学堂亦不能办），势不能不另请的款。此则必须仰赖大力主持者矣。翰林院编书应用书籍，已由上海购来四百一十二种，日内即拟咨送。谨附及。

鞠尊前日来述一节，潜与此公并无嫌隙，或闻外间讹言传述，遂尔率陈，然亦可怪诧矣。好在学堂章程，已经奏定，海内周知，并无诡异之说，即香帅所奏办法，除武学堂外，其所定学科，与潜所奏章程，十同八九，可见公理相同，不能特别以示歧异也。现今大学堂办法，何以即有大祸，略园何不面诘之？实有意外之流弊，亦不妨改良也。此事非与略园当面一言不可。流言之来无端，恐有处心积虑以排我而因以害及学堂者。一二日当奉诣一谈。

湖北所奏章程，无非欲专揽教育之务，然省学堂卒业仅令外洋游历一年，不令升入京师大学，虽欲自为风气，而学生仅得举人，不能得进士，恐学生亦未必愿意也。中学堂习外国语文三年，而高等学堂无之，未免疏漏。各国语文，仅习三年，未合也。（奉朱批议奏，其以此乎？）公于学堂有大功，略相能从公言以保学堂，是亦有大功者，而下走乃以不足轻重之身，致负疑谤，以致负我两公，可愧甚矣。行当投劾以去，以避贤路，他日公幸毋固留，以重其罪也。

所述编书大纲，可略见其教育宗旨。京师大学堂旧址，今北京大学犹沿用之，而当时张氏另有在城外建校之计画也。略园为荣禄别号，时以大学士为枢臣领袖。燮臣为孙家鼐字，时以大学士同任学务。鞠尊为江苏候补道朱恩绂字，长沙人，时在京以乡谊往来瞿、张间。当时学堂（称学堂不称学校者，以科举制度下之府、州、县学通称学校，故称学堂以别之）毕业生奖励办法，中学堂奖拔、优、岁贡，高等学堂（各省省会设之，程度介于大学、中学之间）奖举人（暨官职），大学堂奖进士（暨官职）。湖北所奏章程，不符通制，高等学堂毕业，不令升入大学，奖励出身，以举人为止，故张氏言"恐学生亦未必愿意"。又：

　　学务事日前与华翁深谈，意见颇合，似以缓设学部为宜。此时照香帅所定学务处章程，分科办理（此即与学部无异），不立学部之名，而居其实，必于学界有所裨补。俟一年之后，各省学堂普立，再就学务处已扩之规模改作学部，不至头绪棼如。务乞力为主持，学界幸甚！（乞与徐、铁两公商之，好处甚多，愿加详审。）

学部非设不可，而兹事体大，下走实不敢承。公之意固公而非私，然自揣无此学识，以公一人之意争之，不得固失言，得而不能胜任，使我公有举不得人之悔，而议之者并公而咎之，何如慎之于始也？公谓何如？下走于学务，于京师各馆，尚无不可对人之处，及此而卸肩，何快如之？若既为人所轻而忌之，不去必不讨好，且将并其前所办者亦以为罪。（开学不久，即两人同办，实亦不能罪及一人，然事未可知也。）非公爱我，谁可与言及此者？幸乘其自任而赞成之，俾潜得以引身而退，公之赐也！

顷有人言，将以铁、徐两公领户部，然则荣与潜必学部矣。（本不愿久于户部，故前有调回吏部之请，今不可得矣。）二三年来，颇有退志，所以迟迟者，始则以东朝万寿，不能不一随班，嗣以学务羁身，难于摆脱，后复以东方事变，万无可言归之理。今东事粗定，但能开去学务，无论身居何部，冀可渐得自由。果如所闻，则衰病之躯，何能胜此重寄？（窥当事之意，未必以此为重要也。）况有匿名书一事在心，更何能有所施为耶？忧来无端，聊为知己发之，知公亦不能为潜计矣！

此三书为主张缓设学部及力陈不愿任学部尚书者。初拟即照张之洞所定学务处章程办理，暂不设部，继以设部将成事实，深恐即以学部尚书相畀，蕲得摆脱。盖疑谤所集，不得不谋退步耳。华翁谓同膺管学之任之荣庆（字华卿）。所云"幸乘其自任而赞成之"，似亦即指彼。徐、铁两公，指徐世昌、铁良，丙午修改官制，二人均参与其事。至"铁、徐两公领户部""荣与潜必学部"之说，似以为各部仍设满汉两尚书，而己与荣庆将同授学部尚书（荣庆蒙古旗人，例补满缺），势难挽回矣。新官制公布，各部均仅设尚书一人，荣庆授学部尚书，张授邮传部尚书，铁良授陆军部尚书，徐授民政部尚书。（户部改度支部，溥颋授尚书。）"东方事变"指日俄战事，扰及东陲。瞿致张书有云：

> 公于学务有益，学务于公亦相宜。吾两人苦心热血，一旦皆付之东流，夫复何说！……公随人仰屋持筹，无往而非难境，可想而知，如能乞外，最为上策，容日再倾吐言之。连日胸中恶劣，了无佳况，奈何，奈何！

此盖张氏以环境之困难，势须摆脱办学职务，而瞿氏深致其慨惋也。张另有一书致瞿，有"或铨或外，否则惟有引退耳"之语，言或吏部或乞外，此书所云"如能乞外，最为上策"，似即对此而言。

瞿、张凤好，其往来手札，瞿兑之君（宣颖，子玖相国之嗣）藏弆颇富，近得就观，移录如右。

(原第14卷第17期)

# 一九　绍兴嫁女陋习

绍兴一带，嫁女积习奢侈，女家负担重，縻费多，甚至因而荡产，前曾据所闻略述之（见本报第六卷第四十七期）。近阅《越缦堂日记补》，李慈铭所记嫁妹情形，于此种奢风，感慨系之，可资印证也。（李籍会稽，与山阴同为绍兴府治，今废府，二县合为绍兴县。）咸丰六年丙辰九月十五日云："是日也，长妹荥阳氏出阁。……妹生于道光十六年丙申，至三十年庚戌字于城中月池坊郑氏，及今出阁。……早起祀神，上午教妇，午祭告祖先，邀族人宴。……夜半送妹上车，予偕开先、诗舫、楚材诸弟随送至郑宅，更以舟送箱、篚、铺陈去。"十六日云："寅刻花烛，卯刻宴毕辞归。……辰刻郑郎偕妹来反马，茶三献，再拜去。郑郎少妹五岁，自其祖以贾起家，四十年来，日蕃滋。其诸父辈皆以货殖雄于乡，而渐侈，子弟或事游荡，遂稍稍有落其家者。郑郎父最以谨厚称，只一子，以岁庚戌求婚于先本生王父司马公。司马公率予至其家亲相婿，时郑郎髫也。司马公喜其厚重，即许字。今婿能行亲迎，而司马公弃养五年，不及见也。"十七日云："料理长妹三朝礼物。"十八日云：

> 以鸡、鹅、鱼、豚、脯服、榛、栗、枣、胡桃、荔枝、龙眼、莲、芡、梨、柿、橘、柚、酥、饸糇、饵粉、瓷粔、秾糖、蜜之属共六十四榼，簪珥、银钏、巾饰、衫裙、铅粉之给婢媪者共四箱，鞋袜杂佩之贽舅姑者共四箧，又奉以衾枕铺褥一副，为长妹做三朝。郑宅犒钱八千文。吾乡嫁女，以奢相尚，为天下最；〔上〕自服饰器皿，下及刀匕箕鬻，无一不具，而费之无用者复不訾。余家素清俭，比又中落，凡来我家作妇者嫁具皆不盈一车，而长妹此行，又不能不稍随婿家为转移。昔贤云嫁女必须胜吾家者，然降及后世，悉索敝赋，职是为厉，其亦善为女谋而不知自谋者耶！乃笑牵羊买犬家，正宜收乌翣十事，讲田夫礼耳。

十二月初十日云："为次妹陈设嫁具。未能绝秦，又兴诅楚，牺牲玉帛，待于两境，真悉索敝赋矣。夜写衾目。"十一日云："张氏来迎衾，并致犒钱二十千文。"十八日云："上午祭祖，为次妹行教妇礼。妹今年十八矣，小弱初胜冠帔也。……上马坊张氏以彩舆来迎，从人三十六人，奠雁，番钱三十二元。……夜治酒六筵赐张从人。二更后偕莲士、柏睦伯、楚材弟及傧从鼓吹三十六人送妹上车去，三更抵张宅，遣客一张姓、一王姓来迎。丑刻观花烛。新郎年十四，长与妹等也。寅刻张氏设宴，亲家翁张钝甫上舍行安席礼。"二十日云："为次妹点检做三朝礼物，一切视长妹稍差。"二十一日云："遣价十四人至张氏做三朝。"翌年丁巳八月初九日云："是日遣人至次妹家送中秋节物：鸡一双回，鹅一双回，鱼一双，豚五斤八两，大月饼四百九十枚，小月饼二斤十两，水晶月饼二百六十枚，细沙月饼五斤八两，素月饼二斤，西洋蛋团四斤，水桃酥二斤，卷酥二斤，藕十九斤，梨十斤，绿柿十一斤，朱柿二斤余，石榴三斤，蒲桃一斤。"十一日云："长妹返婿家，以舟送之，并中秋节物：双鸡回，双鹅回，双鱼，豚五斤，大月饼五百廿枚，小月饼三斤，水晶月饼三百枚，细沙月饼四斤，西洋蛋团三斤，蛋饼一斤半，桂花饧球一斤半，象鼻酥三斤半，水桃酥二斤，砂仁糕一斤，绿柿十四斤（每斤钱十六），朱柿三斤半（每斤钱十七），石榴二斤（每斤钱二十），梨十二斤（每斤钱三十六），梅梨四斤（每斤钱三十七），藕廿三斤（每斤钱二十）。"九月初一日云：

"盗不入五女门"，自古已然。越俗往往以嫁女破家，张文恭《万历郡志》备言之。余家世尤甚，虽明知为陋俗而不能革，又相攸唯择富而家食者，故自殿纂公来，历六世百余房，无佳婿，颇不惜以素族爱息事卖绢牙郎，既门户不相当，而诛索尤甚，于是倾资餍之，月有问，节有馈，岁有献，以及生子，将临蓐，则先作衣服褓袱并裹粽以遗之，曰解胞，粽曰解胞粽。

至三日，则具榛、栗、鸭子以遗之，曰洗儿。至弥月，则更制衣服，绣襦袍，刻镂金绮冠饰以百十数，及瑶环瑜珥以遗之，曰满月。及周岁，则更大其冠若衣，又益以靴带诸绨绣之物，曰得周。而自解胞后，凡产母之一饮一食，日问之母家，傅婢乳妪之赏赐及收生妪之犒物，曰母〔家〕。弥月周晬祀神之牲之醴之烛，曰母家。一不具，则诃斥立至，甚至生男至上学则有礼，生女至裹脚则有礼，男女至十岁至二十岁皆有礼，率如前，上者物以千数，次以百，下此者咸鄙夷之，翁媪不复以子妇齿。女家汲汲惟恐后，万不责一报，往往卖田宅典衣物以济事，而其翁媪若婿，则遂以其贫也而仍鄙夷其女，彼此更相笑相叹，而为之者相踵，亦卒无悔者。比转瞬而所谓卖绢郎者，粥奁物，既，粥祖产，既，则亦四壁立；不必荡子也。盖其先既取之不义，所积易败，又家食，自豪侈，性率愚蠢，故遂立尽，而女亦终致寒饿，不得享其富。噫，俗之敝，无逾于此者矣！安得良有司谆谆劝谕，并闻之朝，立严法以禁之，而积习或可少破也。哀哉！余拉杂书此者，固有所感，亦有补世道不少。使人能诵余此文，有不蘧然梦觉洒然汗出者哉？夫睦姻从厚，岂不谓然，而作此无谓，则不可也。况旧姻新特，致慨风人，诚能从余言而节损以为惠，则姻谊可久，裁新以厚旧，则薄俗可联，今翁婿以贿成，舅甥等行路，而内外兄弟不可问矣。……

初三日云："遣婢仆以角黍二千枚，绣衣文葆两箱，并鲞脯、凫、豚、鸭卵、龙眼、胡桃、枣子之属及六母鸡，问遗长妹。妹之翁郑六犒我钱一千文。"初四日云："长妹产一女，赏郑仆来告者钱一千。"初六日云："遣婢仆以鸭卵四百及榛、栗、枣、豆、莲子、龙眼、胡桃、松子、栒子之属为长妹洗儿。"十月朔云："料理长妹女儿弥月礼物：金冠、珠冠、绣冠共十二顶，绣衣两箱，花袍花衫四箧。"初二日云："是日遣人至郑氏妹家送礼，副以鸡、鹅、鱼、豚、烛、炮等物。郑六先具柬来请酒，还之。"十一月初三日云："次妹返婿家，以舟从送之，并冬至节物：馄饨两木筐，橘一筐，石榴一筐，鸭、豚及食物杂果共八蛮槛。"十二月十四日云："是日遣人至次妹家送年礼，并解胞之馈，一切视长妹。"翌年戊午正月十三日云："张氏妹生子来告。"十五日云："遣仆婢辈至张氏，为次妹洗儿，送画卵六百，榛果之属称是。"五月初三日云："分遣仆婢以角黍食物牲果之属遗两妹。"九月初四日云："长妹所生女周晬，送礼：金绣各样缎鞋十六副，金绣布鞋六副，金绣绸袜十副，布袜八副，绣花各色缎绉、绫罗、纱布衣裳共六十领，绣花裤四事，金绣珠帽两顶，鹅一对，鱼一对，豚五斤，馒头百二十枚，面十斤，烛一对，福纸一方，药爆两封。郑氏犒我钱二千文。"翌年己未正月十三日云："次妹返聋乡，并送容甥周晬盘冠履衣服去。"观《越缦堂日记钞（补）》所载，虽奁具未详，而礼物之烦费，可见其概。陋

2019

俗相沿，宜李氏之慨喟。时至今日，或已渐革浇风欤？

(原第 14 卷第 19 期)

## 二〇　湘绮楼追记

王闿运一代文豪，其子代功为编年谱，称有《湘绮楼文集》二十六卷，外集二卷，而坊间仅有八卷本，晚年之文，均未收入。曾请宁乡梅伯纪君（焯宪）代访，其家与王氏有旧也。近得来书，亦未见此二十八卷本，盖迄未印行，并谓："湘绮故居，在湘潭之云湖桥，适当湘潭、湘乡之孔道，十年前湘乱迭乘，闻其迭遭兵燹，书籍散失殆尽，但以其后嗣无闻，无从问讯。昨阅《湘报》，有关于湘绮楼纪载一则，故家零落，风流歇绝，良可慨叹。兹持剪报附呈，知亦同此怃然。"所剪示者，为刘湜《湘绮楼追记》，其文云：

> 去年十月间从长沙回到我的故乡——湘潭，……偶然想到一回事，值得我几番追忆。记得发蒙读书时，是在湘绮先生故宅，而今足足十年了。那时我才十岁，正是□□□闹得很糟，把湘绮楼前的古树，砍得寸木不留。楼虽先年被水浸坍了，得着树木的陪衬，还留有几许风光，经此之后，只留下一块方形的草坪，给人们徘徊凭吊。
>
> 湘绮楼虽然倒了，但是楼后的两进屋还是如故，

再（每）进间有宽大的丹池，所种的花木都已高出屋外，虽然是旧式房屋，可是空气流通，景致也还幽美。（按：丹池，湘语庭院之大者。）

相隔我家，只一条小小的涟水，不记十月那日里，我独自渡过涟水，向十年未到的旧游之地迈进，一会儿已达到了。可是眼前的一切，都不是我脑海中所想到的景象，屋子破了，墙壁已有裂痕，庭子里的花木和果树也不多留，为的已非旧主了！五年前售与周姓，现教局虽有收回公产重修湘绮楼之提议，究没有成为事实，恐终于是个意见。

……在湘绮楼前，触景生情，增加我无限感慨，曾有诗一首云："湖江口北云峰麓，远树空濛暗幽谷。松老参天欲化龙，胡为鸟声鸣剥啄！荒村寥落少人行，但见歌吟樵与牧。攀跻幽径过山塘（山塘即楼址地名），十年重到湘绮屋。升阶笑问应门童，云言我是周人仆。园林寂寞惊萧然，三五昏鸦噪寒木。人亡物在事全非，感物怀人景触目。从来大梦果依稀，沧桑非是年华速。我今涕泪何潸然，徘徊忍向西风哭。"

凭吊故居，抚今感昔，阅者想同深感喟也。梅君钞示王氏寿其外王父廖荪畡先生（树蘅）七十序，亦晚年之作，在坊本文集之外者，兹移录之：

近世论士必曰热心，而刘岘庄尚书独自号冷碪，若冰炭之不相合也。非热不足以济人，非冷不足以应世。士君子怀才抱道，要必有发见之时，乃后不为虚声，不然者，岩谷枯槁而自以为冷，声华喧赫而自以为热，其可嗤也均矣。当东南鼎沸之时，天下波（披）靡，而独有湘乡曾侯倡为求人才分国忧之言，于是左、胡和之，虽走卒下吏，一艺之长，得以自达。闿运弱冠亦与其议论，湖外人才搜访遍矣。宁乡近邑，廖氏名族，有荪畡先生者，与刘克庵兄弟游，称名诸生，竟寂然不相闻。其后湘军愈昌，诸将分旄，而周提督得称大将，专阃固原，乃始礼接之，邀游列营，历览关原，赋诗而还。陈巡抚故宦湘中，颇与唱酬，名声乃稍稍闻于省城。未几而海外耀兵，疆臣失职，征调惶扰。陈君自鄂臬调藩畿辅，江湖波荡，而先生拿扁舟越重湖，游虎丘而还，其于世盖翛然矣，可谓冷矣。俄而陈君抚湘，康、梁得志，亟用热心之言，举国若狂。湘人被知用者皆旋踵放弃，独常宁矿利大效，海外腾书以为巨厂；部尚书移文湘抚称廖氏私产，即先生为陈抚所开辟也。方其受事时，与巡抚约，一不得掣肘，荐一人，授一策，即请退矣，故其举事皆自经画，以成此伟绩。无尺寸之柄，而御数千万人，外排众议，内检罅漏，为湖南所恃以立国，陈抚所赖以雪谤。身杂丁役之间，躬奋锸之事，食不兼味，居不重幕，亦哑然自笑，不自知其何所求也。人之目之者，皆以拥厚资，握全权，一语不合，则以求去要必胜，省局尝欲驾驭之，排挤之，而卒不能。徐视其容色，听其言论，若不知有开矿之利，而遑恤人言乎？闿运长先生八岁，相见时年逾六十矣，未暇问其设施，但观其诗文春容高华，无寒俭之音，不与冷官相称。未几，果以学官改部司，主省局，天下言矿政者交推之，而亦垂垂老矣。今年正满七十，同事诸君皆欲称觞致词，而以予知先生最深，属为文张之。予以为先生性冷而心热，蓄道德能文章，而不见用，偶见之于纤小之事，已冠当时，名海内；使其柄大政，课功效，必能扩充之无疑也。士无所挟持，诚虚生耳，虽膺高爵，享厚禄何益？先生家固小康，以勤俭治之，男妇各有所职，六丈夫子，俱有才能，恂恂雍雍，门庭儒雅，尤予所叹羡。尝戏语之云："君毋自夸能教，此福非他人所及也。生平得接贤人君子众矣，先生得天独厚，而不自表襮，特假矿以发之。今七十既老，当古人致政之年，宜及斯时谢事闲居，饮酒赋诗，传子课孙，以福泽长曾元，而何汲汲远游，避客遁世之为？"先生笑曰："吾前者西征东游，子未闻一言，今独欲吾具衣冠，延贺客，仆仆亟拜，以为子酒肉计，子言谬也。姑待吾归而论之。"然闿运窃自喜相见晚，而相知深，吾文果足用也，遂书以为寿。

廖氏尝居其同里提督周达武幕府，序所谓周提督也。（达武《武军纪略》一书，自述蜀黔战事，文字甚工，即廖氏代撰。）王氏为不赞成戊戌新政者，故于陈宝箴有不满之词。廖氏《珠泉草庐文录》，弁以王氏所为序，同为坊本王集所无，并录于下：

珠泉草庐诗文，余皆得而读之。诗裔皇中宫音，尝决其非乡曲穷愁文士。文因小见大，务为有用之作，不甚雕绘，颇取韩退之"气盛言宜"之说，沛然而来，忽然而止，于今所谓古文家者，皆有合焉。余之得奉教也，由陈右铭。右铭罢官旅湘，为余亟称廖君能文词；及其抚湘，乃倚以主矿政。余窃意文人不耐杂，不虞君之肯为用也。既而右铭罢去，矿利大兴，海内皆推廖君所主为第一，直省无敢比者，无有称其文诗者矣。独张子虞、柯凤笙前后督湘学，稍知其能诗。余虽勉与君唱和，于古文义法未之窥也。昔归熙甫论王元美，以为庸妄巨子，余之不见屏而猥承相与论文，岂非幸与？退之非薄六朝，余不敢擅论八家，盖人各有能有不能，而余之论君文，曾不敢谓当君意也。丙午小寒日，王闿运题。

**又有阎镇珩所为序云：**

前明茅氏八家之选，议者或疑其未公，近世益之为十家，然李之学优于孙，而其才实非子厚匹也。明嘉隆诸子，貌为秦汉，当时已不厌人心，惟震川自比介甫、子固，至今犹师法之不已，然未有齿及王、李者，盖文章贵真不贵伪，王、李之效秦汉，伪也；震川之为八家，真也。惟真则可久，其伪者特蜉蝣之旦暮而已。与震川同时有摹效史迁者，震川为文讥之，比于东里效西施之颦。夫人才之高下不同，古今之时变亦异，必欲舍我而效人，如邯郸学步，直匍匐而归耳。善夫曹子桓之言曰："文章者，人之精神，形躯有时而散，精神终古不泯。"学者诚知文章为吾之精神，则必实道其胸中之所得，使真气沛然，不可抑遏，如是虽欲无久于世得乎？廖君荪畡，积其所为文成一巨册，间使人走遗予，且俾商论。予读之，真气充溢，绝不为俗儒摹拟之习，至其状写景物，尤出之以自然。廖君其深于古者与？然吾闻文章之体莫尚乎简洁而精严，望溪标举"义法"二字，原出于《史记·年表序》，百余年来，人人诵言义法，然为之而能简洁精严者盖亦少矣。姬传之才，不逮八家远甚，惟其善于修饰，工于淘洗，故古光油然，为世所宝重。廖君诚能于此求之，其必有进乎今之所得者矣。丙午小阳月，石门阎镇珩序。

王（阎）氏此序，涉及义法及八家之类，似即针对阎（王）序而发者。　　　　　　　　　（原第14卷第20期）

## 二一　廖树蘅与王闿运

廖氏起诸生，为湘中宿儒，学行为一时胜流所引重，工诗文，事功则见诸常宁水口山矿务，绩效大彰，世所艳称。卒于癸亥（民国十二年，寿八十有四）。其次子基械撰行状所叙有云：

> 岁乙未，义宁陈公宝箴抚湘，明年大兴矿政。先是，陈公备兵辰沅，延府君课其次子三畏，其长子三立与府君尤善，故陈公父子知府君深，遂委办常宁水口山矿务。矿场在万山中，地狭隘，商人开采久，千疮百孔，积潦甚深，交夏至即当停采。府君傍皇筹度，得开明罅一法，将朽壤揭去，开一大口，上哆下敛，使积潦归于一泓，用田家龙骨车戽之，水易尽，然后隧地深入。规画既定，削牍上陈，已报允，讵兴工两月，主省局者悉反前议，谓古今中外无此办法，函牍交驰，百端谯让。府君不为动。……至十月乃获大矿，明罅成效卓著，泰东西人来视矿者，咸……极言土法之善，水口山之名，已喧腾中外矣。戊戌，府君部选宜章训导，巡抚俞公廉三以水口山不能易人，遂调署清泉，兼顾矿场。……会朝廷召试经济特科，俞公及柯督学劭态各疏举府君名以应，府君以年老辞未赴。岁癸卯，俞公移晋抚，继之者赵公尔巽，初履任，即

调府君主省局，水口山委先兄基植接办。先兄悉遵府君成画，前后十六年，都费银一百一十九万两，而加设西法厂实占十之四五焉，获利在六百万两外。府君既入省局，将积弊澈底廓清，常谓治矿如经商，当保官本，图渐进，毋务恢张。在事八年，官商大和，利无旁溢。巡抚岑公春蓂以府君有功湘矿，特奏保举……再疏请，以分部主事得赏三品衔二等商勋。府君办矿虽久，然未经手一钱。当开工时，作文誓山神，有"洗手奉公，勉存朝气。有渝此盟，明神殛之"等语；而言者不察，谓有私财数十万，府君亦勿与辩也。……改革后，幅巾还山，不一与闻世事。……所著书，已刊行者曰《珠泉草庐文录》二卷，《诗钞》四卷，《后集》二卷，《茭源银场录》二卷，《武军纪略》二卷，《祠志续编》三卷；未刊行者《读史录》二卷，《文后集》一卷，杂著一卷，书牍十卷，笔记廿二卷，骈文一卷，《自订年谱》二卷。

可与王氏寿序合看。《茭源银场录》，吾所见惟署卷一之一册，为水口山办矿之公牍，而别有《茭源银场诗录》一册，为咏矿事者，并刊列友好之赠诗，未知是否即以《诗录》作卷二也。廖氏友朋所致书札多通，藏于家，承梅君钞示，颇为眼福。王氏尺牍，每杂诙谐，自成逸调，移录坊本《湘绮楼笺启》之外者，俾与读者同赏焉：

山中消夏，近伏乃凉，未识杖巾优游何处。珠泉银局，心远自清，热客夏畦，城乡同病，亦不以归去为高也。承命撰刘碑，并示大意，遵即序次，并本店自造之文，非汉非唐，似传似论，后世有闿运其人，毁誉正未可料，愿公毋遽灌米汤耳。即求转发刘世兄为幸。专颂道佳，不具。

舍亲得芘，正拟申谢，适承寄函，欣快览之。大作及弟子诸诗词，并经细读，老斫轮不待言矣，两世兄挥洒莫比，尤为胜事，惟词中未留老翁地步，用意偶疏，兹为批出呈鉴。次公送赵诗不及翁作，则地位使然，赵赏不足凭也。应酬诗姑置不论，委和楼诗，潦草塞责，实非极思，因未身到，无可说耳。今年樱桃实少，新笋不生，惟山菌尚佳，嫌同肉价。送春多雨，未得间行，遥想清吟，无任离索之感，专复叩安。附呈五纸，惟望察览幸甚。

十二日上船，十六日始发，十七日还山。踯躅盛开，燕子已来，樱花犹繁于瞿园，惜不得诗人共赏之也。久在城中，心目一朗，俟分秧后，或再入城耳。家谱呈上。来弁求一依止处，想左大人新矿须人，可顺便一嘘植否？散处冗食者无数，若得大才为之疏通，不减唐子明清查饭数，然八字所招，爱莫能助。昔颜渊箪瓢，而孔子欲为之宰，知贫家乃有余粮，财神无患此矣。到家万事粗足，唯未向高楼一宴，以为缺典。专肃颂安，不具。

两次入城，均不得见，提调之旷官可知，殊不及日日摸雀者善于其职也。闻有煌煌大文，整顿三公司，徒托空言，亦非真混，今日岂尚可庄语耶？有长沙徒弟黄伯仁，初学钱店，颇通书算，求随便驱使，与一碗饭可矣。弟近建议开吃饭学堂，专收桐油罐，此人尚非全无用者，可添修凤楼也。秋清且游华山，冬至还湘，想又回珠泉矣。必须豫备佳酿，不再负约为幸。

前留信，想得见。天雨不止，遂不能出，吴竹庄一肚皮话无从说起也。妻弟蔡叔止，贵县门婿，想闻其名。兹有至戚名条，求量宜即用，统压群班，破除他人情面，作弟情面，其所关情面不少。书此以博一笑，余俟面言。

前闻赏羊，心欲得之，以例却不便索耳。果荷重赐，感悦无似。冬笋六筐，来自嘉平，与公赐时辽远，岂使者之謷言耶？令人又悔失此六筐也。俞举早有成言，作阅名单，天下阔人不少，但少老人耳。得公魁之，使此科生色，不可辞也。石门阎生，似又删去，尊处见折底否？与小儿同科，居然年伯，虽辞免，已辱矣，呵呵。明当相见。适有客在，不具。专谢，并颂台安。

前闻七日不食，舁疾还乡，甚讶，甚念。即欲专力走候，旋得来教，细字谨书，较常倍加工整，乃知神明之旺也。所患证候，似是伤寒转疟，乃大幸也。天不欲困财神，勿药自愈矣，亦暗合仲景法也。山中消夏，自是清福，前约相访，正可畅谈，但避暑宜在河房，故将东下，俟初秋送爽，相见珠泉。闻新起一楼，定胜湘绮，恐有金银气耳。炉瓶拜赐，然窃有一说，以公本非匠家，托人置祭器，未宜把式，工价犒赏，乞即示价，仍当送上，再请饬匠作一副小者，为弟专祠之用，则可曰廖先生之所赐耳。本欲遣人来调节，因佣工已升碓房老板，无人知府第所在处，今特令园丁问路前来，若不迷方，一日可至，否则须多一日耳。三儿昨俱在乡过节，行期已定十一，归期约在初伏。陈伯平前辈闻病重，想可不到苏州也。

昨遣足递笺，由省转达，伻来知尚未入览，而鸡鹍盈笼，冬鹜山旁，复得佳产。即共温泉之浴，必有补髓之功，来示乃欲取肥如某中丞之论鸽，恐家凫将随鹅去俱矣。去岁所馈，在舍复生二子，不知何人盗去，并母失之。谚曰：母鸡公鸭，佐食须得雄者，然不必温泉种也。今此八凫，不知几雄几雌，赐生必畜，虽公来不敢烹耳。媵以多珍，盘餐增色矣。学堂岌岌不保，惟存古尚可支持。久当往衡，缘女病未痊，窃比袁绍。承示少俟，谨迟高轩。唐碑知已重竖，拓本尚未细审，然心愿满矣。亦他日故事，可入县志者。尊使为家佣所留，必欲报蛏席之赏，恐累其暗行十里耳。呵呵。

会试入京城呼为煤炭客，以其不谙事也。新法煤亦成，矿政又成大宗，犹瞿、张之发达矣。先生送煤并运，而阎运较贤于亨大利，则矿人之利溥矣。明年辞事，尚须为我再济，期之春水生也。送上十七饼银，不足无补，多即犒押船者。并前诗一纸，直幅一张，联则未逢暇时，俟后呈上。敬颂道安。

今日始将联纸涂鸦，尚未署款，即复承润笔鱼鲜来箕之惠，益自恧也。君豫撰著丛残，须就箧搜之。既不识其子弟，其兄又与文人隔绝，恐不可得矣。如不问诗，不待应昆之诿讹也。省城有为鬼国辟天街之说，盖玉池所早料者，弟已为佻巧之刘琨耶？此谢，即颂晚安。

知公先我而来，又后我而到，行踪轻简，宜其胜湘潭人也。但送炭是其专责，况正当雪中，今遣船来，未知可自往松柏耶？抑又出尊厨余积耶？乞示为幸。明午当见，先此恭颂道安。

(原第14卷第21期)

凉雨潇潇，归帆好发，水涸沙行，舟轿并困，故不诣送，亦以相见在即也。诗卷呈鉴，白马巷裱店所裱，物换星移，已不可追矣。公视今胜昔耶？昔胜今耶？泰山一篇，乃压卷之作，彼时所未有，故跋语自负，非谓书佳也。即颂夕安，不宣。(炭以大惠，当领繁劳，少得为佳，所谓少许胜人多许。又谢。)

二十六日请客，故言二十七日断炊，其实早买零煤矣。分送则不必，反劳费也。不通卷又来四百余，本系辞馆，先已出题，不能不看，斯文扫地矣。特科之生谣言，盖考生先发制人。报纸之为害如此，经济先生何以救之？

积雨新晴，方欲待路干诣谈，已复雨矣，今年恐不能步也。前承代运石炭，久不问价，买卖固无不取钱之理，苜蓿亦非送炭之官，今送上二十元，多即见还，少则更索，以示光明磊落之概，无染山阴习气也。呵呵。

六日从游，勤款周至，虽宾礼太过，而心赏俱欣，陶李当年，知未能及，但游记不易作耳。节日还家，满堂全福。阆运计程稍远，方羡遄归，及至朝家亭，偶见旗亭有敝县告示，询知已入本都界首，遂得捷径，由银田驰还，甫及初更，遂行百里，舁夫饥渴，曾不告劳，教练之有素也。又不肯暂留，未能酬之，归美主君，专此致谢，并叩同福，余续不宣。

消夏山中，相去七舍，以触热不宜过从，致阻欢会。屡欲遣人问讯，因循逾月，想北窗高卧，绕膝孙曾，比块居者犹有福缘，况尘中人，敢希清凉？兹因俗事奉扰高贤，来信并呈，当蒙照准。此事久不提及，昨藩司行札到县，始得消息，云只须贵局取销，便可请抚台批了，是否无碍，希即示知，以便回报周生也。周本躬叩，弟为公损轿夫饭，令其去矣。新作食瓜诗呈鉴。知公不尝生冷，聊付两蒂，以诒细君，并附茶蕋，用作秋供。顺颂道安，不具。

正初还山，得游尘外，龙狮灯火，犹见承平，咫尺桃源，方成独乐，想耳闻教士，目见金山，傲世居卑，别有寄托，偃苏兴孔，送考收租，又一快也。闿运乡居一旬，稍理笔砚，拟呈尊太公墓碑，龠称美之志，虽不合八家法门，于汉格已为详切，幸斟酌之。两月期满，督部又必有鸿文，科举更张，教官必有山长，闿运引退，盖以辟贤，不知矿能世守否？堆金润笔，企予望之。

正月闻高升总局，初不为婵娟思归之说，以为不还衡而遥揽耳。三月间以贵县南轩祭田事又寄一书，昨到省乃知仍吾同学也。得赐函，荷承奖谢，不以为浅弱而加美词焉。水陆之珍，山家顿富，邻里皆知，仁孝之厚宠也，敢不拜嘉？园梅正熟，妇女压糖，忽得蔗冰，尤为适用，一家欢笑，以为得文章之力也，过百朋矣。承示并欲书本上石，闿运但习挂帐记名之书，殊不能佳。敝同事有黄觐虞，徐叔鸿亦不恶劣，公直患转折耳，俟再至长沙代谋之。时局殊无定，中外骑虎，群儿皇惑，不值静者一觑，然以矮檐下竟牵率忧天，公私俱无旦夕策，况长计乎？此时尚何颜拥皋比？仁兄居官当差，旅进旅退，反裕如也。拙著乃群弟子敛钱本经，捐俸适中其计，学官正事，则亦可矣。来使早发，奉候午祺，并谢，不尽。

积热得风，休息一日，乐可知也。篆额俟归时令写，字价稍减于兄而犹过其父，不可远致。明当入城，

2033

来示当告胡、程，行箧无具耳。新诗一首伴肉，尚乞正削，敬颂夕安。

昨日一跌，几于不起。江督远来问讯，窃料仁兄必闻消息，正欲续报平安，果承专使，发函欣慰，兼拜重赐，并云可作贺仪，则一举两用，信富翁之惜费矣。同进士比于如夫人，乃至贵至珍之品，岂可与老病夫同年而语乎？宜以维多利亚之花，不宜华盛顿之髑。且翰林封膝，唯送西瓜，将俟仲夏，泥首局门，求赏差使，恐新瘥之后，不得登楼耳。碧浪新亭，经省城众议停工，闿运依《湘军志》故事，俯伏服罪。此足发公莞尔。来足早行，灯下作此。

使还奉书，知尚高卧，矿人渐有官气，宜为巡抚所留也。承示上巳行春，将临扫径，山林之乐，非物役者所希。衡席久虚，将于清明节上船，作舟中寒食诗，不能作兰亭集矣。子鸭之馈，不欲使小儿女叨赐，亦求俟他时也。新成祠庙，诸男济济，此福为同侪罕有，惟有企羡。闿运为孤女所累，行止不能自由，去腊今春，吟情顿减，密室畅谈，庶可销夏。遵谕寄书，无任驰系。

别又半年，惭无新养，似闻来雁，云欲飞凫，顷奉手书，知期正岁。猥蒙忆及生日，饰以鸿词，兼媵多珍，捧承惶悚。百朋之赐，前已拜嘉，重贺叠施，谦云助作，虽知贫同于鲍叔，而炫富有类王阳，诚恐下士闻风，争夸五凤，则点金无术，将累老兄，不许原辞，必从隗始，即送考为虚行耳。且谢且笑。闿运以嫁女入城，中丞以次制序赐寿，既为从来未有之典，又当不可称庆之时，叩首固辞，抚藩蔡公既坚不肯，岂洋务亦染华风耶？日本笑人，行将及我，先生闻之，当又莞然。贵提调亦倡率，祭酒甚妒公之先鞭也。在城度岁否，尚未可定。日内颇为烦冗，手肃先谢，迟当续启。

送别后，以为必追逐湘舟，聚谈坡局，乃二十五日女船已到，官绅均不许嫁娶，赵家姊又系未出阁之老女，不租屋主婚。众议留待明春，以省往返，不得比袁本初回籍之例，以此独居空馆，静待岁除，视先生还山围炉，虽儿女满前，究无故山茅栗，以此为负也。将与谭兵备作消寒诗，甫开一社，苦无题目。其前一集为《咏物》四首，俟善写来院，方能钞呈请和。第二集即送袁锦旋之诗，尚未暇作。余寿平亦竟不至。此间又派兵援桂东，军书旁午者连日，想公尚不知也。今年水仙甚少，云系烟客不来之故，此又一题目，诸郎想能知之。专颂岁禧，中外禔福。

七月半遣人到省，闻嫂夫人捐尘上仙，不胜惊怛，以为群纪之交，必当遣赴，迄今逾月，消息渺然，想尊府自依国故，不吊不赴，然无端遥唁，亦非慎审，转展思忖，辄令山庄诸女，探明专使，谨致薄意。城中儿辈，各自营生，无人知此礼也。仁兄老年失助，哀憯可知，但逝者达生，必不以百龄为限，宽怀俯育，

2035

以慰诸郎，是所切祷。又闻窀穸已就，家政益繁，衡州之行，想可暂作排遣。遥望杖履，无任悲钦。诸位世兄，同此奉唁。

辞别以来，风声日幻，乃为汤、郭相攻之谣，事不关己，不宜过问也。但恐一旦被劫，致负宿诺，今遣送上嫂夫人志铭初稿，即希改定。节录校略，文笔冗沓，殊不足赞扬盛美，恃有大匠加以绳削，则成章矣。农忙不宜闲游，故未得诣。并颂诸郎侍安，不具。

前得书，懒未作复，在衡又得手书，怪其不嗣音，而不罚其简慢，虽袁公之恩遇，不是过也。蔡锷之徒，何敢异心？昨归即大风雪，以致未能走谢，若再无书，恐筹安诸君，又费猜疑。谨遣使报聘，并约明春花开时为珠泉之游，或有酬咏，未可知也。山居幸无验契房捐之扰，然如先生挥斥多金，而始安眠，究有贫富之分，不敢以此相骄，至燃糠啜粥，则俱翛然，又幸身历三朝而依然富贵，比之胜国诸老为有幸福矣。专此奉复，敬颂遍安，不宣。送灶日。

**诸札漫为次第，未能详考其先后。末通当是民国乙卯所作，曰送灶日，已入民国五年矣。（王氏卒于是年旧历九月。）**

（原第14卷第22期）

## 二二　陈宝箴之文才

陈宝箴循吏名臣，在湖南巡抚任，值戊戌政变，坐党案罢斥，未竟其施，世咸惜之。其文学为政事所掩，诗文世罕流传。廖树蘅交宝箴及其长子三立，并尝课其次子三畏（参看第二十一期）。于宝箴《四觉堂诗文》，录有副本。近承梅伯纪君抄示，乃获读之。其目如下：

《四觉草堂文钞》：（一）《疏广论》，（二）《晋谢安淝水战论》，（三）《拟陈夷务疏》，（四）《上江西沈中丞书》，（五）《上曾相国书》，（六）《报江味根书》，（七）《答席廉访书》，（八）《代席廉访与娄军门止移军书》，（九）《与段观察论办教匪书》，（十）《与席砚乡书论贵州兵事》，（十一）《与田鼎臣书》，（十二）《答黄鸿九书》，（十三）《与吴缵先书》，（十四）《答易笏山书》，（十五）《与吴巘谷书》，（十六）《与恽次山方伯书》，（十七）《与易笏山书》，（十八）《记义宁州牧叶公济英御贼死难事》，（十九）《义宁同仇录序》，（二十）《义宁同仇录书后》，（廿一）《书宜黄令傅君培峰死难事》，（廿二）《送廉访李公归郁林序》，（二十三）《送李直斋去官义宁序》，（廿四）《赠张翁序》，（廿五）《送董小山之官修仁序》，（廿六）《送严雨农南归序》，（廿七）《余母刘孺人六十寿序》，（廿八)《丁节妇传》,(廿九)《祭闵子清文》,(三十)《书周贞女》,(三十一)《书洪山凯旋图后》,(三十二)《书塾侄诗卷》。

《四觉草堂诗钞》:(一)《游永州澹岩柬廷芳太守》,(二)《陟庐山顶旷然有高世之想举酒作歌》,(三)《感事》,(四)《洛阳女儿行》,(五)《易笏山出都将为从军之行作长歌行送之》,(六)《题独坐图》,(七)《赵州道中》,(八)《荪畡学博从常宁矿厂以石山五枚见贻并缀以诗瑰玮雄奇雅与石称率次韵戏酬奉呈粲政》。

三立诗文,俱臻卓诣,蔚为名家,功候之深,思力之精,自尤胜于其父。宝箴非专以文学鸣,然所作轩昂雄骏,亦多可观,其忧国之怀,匡时之略,读之如见其人,性情流露处,则饶悱恻缠绵之致,四觉草堂固宜与散原精舍并传也。(宝箴卒于光绪二十六年庚子六月,闰八月三立所撰行状,有"待刊行世"之语,惟至今尚无刻本。)其《上曾相国书》云:

中堂阁下:宝箴自前年拜谒台端后,遂不及修问,譬之观海者望洋而返,目眩神悚,虽终身不忘,而不敢以蠡渊之明,托词于微波,若其他泛常起居之言,机务至烦,又不肯以溷渎聪听,荒简之咎,如何可言!宝箴自皖城游席廉访军中,其间往返归省,在军盖期年，学问荒芜，无毫末进取，每念往者亲承言论，悼人材之衰息，顾谓宝箴，宜与汪瀚辈以气节学谊与乡人相砥砺，以持其弊，归而报膺，寤寐寝兴，如临师保，顾自念梼昧，无所树植，复不能殚精于道义，以取师友之资，四顾茫茫，陨失是惧，崎岖奔走之余，蹉废日月，行自伤也。昨读家书，汪瀚赴中堂召，去家数月，暴病以卒于道，闻之惊怛，悲愤无尽，傥所谓天道，是耶非耶！今年春正月，瀚冒大雪，走百里，访宝箴山中，五日始达，手足冻僵，闭门热炉火，剧谈数昼夜，娓娓不竭。值宝箴得湖北友人书论捻匪事，相与谓得中堂驻淮济间三四年，择沉毅有法度将卒，以重兵扼必走之冲，更得一二贤大吏，助我公宣布朝廷威德，创惩董戒，可使百年以来寇乱根株断矣。瀚又谓：“吾受中堂知良厚，不以吾有他才能也。我以终天之恨，志不愿复出取荣显，然中堂苟复有师旅之任，虽万里必趋赴之，聊与均苦耳。”瀚今年授徒邑中，以门人就试，偕至章门，宝箴自家之石城军中，复与邂逅，依依不忍别，欲送之至建昌，遂过宁都，览易堂之遗迹，寻以其子病不果，而宝箴遽去，盖于是遂永诀矣。方是时，瀚体貌如平常，语言意思，蔼然油然，其于师友之情，古今成败废兴之故，绵邈悱恻，若不可以自已，孰谓其遽止于是而已哉？訾（瀚）家无恒产，去年归自皖南，始出薪资买薄田，又以贫戚友之售之也，较常值倍，仅得五六亩，不足以供馆粥，门祚衰薄，鲜兄弟，其孤幼弱，女四人，昏嫁无时，良可悲矣。虽然，人生得一知己，可以死而不恨，瀚以闾里穷士，读书励行，无以自高异，而中堂知之且深，瀚虽死宜无憾；独其生平志行节概可称，为学明大体，有敦笃君子之风，苟身没而名不彰，亦志士之所痛也。其门人辈将为营葬，欲得中堂一言表其墓，而不敢请，宝箴以为瀚实受中堂知，以其惓惓于中堂，知中堂亦惓惓于瀚耳，将毋可乎？若其身后之事，诸孤之教育，则宝箴与二三友朋之责也，顾与瀚游者皆穷士，其力率不足温煦而覆翼之，且奈何耶？义宁山僻之乡，学者罔所师法，自瀚游中堂之门，始稍稍有知向往者，如宝箴即其人也。今瀚又已矣，回绎往者中堂人材之论，愈益愀然。一乡一邑学术废兴之际，果亦有数存乎其间与！临书惶悚，伏维垂鉴。

风义甚笃，性情之文也。方宗诚评云："古谊敦笃，足征性情之厚。"郭嵩焘评云："此文出笔兼学韩、欧，韩之沉郁，欧之昭晰，与题称也。然如两公遒紧处，觉犹有未至。"文中述曾国藩训勖一节，亦非泛然之词。胡思敬《国闻备乘》卷二《陈右铭服膺曾文正》一则云："陈宝箴初以举人谒曾国藩，国藩曰：'江西人素尚节义，今顾颓丧至此，陈子鹤不得辞其责。转移风气，将在公等，其勉图之。'子鹤者，新城陈孚恩也，附肃党，官至尚书，日营求入阁，故国藩及之。宝箴以资浅位卑，愕然莫知所对。国藩字而徐解之曰：'右铭疑吾言乎？人亦贵自立耳，转移之任，不必达而在上也，但汝数君子若罗惺四、许仙屏者，沈潜味道，各存一不求富贵利达之心，一人唱之，百人和之，则风气转矣。'宝箴谨佩不忘，对江西人辄传述其言，且喜且惧，自谓生平未受文正荐达，知己之感倍深于他人。"思敬籍新昌（今宜丰县），亦江西人也。（关于陈孚恩，颇未谛。孚恩早受宣宗知遇，道光朝已官至刑部尚书，以军机大臣与顾命。肃顺则文宗即位后以乾清门侍卫授内阁学士，始渐见柄用也。后虽坐肃顺党获重谴，此狱固难即成允谳耳。）国藩最重转移风气，其道光二十七年丁未所作《原才》云：

风俗之厚薄奚自乎？自乎一二人心之所向而已。民之生，庸弱者戢戢皆是也，有一二贤且智者，则众人君之而受命焉。尤智者所君尤众焉。此一二人者之心向义，则众人与之赴义；一二人者之心向利，则众人与之赴利。众人所趋，势之所归，虽有大力莫之敢逆，故曰挠万物者莫疾乎风。风俗之于人之心，始乎微而终乎不可御者也。先王之治天下，使贤者皆当路在势，其风民也皆以义，故道一而俗同。世教既衰，所谓一二人者不尽在位，彼其心之所向，势不能不腾为口说而播为声气，而众人者势不能不听命而蒸为习尚，于是乎徒党蔚起，而一时之人才出焉。有以仁义倡者，其徒党亦死仁义而不顾；有以功利倡者，其徒党亦死功利而不返。水流湿，火就燥，无感不雠，所从来久矣。今之君子之在势者，辄曰天下无才；彼自尸于高明之地，不克以己之所向转移习俗而陶铸一世之人，而翻谢曰无才，谓之不诬可乎？否也！十室之邑，有好义之士，其智足以移十人者，必能拔十人中之尤者而材之；其智足以移百人者，必能拔百人中之尤者而材之。然则转移习俗而陶铸一世之人，非特处高明之地者然也，凡一命以上，皆与有责焉者也。有国家者得吾说而存之，则将慎择与共天位之人，士大夫得吾说而存之，则将惴惴乎谨其心之所向，恐一不当而坏风俗而贼人才。循是为之，数十年之后万有一收其效者乎，非所逆睹已。

盖转移风气陶铸人才之抱负与所以倡率群伦者，大端具斯，其教宝箴，亦本斯旨。三立所撰宝箴行状有云："府君学宗程朱，兼治永嘉叶氏、姚江王氏说。师友交游，多当代贤杰，最服膺曾文正公及沈文肃公。两公以茶厘事交恶，用府君言得俱解。与郭公嵩焘尤契厚，郭公方言洋务，负海内重谤，独府君推为孤忠闳识，殆无其比。及抚湖南，郭公已前卒，遇设施或牴牾，辄自伤曰：'郭公在，不至是也。'"宝箴诸文，多有嵩焘评识，盖文字上亦引为畏友也。又尝以文请教于国藩。国藩有《复陈右铭太守》书，谓："接到惠书，并附寄大文一册，……大著粗读一过，骏快激昂，有陈同甫、叶水心诸人之风。"更进以法度戒律之说。方宗诚为笃守程朱之学者，其《柏堂师友言行记》卷三云：

"义宁陈右铭太守宝箴，少登贤书，不急求仕进，遍游各帅幕，观天下形势，并阴访天下贤豪长者，以备世用。遇予金陵，谓予曰：'往者龙阳易笏山观予气盛，谓宜琢磨。予甚感之，但念豪气须以学问琢磨，却不可以阅历琢磨也。'此语极有识。右铭尝以所为文一卷见示，卓荦有奇气。予为删易数处，右铭甚然之。右铭负奇气而能虚心，可敬也。"

(原第14卷第23期)

## 二三　咸丰间义宁战守史迹

《记义宁州牧叶公济英御贼死难事》《义宁同仇录序》《义宁同仇录书后》三篇，为关于咸丰军兴义宁战守史迹者。《义宁同仇录序》云：

> 义宁崇山峻岭，形势险要，……比者粤寇弄兵，蔓延两楚，义宁阻江楚之冲，错接楚壤，武昌不守，则江西陆路门户实资管钥焉。当贼踞浔阳时，楚中贼张正，欲取道义宁通浔援，以成水陆狼狈之势，于是州人感奋，始团练。州牧叶公济英用其锋而淬厉之，凡数十战皆捷，贼无敢过义宁一步。方此之时，省会以南数百里，锋镝不惊，田庐无恙，师不劳于外，饷不竭于内，从容谈笑而晏然无南顾之忧，以义宁一州足以扼其吭而拊之背耳。前抚军陈公启迈，不察形势之利宜，无复以义宁为事。咸丰五年，贼自楚悉师来

攻，山城如斗，无蚍蜉蚁子之援，州人死守二十余日而城陷，屠灭尽矣。自是以来，贼渠石达开等由义宁而瑞州，而抚建，而临吉，深为我省数年之害，而义宁之人，死皆不幸有忠烈之名，生者不幸再有克复之绩。呜呼，此可为流涕而长号者也。军兴以来，战凡数十，捐助军需百万，死事士民十数万，始末六年，百折不回，艰难险巇，义宁之民劳且疲矣，义宁之财竭矣，义宁之民之心亦庶几其无罪矣乎！……

龙文彬评："低徊往复，得力龙门。"方宗诚评："文气正厉。"郭嵩焘评："按：咸丰五年，义宁之警，抚军陈公檄吴都司往援，军覆，州城陷，再檄罗忠节公驰剿，一战破之，忠节公遂由通城进规武昌，中兴之业，实肇于义宁一战。其后石达开扰及江西全境，则陈公去位久矣。于此蔽罪陈公，似未为允；文则感慨遥深，抑扬往复，使人味之不尽。"宝箴自记："按：吴都司军抵义宁时，州城已破，团练已解，故一战而殁。当义宁未陷时，贼未犯者两年余，皆为团练击却之故，不能逾义宁而扰及江西全境。方贼围州城，粮道邓公厚甫以州境关系江西门户，力请急援，抚军陈公不许，久而调援，则无及矣。石逆能逾义而扰江境，由于陈公不速调援义宁，其咎似难以去位解也。"

诗亦移录数首，略见风致：

陟庐山顶旷然有高世之想举酒作歌

秋风吹客庐山颠，山上白云垂玉涎①。

坳堂杯水覆彭蠡，襟袖拂拂生云烟。

乾坤莽荡不可极，仰视苍苍非正色。

中有仙人来帝旁，驾鹤骖鸾似相识。

招我以翱游，期我奋羽翼。

鸿荒未辟岂有君，十二万年驰瞬息。

人与蚊蝇同仆缘，荣悴何当置胸臆？

左把香炉峰，右把金芙蓉，五老箕踞何龙钟！

此山仙灵所窟宅，不与七十二君玉捡金泥封。

俯仰撼北极，歌呼动南溟。

鲲鹏鸠莺皆吾群，尧舜事业如浮云。

下山大笑且沉醉，浇我胸中丘壑之嶙峋。

自注：①俯瞰瀑布。

### 题独坐图

老子其犹龙，唯啬以为宝。

精气弥大千，卷藏在怀抱。

至人贵守独，灵台自洒扫。

元宰天长存，不惜形质槁。

消息感贞元，握之为要道。

譬彼尺素丝，毋为杂绀缲。

孤松产崆峒，勿求颜色好。

览君独坐图，脩然觉深造。

四顾天无垠，清光满炎昊。

洛阳女儿行

洛阳女儿新嫁娘,淡扫蛾眉眉细长。
轻裾薄裳态羞涩,上堂敛衽朝姑嫜。
妯娌顾笑婢耦语,较量新人共谁美。
低眉四顾心黯伤,不是闺中旧时侣。
女儿生小本良家,掌中娇养颜如花。
豪门委禽百不当,亲戚喧传殷丽华。
桃叶蓁蓁春日媚,入门渐渐抛珠翠。
窈窕窗前见小姑,感触心中无限事。
小姑盈盈阿母前,青丝覆额花盈颠。
娇痴不识嫁时事,飞琼绿萼真神仙。
愿得嫦娥不死药,服之矫若鸿鹄飞青天,
一守广寒千万年。

廖基械评:"此诗藉题发自己怀抱,用意较王摩诘诗为尤深,谁谓后人不及前人耶!瞻麓堂主人偶记。"

赵州道中

燕市雄心自未休,酒酣含笑把吴钩。
胡笳吹断边声远,风雪天寒过赵州。

廖氏友朋书札,王闿运诸书前已移录(见第二十一、二两期),兹更录陈宝箴三通如下:

苏畡仁兄先生史席:春杪返自里门,值先慈大事方殷,未获饫聆清教,遂尔扶榇东归。辱荷台从步送江干，谊隆情渥，感篆良深。比惟晋德崇业，日新有功，堂上康和，百祉蕃集，至为颂仰。小儿仰被教泽，闻亦粗有进步，望风铭感，我怀如何！惟失学之人，如久旱之植，生意萧条，必日有以灌溉之，乃有发荣滋长之效，尚乞先生日将四书经史等书与为讲解，即示以作人立志之方。此外古文时文，随时讲解，使义理浸渍，志趣有卓然向上之机，则生意悠然，庶几渐有长进。高识以为何如？去年读大著古今体诗，极为佩服，然鄙意学问须识大头脑，当先立其大者，所望从事圣贤，务为有体有用之学，则所成益大，所诣靡涯矣。刍荛仍乞教鉴，不具。愚弟陈宝箴顿首。

　　大作藻采缤纷，如闻琼琚玉珮之音，自然合度。七古如《会春园词》诸作，俊丽芊绵，置之樊川集中，几不可辨，近体亦纤徐卓荦，大雅不群，惟五古体格稍逊耳。近读曾文正公杂记，谓作诗须克去徇外为人之见，屡以此痛自绳警，即此可想见公之意量深远，而古人诗教之本源亦不外此，故公之诗词亦皆卓然有以自立。三百篇且姑勿论，即如陶渊明、左太冲、太白、少陵诸人，其性情胸次，学问根柢，真有不可及处，故数千百年后，读其诗者，足以鼓舞悲愉，激扬志气，盖其精神有独至者，故久而不敝也。孔子论诗，可以兴观群怨，事父事君，此岂研揣声容、磨切体势所能至哉？光景易驰，斯道甚大。连日获读诸君子所著文词，各臻研妙，不禁望洋兴叹，有失学之悔，然尤望与同志友生交相敦勉，务厚植其所以立言之本者，斯本末交修所到，愈不可以道里计矣。高识以为何如？

瞋教忽已经年，每憩闲园，未尝不企想清谈挥麈梧竹生风时也。顷奉惠书，并观与儿子长幅手翰，词旨隽远，著纸欲飞，读之有凌云之概，想见游心翰墨，抗迹古人，所获多矣，把玩慰喜无量。弟今年奔走风尘中，迄九阅月，光阴坐废，须发半苍，顷复重寻磨辙，终日旋转，不离故步，五十如此，百年可知，仰观骏采，直在百尺楼下矣。辱承奖饰，弥益内愧。家人罗湘，书画均有意致，诚如尊教，已留在寓中；第主人非萧颖士，又不足以资其温饱，终复飞向高梧耳。

相推相期相勉，具征款款之情。论诗特引曾国藩语，亦见对国藩之服膺。其文《书塾侄诗卷》云：

诗言志，志超流俗，诗不求佳，然志高矣。又当俯仰古今，读书尚友，涵养性情，有悠然自得之致，绵渺悱恻，不能自已，然后感于物而有言，言之又足以感人也。后世饰其鞶帨，类多无本之言，故曰"雕虫篆刻，壮夫不为"。然即以诗论，亦必浸淫坟籍，含英咀华，以相输灌，探源汉魏，涉猎唐宋人，于作者骨格神韵具有心得，然后执笔为之，不见陋于大雅之林矣。今侄且无肆力于诗，且先肆力于学，以侄之聪明才能，摆脱一切流俗之见，高著眼孔，拓开心胸，日与古人为徒，即以古人自待，毋自菲薄，毋或怠荒，他日德业事功，皆当卓有成就，以此发为诗文，如万斛泉源，不择地而涌矣。况不必以调章小道与专门名家者争优劣耶？子夏曰："虽小道必有可观者焉，致远恐泥。"闻侄渐留意于书画笔墨之间，而未知向学，故书此以广所志，勉旃，勉旃！

亦可同览。　　　　　　　　　　　（原第14卷第24期）

## 二四　陈三立致廖树蘅手札

陈宝箴、王闿运致廖树蘅手札，经录飨读者。（见第二十一、二、四各期。）陈三立诸札，尤亲切而意致深长，兹亦移录（其时期之先后，大致臆揆而排比之）如次：

苏畡仁兄我师足下：旧岁春暮，于永之愚园，得奉惠书，并留别七言二首，词旨之婉挚，声情之绵邈，而我两人数年来性情学业踪迹，莫不一一综括其中，读之旷乎其若思，茫乎其若迷，悄然怒然，不知其何以一往而深也。嗟乎！人之相知，贵相知心，夫岂声容文貌之为哉？是以自君别后，益无聊赖，大有海宇苍凉之感，此其故，盖亦可以思矣。大诗浑雅之中复有雄直之气行乎其间，大似苏、黄。每思次答奉寄，稍摅鄙怀；而永、衡归舟，遂以无诗。抵家后人事牵迫，除夕前数日始由永州抵湘，今岁更为帖括所涸，以故不复成句，殊歉也。无誉凶耗，正月下旬已得宁〈宁〉夏喻太守书及所寄讣函，闻之怛悼伤怀，雪涕无已。以无誉之才之学而止于此，岂非天哉！岂非天哉！幸其业粗有所就，庶可托于无穷，然无誉憔悴坎坷，未一展施其志，因亦不能终竟其事于文术，乃年未衰老，而以饥躯客死于万里穷边之乡。呜呼，此古今志士之所为仰天而悲也！昔人有言，诗人多穷而多夭，是耶非耶！而三立所为疚心者，所代为校刊诗篇，以字画讹舛，展转迁延，未能早日告成，使无誉以一见为快，而不虞无誉之遽止于斯也。悲夫，悲夫！用是历日以来，更为重校遗篇，而再芟其可不必存者凡百数十首，务令尽去疵累以归精纯。其校刊之役，近已觅东墅太守馆师吴君萱阶代为料理。此君温实通雅，尤精训诂校雠之学，将来工竣，必有可观。其稍得尽心于死友者，如是而已。承示恤孤之举，此朋友之责也，尔时当徐图所以报之。从者游息园林，真趣洋溢，吟咏必多。顷者更奉教言，始悉复有客游之事。此行如果可遂，务乞假道会垣，为闲园数日之聚，一袚此抑塞磊落之怀，盼甚盼甚，慎毋金玉尔音也。家君已于日前还里，约以三月中领咨北上。拙作诗文，为近所得者，屡欲奉写尘览，因无便足，辄用中止。兹特附呈，祈教正所不及焉。匆匆布复，所怀万端，不尽百一。愚弟陈三立顿首。

前月奉惠书，懒未即答，日间朱君至，复承寄示，敬承动止嘉娱，颂仰无已。拙文数首，谬荷崇奖非分，徒滋愧仄。赠杜秀才序，首段过于繁冗，诚如高论，然此文前后皆属凑衍成篇，诚不仅"友也者"三语而止也。大诗绵芊都雅，风格在元遗山、高青邱之间。其颇有率意处，足下但再三苦吟，仆知其必有合矣。《隆山人诗稿》日内可告成功，惟山人自宁夏寄家君七律四首，敝处又将原函失去，今欲以此诗补续卷尾，无从据录。忆从者当钞有底稿于日录，如此稿尚未失落，即乞于一二日内惠录原诗，迅速递寄，便付手民，至为跂祷。三立年来已绝虑百家，殚心一艺，然制举文究只作得十数篇，甚矣趋时合变之学之难也！先生文兴当有佳胜，愿暂无以吟咏易之，其可乎？近日时局略有更变，想早知闻。敝乡李雨翁以明洋务起家，号为干练，其莅节湖湘，或总署以上年有洋人交涉之故耶？然此君当必能以综核之术一变混沌之风也。蓬洲大令，果毅有为，诸吏中罕其伦比，而以治益阳，尤当乱国任重典之义，教化整齐，良有厚望。足下通才远识，委蛇其间，倘果可补阙拾遗，亦似不必过为出位之思。昔人有言，一命之士，苟存心于利物，于人必有济，君子之自待待人，诚有非流俗所能识也。三立归试，拟在六月初旬；家君还辙，亦在秋节前后。实君数次寄书，必问讯足下，顷又奉台从一书及二语合篇四本，今送上，乞登存之。又隆山人诗刻，邮寄较难，如贵居停胥役有来城者，即属其至闲园取上，庶为妥便。烈日炎风，挥汗如雨，喋喋布达，不尽所怀，伏维裁察。

　　闲园小叙，顿有琴樽之乐，更多沧桑之感，惜文驾匆匆别去，尚不能罄此积抱也。日前奉手书，敬悉敬悉。三立归试，即在数日内矣。文章不要平仄，或能与贵乡举人后先辉映，亦难豫知。然愿从者亦不必过于谦抑，他日富贵逼人，恐无解于满口"同年"到处"老师"也。呵呵。隆诗已刻就，拟以三十部留伫闲园，敬似台从携取。元穆已早到，甚盼惠临，隆诗均已分饷（饣向）之矣。家伯宿病将近全瘳，家君日内亦可出都，附慰拳注。杨芷生屡以饥躯乞援，近益窘急。三立深哀其穷，而无能为力，徒为之怅惘而已。顷私念益阳公局势颇宽大，又能书法，与芷生略相类，不识能以阶前盈尺地位置寒儒否？此盖鄙人尧舜博施之心，抑亦措大无聊之思也。先生以为何如？

　　违别以来，复更寒暑，天时人事，互有歧异，鸡鸣月夕，鸟语花晨，每怀良友，劳思如何！三立自罢试南旋，残冬时始抵湘寓，尘状碌碌，一无可叙述，故虽两奉笺教，勉欲裁答，而所思万端，每一把笔，辄觉无从说起，盖非徒疏懒之病而已。近晤朴堂观察，知足下今岁一意治经，而以读《论语》为主，严立课程，以期自得，闻之忻企感愧，盍可喻言？念三立与足下，资质性情，盖皆颇异流俗，只以不能实用其力，故无以自拔于汶浊之中。岁月如流，相见数回，便成老大，牛山之泪，其可胜洒邪！三立日来心气尤觉日即昏愚，不解何故，拟不久附入校经堂内读书，看以习静为致力之方可能有益此身否？又校经堂肄业相识者为成赞钧、何璞元、袁绶瑜、朱恢元、杜云秋、陈伯涛、胡子威、王吉来、王麓波凡九人，亦甚可收切磋之益也。现在用功，于经拟先治《礼记注疏》，于史拟先治《通鉴辑览》，而以立乎其大达于世用为本。至于词章考据，虽不汲汲，亦姑不舍置焉。先生将何以教之？俄夷之事，海内疑愤，主和主战，皆无把握，盖廷臣泄沓于内，疆臣颠顿于外，万事堕坏，无可措手。时局至此，可胜痛哭！足下为有心人，倘亦发愤无聊形之歌咏者，盍寄我令一击碎唾壶耶？《隆山人节略》收到，当勉为撰述，用报故人。其令宗廖君者，朴老亦曾言之，惟今日天下正英雄坐困之时，恐终无由令寒士欢颜耳。杨芷生穷饿已极，百出气力，莫能援手，拟为图一暂局，藉活目前。然四顾萧条，无能冀其一盼者。惟念益阳县试，定在春间，假阅卷之名，获半菽之惠，质诸贤主人，尚无不可，且已托朴老言之，是芷生之企祷无已者也。又，前年衡山僧所托募缘一事，顷默庵等均已来省，谓工已粗竣，催取颇殷，忆足下言于乡间已捐得二三十金者，并乞寄交，以了此案。三立则更不能乞与一钱，此亦彼教之所不能责望也。敝家粗适如恒，家尊于前日往衡州勾当公事，

2053

听鼓逐队，了无好怀，知注，并闻。暗窗尘几，拉杂言之，淡墨枯毫，不复成字。惟珍重，不尽千一。

读大著《论时事书》，识议通伟，生气勃勃纸上，自是先生本色文字。其言铁路无益一节，与仆去年之意相合，而与今年之见相违，至其所以相合相违之故，仆不能言之也，想先生亦不能解其不能言之也。无誉哀词，笔致凄澹，惟中叙家君缘由累半纸，而后忽接以江西陈伯严等字，未免突兀可笑。凡先生粗率之处，大都类此，此三立与元穆于所托之事所由疑而不敢放心也。其可无详询确访以补前过乎？所论《隆山人传》二节及姜君所云云者，均为老成之见，大与狂生殊异，请先生即执笔删润之。第上书左公一节，纵有不实，终觉无妨。盖作文者仆也，于隆氏无一所与，即令左公见之，亦当一笑，乌有累朝元老而肯与少年秀才较量者耶？郎君诗句，似瓣香无誉，直欲摩乃翁之垒，他日掩君诗名者，必此少年，可严防之！此间风景都非，家公为政，粗称平善，所可喜者，所兴水利约可溉田六百顷，余则多非巡道之所得为已。近况何似？朴堂观察无恙乎？急盼惠音。顺颂侍奉万福。

（原第14卷第25期）

别又数日，想见抄胥之苦。刘果敏碑文，顷筠老已交来，舍弟与云秋等所拟议，似不尽然，一笑。此稿请即寄省卿太守，如有眷口尚未行，并可以此寄朴公,并乞先生致朴公一书,为述鄙意,便不加函作郑板桥字也。上巳碧浪湖修禊,会者数十人,君不可不一作鲫鱼。午刻必到,肫甫如回,亦望邀之。此颂箸安,并候回札。

前奉惠书,兼辱赐山谷老人所书朱拓,时正以洋鬼子入城事闹得天昏地暗,不及裁复。昨又承教,宜若可稍稍披露所怀,用塞天末故人无穷之思矣。而孙黄求矿,匆匆告别,复不能较张胖子洋洋洒洒,下笔千言,殊自愧也。大诗别纸录还,杜老所谓"得失寸心知"者,盖天良不昧之说,公于此矿取盈三百万金后,方悟鄙人非引诱良家子弟耳。掘矿之款,打老虎之枪,均由局一律筹寄。李广文者,为之神往,何不闻公早言及,亦岂新交耶?贱子不日有鄂、沪之游,惟万不敢与张胖子同舟,合并声明。

前解洋二万元,想荷察存。日前李司事至,复承书教,并悉近状,至以为慰。买米一节,已经总局办就,仍令李司事押回,一切可验文照收。惟全州之米,家君言,已准桂抚来咨,不便出境,盖粤西亦有偏灾之故耳。似此则全州采米之举,已有难行,嗣后宜于何处购取,高明必能筹及也。惠示明矿之法,足征苦心孤诣,惟此间闻者咸以为疑,殆谓五金之矿与石炭有别,且中外皆少此显豁呈露之办法,老人亦遂不能遥断。窃念公家之事,不厌求详,辨难讨寻,其理益出,如公等之雅量高致,有定力而无成见,则可深知而笃信者也。百吉坳矿已定委黄修原及祁阳之欧绅主办。修原须节后偕矿师卜定，请以此转告仙太守知之。其所荐陈、赵二生，即暂存备用，或无不可。修原之徘徊，誉者谓为老谋深算，毁者谓为老奸积猾，先生以为何如？机器已托人在沪采购，惟矿师尚无至者，颇深焦灼。余容续布。敬叩节禧，不具。

腊中奉榆教，以专卒急返，未及裁答，方以为歉。新诗鲜秀名贵，不独无豆腐气，亦无矿苗气，退之所谓"天葩吐奇芬"，庶为得之。具此好怀抱，不禁且羡且慕也。顷又得书，则专言矿事而无诗，明雠主人竟获此奇效，以张湘矿之先声，而关言者之口，何快如之！然诸闻之者多不以为经济过人，而以为福气出众，闻之代为不平。执事聆之，亦当大笑亿千场矣。尊厂去松柏市不过十里，家公还节时自当往视，但只在尊局一便饭，千万及龙大令，不必供张，致开此端，滋流弊。上年出巡，沿途皆不用燕菜，不用新绣花铺垫，无不照办。龙大令盛意虽殷殷，家公请代为转致，毋稍过费，以符儒素之风也。匆匆奉复，敬颂勋安。

别来又已几载，沧桑之变既已至此，复骤值先公大故，通天之罪，万死何辞！独幸东南粗安，于去冬得毕葬事，差足慰故人之悬悬也。先公既万世不视，而在湘孤怀苦志，即厚爱如先生，亦有未能深知者，俟是非粗明，谣诼渐定，乃敢出而示人，想公亦以为然也。先生所治之矿仍极盛，功绩如此，处约如此，乃荷降赙有加，感泣何已！世变未已，何时可图相见？人便草布谢忱，兼颂眠食百福。

一昨奉到由长沙寄书，藉稔逸兴豪情，依依如昔，仰慰无任。大著重付精刻，急欲先睹；交邮局附寄二三册，不过费数十百钱耳，教官虽贫苦，亦何必吝此区区，俾吾望眼欲穿哉？下走岁时偶托吟咏，未死余生，聊以遣日，复安知昔有甫白，今有税鼎着，然评论至公，卒无以易也。至高怀挚情，辄引吾乡穆堂翁之言，非三十年素心老友不能及此，但颇怪公何所见闻而云然？岂有长沮竟不知桀溺，巢父反致疑许由者耶？独家与国相关、身与群同祸之故，实不无幽愤悲哀颠倒展转于其心。旁观者或据为热中之根株伏于隐微，遂推为诛心之论，则走固有不得而辞矣。证之贤达，其谓我何？江南为腥膻征逐之场，亦为云水栖游之地，见仁见智，各从其适。阁下既戴尧天文入羿彀，学租不遁，矿砂不竭，终难自拔，要自有一倚门斗，一付子弟之良法。我辈皆已为五六十人，此生能几相见，虽有巧历，未许逆料，安可命驾逶迟，不来话六朝烟水耶？嗟乎，嗟乎！公本招隐之旨，走语好游之方，孟子之嚣嚣，庄生之相视，亦道真之所存也。复讯吟履，伏维亮鉴。

久不通问，伏承道履胜常，撰著日富，至为跂仰。走以毛布政兄之官肃州，日前抵汉上话别，惜公不及与一温三十年前同游祝融之零梦也。有年家子王甝孙大令，以一官列珂乡。其人学有根底，颇能戛戛独造，因公喜得端士，宏奖风雅，故特介绍，乞随时进而教之，知必相得益彰也。匆促草讯近安。

以平生最敬爱之人，至累岁不通音耗，公亦当怜其插足埃壤，非复人境也。今于乡里之役，昔所谓贪嗔痴爱，已变为割断决绝，虽乡人强督，犹谥曰"名誉总理"，然此心既与之划拒，浮云舒卷，亭亭自如，庶可从此稍理故业耳。公之起居，时时旁闻于湘士，道坚而吟兴不辍，极慰跂仰。惟颇传去岁有鼓盆之恸，犹未敢遽信浮论，久之似非讹谬，用寄一纸幛，写拳拳，又冀公岁寒朝澈有以自广也。走（定）侨寓江介垂十年，得诗不下七八百篇，亟思就正，有所去取。公傥能于秋爽江清，翩然过我，一抒积愫，何幸如之！世中事不欲相溷，维努力葆卫，不尽百一。

疏懒之习，老而弥甚，未及数通问讯，知我公亦视为固然，不以为怪也。前奉惠书暨名父子唱酬之什，洒然如挹珠泉，湔涤肠胃，赵提学犹嫌有教育家气也。秋深鞠黄，想吟兴当益骞举。所惓惓不忘者，公能偕湘绮老人一来观江南风物否耳？今冬为公七十生日，义当献鄙词为寿，惟方为人佣，益败佳趣，或难急就以应令辰，要决以诗文补祝，博公一笑。下走自侨居白下，约得诗千余篇，好事如郑苏堪者，挺任选政，而吾乡李夏之徒，复抽资付排印，念此举便利，有可慰师友间如公辈之欲阅吾近稿者，亦遂听客之所为。

*2058*

大抵岁杪可竣工，再寄公评论也。时局愈危，不敢纵及，惟为道珍卫，不宣。

日日思见公，既不获，遂并书问及欲有以娱公之文字亦迄今无以报，颓懒之性，老而益坚，知公必且笑且恨也。湘变粗定，方图善其后，达人阅世，观微观妙，傥有感行造端寓诸吟咏者乎？续集所得，极盼披讽，以证卅载前间圆寂馆共老友挑灯况味也。下走流寓江南十年矣，乡人好事者强取八年来长短句醵资付印，顷已毕，因使寄呈哂教，不吝摘削，尤符夙愿。匆促即颂道履吟福，不具。

日前奉复书，若于拙稿有偏嗜者，此由公气味习惯，遂忘其丑，或出诸面生可疑之人，恐公亦持湘军主义而排洋鬼子矣。兹因恪士之便，仍带呈八部，以备布施。公明岁摆落矿事，尚冀一来游江南。吾辈皆垂垂老矣，以三十余年性命文字之契，不可不再图欢聚快谈，以为五百年后之纪念也。此语并祈告芷荪、顺循诸子为荷。匆颂著安，不具。

易世以来，消息隔绝，近闻山居颐养，撰著日富，无任跂仰。贱子避兵海上，倏阅三载，祸变弥张，地维且裂，愁吟偷息，有不可终日之惧。万劫悠悠，而不免时萦心魂者，惟故交老友如公辈数人耳。颇欲及衰朽未甚，于一二年内与公话旧联咏于湖湘间，第不念天时人事何如耶？梅根行急，略草数行，藉讯起居，惘惘不尽。

2059

情怀若揭，至可诵览。两人交谊之厚，投分之深，亦于此觇其便（梗）概，其间以谐谑处，犹征莫逆。

附识：顷闻散原老人谈及，四觉草堂奏议、诗文集等，右铭先生逝世后，即谋汇刊，会发见诗稿（二三百首）毁于鼠蚀，因而停顿，耿耿至今，兹仍拟刊行，诗集全稿既迄难补齐，当就梅君移录者附入云。

(原第14卷第26期)

## 二五　廖树蘅办矿

廖树蘅办水口山矿，以开明䃶之法收大效，其始省中矿务总局固不谓然，廖氏力争始得行，迨明验已著，中外交称焉（参看第二十一期及第二十期）。兹将廖氏关于主开明䃶之公牍二件（附总局批一件）录左，亦水口山矿之重要史料也：

禀抚部院陈并总局言水口山地地势平衍，请开明䃶以避水害：窃树蘅于三月二十日将履勘龙王、水口两山大概情形，并拟办水口山矿务事宜，禀明在案。见在夏令已深，应即鸠工开办。查水口山开采利病，得矿非难，戽水为难。䃶深至二十丈以外，日夜需用水夫三四百名，自非大旱泉枯，时刻不能停止。抽水之器，截竹为之，俗称孔明车，一抽不盈升勺。前与矿师议及，此山车水之费，暂时只将废巄积水车尽，非三四千金不可，即此一项，已属不赀。查矿砂愈深愈好，巄路既远，人夫木料灯油之费亦随之而增，又须加开气巄，以资宣泄，工费与正巄相等。取矿之法，石工用火药轰裂，谓之放炮，然迫于矿巄寻尺之地，仅能摧落前左右三方之砂，顶高一层碍难攻错。相传废巄尚有遗矿未经取尽，自属应有之义。且开挖二十余丈之巄，必经历数月之久。今若拘守成法，不能不照商民所丟二十余丈之废巄挖入，以臻稳著，而补苴崩陷，较开新更难。夫以阅时如此之久，耗费如此之多，入地如此之深，而局蹐一巄之中，所获仍属有限。凡寻觅矿苗，诇察勤惰，仍不能不仰鼻息于矿夫中所谓工班头者，在己毫无把握，此其所以尤难也。伏想湘属煅灰采煤，向有明巄暗巄之别：暗巄穴地深入，如此间现所办者是也；明巄则平地开一大口，宽深十数丈数十丈不等，迤逦斜下，作为坦坡，豁然开通，全无遮蔽。据询本山银铅诸矿，萃在两山适中之地，矿徒之年老者类能言之。今若就历年山民开采之所，开一明巄，招集民夫，略用兵法部勒，金鼓以齐其作息，左右以分其出入，复于巄之外沿修筑沟道，以防阳水溢入，仿制农家所用之龙骨车，以戽巄底积水。每车昼夜用夫四名，更番踏之，计龙骨车一具可抵竹筒车六条之用，向之日役水夫数百名不足者，今以数十人任之有余，凡属暗巄积弊，一扫而空。至于开挖土方，树蘅生长乡间，于穿筑塘堰及他水土之役，颇尝究心，大约土方一丈深一尺谓之一井，一井之土，给挖夫工食钱百文，多亦不过百二十文，以方深二十丈牵算，约得土方八万井，需钱九千余串，而上哆下敛，折算只得一半。虽工程浩大，成数难拘，大致不出于此。既开之后，土中砂苗呈露，一轰可落无数石，一日可轰无数回，工费之省，出矿之易，宁止数倍？夫使估算经费，明礶不及暗礶之多，则暗礶优矣，费无差别，暗则利少而害多，明则利多而害少，奚惮而不为也？区区之愚，窃以为可。且查商人开办旧章，就水口山平地入者为母礶，左右铜鼓造锡坑里高阜取入者为子礶，子礶例贴母礶车水之费，以母礶水尽子礶早经涸出故也。若此法办成，将来造坑两处，尚可加开数口。何者？既无水害，成本自轻，开挖尚属易易。当发此议时，此邦之人，亦多疑沮，大致谓土经矿气冲动，最为疏恶，若敞开大口，虑有坍塌；及语以坦坡斜度办法，群情遂尔释然。常人难与虑始，固由故步自封，少见多怪，抑亦易幽深为昭旷，无所容其诡弊，惧因此失其佣作之利；岂知口门大开，诸害悉免，昔之必俟大暑过后始能兴工者，今且日日可开，工作且愈多而愈久乎？连日邀同喻守，则量度数，旁谘博访，勤求办法，拟于五月初八日破土兴工。惟变更成法，浮议易腾，人三成众，慈母投杼，伏求宪台毅然主之于上，俾树蘅得一意从公，不虞牵掣，自当矢竭移山之愚，以图报称。即令明礄难奏大效，将来另于明礄中加开暗礄，短去十余丈之车路，犹为事半功倍。……几经考究，委无流弊。是否如斯，伏祈训示祗遵。

总局批：据禀已悉。该绅于水口山情形，考察既熟，深思博访，创此明礄之法，又与喻守光容筹商，亦称其至善，策其必成，足见询谋佥同。但此法为中外所罕闻，此矿亦与锻灰采煤有别，又舍孔明车简便通行之法而改用龙骨车，本总局未能悬揣。该绅拟开明礄之地，仍系旧礄，抑系别开新礄？以西人礄学之精，讲习历练，尚须钻机乃能深悉，禀中称银砂所聚，何以知之？其别有神术乎！又禀称礄夫所指之处，礄夫系何姓名，果精于礄学否？前委张都司查勘，据称照旧照开挖为妥。今不从矿师所指之口，而遵礄夫所指之处，是礄夫反胜于矿师矣！从此开入，果易见砂，不致虚糜巨款否？该绅既勤求有得而建此议，毅然自任，谅必确有把握，不致亏耗官本，自贻后悔！仰即详明禀复。果能收费省效速之益，本总局乐观厥成也。此缴。

禀总局复陈明礄情形：……窃本月初六日奉宪台札饬："该训导创开明礄，本总局当即详悉批示，又奉抚宪面谕，另致一缄，于方深二十丈之明礄所以不可开之故，反复论辩，以为古今中外所无，决其窒碍难行，必然劳费无成。该训导果有独得之秘，何不明白禀覆，效徐元直之'事有不至，至于十反，来相启告'？本总局毫无成见，自可择善而从。若考求未真，尚无十分把握，即当俯纳本总局之说，停此大工。乃该训导一切不顾，辄于五月初八日大开明韂，独不思矿务何等重大，当此国帑艰难，岂容视同瓦砾，肆意一掷耶！现在抚宪札委本总局提调邹令代钧前往查办。该训导当与邹令虚心以求是，毋再私心以求胜也！"等因。捧诵之余，莫名惶悚！窃树蘅之以明韂为可开，与夫久稽禀复之处，亦自持之有故，敬为宪台一再陈之。水口山虽有山名，开采之所究系平地，历经民人开挖，山体受戕已深，中空数十丈之地，废韂交午，何止百十，停淤积潦，糜烂不堪。自来韂路之易于崩陷，积水之难于车戽，韂夫之艰于出入，大都受敝于此；然查此腐溃之病块，亦只及十余丈之远，以下则石韂一道，深入无间，乃近年商民开采，积日月以凿成者。传闻石韂之内，藏矿甚多，今若不将此朽坏揭去，则废韂潴蓄之水，灌满石韂，不车则取矿无期，车则一昼夜非用夫三四百名不可，而修整废韂之需工料，韂内昏黑之多费灯油，矿徒之出入幽潜无从稽其勤惰，种种患害，皆所不免，春夏水泉泛溢，碍难工作，更不待言。一开明韂，则土返其宅，水归其壑，外用龙骨车以戽明韂之水，内用竹筒车以戽石韂之水，水既无害，则日日可以兴工，时时可以取矿，无停役待时之事。明韂矿旺，取之明韂；明韂矿衰，取之石䃇。石䃇之上既敞开大口，短去十余丈之暗䃇，以后即欲下石䃇取矿出入亦自便易。前禀所谓即欲于明䃇中加开暗䃇犹属事半功倍者，指此。天下事履之而后知其艰，亦必知之深而后能尽其变。树蘅到山，已将四月，深知町中开采岁久，上层土性疏恶，实于暗䃇非便，知其不便而不言，将来虚糜帑项，一事无成，宪台即不深加谴诃，此心何堪自问！区区之愚，始终谓明䃇为可开者以此。树蘅虽愚，岂不知凡事蹈常袭故，仰候音旨，可以见好而免过？其不敢有所避就，诚欲得当以报左右耳。现在兴工甫十日，日役夫千余名，常属苦饥，野有饿莩以工代赈，咸效子来，而开深已至四丈，方倍之，用钱五百余串。既蒙委员查办，只合将民夫遣散，候该令回辕禀报，以取进止，决不敢私心求胜，重烦督诲之来！……到山以来，为矿气蒸蚀，肢节痎□，不能起坐，牍覆稍迟……

观此可知明䃇经始时之波折，与廖所持以力争者，盖几以"古今中外所无"而竟遭制止，后来明䃇之效，为时艳称，却又正以"古今中外所无"耳。陈三立与廖氏书，言及明䃇处（见第二十六期），亦可参阅。

（原第14卷第27期）

## 二六　隆观易其人其文

陈三立与廖树蘅书，屡及隆山人（见第二十五期）。山人名观易，字无誉，别号卧侯，宁乡畸士，诗才清妙，交树蘅，因并与三立及其父宝箴相识，均爱重之。宝箴为刊其《罘罳草堂诗集》，弁以序云：

宁乡隆君无誉，诗人也。其里中友笙陔廖君，既馆于予，乃数为予言无誉之人之诗。无誉伏处穷山中，无名声于时，一卷啸吟，冥思孤往，憔悴而专一。其为诗垂三十年，屡变其体，所得诗逾六七千首，今存者亦千首有奇。然无誉尝一游秦中而归，故今诗言边事者为多焉。今年九月，无誉复有秦陇出塞之行，假道长沙，遇宿笙陔斋中，予得与相见，接其论议，读所撰著文字，根柢郁茂，其经世之志，略见于斯矣。既而取阅其《罘罳草堂诗卷》，则逢源杜与韩，语言之妙类大苏，而似归宿于吾乡山谷老人，世之号为能诗者未易而有也。无誉自言，向读朱文公《中庸注》至静深而有本之语，恍然悟诗教之宗，故其诗淡简以温，志深而味隐，充充乎若不可穷。往尝论今之为诗者，大抵气矜而辞费，否则病为貌袭焉，而窃喜子瞻称山谷御风骑气以与造物者游之言，谓为得其诗之真，而颇怪世少知之而为之者，盖乡先辈声响歇绝，殆千数百年于兹矣。读无誉诗，其庶几过之也。无誉将行，予与笙陔以其诗无副本，虑亡阙于道里之险艰，相与尼留其稿，而略为择录若干首，付之剞劂，兼以质无誉塞外云。光绪三年嘉平月，义宁陈宝箴。

是编营始丁丑之冬，寻以人事牵迫，辄舍去。今年春夏，以手民劣恶，别录为编，选良董成，历月凡五，用既厥工，未几而无誉之赴（讣）至，盖无誉已于戊寅冬十月病殒甘肃之宁夏官幕矣。呜呼，以无誉之才之学之年，而不获竟其志业，以大白诸世，而遂以客死，岂非其命邪！抑无誉敝精力于吟咏声病之间，而因以戕其生邪！独恨懒漫侵寻，未克寄无誉是编，商略取置，使一及见之，然亦不谓无誉之遽止于此也！抚校遗编，为之雪涕。己卯夏五月，宝箴附识。

**三立与王闿运各为作传，其文如下：**
三立《隆观易传》：

隆观易，字无誉，长沙宁乡人也。幼奇慧，年十三以诗谒湘乡曾文正公，由是数从曾公游，遂通经史百家之书。父艺虎为里豪所中，陷于狱。艺虎故才士，亦曾公所引重也。观易乃阴干曾公，豪闻而惧，私念艺虎交厚曾公，罪当出，即出当杀我，遂赇狱卒毙艺虎。观易哀愤，穷日夜谋杀豪，以死无恨。未几豪病死，于是观易谢绝人世，敝精力呕血为诗歌。斗室空山，憔悴枯槁，其志深故其道隐，其怨长故其词约而多端。同治中，县人喻光容者官甘肃狄道州，招观易。光容起自兵间，为牧守，顾雅好儒学，与观易相得甚欢，为留二年而归。当是时，相国左公次第定回疆，规善后，观易客游其间，就所知陈书相国言边事。相国高才素嫚，又观易乡里后进，而相国更事久，益儿子畜之，得观易书，笑曰："隆氏子亦上书言事耶！"然观易所言实良策，后相国所施设，竟多与观易合云。观易既归，益放其意为诗，白（自）比苏轼、陈师道。光绪三年，复就光容于宁灵，至数月卒，年四十一。观易少负气跅驰，喜言大略，议论踔厉纵横，机牙四应，无不人人绌伏。后更摧挫抑敛，恂恂如处子。人有称誉，则惶恐引避；有毁之者，必谢过，曰："死罪！诚如公言。"终不复辩。卒后，湖湘间颇重视观易诗，后生学徒，多效其体，观易之名浸昌矣。所著书曰《禹贡水经考》《经义知新录》《六百日通》《西征续舣》《西征续集》《宁灵消食录》《罙罳草堂诗文》，凡若干卷。赞曰：

业业隆生，狂狷之间。固穷无恶，猎艺斯专。观俗秦坂，咏志湘川。风犹孔硕，留规后贤。

闿运《隆观易小传》：

隆观易，字无誉，宁乡人也。父任侠，为里豪所仇。观易年十余，避走衡阳，易姓名，居莲湖书院，从生童诵读，颖异劬学，诗文幽苦。衡阳欧阳生时为馆师，察异之，诘其自来，具诉其冤。生女夫曾国藩属（适）以侍郎治兵衡州，移文宁乡，悉反其事，捕系其父所怨家数十人，欲穷治其狱。时骆秉章为巡抚，以国藩侵官权，固不乐，里豪乃遍诉其县吏士，因左宗棠告巡抚，径下檄用便宜斩其父，事又大反。观易甫归，遇奇变，即又窜走山谷间。有廖翁者，知其冤，客舍之，资其衣食。观易学亦日进。既逃死不敢出，唯与二三相知不涉世事者以诗写其忧，不袭于古，自发抒其愤，所遭际然也。岁久，事益解，而怨家犹盛，不敢入城市者二三十年。县人文武达者皆无因与相识。后乃识廖树蘅。树蘅奇其才，哀其遇，稍稍言于官士间。义宁陈宝箴，好奇士也，得见观易，特以为诗人之穷者，又隐厄不自拔耳，然尤喜其诗，为之刊行，间以示人，人亦未之问也。观易既久抑不得奋，思游关陇从军绝塞以自振。光绪初过宝箴寓邸辞而行，行未至嘉峪，道卒，年四十一。妻某氏，困约时所娶也，有子某，贫不能自存。树蘅合其友数人经纪之，出其诗以示王闿运。

王闿运曰：自军兴以来，搜求振拔文武之材多矣，曾侯尤好文，一介之士，一语之善，未尝不知赏也。余居家亦汲汲于遗才，自谓无遗焉矣，乃初不知有隆生；知之矣，不知其厄穷之由。夫文章易见耳，当吾之身，百里之内，而使斯人颠倒侘傺以终，可不悲乎！

廖树蘅曰：湘绮此文，较骈枝室尤佳，波澜格局略同，高老过之，学以年进也。论词得史公之遗，令人往复不尽，卧侯不死矣！

其人其诗，于一序二传，可知其概，均非苟作也。闿运所叙，与三立间有异同。观易父之死，陈传谓里豪贿狱卒毙之，王传则云骆秉章下檄斩之，其事不侔矣。（树蘅子基棫，于《宁乡县志》传观易，此节谓："观易……乞援曾公，诺之。仇闻而惧，观易未及反，而艺虎已先毙矣。"传末附叙其子云："子志毅，诸生，未几亦卒。"王传（坊本《湘绮楼文集》未载）树蘅特加称叹；文固佳，然论词与寿树蘅七十序（见第二十期）之"当东南鼎沸之时，天下波（披）靡，而独有湘乡曾侯倡为求人才分国忧之言，于是左、胡和之，虽走卒下吏，一艺之长，得以自达。闿运弱冠亦与其议论，湖外人才搜访遍矣。宁乡近邑，廖氏名族，有荪畡先生者，与刘克庵兄弟游，称名诸生，竟寂然不相闻"，略嫌词意近复，似均不无矜气。（寿廖之作，时期似在传隆之后。）　　　　　　（原第14卷第28期）

## 二七　曾国藩与骆秉章之龃龉

王闿运《隆观易小传》言骆秉章以不乐曾国藩侵官权而下檄斩观易之父，与陈三立《隆观易传》所叙有异（均

见第二十八期)。按:《湘军志·曾军篇》纪咸丰三年骆、曾事有云:

……诸州县亦时禀承国藩,言所兴除。有上言胥隶贪恣,辄捕治斩之。其行馆即讯者,经三月杀五十余人,文法吏大哗。……骆秉章复来,以国藩所行异于罗绕典及诸团练大臣,心诽之,然见其所奏辄得褒答,受主知,未有以难也。……提标兵固轻侮练勇,倚提督益骄,适湘勇试火枪,伤营兵长夫。因发怒,吹角执旗,列队攻湘勇。城上军都逾堞出,城中惊哗。国藩为鞭试枪者以谢,乃已。俄而辰勇与永顺兵私斗,辰勇者塔齐布所教练也,提标兵益傲怒,复吹角列队讨辰勇。于是国藩念内斗无已时,且不治军,则吏民益轻朝使,无以治奸轨,移牒提督名捕主者。提督亦怒,谩曰:"今如命!"缚诣辕门。标兵汹汹满街。国藩欲斩所缚者以徇,虑变,犹豫未有所决。营兵既日夜游聚城中,文武官闭门不肯谁何,乃昌狂公围国藩公馆门。公馆者,巡抚射圃也。巡抚以为不与己公事,国藩度营兵不敢决入,方治事,刀矛竟入,刺钦差随丁几伤。国藩乃叩巡抚垣门,巡抚阳惊,反谢遣所缚者,纵诸乱兵不问。司道以下,公言曾公过操切,以有此变。国藩客皆愤怒,以为当上闻。国藩叹曰:"时事方亟,臣子既不能弭大乱,何敢以己事渎君父,吾宁避之耳。"即日移屯衡州。

亦可合看。如闿运所云，秉章之于国藩，良有忮心矣。《湘军志平议》郭嵩焘于"心诽之"云云批曰："骆文忠与罗文僖同处，即一切委之罗文僖，与曾文正同处，即一切委之曾文正，其心诚无所计校，才虽薄而固君子人也，未宜以此冤之。"嵩焘侄孙振墉注引李元度《骆文忠公别传》："曾文正公时以侍郎奉命治团练，公与同心戮力，虽议论时有不合，而公事力护持之。"又秉章《自撰年谱》叙咸丰三年国藩由省移衡事云："是时曾涤生在又一村居住。嗣因镇篁兵赌博，拿获后欲解来正法。是时兵勇鼓噪，闹至又一村，出而弹压，兵勇始散。曾涤生见兵心不服，不在省住，移节到衡州矣。"

《湘绮楼笺启》，与左宗棠书有云："闿运行天下，见王公大人众矣，皆无能求贤者。涤丈收人材不求人材，节下用人材不求人材，其余皆不足论此。以胡文忠之明果向道，尚不足知人材，何从而收之？故今世真能求贤者，闿运是也，而又在下贱，不与世事，性懒求进，力不能推荐豪杰，以此知天下必不治也。"亦见闿运以求贤自负，大言无所诎，寿廖树蘅与传隆观易所云，可与此参阅。

廖树蘅《罘罳山人隆君哀辞》云：

余年十六，尝随友人于郭外浮图，见题句绝佳，末署山人名，访之罕有识者。嗣于何君雨畦所见山人诗稿，始悉其人。年甫弱冠，著书已满家，乃愈益骇服，赋小诗介雨畦以道意。时山人方构家祸，茧足梅山溪峒间，辽阔无由识面，岁时略因雨畦存问而已。同治己巳，余以事抵安化之曲溪，山人适馆余族祠堂之迟楼，相见如平生欢，亟出馆中诗，篝灯读之。其时山人方肆力于苏、黄诸家，余爱诵不忍释手。是夕风霰交作，楼外松枥尽缟，檐冰堕阶墄，铿然有声。两人者，围炉煮茗，深谈达夜分，以为坡、谷以后，无是乐也。既而山人客游秦陇，余亦叠丁忧戚，音问阔绝，逾六七年。丁丑，山人倦游归，访余山中，赋一诗以去。未几，复有出山之志，余适馆今河北道陈公宝箴长沙寓园，山人径来就余告别。陈公夙闻山人名，闻其来，喜甚，命公子伯严款留数日，极文酒谈宴之乐。余介绍其间，藉与山人畅论古今文章风会得失，穷晓夜不休。计相知二十年，言论踪迹之密，以此为最。濒行，陈公复尼留其《罘罳草堂诗》十卷，序而行之。岂知山人去甫一年，讣音遽至，盖山人以戊寅十月十六日卒于乡人喻仙乔太守宁灵官舍，呜呼，异矣！当山人发长沙时，余与陈伯严及湘乡张福荄、杜云秋、张仲容，安化黄澍亭、李闳刚，徒步送之驿步门外，目击征蓬渺渺，随鸥波而远。数人者，鹄立江岸，意殊惨戚。至今思之，有余痛矣。吾乡自宋以来，词章之学，虽不乏人，而能卓然名家直造古人堂奥者，殆不数数觏。山人处荒山中，无师友切劘之助，而刻意砥行，垂三十年，以从事于古人之学，遂奄有乡先生之长，而若或遇之，可谓能自树立者矣。使假以岁年，其所表见，当不仅是。美志不遂，溘然穷泉，倘所谓天者非耶！此余所以感念畴昔，不禁缘缨泣下而不能自已也。爰为之词曰：

峣峣罘罳，青苍戉削。流沙西来，素波瀺灂。清气所积，实生闻人。赫矣隆子，与古为邻。镂心刿肝，翱翔文史。完神葆素，瞯然不滓。凭既夺席，鼎亦解颐。邈以高风，乡衮畴依？希世之珍，旷代一见。石室藤函，用俟来彦。

亦情文兼至，足章其人，宜与两传及陈宝箴序、陈三立书同读，于书所云，亦可见陈、廖文字之互相商订也。

树蘅家所藏友朋书札，有观易书数通，兹亦移录供览：

余既多难杜门，荪君亦连年奉家讳倚庐读礼，不相闻问者行复五年。癸酉秋逐队会垣，与莆荄茂才联床麓山，畅论天下人才，今古文章，风会得失，意气壮甚，两人皆起坐顿足太息。已而觏姜君福阶，则能谈吾荪君近状甚详，并致语蒙索近诗。余病懒，去冬苦咳三月，几不起，不欲频以区区近名者干造物之忌也。何以应吾荪君？聊录旧作十章。院中诸子皆入闱，倚枕独眠，日长人静，清风徐起，闻木樨香自檐隙来，迟二日为中秋也。

别后作诗二首，录呈郢政，适有少冗，不得久留会垣，人生会合，岂非天哉！拙稿恐浮沉，仍携返。

若有意外，乞留神。半生杜门息辙，落落寡上下之交，不得不呼首山也。儿子恋试事，逗遛旅次，新人针线，欲乞灵于老阿婆，肯乞与残脂否？门下士姜生绍仙，好学深思，颇有国中颜子之目，倘晋谒，祈幸教之。目眚兼夜不成书，留此，敬候著安。

辱书慰喜弥日，晤旸非，并闻动履之详。六年云□，万里风驰，无一状可告吾荪畡者，但惭悚耳。西征凡成书二十卷，浮荆襄，道商洛，掠终南、太华而西极于临洮，借天水、金牛、南溪、巴渝，经两川，下三峡，以归于旧隐，山川形胜，人物风土，颇悉见于简编，甚欲得荪畡与吾苇荛一论定。解装以来，人事如织，不获就行旅。承约以蒲午，入梅天气，非暑则雨，当候秋风，然七八月中荪畡当应举，计拟早梅前后闻捷鼓来作北上送行诗耳。承贶雄篇未领，恳更录示，以为宠光。山居如退院僧，旧雨不来，新知辽阔，阴雨连月，梧竹凄迷，日在虫声潦雾中，怀想曷可言宣！把晤尚遥，惟珍重自力。

蒲午由纳官钱人贡书，谅已尘览。比维眠食清胜，风气新凉，足近灯火，文字磨琢，想当日新，何慰如之！观易入夏稍患劳嗽，誓以百日不理书籍，然猩猩得酒，时复中之，结习固自难除。比作得文十余篇，诗百十首，有欲亟求吾荪畡鉴定者，方事医药，不能远出，良用怅惘。莸荌自归山未便通书，不审兴居何似，省闱良觌，幸为致语。忆梅山叙齿，忝与足下齐年，前晤惕非，道阁下意气盛于曩日，观易齿发已就凋疏，衰病日侵，志事徒成画饼，可为太息。黄花开候，当来与吾荪晙作十日谈，以倾其生平。顷欲寄书与西安，乞为代请加封递去。余非面莫究。

（原第 14 卷第 29 期）

## 二八　杨岳斌彭玉麟交恶事

咸丰五年湘军水师在湖北沙口、沌口之役，杨岳斌、彭玉麟情事，前引王闿运《湘军志·水师篇》并所为玉麟行状暨俞樾所为《玉麟神道碑》所叙（见本报第十三卷第十六期及第二十一期）。近阅吴光耀《慈禧三大功德记》卷一有云：

> 王闿运《湘军志》，体裁宏简，叙议平实，司马子长后无两之作，唯《水师篇》言杨载福、彭玉麟交恶事，不无曲笔。先是彭以五万金设船山书院于东洲，聘王主讲，以为终老之地，以故不能无所偏也。杜少陵《悲陈陶》《悲青坂》，不能为房琯曲笔，韩退之顺宗实录，不能为柳宗元曲笔，古人父子君臣朋友之间，自有相处中正之道，何必曲笔，反两失之？杨学术弗逮彭，彭朴勇弗逮杨，两人分领水师，同心戮力，以

平大乱，要皆一时名将帅。彭偶有讳败攘功之事，实未尝有小人倾陷贤能之心，所以为君子之过，日月之食也。彭呼救，杨不应，宜有恨者彭耳。彭曰："风急水溜，呼固宜不闻。"彭果有此语，是彭已自为和解，杨何深仇积怨更不乐邪？安得言载福先已不乐玉麟？汉水南入江，西岸迫近汉阳县城，东岸迫近汉口码头，西、东两岸，人烟繁盛，筑大堤以束汉水，故入江处广不过十丈，不敌江水十一。寇陷武昌，三岸犄角驻重兵，安得言载福之出也寇无备？言寇无备，故载福幸而免炮邪？下文于玉麟之张帆先行也，又安得言寇先已密备？言先已密备，故玉麟不得免炮邪？当玉麟呼载福，是两船同时在一江中，何以载福往来自如，独不惧炮？则载福勇、玉麟怯之情见矣。非载福所处地易，玉麟所处地难也。地逼窄难避炮，唯汉水入江处为甚，安得言玉麟攻汉阳寇舟岸发炮不得近？江水中流最湍急，但可言寇船中流游弋，安得言机舟傍中流？师行不战则无炮，但战何处无炮？由汉入沌迂远避炮，是了未经行阵之言，彭亦不应有此议。托诸众议不如托诸或议，众多而或少也。况汉口两岸逼窄，避炮更难，此全不识汉口地形之言也。与其出入汉水，不如当江中流上下，反得自在。玉麟以小船迂远由沌入汉攻蔡店，蔡店在汉口上游六十里西岸，小于长江上游九十里之金口，非财赋要区，非岩险重地，在所必争。当时或以武汉寇严无可下手，乃图小逞于蔡店，亦无聊之举耳，不得误认为奇兵。桐城陈澹然为光耀言：此事不直实在彭。杨、彭约会战，彭先发败走，遇杨舟来呼救，杨以为寇胜而骄懈，方当乘其骄懈奋击之，鼓风纵流而前，慷慨应彭曰："怕甚么！"追寇至泥汊未返，彭泊舟内湖，闻胜掩以为功，先报帅府。杨武人质直，以是轻彭文儒使诈，怒不与言。胡林翼忧之，明年春，特宴两人太湖军中，曰："平寇赖湘军，湘军赖水师，水师赖公两人，两人不协，奈大局何！"奉觞进两人，痛哭伏地拜不起。两人惭谢，交欢如初。陈所言时地微异，情事较近。

光耀籍江夏（今武昌县），所叙或于地理较稔，因录之，以备读《湘军志·水师篇》者参阅。（闿运与玉麟踪迹较亲，或不免有稍私于玉麟处。《水师篇》成，曾寄玉麟商定也。惟主讲衡州东洲书院，事在《湘军志》成书以后矣。撰《湘军志》之前，曾应玉麟之请在衡修《衡阳志》。）胡林翼调和彭、杨一节，与方宗诚《柏堂师友言行记》所云（本报第十三卷第十六期所载拙稿亦引之）大致相类，惟言在太湖军中，则未谛，以其时未治军太湖也。至韩退之、柳子厚云云，论史不离俗见。

## 二九 《慈禧三大功德记》之谬误

光耀此书，间有可采，而大端多谬，于孝钦与德宗之际，恣为不根之语，阅者当辨之也。王小航《方家园杂咏纪事》卷尾戊辰初夏（民国十七年）自记有云："《方家园杂咏记事》成稿后，搁置经年，未付剞劂。因近日见吴某印行其所著之《慈禧三大功德记》，识见卑陋，满纸皆市井之谰语，颠倒是非，甚至谓恭王奕䜣谋篡，李鸿章卖国于日本，光绪帝让位于康有为，种种怪谬，而人或信之，不得已刊印此编，以破其妄。"盖深恶之。光耀叙戊戌政变事有云（见卷一）：

> 太常寺卿蒙古岳梁，神机营带队大臣兼管电灯公所，供奉内廷四十年，光耀昆弟交也，为言：袁世凯报秘回官，德宗、王大臣罗跪，慈禧徐问德宗曰："尔何故改民主？"曰："自心愿。"曰："尔知民主是何事？"曰："教康有为做几天我看。"曰："尔何故令袁世凯兵围颐和园？"曰："康有为言：变法先变服，变服从皇太后始，兵围皇太后乃肯先变服。"曰："尔何故置刀床上？"曰："康先生言：爸爸不变服，杀爸爸。"慈禧问至此，无言坠泪，以为自家儿生不慧为人所愚，未复何说，于是复听政。

书中可令人喷饭处，大抵类是。

## 三〇　李端棻弄巧成拙

戊戌新政，李端棻由仓场侍郎擢礼部尚书（先命署理，旋予真除）；迨政变，不自安，以"滥保匪人"等语自行奏请议处。奉谕："实属有意取巧，未便稍从末减。李端棻着即革职发往新疆严加管束。"陈夔龙《梦蕉亭杂记》卷一纪其事云：

……新会某孝廉，乃尚书典试粤东所得士，继之以婚姻。戊戌会试，寓尚书宅，地近则言易入。当变政之前数月，新政逐日举行，朝野震骇。尚书时为仓场侍郎，封奏独夥，均系变法维新，与平素旧学宗旨，大不相符。门生故旧，纷纷訕议。余目睹党祸已成，窃代忧之。七月杪，礼部堂官不为司员王照代奏事件，奉旨六堂同日褫职。尚书超擢礼尚。八月朔，由通还京，余谒之于邸第，谓公曰："交非恒泛，不作谀词。今日为公贺，恐明日将为公吊耳。"公愕然。时公门人贻司业穀亦在坐。公曰："然则何以教我？"余曰："时局如此，成败利钝未能逆料，只有谢病辞官，尚是保身一法。"公曰："初三日到任，已传知阖部曹司，并发谕帖，此事岂能中止？"余谓："从前乾嘉时代，和珅擅权用事，闽中某中丞时为苏抚，与和素通声气，后知和将败，恐罹党祸，亟思请疾而又无词可措，爰于大朝会时观瞻所系，故作失足昏晕状，具折请假开缺，卒免于祸。公盍仿而行之？"公踌躇未决。贻君曰："此计甚妥，师座若肯弃此官，门生亦愿弃微职，从公优游林下。"越日公赴部履新，部中土地祠祀唐韩文公愈，例须行礼，公于行礼时故为失足不起，众目共睹，匆匆扶归，即缮折请病假二十日，贻君亦同日请假，风义可佩。此假期内，波谲云诡，幸在旁观。迨十五日张侍郎荫桓奉旨遣戍，南城外士大夫群相议论，全集矢于公。公不得已，具折自行检举。奈是日适有内监他案发生，东朝震怒，阅公奏疏，谓为有心取巧，仍从重论发往新疆效力赎罪……

端棻以政潮坐新党获谴，本自光明，乃轻徇人言，托病请假，作观望之计，弄巧成拙，博得"有意取巧"之恶评，甚为不值，良可惋惜耳。张荫桓与端棻之获谴，系八月十四日、十九日先后发表。"新会某孝廉"指梁启超，端棻己丑典试广东所得士，妻以女弟者也。《梦蕉亭杂记》兼叙李、张发遣情形，前已引录（见本报第十三卷第四十期）。

(原第14卷第30期)